충북대학교 인문사회 연구총서

한국어 어휘음운사 탐색

[충북방언 편]

전철웅 저

충북대학교 출판부

머리말

이 책은 한국어의 어휘음운사를 정립하기 위하여 일차적으로 충북방언에 집중하여 탐색한 일련의 연구의 성과이며, 전철웅(1986) 이후 전철웅(2013)에 이르기까지 끊임없는 수정과 보완의 과정을 거쳐 이루어진 결과물이다. 대학원생, 한국어 교사, 학문 목적 한국어 학습자, 지방에 거주하는 한국어 학습자들이 한국어의 통시음운론과 역사적 단어 발달, 지역방언의 특징에 관하여 학습하고 연구하는 데 직접적인 도움이 될 것으로 기대된다.

이 책에서는 독자의 성격을 고려하여 충북방언을 중심으로 하는 방언학적 또는 어휘음운론적 이론과 논증은 저자가 이미 발표한 논저들 곧 전철웅(1986), 전철웅(1993), 전철웅(1994), 전철웅(1998), 전철웅(1999), 전철웅(2000a), 전철웅(2000b), 전철웅(2001), 전철웅(2004), 전철웅(2005), 전철웅(2006), 전철웅(2007), 전철웅(2008), 전철웅(2009), 전철웅(2010), 전철웅(2013) 등으로 돌리고, 단순히 개별 단어들의 역사적 변화과정과 그 속에 들어 있는 음운변화의 종류, 특징, 부담량 등을 충북의 10개 군별(郡別)로 비교 고찰하는 데 초점을 맞추었다.

저자는 먼저 충북방언이 역사적으로 수행한 개별 단어의 어형변화를 개괄하여 음운변화의 유형을 확인하고 그 성격을 알아본 후, 음운변화의 지역별 현황을 기술하고자 한 것이다. 저자가 의도한 이와 같은 연구의 목적이 원만히 수행되면, 충북방언이 중부방언(中部方言) 나아가 한국어(韓國語) 안에서 차지하는 위치를 알아보는 데 도움이 될 것이며, 또한 이와 같은 지역방언(地域方言)에 대한 역사적(歷史的) 음운 연구는 국어음운사(國語音韻史) 기술의 폭을 넓혀 주고 심도를 더해 주므로 궁극적으로는 국어사(國語史) 연구에 기여하게 될 것이다.

이 책이 나오기까지는 주변 여러분의 직·간접적인 도움이 참으로 많았다. 이 자리를 빌려 감사의 마음을 전하고 싶다.

"부족한 아우를 따뜻이 격려해 주고 따끔히 충고해 주신 최전승 교수님, 능통한 중국어와 풍부한 한자어 실력으로 단어 발달에 관하여 날카로운 고견으로 조언해 주시고 가르쳐 주신 김병운 교수님(중국 절강수인대학), 늘 과학적인 사고로 이끌어 주신 이창진 교수님, 자주 정치적, 외교적 마인드로 격려해 주신 김도태 교수님, 통계작업과 교정작업에 헌신적으로 임해 주신 엄종란 교수님, 심재숙, 김종숙, 김태윤, 점소평, 김회령, 정운영, 왕팡 선생, 편집을 맡아 수고를 아끼지 않으신 전숙자, 김인숙, 염복실 선생, 멀리서 가까이서 물심양면으로 도와주고 격려해 주신 르비딤중창단원들, 삼팔회원들, 정영란, 김순희, 정진숙, 박상택, 고종열, 김윤수, 홍미현, 한봉원, 오성아, 박영희, 이희원, 배상남, 장종임, 박주용 선생, 모두들 참으로 감사합니다. 이 책이 나올 수 있도록 선발해 주시고 모든 배려를 아끼지 않으신 충북대학교 출판부장 이종민 교수님, 모든 편집과정 일체를 내 일처럼 꼼꼼히 챙겨 주시고 애써 주신 박주연 팀장님께 심심한 감사의 말씀 올립니다. 끝으로, 옆에서 늘 건강을 염려하며 때로는 부드럽게 때로는 따끔하게 건사해 주고 일으켜 준 아내 김숙자에게 진심으로 감사의 마음을 전합니다."

목 차

제1장 들어가는 말

지역 방언이 수행한 음운변화의 역사적 과정을 파악하기 위해서는 먼저 현재 쓰이고 있는 여러 방언형들의 지리적 분포 상황을 조사 분석하고, 그 결과를 방언지리학적으로 해석해 보는 일이 필요하다. 방언지리학은 어떤 단어나 그 밖의 언어적 특성에 대한 공시적인 분포를 통하여 방언형들의 역사적 변화과정을 추정하는 언어학의 한 분야인 것이다. 충북방언이 자체적으로 다시 중부 방언권을 중심으로 하여 남부 방언권과 북부 방언권으로 하위분류(下位分類)되므로 소방언권(小方言圈) 및 소단위(小單位) 지역에 따른 방언분화(方言分化)의 실상을 확인할 필요가 있기 때문이다.

그런데, 음운변화에는 합류(合流, merger)나 분기(分岐, split)의 방식에 의해 이미 존재하고 있던 음소들의 분포에 변화가 생기거나 새로운 음소를 추가하게 됨으로써 음운체계 상에 변화를 유발하는 변화도 있고, 음소 연결체에서 인접음(隣接音)의 영향으로 발생하여 궁극적으로 발음이 자연스럽게 이루어지도록 이끄는 변화도 있는데, 이러한 음운변화를 경험한 어사(語詞)의 경우 일반적으로 그 형태가 변화하게 된다. 곧, 음운변화에 의한 어사의 재구조화(再構造化)가 이루어지게 되는 것이다. 저자는 이 책에서 이러한 음운변화들을 대상으로 세세히 살펴보려고 노력하였다.

저자가 진행하고 있는 어형의 역사적 변화 연구를 통하여 드러나는 각종 음운변화들을 규칙 설정의 측면에서 유형화하고자 하는 노력은 다수규칙(多數規則, major rule) 쪽보다는 오히려 소수규칙(小數規則, minor rule) 쪽에서 의미를 갖는다. 소수규칙이야말로 방언의 특징을 잘 드러낼 것으로 파악되기 때문이다. 이 책에서 충북방언이 경험한 역사적 변화를 어형(語形)과 음운(音韻)이라는 두 가지 측면에 걸쳐 다루게 된 것은 저자의 이러한 생각 때문이다.

이러한 역사적 연구를 위해서는 그 성격상 무엇보다도 관련 문헌자료에 관한 충분한 검토가 이루어져야 한다. 이에 저자는 문헌자료의 폭을 충북에서 중부지역 나아가 전국으로 확대하여 현재까지 알려진 옛 문헌들을 대부분 다 활용하고자 하였다. 저자가 활용한 문헌과 그 약호는 다음과 같다.

出典	略號	出典	略號
家禮諺解	가언	警民編諺解	경민
敬信錄諺解	경신	癸丑日記	계축
誡初心學人文	계초	功過神格	공과
觀音經諺解	관음	光州千字文	光千
救急簡易方	구간	救急方諺解	구방
金剛經三家解	금삼	金氏諺簡	金諺
南明集諺解	남명	內訓	내훈
老乞大諺解	노언	論語諺解	논언
楞嚴經諺解	능엄	東國新續三綱行實圖	신속
同文類解	동문	東醫寶鑑	동의
杜詩諺解初刊	두初	杜詩諺解重刊	두重
痘瘡經驗方	두경	孟子諺解	맹자
明皇戒鑑諺解	명황	牧牛子修心訣	목우
無寃錄諺解	무원	物譜	물보
朴通事諺解初刊	박初	朴通事諺解重刊	박重
朴通事新釋諺解	박신	百聯抄解	백련
飜譯老乞大	번노	飜譯小學	번소
法語	법어	法華經諺解	법화
辟瘟方諺解	벽온	辟瘟新方	벽신
分門瘟疫易解方	분문	四聲通解	사성
山城日記	산성	三綱行實圖	삼강
三略直解	삼략	三譯總解	삼역
釋譜詳節	석보	石峰千字文	石千
禪家龜鑑諺解	선가	小兒論	소아
小學諺解	소언	新刊救荒撮要	신구황
新傳煮硝方諺解	자초	新增類合	유합
十九史略諺解	십구	兒學編	아학
樂章歌詞	악장	樂學軌範	악궤

野雲自警	야운	諺解痘瘡集要	두창
女四書	여사	呂氏鄕約諺解	呂約
譯語類解	역어	譯語類解補	역어補
練兵指南	연병	念佛普勸文	염불
永嘉集諺解	영가	要路院夜話記	요로원
龍飛御天歌	용가	倭語類解	왜어
柳氏物名攷	유씨	綸音諺解	윤음
月印釋譜	월석	月印千江之曲	월천
五倫行實圖	오륜	牛庵의 誡女書	계녀
恩重經諺解	은중	二倫行實圖	이륜
因果曲	인과곡	字恤典則	자휼
正俗諺解	정속	鄭氏諺簡	鄭諺
增補三略直解	삼략	捷解新語	첩해
靑丘永言(吳氏本)	청구	靑丘永言(大學本)	청구대
春香傳	춘향	七大萬法	칠대
胎産集要	태산	太平廣記諺解	태평
閑中錄	한중	漢淸文鑑	한청
海東歌謠	해동	鎬山의 女小學	여소
訓蒙字會	자회	訓民正音	해례

방언자료의 수집과 활용은 두 가지 방향에서 진행되었다. 하나는 저자 자신이 현지(現地)를 답사(踏査)하고 제보자를 선정하여 나름대로의 계획에 따라 방언자료를 수집하는 것이었고, 다른 하나는 이미 발표되어 있는 다른 학자들의 방언조사 자료를 탐색 활용하는 것이었다. 저자의 현지 방언조사는 1986년부터 1990년 사이에 이루어졌다. 이 방언조사는 정신문화연구원의 방언조사 질문지와 그림책을 그대로 활용하여 이루어진 것이며, 이 조사를 위해 선정된 제보자의 인적 사항은 다음과 같다.

조사 일시	조사 지역	제보자	연령	직업	성별	학력
1986.1.	진천군 초평	고봉주	76	농사	여	무학
1986.2.	음성군 생극	김창희	74	농사	남	무학

1986.7.	중원군 산척	장기욱	68	농사	남	무학
1986.7.	제원군 수산	이춘선	70	농사	남	무학
1987.1.	괴산군 청천	전원규	71	농사	남	소학
1987.7.	청원군 가덕	신금순	66	농사	여	무학
1988.7.	보은군 관기	송길헌	75	농사	남	한학
1988.8.	옥천군 청성	전병선	66	농사	남	소학
1989.1.	단양군 어상천	김도경	73	농사	남	소학
1989.1.	단양군 장림	김재술	62	농사	남	소학
1990.7.	영동군 상촌	유성희	72	농사	남	소학

저자가 이용한 기존의 주요 방언조사 자료로는 다음과 같은 것이 있다.

저 자	서 명	간행 연도
소창진평(小倉進平)	朝鮮語方言の硏究	1944
김형규(金亨奎)	한국방언연구	1974
최학근(崔鶴根)	한국방언사전	1978
한국정신문화연구원	한국방언자료집(Ⅲ)	1987

현지 조사에 의해 채집된 충북방언 자료 가운데 소창진평(小倉進平)의 「朝鮮語方言の硏究」, 김형규(金亨奎)의 「한국방언연구」, 최학근(崔鶴根)」의 「한국방언사전」, 그리고 전철웅(全哲雄)의 개인적 방언조사 자료는 이 책의 보조자료로 사용하였고, 한국정신문화연구원의 「한국방언자료집(Ⅲ)」을 핵심적인 자료로 이용하였다. 그것은 「한국방언자료집(Ⅲ)」이 앞의 세 방언조사 자료 곧, 「朝鮮語方言の硏究」, 「한국방언연구」, 「한국방언사전」보다 훨씬 뒤진 1980년대 말의 것이기는 하지만, 전국 규모의 종합적인 계획 아래 훌륭한 전문 조사자들에 의해 이루어진 방언조사 자료라는 점에서 가장 신뢰할 수 있고, 또 저자의 개인적 방언조사 실시 시기와 비슷한 때에 진행된 것이어서 상호 비교가 가능하다는 장점을 지니고 있기 때문이었다. 그러므로 이 「한국방언자료집(Ⅲ)」의 조사 내용은 그 밖의 모든 조사 자료들에 우선하여 이용되었으며, 이 다섯 방언조사 자료에 공통적으로 등장하는 조사 항

목의 경우는 예외 없이 「한국방언자료집(Ⅲ)」의 조사 내용으로 대표되게 하였고, 이 자료집에 등재되지 않았거나 더 많은 방언자료가 필요한 경우에만 나머지 방언조사 자료에서 뽑아 제시하였다.[1]

이 책에서 방언형을 전사(轉寫)하는 데 사용한 음성기호는 다음과 같다.

[음성기호]

(1) 단모음

i	ü	ɨ	ʉ	u
e	ö	Ǝ	ŏ	o
E		ə		
ɛ		ɜ		
		a		

(2) 이중모음

w계 이중모음 :	wi	we	wE	wɛ	wə	wa			
y계 이중모음 :	ye	yE	yɛ	yə	yɜ	ya	yu	yo	yɨ
	ey	ɛy	əy	ay	oy	uy			

(3) 자음

p, b	t, d	č, ǰ	k, g	
p'	t'	č'	k'	
p^h	t^h	$č^h$	k^h	
		s, sy		
		s', s'y		h, ɦ, x, ɸ
m	n	ny	ŋ	
	l, r	ly		

1) 방언자료를 제시할 때, 다음과 같이 조사지역 끝에 별표를 달지않거나 별표의 수를 달리하여 정신문화연구원의 자료, 소창진평(小倉進平)의 자료, 김형규의 자료, 최학근의 자료, 전철웅의 자료를 구별하였다.
ㅇ 정신문화연구원 : 청원 괴산 ㅇ 소창진평 : 청원 괴산* ㅇ 김형규 : 청원 괴산**
ㅇ 최학근 : 청원 괴산*** ㅇ 전철웅 : 청원 괴산****

(4) 기타

① 약화(弱化)된 음(音)은 위로 올려 어깨글자로 적었다.

예 : ku:mbE^{ŋ}i(굼벵이), k'amag^{w}i(까마귀)

② [:]는 장음(長音) 표시에 사용되었다.

문헌 자료를 옮겨 적거나 개별 단어의 어형 변화과정을 상정하는 데 사용된 음운부호는 다음과 같다.2)

[음운부호]

(1) 단모음

i	ü	ɨ	u
e	ö	ə	o
ɛ		a	ʌ

(2) 이중모음

w계 이중모음 : wi we wɛ wə wa

y계 이중모음 : ye yɛ yə ya yu yo yɨ

ey ɛy əy ay oy uy

(3) 자음

p	t	č	k	
p'	t'	č'	k'	
p^h	t^h	$č^h$	k^h	
		s		
		s'		h
β		z		
m	n		ŋ	
	l			

2) 방언형의 전사에 사용된 음성기호는 정신문화연구원의 「한국방언자료집(Ⅲ)」의 체제를 그대로 따랐다. 다만, 그 밖의 다른 방언조사 자료를 인용할 경우에는 원저의 전사 방식에 충실하고자 노력하였다. 따라서, 소창진평(小倉進平)의 「朝鮮語方言の硏究」나 김형규의 「한국방언연구」에서 인용된 방언자료는 '어'를 'ɜ'로, 'ㅈ'를 'ʧ'로, 반모음을 'j'로 적는 등의 차이가 나타날 수 있다.

제2장 통시적 어형변화

2장에서는 1장에서 언급한 방식에 따라 개별 단어의 역사적 어형변화를 살펴 나가고자 한다.

이 책에 수록된 단어는 모두 590개에 달한다. 이 책에 제시된 단어의 배열은 먼저 변화과정의 수에 따라 이루어졌다. 표제어마다 변화과정을 상정하여 제시하였으므로 표제어에 따라 변화과정이 단 하나만으로 이루어져 있는 것, 변화과정이 두 개로 이루어져 있는 것, 변화과정이 세 개로 이루어져 있는 것, 변화과정이 네 개로 이루어져 있는 것, 변화과정이 다섯 개로 이루어져 있는 것, 변화과정이 여섯 개로 이루어져 있는 것, 변화과정이 일곱 개로 이루어져 있는 것으로 분류할 수 있었으나, 변화과정이 여섯 개인 단어와 일곱 개인 단어는 하나씩만 있기 때문에 따로 세우지 않고 '변화과정이 다섯 개 이상인 단어'의 항목에 묶어 제시하였다.

그 다음에는 각 변화과정에 들어 있는 음운변화의 수에 따라 표제어를 다시 분류하였고, 그 안에서 다시 표제어의 가나다 순으로 제시하였다. 표제어마다 관련된 문헌형(文獻形)을 먼저 수록하고 이어서 방언형(方言形)을 대비시켜 제시하였다.

방언형은 충북의 10개 군별(郡別)로 제시하였다. 소방언권의 특징을 알아보기 위하여 충북의 10개 군을 진천군 음성군 중원군 제원군 단양군 청원군 괴산군 보은군 옥천군 영동군의 순서로 세우고(이 순서는 「한국방언자료집(Ⅲ)」에서 매긴 것을 그대로 도입한 것이다), 이 군(郡)들을 '진 음 중 제 단 청 괴 보 옥 영'으로 약칭하여 해당 변화과정의 하부에 실어 주었다. 10개 군(郡) 전 지역에서 발생한 변화의 경우에는 '전체'라는 단어로 나타내었다. 또한 부호 '×'를 사용하여 '제외하다'의 의미를 나타내도록 하였다. 따라서, 예를 들어 '×진음'은 '진천군 지역과 음성군 지역을 제외한 나머지 전 지역'이라는 뜻으로 풀이된다.

2.1. 변화과정이 하나인 단어

2.1.1. 음운변화가 한 가지인 것

1] 가난하다 : 문헌에 '가난, 가난ᄒᆞ-'와 '간난, 간난ᄒᆞ-'로 나온다. 전자는 '貧, 窶, 艱難, 窮寒' 등에 대응하여 쓰였다(두初15:22 두初22:48 금삼5:5 남명上8 자회下26 유합下28 등). 그런데 '가난ᄒᆞ히'를 흉년의 뜻인 '荒年'에 대응하여 사용한 문헌이 있어 '가난'의 의미를 파악하는 데에 도움이 된다(이륜16). 후자는 '艱難, 貧, 飢荒' 등에 대응하여 쓰였다(용가5, 석보13:57, 두初15:45, 박初上54, 내훈1:30, 번노上27 등). 내훈(1:30)에는 이 두 어형 '가난'과 '간난ᄒᆞ-'가 한 문장에 함께 나온다. 그러므로 한자어 '간난(艱難)'에서 동음 탈락 곧 'ㄴㄴ〉ㄴ'의 변화를 거쳐 '가난'이 되었을 것이라는 일반적 견해를 받아들일 수 있다. 충북의 방언형은 전 지역이 'kanan'이므로 변화과정을 다음과 같이 상정할 수 있다.

o kannan 〉 kanan
전체

위의 변화과정은 동음생략 현상을(nn〉nø)을 보여 준다.

2] 가두다[囚] : 문헌에 '가도-(석보9:8 월석1:28 능엄6:28 삼강忠6 동국 忠1:17 유합下21 동문下30 한청68c 여사4:33 경신60)'와 '가두-(여사4:42)'로 나온다.[3] 충북의 방언형은 'kado-〈단양〉 kadu-〈단양 제외 전 지역〉'이므로 변화과정을 다음과 같이 상정할 수 있다.

---

3) 옛 문헌에 나오는 '가도-/가두-'는 '거두-[收]'의 뜻으로도 쓰였음에 유의해야 한다.

o kato- 〉 katu-
  단　　×단

위의 변화과정은 단양을 제외한 전 지역에서 발생한 어간말의 'o〉u'를 보여 준다.

3] 가웃[半] : 문헌에 '기옷(대산40 지호3 만언사)'과 '가온(간벽7/8)'으로 나온다. 충북의 방언형은 전 지역이 'kaus'이므로 변화과정을 다음과 같이 상정할 수 있다.

o kaos 〉 kaus
  전체

위의 변화과정은 전 지역에서 발생한 어중의 'o〉u' 고모음화를 보여 준다.

4] 감투[帽] : 문헌에 '감토(박초上52 유합上31 역어上43 가언1:27 동문上55 한청327a)'로 나온다. 충북의 방언형은 전 지역이 'kamt^hu'이므로 변화과정을 다음과 같이 상정할 수 있다.

o kamt^ho 〉 kamt^hu
  전체

위의 변화과정은 전 지역에서 발생한 어말의 'o〉u' 고모음화를 보여 준다.

5] 값[價, 功錢] : 문헌에 '값(월석18:28 법화2:187 두初22:12 삼강孝21 번노上63 동문下26 한청299d 경신6)'으로 나온다. 충북의 방언형은 주격조사의 결합형이 'kab-i〈진천〉 kɛb-i〈음성 괴산 옥천〉'와 'kaps'y-i〈중원 제원 단양 청원 보은 영동〉'이므로 변화과정을 다음과 같이 상정할 수 있다.

o kaps 〉 kap
×진음괴옥　진음괴옥

위의 변화과정은 진천과 음성과 괴산과 옥천 지역에서 발생한 어말 'ㅄ'의 'ㅅ' 탈락을 보여 준다.[4]

6] 건지다[濟, 漉, 撈] : 문헌에 '건디-(법화2:88/7:29 자회下23 노언上21 노언下41 무원록3:3 한중록2)'와 '건지-(유합下11 동문上61 한청12:61 자휼1 경신2)'로 나온다. 충북의 방언형은 전 지역이 'kənǰi-'이므로 변화과정을 다음과 같이 상정할 수 있다.

o kənti- 〉 kənči-
전체

위의 변화과정은 전 지역에서 발생한 전반적인 'ㄷ' 구개음화(t〉č)를 보여 준다.

7] 것[物] : 문헌에 '것(석보13:39 능엄2:17 두初15:15)'과 '갓(월석8:8 자회下2)'으로 나온다. 충북의 방언형은 전 지역이 'kəs' 또는 'kə'이므로 'ㅅ' 유지형인 전자는 문제 될 것 없고, 후자는 '邊'의 뜻으로 쓰이는 '갓' 과 '가'의 경우에 맞추어 '*걼'으로부터 출발하는 변화과정을 상정할 수 있다.

o *kəz 〉 kə
전체

위의 변화과정은 전 지역에서 발생한 전반적인 어말 'ㅿ'의 약화를 보여 준다.

---

4) 이 'ㅅ' 탈락은 '값'의 단독형이 '갑'으로 실현되던 데에서 기인한 것으로 생각된다.

8] 고모(姑母) : 문헌에 '고모(한청141c 오륜4:34)'로 나온다. 충북의 방언형은 'komo〈전 지역〉'와 'komu〈영동〉'이므로 변화과정을 다음과 같이 상정할 수 있다.

o komo 〉 komu
전체 영

위의 변화과정은 영동 지역에서 발생한 어말의 'o〉u' 고모음화를 보여 준다.

9] 공기[要指兒] : 문헌에 '공긔노다(역어下23)'로 나온다. 충북의 방언형은 전 지역이 'koŋgi'이므로 변화과정을 다음과 같이 상정할 수 있다.

o koŋkɨy 〉 koŋki
전체

위의 변화과정은 전 지역에서 발생한 전반적인 'ɨy〉i' 단모음화를 보여 준다.

10] 그릇[器] : 문헌에 '그릇(월천4 원각序47 두初20:49 박初上5 자회下18) 그른(왜어下12) 그룻(신속孝29 태평1:12 노언上39)'으로 나온다. 충북의 방언형은 'kɨrɨs〈제원 옥천 영동 제외 전 지역〉'과 'kɨrɨk〈제원 옥천〉 kɨrək〈영동〉'이므로 변화과정을 다음과 같이 상정할 수 있다.

o kɨlɨk 〉 kɨlək[5]
제옥 영

---

5) 어말의 'k'형이 어말의 's'형과 기본형태를 공유하는지의 여부를 속단하기는 아직 이르다.

위의 변화과정은 영동 지역에서 발생한 어말 'ㄱ' 앞의 'ɨ〉ə'를 보여 준다.

11] 기다[匍匐] : 문헌에 '긔-(월석1:11 금삼3:50 동문上26 한청201d)'로 나온다. 충북의 방언형은 전 지역이 'ki-'이므로 변화과정을 다음과 같이 상정할 수 있다.

o kɨy- 〉 ki-
전체

위의 변화과정은 전 지역에서 발생한 전반적인 'ɨy〉i' 단모음화를 보여 준다.

12] 길다[長] : 문헌에 '길-(월천上60 석보6:33 두初23:40 동문上3 유합下48 石千8)'로 나온다. 충북의 방언형은 'kil-〈제원 단양 청원 영동〉'과 'čil-〈제원 제외 전 지역〉'이므로 변화과정을 다음과 같이 상정할 수 있다.

o kil- 〉 čil-
제단청영 ×제

위의 변화과정은 제원 지역을 제외한 전 지역에서 발생한 어두의 'ㄱ' 구개음화(k〉č)를 보여 준다. 단양과 청원과 영동 지역에서는 방언형 'kil-'과 'čil-'이 다 쓰이고 있음을 알 수 있다.

13] 김[海苔] : 문헌에 '짐(유물三草)'으로 나온다. 충북의 방언형은 'kim〈중원 보은 옥천 제외 전 지역〉'과 'čim〈제원 제외 전 지역〉'이므로 변화과정을 다음과 같이 상정할 수 있다.

o kim 〉 čim
×중보옥 ×제

위의 변화과정은 제원 지역을 제외한 전 지역에서 발생한 어두의 'ㄱ' 구개음화(k〉č)를 보여 준다. 중원과 보은과 옥천 지역에서는 'čim'만 쓰이고 제원 지역에서는 'kim'만 쓰임을 알 수 있다.

14] 꼬다[搓, 索] : 문헌에 'ᄭᅩ-(월석13:62 구방下63 구간3:24/6:10 가언圖10 역어上48)'로 나온다. 충북의 방언형은 'k'o-〈보은 옥천 영동 제외 전 지역〉'와 'k'oh-〈보은 옥천 영동〉'이므로 변화과정을 다음과 같이 상정할 수 있다.

o k'o- 〉 k'oh-
×보옥영　보옥영

위의 변화과정은 보은과 옥천과 영동 지역에서 발생한 어간말 모음 뒤의 'ㅎ' 첨가를 보여 준다.[6)]

15] 끄다[消, 滅] : 문헌에는 'ᄢᅳ-(월천106 석보6:33 두初25:13)'와 'ᄭᅳ-(태평1 삼역3:23 아학下10)'로 나온다. 충북의 방언형은 전 지역이 'k'ɨ-'이므로 변화과정을 다음과 같이 상정할 수 있다.

o pk'ɨ- 〉 k'ɨ-
전체

위의 변화과정은 전 지역에서 발생한 합용병서 'ᄢ'의 'ㅂ' 탈락(pk'〉k')을 보여 준다.

16] 끄르다[解, 釋] : 문헌에 '그르-(석보9:40 월석18:52 삼강孝17 능엄10:92 두初20:47 번노上28 유합下46 계축67 여사2:14 한청12:16)'와 'ᄭᅳ르-(여사3:13)'로 나온다. 충북의 방언형은 전

6) 'ㅎ' 첨가에 관한 논의로 최전승(2014 : 311-393)을 참고할 수 있다.

지역이 'k'ɨrɨ-'이므로 변화과정을 다음과 같이 상정할 수 있다.

o kɨlɨ- 〉 k'ɨlɨ-
전체

위의 변화과정은 전 지역에서 발생한 어두 'ㄱ'의 경음화를 보여 준다.

17] 끊다[絕, 斷] : 문헌에 '긓-(청구p.120)'과 'ᄭᅳᇂ-(내훈重二61 삼역1:16 여사4:19 역어補26 왜어下36 한청12:4(110c) 자휼1 한중록90 경신21/74)'으로 나온다. 충북의 방언형은 전 지역이 'k'ɨnh-'이므로 변화과정을 다음과 같이 상정할 수 있다.

o kɨnh- 〉 k'ɨnh-
전체

위의 변화과정은 전 지역에서 발생한 어두 'ㄱ'의 경음화를 보여 준다.

18] 꽈리[酸漿] : 문헌에 'ᄭᅩ아리(동의湯液3:7 마언下51 역어下41 물보草果)'와 'ᄭᅪ리(구방上63 구간3:82)'로 나온다. 충북의 방언형은 전 지역이 'k'wa:ri'이므로[7] 변화과정을 다음과 같이 상정할 수 있다.

o k'oali 〉 k'wali
전체

위의 변화과정은 전 지역에서 발생한 모음 앞 'o'의 활음화(o〉w)를 보여 준다.

19] 끓다[沸, 湯] : 문헌에 'ᄭᅳᇙ-(월석1:29 사성上17 능엄8:101/102

7) 옥천 지역에서는 방언형 't'ɛk'wal'도 쓰인다고 한다.

영가下72 구간1:54 자회下11)'과 '긇-(분문23 石千5 동의湯液 1:18 한청29d)'로 나온다. 충북의 방언형은 전 지역이 'k'ɨlh-'이므로 변화과정을 다음과 같이 상정할 수 있다.

o kɨlh- 〉 k'ɨlh-
전체

위의 변화과정은 전 지역에서 발생한 어두 'ㄱ'의 경음화를 보여 준다.

20] 끼다[挾] : 문헌에 'ᄢᅵ-(두初10:26 원각三之一54 구방上88)'와 'ᄢᅵ-(박重中21) ᄭᅵ-(능엄1:58/4:62 자회下20 유합下14 두重4:33 역어下4 왜어下38 동문上30 한청10:11(297c))'로 나온다. 충북의 방언형은 전 지역이 'k'i-'이므로 변화과정을 다음과 같이 상정할 수 있다.

o pk'i- 〉 k'i-
전체

위의 변화과정은 전 지역에서 발생한 합용병서 'ㅄ'의 'ㅂ' 탈락(pk'〉k')을 보여 준다.

21] 나무[木] : 문헌에 '나모(용가89 월석2:42 능엄5:35 자회下3 유합上7 석천32 역어下8 여범2) 나무(유물四木 아학上4/10/12)'로 나온다. 충북의 방언형은 전 지역이 'namu'이므로 변화과정을 다음과 같이 상정할 수 있다.

o namo 〉 namu
전체

위의 변화과정은 전 지역에서 발생한 어말의 'o〉u' 고모음화를 보여 준다.

22] 낡다[故, 舊] : 문헌에 'ᄂᆞᆰ-(월천155 법화2:105 선가上20 동문上56 한청130d)'과 '낡-(오륜4:42)'으로 나온다. 충북의 방언형은 전 지역이 'nalk-'이므로 변화과정을 다음과 같이 상정할 수 있다.

ㅇ nʌlk- 〉 nalk-
　　　　전체

위의 변화과정은 전 지역에서 발생한 어두음절의 'ʌ〉a'를 보여 준다.

23] 남[他] : 문헌에 'ᄂᆞᆷ(용가24 월천11 석보6:7)'과 '남(歌曲말하면 인어2:9)'으로 나온다. 충북의 방언형은 전 지역이 'nam'이므로 변화과정을 다음과 같이 상정할 수 있다.

ㅇ nʌm 〉 nam
　　　전체

위의 변화과정은 전 지역에서 발생한 어두음절의 'ʌ〉a'를 보여 준다.

24] 넓적다리[大腿] : 문헌에 '넙덕다리(역어上35 한청5:54(148c))'로 나온다. 충북의 방언형은 'nɜpt'əkt'ari〈음성 보은 영동〉 nəpt'ukt'ari〈단양〉'와 'nɜpč'əkt'ari〈중원 옥천〉 nəpč'ək t'ari〈제원 괴산〉'와 'həbəktari〈진천〉 həbəkč'i〈청원 보은 옥천〉'이다. 문헌형이 어간 '넙-'과 접미사 '-덕'의 결합인 '넙덕'을 보여 주고 있으므로 충북의 방언형들도 '-덕'과 '-적'이 결합하여 각각 '넓덕'과 '넓적'이 형성된 것이라고 볼 수 있다. 따라서 't''계 방언형들의 변화과정을 다음과 같이 상정할 수 있다.

ㅇ nəpt'əktali 〉 nəpt'uktali
　음보영　　　　　단

위의 변화과정은 단양 지역에서 발생한 어중의 'ə〉u'를 보여 준다.

25] 누구[誰] : 표제어에 직접 대응하는 문헌형은 '누고(삼강忠7 노언下5 동문下51 한청244a)'와 '누구(노언上14 石千23-31)'로 나온다. 이 문헌형들은 미지칭의 인칭대명사 '누'에 의문의 보조사 '-고(〉구)'가 결합된 형태였으나 후대에 오면서 재어휘화를 겪은 것으로 이해된다. 충북의 방언형은 전 지역이 'nugu'이므로 변화과정을 다음과 같이 상정할 수 있다.

o nuko 〉 nuku
전체

위의 변화과정은 전 지역에서 발생한 어말의 'o〉u' 고모음화를 보여 준다.

26] 누나[姉, 妹] : 문헌에 '姉' 또는 '妹'에 대응하는 말로 '누의(석보24:18 월석2:6/21:162 두初8:28/11:31 자회上32 박初上55 소언6:32) 누의님(월석2:6 삼강忠25 박初上48) 누으님(계축34)'과 '누위(두初23:46 삼강忠25 두重11:28/31 내훈3:46)'로 나온다. 충북의 방언형은 'nui〈진천 음성 단양 보은〉'와 'nuna〈진천 단양 보은 제외 전 지역〉'와 'nuya〈단양〉'와 'nunyim〈제원 제외 전 지역〉'이므로 문헌형과 직접 관련되는 'nui'의 변화과정을 다음과 같이 상정할 수 있다.

o nuɨy 〉 nui[8)]
진음단보

위의 변화과정은 진천과 음성과 단양과 보은 지역에서 발생한 어말의 'ɨy〉i' 단모음화를 보여 준다.

---

8) 방언형 'nuya'와 'nunyim'은 'nuɨy 〉 nui 〉 nuy+a → nuya'와 'nuɨy 〉 nuuy 〉 nuy+nim → nunim'의 변화과정을 겪은 것으로 생각된다.

27] 눈썹[眉] : 문헌에 '눈섭(석보19:7/24:44 월석2:41 법화2:13 몽산35 두初7:12/8:17 자회上25) 눈ㅅ섭(역어上32) 눈썹(소언3:20 여사4:27)'과 '눈셥(왜어上16 아학上2)'으로 나온다.[9] 충북의 방언형은 'nuns'əp〈단양 제외 전 지역〉 nunsəp〈괴산〉 nuns'up〈단양〉'이므로 변화과정을 다음과 같이 상정한다.

o nun+s+səp → nuns'əp 〉 nuns'up
×단 단

위의 변화과정은 단양 지역에서 발생한 어말 순음 앞의 'ə〉u'를 보여 준다.

28] 더럽다[汚, 染] : 문헌에 '더럽-(석보13:33 능엄1:9 두初25:46 월석1:35)'과 '드럽-(여소2:34)'으로 나온다. 충북의 방언형은 전 지역이 'tɨːrəp-'이므로 변화과정을 다음과 같이 상정할 수 있다.[10]

o tələp- 〉 tɨləp-
전체

위의 변화과정은 전 지역에서 발생한 어두의 'ə〉ɨ'를 보여 준다.

29] 덜[小, 減] : 문헌에 '덜(역어下53 송강2:6)'과 '들(여소4:56b)'로 나온다. 충북의 방언형은 전 지역이 'tɨːl'이므로 변화과정을 다음과 같이 상정할 수 있다.

o təl 〉 tɨl
전체

---

9) 계림유사(鷄林類事)에 나오는 '眉曰疎步'를 근거로 중세국어 시기 또는 그 이전 시기에 '섭'이 '눈썹[眉]'의 뜻으로 쓰인 명사였음을 짐작할 수 있다.

10) 여소학의 '드럽-'은 방언형 'tirəp-'으로 변화해 가는 과정을 밝히는 데 좋은 자료가 된다.

o 비즈를 식혀 죽얼 드리ᄃᆞᄀ 업처서 죠복얼 드럽히니(2:34a)

위의 변화과정은 전 지역에서 발생한 어두의 'ə〉ɨ'를 보여 준다.

30] 도토리[芧, 橡, 橡栗, 梂] : 문헌에 '도토리(사성下68 자회上11 역어下41 왜어下28 아학上6)'와 '도토밤(두初24:39) 도톨왐(두初25:26)'으로 나온다. 충북의 방언형은 'tot^{h}ori〈단양 영동 제외 전 지역〉 tot^{h}uri〈단양〉'와 'kulbam〈영동〉 k'ulbam〈단양〉'이므로 변화과정을 다음과 같이 상정할 수 있다.[11)]

ㅇ tot^{h}oli 〉 tot^{h}uli
×단 단

위의 변화과정은 단양 지역에서 발생한 어중의 'o〉u'를 보여 준다.

31] 돌[朞, 期] : 문헌에 '돐(삼강孝19 박初上57 내훈1:65 소언4:22 여사2:15)'로 나온다. 충북의 방언형은 'tols〈괴산〉'과 'tol〈괴산 제외 전 지역〉'이므로 변화과정을 다음과 같이 상정할 수 있다.

ㅇ tols 〉 tol
괴 ×괴

위의 변화과정은 괴산 지역을 제외한 전 지역에서 발생한 어말자음 'ㄳ'의 'ㅅ' 탈락을 보여 준다.

32] 마구간(馬廏間) : 문헌에 '마구(馬廏)(용가109 월석2:46 원각序54 유합上23 유물一毛 오륜1:25)'로 나온다. 충북의 방언형은 'mabuk'an〈진천 괴산 옥천〉 maguk'an〈음성 중원 제원〉 mabaŋk'an〈청원 보은 영동〉'과 'map^{h}an〈단양〉'인데, 'maguk'an'은 '馬廏間'으로, 'mabaŋk'an'은 '馬房間'으로, 'map^{h}an'은 '馬

---

11) 방언형 'kulbam〈영동〉'과 'k'ulbam〈단양〉'의 변화과정은 표제어 '상수리' 항에서 논의되었음을 밝힌다.

板'으로 생각된다. 나머지 방언형 'mabuk'an'의 변화과정은 다음과 같이 상정할 수 있다.

o makuk'an 〉 mapuk'an
음중제 진괴옥

위의 변화과정은 진천과 괴산과 옥천 지역에서 발생한 모음 사이의 'ㄱ〉ㅂ'을 보여 준다.

33] 매[鷹] : 문헌에 '매(월석10:77 삼강忠12 두初8:18 자회上15 유합上12 유씨물명一羽蟲)'로 나온다. 충북의 방언형은 전 지역이 'mɛ'이므로 변화과정을 다음과 같이 상정할 수 있다.

o may 〉 mɛ
전체

위의 변화과정은 전 지역에서 발생한 'ay〉ɛ' 단모음화를 보여 준다.

34] 매[鞭] : 문헌에 '매(석보9:8 월석17:76 법화5:41 신속忠2 동문下8)'로 나온다. 충북의 방언형은 전 지역이 'mɛ'이므로 변화과정을 다음과 같이 상정할 수 있다.

o may 〉 mɛ
전체

위의 변화과정은 전 지역에서 발생한 'ay〉ɛ' 단모음화를 보여 준다.

35] 모두[總, 摠] : 문헌에 '모도(월석8:15 능엄2:49 법화5:194 소언3:24 경민5)'로 나온다. 충북의 방언형은 'modu〈단양 제외 전 지역〉'와 'modo〈단양〉'이므로 변화과정을 다음과 같이 상정할 수 있다.

o moto 〉 motu
단 ×단

위의 변화과정은 단양 지역을 제외한 전 지역에서 발생한 어말의 'o〉u' 고모음화를 보여 준다.

36] 모시다[侍] : 문헌에 '뫼시-(용가109 월석8:94 두初22:43 번소10:2 유합下14 石千22)'와 '모시-(월석8:100 속삼烈8 이륜重42 첩해7:19 노언下41)'로 나온다. 훈민정음 초기 문헌에 '뫼-(석보11:4 월석2:9 능엄1:3 법화4:121 두初3:1 육조序5)'가 존재했으므로 여기에 주체존대 선어말어미 '-시-'가 붙은 것이 '뫼시-'라고 생각된다. 충북의 방언형은 전 지역이 'mosyi-'이므로 변화과정을 다음과 같이 상정할 수 있다.

o moysi- 〉 mosi-[12)]
전체

위의 변화과정은 전 지역에서 발생한 하향이중모음의 부음 'y'의 탈락(oy〉o)을 보여 준다.

37] 모이[嗉食] : 문헌에 '모이(한청421d)'와 '몽이(동문下35 한청14:39(442d))'로 나온다. 이 말은 동사 어간 '모ᅀᅵ-(牧)(자회中2)'에서 온 것으로 생각된다. '진지'의 뜻인 '뫼(소언4:14 가언4:24 송강1:16)'와도 관련되며, 동사 '뫼-[侍]'와도 관련되는 것 같다. 충북의 방언형은 'mosyi〈진천 청원 보은 옥천 영동〉'와 'moi〈청원 옥천 영동 제외 전 지역〉'이므로 변화과정을 다음과 같이 상정할 수 있다.

---

12) '뫼시-'는 'oy〉ö' 단모음화 곧 'moysi-〉mösi-'의 변화과정으로 얻을 수 있다.

ㅇ mozi 〉 moi
×청옥영

위의 변화과정은 청원과 옥천과 영동 지역을 제외한 전 지역에서 발생한 모음 사이의 'ㅿ' 약화를 보여 준다.

38] 무릎[膝] : 문헌에 '무릎(석보9:29 능엄4:2 월석9:36 법화1:55 소언2:15) 무뤂(구간1:59)'과 '무릅(여사4:4)'으로 나온다. 충북의 방언형은 'murʉb-e〈진천 제원 보은 옥천〉 murub-e〈음성 청원 보은 옥천 영동〉'와 '$murup^{h}$-i〈중원 단양〉 $mur ʉp^{h}$-əl〈제원 괴산〉'이므로 변화과정을 다음과 같이 상정할 수 있다.

ㅇ $mulup^{h}$ 〉 mulup
×중단괴

위의 변화과정은 중원과 단양과 괴산 지역을 제외한 전 지역에서 발생한 어말 격음의 평음화(ㅍ〉ㅂ)를 보여 준다.

39] 버리다[捨, 棄] : 문헌에 'ᄇᆞ리-(용가54 석보11:37/13:39 월석7:54 몽산59 삼강烈21 법화4:4 유합下47 石千33 여범1)'로 나온다. 충북의 방언형은 전 지역이 'pəri-'이므로 변화과정을 다음과 같이 상정할 수 있다.

ㅇ pʌli- 〉 pəli-
전체

위의 변화과정은 전 지역에서 발생한 어두음절의 'ʌ〉ə'를 보여 준다.

40] 보리[麰, 麥] : 문헌에 '보리(두初10:8/23:21 자회上12 유합上10 동의湯液一土部 왜어下4 역어補42 유물三草)'로 나온다. 충북의

방언형은 'pɜri〈진천 음성 보은〉 pəri〈단양 괴산 옥천 영동〉'와 'pori〈중원 청원〉 pŏri〈제원 단양〉'이므로 변화과정을 다음과 같이 상정할 수 있다.

o poli 〉 pəli
중제단청 ×중제청

위의 변화과정은 중원과 제원과 청원 지역을 제외한 전 지역에서 발생한 어두 순음 뒤의 'o〉ə'를 보여 준다.

41] 비누[皀, 胰] : 문헌에 '비노(박重下23 역어上48 동문上54 역어補29)'와 '비누(한청338c)'로 나온다. 충북의 방언형은 전 지역이 'pinu'이므로 변화과정을 다음과 같이 상정할 수 있다.

o pino 〉 pinu
전체

위의 변화과정은 전 지역에서 발생한 어말의 'o〉u'를 보여 준다.

42] 비듬[麸皮, 浮皮] : 문헌에 '비듬(박初上44 역어上32 한청151c)'으로 나온다. 충북의 방언형은 'pidɨm〈진천 중원 제원 청원〉'과 'pinul〈음성 중원 단양 괴산 영동〉'과 'čigɛmi〈보은〉'와 'pige〈옥천〉'와 'piǰi〈영동〉'인데, 방언형 'pidɨm'은 문헌형과 동일하므로 문제될 것 없고, 방언형 'pinul'에 대한 문헌형은 '비늘(월천28 월석7:35 두初9:23 자회下3 구간6:2)과 비늘(두初25:14 石千4 동문下41 한청446c)'이므로 변화과정을 다음과 같이 상정할 수 있다.

o pinɨl 〉 pinul
음중단괴영

위의 변화과정은 음성과 중원과 단양과 괴산과 영동 지역에서 발생한 어말자음 'ㄹ' 앞의 'ɨ>u'를 보여 준다.

43] 비비다[捏, 鑽, 攢] : 문헌에 '비븨-(법화2:173 쎄븨-(능엄2:83 법록17 구간6:90 구방上2) 비븨이-(능엄8:41 법화2:173 금삼2:3 소언5:53)'와 '뱌빅-(사성下3 자회下23) 뱌븨-(청구p.111) 뱌뷔-(왜어上31)'로 나온다. 충북의 방언형은 전 지역이 'pibi-'이므로 변화과정을 다음과 같이 상정할 수 있다.

ㅇ pipɨy- 〉 pipi-
전체

위의 변화과정은 전 지역에서 발생한 어말의 'ɨy>i' 단모음화를 보여 준다.

44] 사람[人] : 문헌에 '사ᄅᆞᆷ(용가15 석보6:5 능엄1:21 금강序5 자회下2) 사롬(마언下67) 사름(법어5 정속1/4 번소7:27) 살음(지장下15 정속8) 살ᄋᆞᆷ(정속7)'과 'ᄉᆞᄅᆞᆷ(삼략上18)' 및 '사람(유물一毛)'으로 나온다. 충북의 방언형은 전 지역이 'saram'이므로 변화과정을 다음과 같이 상정할 수 있다.

ㅇ salʌm 〉 salam
전체

위의 변화과정은 전 지역에서 발생한 비어두음절의 'ʌ>a'를 보여 준다.

45] 살강[器架] : 문헌에 '사랑(동문下15 한청289b)'으로 나온다. 충북의 방언형은 'salgaŋ〈중원 제원 단양 제외 전 지역〉 salgwaŋ〈중원 제원〉'과 'tana〈단양〉'인데 어원이 다른 단양 지역의 방언

형을 제외하고 나머지 방언형들의 변화과정은 다음과 같이 상정할 수 있다.[13)]

o salkaŋ 〉 salkwaŋ
×중제단 중제

위의 변화과정은 중원과 제원 지역에서 발생한 어중 'ㄱ' 뒤의 'w' 첨가(ka〉kwa)를 보여 준다.

46] 삼촌[三寸] : 문헌에 '삼촌(경민12 한중록350)'으로 나온다. 충북의 방언형은 'samčʰun〈전 지역〉'과 'aǰE〈단양〉'이므로 변화과정을 다음과 같이 상정할 수 있다.

o samčʰon 〉 samčʰun
전체

위의 변화과정은 전 지역에서 발생한 어말의 'o〉u'를 보여 준다.

47] 썩다[朽, 腐] : 문헌에 '석-(월석18:39 능엄4:80 법화2:56 두初18:17 자회下13 구방下77 동문上62) 썩-(송강1:5) 썩-(몽어上48 경신73) 셕-(유물5土) 쎡-(아학下10)'으로 나온다.[14)] 충북의 방언형은 전 지역이 's'ək-'이므로 변화과정을 다음과 같이 상정할 수 있다.

o sək- 〉 s'ək-
전체

13) 전국에서 'tana' 또는 그와 유사한 어형을 찾을 수 없는 특이형이다.
14) 소학언해에 '麴蘖'을 주해하여 '눌욱과 세김이니 술을 닐음이라(소학5:20)'고 한 것으로 보아 '석-'과 '삭-'은 모음대립에 따라 분화된 어사임을 추정할 수 있다. '세김'은 '석-'에 사동의 접미사 '-이-'가 결합한 'səyki-'라고 생각되기 때문이다.

위의 변화과정은 전 지역에서 발생한 어두 'ㅅ'의 경음화를 보여 준다.

48] 아래[下] : 문헌에 '아래(용가40 월천11 석보6:17 두初7:3) 아릭(경민15 한청1:49 무예도16 아학下2)'로 나온다. 충북의 방언형은 'arE〈단양 청원 괴산 제외 전 지역〉 arε〈청원 괴산〉'와 'a:l〈단양〉'이므로 변화과정을 다음과 같이 상정할 수 있다.

ㅇ alay 〉 alε
×단

위의 변화과정은 단양 지역을 제외한 전 지역에서 발생한 어말의 'ay〉ε' 단모음화를 보여 준다.

49] 아래[前日] : 문헌에 '아래(월천上39 석보6:4/11:32 월석8:86 번소10:1) 아릭(월석21:120 능엄1:3 법화3:118 자회上2)'로 나온다. 충북의 방언형은 전 지역이 'a:rε****'이므로 변화과정을 다음과 같이 상정할 수 있다.

ㅇ alay 〉 alε
전체

위의 변화과정은 전 지역에서 발생한 어말의 'ay〉ε' 단모음화를 보여 준다.

50] 앒[前] : 문헌에 '앒(용가60 석보6:3 두初20:13 월석9:11 소언6:61 동문上9 여사2:14)'과 '앞(소언5:70 두요下35 신속孝6:11 가례8:4 마언下74)'으로 나온다. 충북의 방언형은 전 지역이 'ap^h'이므로 변화과정을 다음과 같이 상정할 수 있다.

ㅇ alp^h 〉 ap^h
전체

위의 변화과정은 전 지역에서 발생한 어말자음 'ㅍ' 앞의 'ㄹ' 탈락을 보여 준다.

51] 애꾸 : 충북의 방언형은 'ɛk'unun〈진천 음성 괴산〉 ɛk'u〈중원 제원〉 ɛk'o〈단양〉'이므로 변화과정을 다음과 같이 상정할 수 있다.

o ɛk'o 〉 ɛk'u
단 진음중제괴

위의 변화과정은 진천과 음성과 중원과 제원과 괴산 지역에서 발생한 어말의 'o〉u'를 보여 준다.

52] 어둡다[暗, 昧, 昏] : 문헌에 '어듭-(용가30 월석14:39 두初8:39 금삼2:2 능엄1:100 육조上6) 어둡-(능엄2:28 법화2:109 선가上25 송강1:16) 어돕-(박重下27)'으로 나온다. 충북의 방언형은 전 지역이 'ədup-'이므로 변화과정을 다음과 같이 상정할 수 있다.

o ətɨp- 〉 ətup-
전체

위의 변화과정은 전 지역에서 발생한 어간말 자음 'ㅂ' 앞의 'ɨ〉u'를 보여 준다.

53] 얼굴[容, 顔] : 문헌에 '얼굴(석보9:17 월석1:34 능엄2:83/3:59/9:84 법화6:144 두初8:25 자회上24/35/下16 유합上1/15/22)'과 '얼골(신속烈3 명황1:31 여사4:2 여범2, 인어8:16)'로 나온다. '얼굴'이 훈민정음 초기 문헌에부터 많이 나오는데 '容姿, 顔, 形, 狀, 象, 型, 體, 形色, 質, 模' 등 여러 한자에 대응되어 있다. 후대에 오면서 의미축소가 일어나 '容, 顔'의 뜻으로 쓰이게 되었다. 충북의 방언형은 'əlgul〈진천 청원 보은 옥천 영동〉 ɜlgul〈음성 중원 제원 괴산〉'과

'əlgol〈단양〉'이므로 변화과정을 다음과 같이 상정할 수 있다.

o əlkul 〉 əlkol
×단 단

위의 변화과정은 단양 지역에서 발생한 어말의 'u〉o'를 보여 준다.

54] 여물[饋草] : 문헌에 '여믈(박初上21 역어下34 우방4 동문下16 한청439b 유물一毛)'과 '여물(유물一獸族 물보牛馬)'로 나온다. 충북의 방언형은 'yəmul〈음성 단양 제외 전 지역〉 yɜmul〈음성〉'과 'yəmigi〈단양〉'이므로 어원이 다른 'yəmigi'를 제외하고 나머지 방언형들의 변화과정을 다음과 같이 상정할 수 있다.

o yəmɨl 〉 yəmul
×단

위의 변화과정은 단양 지역을 제외한 전 지역에서 발생한 어말의 원순모음화(ɨ〉u)를 보여 준다.

55] 여섯[六] : 문헌에 '여슷(용가86 석보6:1 월석9:58 자회下33) 여숫(속삼孝10 유합上1) 여섯(역어補36) 여셧(아학下12)'과 '여ᄋᆺ(화포25)'으로 나온다. 충북의 방언형은 전 지역이 'yəsəs'이므로 변화과정을 다음과 같이 상정할 수 있다.

o yəsɨs 〉 yəsəs
전체

위의 변화과정은 전 지역에서 발생한 어말의 'ɨ〉ə'를 보여 준다.

56] 영감(令監) : 충북의 방언형은 전 지역이 'yɨːŋgam'이므로 변화과정을 다음과 같이 상정할 수 있다.

o yəŋkam 〉 yɨŋkam
전체

위의 변화과정은 전 지역에서 발생한 어두의 'ə〉ɨ'를 보여 준다.

57] 우물[井] : 문헌에 '우믈(능엄3:92 두初24:41 삼강忠29 자회上5 유합上18)'로 나온다. 충북의 방언형은 전 지역이 'umul'이므로 변화과정을 다음과 같이 상정할 수 있다.

o umɨl 〉 umul
전체

위의 변화과정은 전 지역에서 발생한 어말의 원순모음화(ɨ〉u)를 보여 준다.

58] 읊다[吟, 詠] : 문헌에 '읖-(소언題3 石千41 두重2:5) 읍ㅍ-(두重6:11 유합下5 신속三孝1)'과 '읊-(왜어上37 청구p.106 노언上3 역어上15 한청100b)'으로 나온다. 방언형은 'ɨlp^h-〈영동 제외 전 지역〉'과 'purɨ-〈영〉'이므로 변화과정을 다음과 같이 상정할 수 있다.

o ɨp^h- 〉 ɨlp^h-
×영

위의 변화과정은 영동 지역을 제외한 전 지역에서 발생한 어간말 자음 'ㅍ' 앞의 'ㄹ' 첨가를 보여 준다.

59] 주름살 : 문헌에 '주름(노언下46 여소4:50a) 주롬(악장鄭石 역어下6) 주룸(여소4:44a)'으로 나온다. 충북의 방언형은 'čurɨms'al〈진천 제원 보은 옥천〉 čurums'al〈음성 영동〉'과 'čurɨm〈청원 보은〉 čurʉm〈괴산〉 čurum〈음성 중원〉'과 'č'ugɨrəks'al〈단양〉'

이므로 변화과정을 다음과 같이 상정할 수 있다.

o čulɨm 〉 čulum
진제청보옥 음중괴영

위의 변화과정은 음성과 중원과 괴산과 영동 지역에서 발생한 어말 순음 앞의 'ɨ〉u'를 보여 준다.

60] 트림[噯] : 문헌에 '트림(사성上46 자회上29 내훈1:49 동문上19 한청8:4)'과 '트름(물보身體)'으로 나온다. 충북의 방언형은 't^hɨrɨm〈음성 중원 제원〉'과 'ket^{h}ɨrɨm〈진천 음성 청원 보은 옥천 영동〉 kit^{h}ɨrɨm〈제원 괴산〉 kɨt^{h}ɨrɨm〈단양〉'인데, 위 방언형들에 공통되는 't^hɨrɨm'의 변화과정을 다음과 같이 상정할 수 있다.

o t^hɨlim 〉 t^hɨlɨm
전체

위의 변화과정은 전 지역에서 발생한 'ㄹ' 뒤의 어말 'i〉ɨ'를 보여 준다. 이 변화는 '가리마〉가르마'[15) '멸티〉멸치〉 … 〉 메리치〉메르치'와 같은 변화과정에서 확인할 수 있다.[16)

61] 파리[蠅] : 문헌에 'ᄑᆞᆯ(해례用字)'과 'ᄑᆞ리(두初10:28 자회上21 역어下14 동문下13 한청11:35(344a))'로 나온다. 충북의 방언형은 전 지역이 'p^hari'이므로 변화과정을 다음과 같이 상정할 수 있다.

o p^hʌli 〉 p^hali
전체

15) '가르마'의 뜻을 가진 문헌어 'ᄀᆞ림자(동문上14)/ᄀᆞ림ᄌᆞ(한청5:48)/가림자(역어補21)'로부터 '가리'를 상정할 수 있다.
16) 한편 'ᄀᆞᄅᆞ치다〉ᄀᆞ르티다〉ᄀᆞ르치다〉가르치다〉가르키다〉가리키다'에서는 그 반대의 변화가 일어난 것으로 생각된다.

위의 변화과정은 전 지역에서 발생한 어두음절의 'ʌ>a'를 보여 준다.

62] 펌프 : 이 표제어는 영어 단어 'pump'에서 온 말이다. 충북의 방언형은 'p'omp'usɛm〈음성 옥천 영동 제외 전 지역〉 p'omp'osɛm〈음성〉 p'omp'usyam〈옥천〉'과 'čaktusyam〈영동〉'이므로 변화과정을 다음과 같이 상정한다.17)

ㅇ p'omp'u 〉 p'omp'o
음옥

위의 변화과정은 음성과 옥천 지역에서 발생한 어말의 'u>o'를 보여 준다.

63] 푸다[汲] : 문헌에 '프-(구황7)'로 나온다. 충북의 방언형은 전 지역이 'p^hu-'이므로 변화과정을 다음과 같이 상정할 수 있다.

ㅇ p^hɨ- 〉 p^hu-
전체

위의 변화과정은 전 지역에서 발생한 원순모음화(ɨ>u)를 보여 준다.

64] 호두[胡桃, 核桃] : 문헌에 '호도(노언下34 역어上51 동문下5 한청392d)'로 나온다. 충북의 방언형은 'hodu〈음성 단양 제외 전 지역〉 hodo〈음성〉'와 '$č^h$uǰa〈단양〉'이므로 변화과정을 다음과 같이 상정할 수 있다.

ㅇ hoto 〉 hotu
음 ×음단

17) 이 방언형은 'pump'를 일본식 외래어로 받아들인 결과이다(pump>p'omp'u).

위의 변화과정은 음성과 단양 지역을 제외한 전 지역에서 발생한 어말의 'o>u'를 보여 준다.

65] 홍시(紅柿) : 충북의 방언형은 'hoŋsyi<보은 옥천 영동 제외 전 지역>'와 'hoŋsu<단양 보은 옥천 영동>'이므로 변화과정을 다음과 같이 상정할 수 있다.[18)]

ㅇ hoŋsi > hoŋsu
단보옥영

위의 변화과정은 단양과 보은과 옥천과 영동 지역에서 발생한 어말의 'i>u'를 보여 준다.

2.1.2. 음운변화가 두 가지인 것

1] 가만히[靜, 密, 潛] : 문헌에 'ᄀᆞ마니(석보6:30 월석10:28 능엄1:56 두初21:26) ᄀᆞᄆᆞ니(능엄4:17 법화2:206 삼강孝4)'로 나온다. '-ᄒᆞ다'가 접속된 'ᄀᆞᄆᆞᆫᄒᆞ-(석보11:16 법화3:99 월석21:218 내훈1:87 금강145)'와 'ᄀᆞ만ᄒᆞ-(원각上一之二 두初18:22 내훈3:44)'를 참고할 수 있다. 중세국어의 'ᄀᆞ마니, ᄀᆞᄆᆞ니'는 각각 어근 'ᄀᆞ만, ᄀᆞᄆᆞᆫ'에 접미사 '-이'가 붙어 이루어진 것으로 생각된다. 충북의 방언형은 전 지역이 'kama:ni'이므로 변화과정을 다음과 같이 상정할 수 있다.

ㅇ kʌmʌni > kʌmani > kamani
전체 전체

18) 최전승(1983)이 어말 'u'형인 'hoŋsu'가 전북방언에서 5,60대 이상의 노년층 화자들에게서 채집되었음을 지적하고, 그것이 'uy>u' 변화의 결과일 개연성이 많으며, 'i'에서 'uy'로 넘어가게 되는 과정은 어간말 'i'가 사회적으로 권위 있는 소수 화자들에 의해 잘못 분석되어 'ɨy'형으로 재구조화되었기 때문이라고 한 주장을 수용한다.

위의 변화과정은 전 지역에서 발생한 비어두음절의 'ʌ>a', 어두음절의 'ʌ>a'를 보여 준다.

2] 가엾다[憫, 憐] : 문헌에 'ᄀᆞ이없-(한중p.386)'으로 나온다. 이 말은 중세국어 문헌에서 '無疆, 無邊, 無邊際'의 뜻으로 쓰인 'ᄀᆞᆺ 없-(석보19:4 금강序5/10)' 혹은 'ᄀᆞᇫ 없-(용가125 월천上10/45)'이 후에 'ᄀᆞ 없-(윤선도 孤' 遺)' 혹은 'ᄀᆞ이 없-(소학3:20 속삼烈1:92)'으로 나오는 점을 감안할 필요가 있다. 충북의 방언형은 'kayəps-〈진천 중원 제원 단양 청원 괴산〉'과 'kayɤps-〈음성〉'이므로 변화과정을 다음과 같이 상정할 수 있다.

o kʌiəps- 〉 kaiəps- 〉 kayəps- 〉 kayops-
진중제단청괴 음

위의 변화과정은 보은과 옥천과 영동 지역을 제외한 전 지역에서 발생한 'i'의 활음화(i>y), 음성 지역에서 발생한 어말 순음 앞의 'ə>o'를 보여 준다.

3] 가슴[胸] : 문헌에 '가ᄉᆞᆷ(석보23:25 두初9:17 금삼2:46 자회上27 역어下29 동문上20) 가ᄉᆞᆷ(은중19)'과 '가슴(청구고시조, 아학上2)'으로 나온다. 충북의 방언형은 'kasɨm〈제천 단양 보은 옥천**〉'과 'kasim〈보은 옥천 제외 전 지역**〉'이므로 변화과정을 다음과 같이 상정할 수 있다.

o kasʌm 〉 kasɨm 〉 kasim
제단보옥 ×보옥

위의 변화과정은 전 지역에서 발생한 비어두음절의 'ʌ>ɨ', 보은과 옥천 지역을 제외한 전 지역에서 발생한 전설모음화(ɨ>i)를 보여 준다.

4] 가시다[洗] : 문헌에 '가싀-(두창下43)'와 '가싀-(한청240c 가언10:31)'로 나온다. 충북의 방언형은 'kasyi-〈제원 단양 보은 옥천 영동〉'와 'heŋgu-〈진천 음성 중원 청원 괴산〉'이므로 변화과정을 다음과 같이 상정할 수 있다.

o kasʌy- 〉 kasɨy- 〉 kasi-[19)]
제단보옥영

위의 변화과정은 제원과 단양과 보은과 옥천과 영동 지역에서 발생한 비어두음절의 'ʌ〉ɨ', 'ɨy〉i' 단모음화를 보여 준다.

5] 가죽[皮] : 문헌에 '가족(유합上26 동문上17 한청149d)'과 '가죽(태산31)'으로 나온다. 충북의 방언형은 전 지역이 'kaǰuk'이므로 변화과정을 다음과 같이 상정할 수 있다.

o katsok 〉 katsuk 〉 kačuk
전체

위의 변화과정은 전 지역에서 발생한 어말의 'o〉u' 고모음화, 치조음 'ㅈ'의 구개음화(ts〉č)를 보여 준다.[20)]

6] 간수(看守)하다 : 문헌에 '간슈(석보9:36 법화1:43 신속烈8:74 유합下28)'로 나온다. 충북의 방언형은 전 지역이 'kansu(ha-)'이므

---

19) 동사 '가시-(洗)'와 음운구조가 동일한 '가시(棘)'의 경우는 어두경음화를 경험했다는 점이 주목되는데, 둘 사이의 이러한 차이는 용언과 체언이라는 성분상의 차이에서 그 원인을 찾을 수 있을 것으로 생각된다.

20) 이 책에서는 훈민정음 제정 당시에 치음이었던 'ㅈ'가 17 세기 후반까지는 구개음으로 바뀐 것을 일컬어 "ㅈ'의 구개음화'라고 하였으며, 이에 맞추어 "ㅅ'의 구개음화', "ㅊ'의 구개음화'라는 명칭을 사용하였다. 반면에 'ㄱ'과 'ㄷ'이 수행한 역사적 구개음화는 "ㄱ' 구개음화' 및 "ㄷ' 구개음화'라고 불러 서로 구별되게 하였음에 유의해야 한다.

로 변화과정을 다음과 같이 상정할 수 있다.

o kansyu 〉 kansu
전체

위의 변화과정은 전 지역에서 발생한 치조음 'ㅅ'의 구개음화, 'ㅅ'의 구개음화에 이은 잉여자질 'y'의 탈락을 보여 준다.

7] 갈치[裙帶魚] : 문헌에 '갈티(역어下37 유물二鱗)'와 '갈치(해동 p.117)'로 나온다. 충북의 방언형은 '$kal\check{c}^{h}i$〈진천 음성 보은 옥천 영동〉'와 '$k^{h}al\check{c}^{h}i$〈중원 제원 단양 청원 괴산〉'이므로 변화과정을 다음과 같이 상정할 수 있다.[21)]

o $kalt^{h}i$ 〉 $kal\check{c}^{h}i$ 〉 … 〉 $k^{h}al\check{c}^{h}i$
중제단청괴

위의 변화과정은 중원과 제원과 단양과 청원과 괴산 지역에서 발생한 'ㅌ' 구개음화(t^{h}〉$\check{c}^{h}$), 어두의 'ㄱ' 격음화(ㄱ〉ㅋ)를 포함하고 있다.

8] 갓[笠] : 문헌에 '갇(해례用字 박初上29 자회中15)'과 '갓(소언2:23 태평1:57 송강2:2 동문上55)'으로 나온다. 충북의 방언형은 전 지역이 'kas'이므로 변화과정을 다음과 같이 상정할 수 있다.

o kat 〉 *kač 〉 kas
전체

위의 변화과정은 전 지역에서 발생한 어말의 'ㄷ〉ㅈ', 어말의 'ㅈ'

21) 이 생선은 모양이 길쭉하고 생긴 것이 꼭 칼과 유사하므로 '갏[刀]'에 물고기를 나타내던 접미사 '-티'가 결합하여 형성된 말로 생각된다. 후대에 'ㅌ' 구개음화만 수행한 어형과, '갏〉칼'의 변화에 따라 새로 생성된 명사 '칼'에 접미사 '-치'가 결합한 '칼치'를 함께 사용하게 된 것으로 보인다.

마찰음화(č〉s)를 보여 준다.

9] 갈다[如, 似] : 문헌에 'ᄀᆞᄐᆞ-(석보6:5 월석1:11 두初7:26 은중10 선가上16)'와 'ᄀᆞᆮᄒᆞ-(석보9:4 법화6:15 능엄2:89 육조上41 금삼2:23 두初7:4)' 그리고 'ᄀᆞᇀ-(월천131 능엄3:41 월석2:9 두初25:51 법화2:73 능엄3:41)'으로 나온다. 충북의 방언형은 전 지역이 'kat^h-'이므로 변화과정을 다음과 같이 상정할 수 있다.

o kʌthʌ- 〉 kʌt^h- 〉 kat^h-
전체

위의 변화과정은 전 지역에서 발생한 어간말의 'ʌ' 탈락, 어두음절의 'ʌ〉a'를 보여 준다.

10] 거스르다[逆] : 문헌에 '거슬-(용가105 월천167 석보6:8) 거스리-(월석2:61 능엄8:51 두初22:56 유합下19) 거슬이-(소학2:72 경신14 무예도20) 거슬으-(경신5)'와 '거ᄉᆞᆯ-(重삼강烈30 신속烈3:41 태평1:50) 거ᄉᆞ리-(왜어下35 태평1:50 인어1:11)'로 나온다. 충북의 방언형은 'kɜsyiri-〈중원 제원 옥천 제외 전 지역〉 kəsyiri-〈중원 제원 옥천〉'이므로 변화과정을 다음과 같이 상정할 수 있다.[22]

o kəsɨli- 〉 kəsɨlɨ- 〉 kəsilɨ-
전체

위 변화과정은 전 지역에서 발생한 어말 'ㄹ' 뒤의 'i〉ɨ', 어중의 전설모음화(ɨ〉i)를 보여 준다.[23]

---

22) 문헌형 중 '거슬-'은 후대로 오면서 점점 쓰이지 않게 되고, 다른 문헌형 '거스리-'나 신형(新型) '거스르-'가 새로 세력을 얻어 쓰이게 된 것으로 파악된다.

23) 19세기 말에 나온 문헌인 경신록언해에는 '거슬이-(경신14)'와 '거슬으-(경신5)'가 함께 나오는 것을 보면 신형 'kəsɨrɨ-'가 늦은 근대국어 시기에 등장한

11] 거스름돈 : 중세국어의 '거슬-'에서 변화한 근대국어의 '거스르-[逆]'의 명사형 '거스름'에 '돈'이 결합한 것으로 파악된다. 충북의 방언형은 'kəsɨrɨmt'on〈보은〉 kəsyirɨmt'on〈제원 괴산 옥천〉 kəsyirəmt'on〈중원 단양〉 k ɜ syirɨmdon〈진천〉 k ɜ syirɨmt'on 〈영동〉 k ɜ sɨrɨmt'on〈청원〉 k ɜ syillɨn ton〈음성〉'이므로 변화과정을 다음과 같이 상정할 수 있다.

o kəsɨrɨmt'on 〉 kəsirɨmt'on 〉 kəsirəmt'on
청보 제괴옥영 중단

위의 변화과정은 전 지역에서 발생한 어중의 전설모음화(ɨ〉i), 중원과 단양 지역에서 발생한 어중 순음 앞의 'ɨ〉ə'를 보여 준다. 진천 지역의 방언형 'k ɜ syirɨmdon'과 음성 지역의 방언형 'k ɜ syillɨn ton'을 고려한 것이다.

12] 거위[鵝] : 문헌에 '거유(법화2:14 구방上53 내훈1:38 구간6:17 자회上16 동문下34 한청430d) 게우(물보羽蟲) 게유(번박上4 유합上12 왜어下21 여사2:30)'와 '게오(박통上5)'로 나온다. 충북의 방언형은 'keu〈단양 제외 전 지역〉'와 'kiu〈단양 영동〉'이므로 변화과정을 다음과 같이 상정할 수 있다.

o kəyu 〉 keu 〉 kiu
×단 단영

위의 변화과정은 전 지역에서 발생한 어두의 'əy〉e' 단모음화, 단양과 영동 지역에서 발생한 어두의 'e〉i'를 보여 준다.

13] 건사하다 : 문헌에서 '護' 또는 '藏'의 뜻으로 사용된 '간슈ᄒᆞ-(석보

것이 아닌가 생각된다.

9:36 능엄9:8 법화1:43 삼강烈1 내훈2上55 번노下46 신속烈1:11) 간쇼ᄒᆞ-(신속烈3:80)'와 '간ᄉᆞᄒᆞ-(내훈3:32 소언2:50 야운65 계축 p.98)'를 볼 수 있다. 충북의 방언형은 전 지역이 'kənsaha-'이다. 현대국어의 '건사하다'가 '①제게 딸린 것을 잘 보살피고 돌보다 ② 물건을 잘 거두어 보호하다 ③일을 시킬 때에 그 일거리를 만들어 대어 주다'의 뜻으로 쓰이므로 이 말이 '간ᄉᆞᄒᆞ-'와 연관될 것으로 보아 변화과정을 다음과 같이 상정할 수 있다.

ㅇ kansʌhʌ- 〉 kansaha- 〉 kənsaha-
전체

위의 변화과정은 전 지역에서 발생한 비어두음절의 'ʌ〉a', 어두의 'a〉ə'를 보여 준다.

14] 겉[皮] : 문헌에 '겇(월석1:42 구방下73)'으로 나온다. '것보리(皮麥)(구황7) 것조(皮粟)(역어下9) 것섭(역어)補40 것ᄭᅮ미-(동문上32 한청8:23 것쟈락(한청11:6) 것면(浮面)(한청7:25) 것챵(皮牙子)(한청11:13)' 등의 문헌자료도 참조할 수 있다. 충북의 방언형은 전 지역이 '$kət^h$'이므로[24] 변화과정을 다음과 같이 상정할 수 있다.

ㅇ $kəts^h$ 〉 $kəč^h$ 〉 $kət^h$
전체

위의 변화과정은 전 지역에서 발생한 치조음 'ㅊ'의 구개음화(ts^h〉$č^h$), 어말의 'ㅊ〉ㅌ'를 보여 준다.[25]

15] 게[蟹] : 문헌에 '게(구급下58 자회上20 유합上14 왜어下26 태산

24) 이것은 '팥'의 방언형이 'p^has, p^hac^h, p^hat^h' 등 세 가지로 쓰이는 점과 구별된다.
25) 곧, 음절말의 파찰음이 폐쇄음으로, 구개치경음이 치경음으로 변한 과정을 나타내는 것인데, 이러한 변화는 일반적인 음운변화 범주에 포함시키기 어렵다.

14 한청14:47 경신35)'로 나온다. 충북의 방언형은 'kɨi〈진천 음성 중원 청원 괴산〉'와 'ki:〈제원 단양 괴산 보은 옥천 영동〉'이므로[26] 변화과정을 다음과 같이 상정할 수 있다.[27]

o kəy 〉 kɨy 〉 ki
진음중청괴 제단괴보옥영

위의 변화과정은 전 지역에서 발생한 어두의 'ə〉ɨ', 제원과 단양과 괴산과 보은과 옥천과 영동 지역에서 발생한 'ɨy〉i' 단모음화를 포함하고 있다.

16] 고기[肉, 魚] : 문헌에 '고기(肉)(석보6:10 번노上20 자회中21 역어上50) 고기(魚)(월석1:14 능엄1:3 두初7:3/10:31 자회中2/下3 왜어下38 경신9))'로 나온다. 충북의 방언형은 'kogi〈진천 제원 단양 영동〉'와 'kögi〈전 지역〉'이므로 변화과정을 다음과 같이 상정할 수 있다.

o koki 〉 köki
진제단영 전체

위의 변화과정은 전 지역에서 발생한 어두의 'o' 움라우트(o〉ö)를 보여 준다.

17] 고치다[正, 括, 改] : 문헌에 '고티-(영가73 월천29 월석1:9 두初16:14) 곧티-(번소8:9 소학2:9/4:36) 곳티-(역어上14)'와 '고치-(귀감上15 마경下123 왜어下36 경신3) 곳치-(계축38 여사4:17 경신33 오륜2:60)'로 나온다. 충북의 방언형은 전 지역이

---

26) 방언형 'kɨi'는 2음절 단어로 재구조화한 것이 아니라 'kɨy'의 'ɨ'가 장음(長音)으로 실현되면서 나타난 방언형을 전사한 것으로 파악된다.

27) 중세국어에서 '게[蟹]'가 상성이었음이 주목된다.

'konč^{h}i-'이므로 변화과정을 다음과 같이 상정할 수 있다.

o kot^{h}i- 〉 koč^{h}i- 〉 konč^{h}i-[28]

전체

위의 변화과정은 전 지역에서 발생한 어간말의 'ㅌ' 구개음화 (t^h〉č^h), 어간말 'ㅊ' 앞의 'ㄴ' 첨가를 포함하고 있다.

18] 곳[處] : 문헌에 '곧(용가26 석보13:12)'과 '곳(두重3:9 동문下47 한청290b)' 및 '곶(가곡p.88) 곳ㅈ(여소6:16a)'으로 나온다.[29] 충북의 방언형은 전 지역이 'kos'이므로 변화과정을 다음과 같이 상정할 수 있다.

o kot 〉 koč 〉 kos[30]

전체

위의 변화과정은 전 지역에서 발생한 어말의 'ㄷ〉ㅈ', 어말의 'ㅈ' 마찰음화(č〉s)를 보여 준다.

19] 구들[炕] : 문헌에 '구듫(구간6:76 사성下34 자회中9 박初上76 노언上23) 구들(왜어上31 유물五土) 구ᄃᆞᆯ(박重下5)'과 '구돌(역어補13 동문上35 한청9:73(288c))'로 나온다. 충북의 방언형은 전 지역이 'kudul'이므로 변화과정을 다음과 같이 상정할 수 있다.

o kutɨlh 〉 kutɨl 〉 kutul

전체

---

28) 'ㅊ' 앞에 'ㄴ'이 첨가되는 현상은 '까치, 여치' 등의 방언형에서도 확인된다.
29) '왕의 간 곳졀 모르니(여소6:16a)'라고 하여 어말 'ㅈ'형으로 나온다.
30) 어간말 자음 'ㄷ, ㅌ' 혹은 'ㅈ, ㅊ'의 변화에 관한 논의로는 최태영(1977), 곽충구(1984), 백두현(1989), 전철웅(1994, 1996) 등을 참조할 수 있다.

위의 변화과정은 전 지역에서 발생한 어말자음 'ㅎ'의 약화, 어말자음 'ㄹ'의 앞의 'ɨ>u'를 보여 준다.

20] 굴뚝[堗] : 문헌에 '굴독(왜어上33 물보第宅 유물五大 아학上9) 굴ㅅ독(역어上18) 굴쪽(동문上35 한청9:74(289b))'과 '굴둑(만언사)'으로 나온다. 충북의 방언형은 'kult'uk〈단양 제외 전 지역〉 k'ult'uk〈단양〉'이므로 변화과정을 다음과 같이 상정할 수 있다.

o kult'ok 〉 kult'uk 〉 k'ult'uk
×단 단

위의 변화과정은 전 지역에서 발생한 어말의 'o>u', 단양 지역에서 발생한 어두 'ㄱ'의 경음화를 보여 준다.

21] 그루[株] : 문헌에 '그릏(월석1:45 자회下3 청구大대쵸볼)'로 나온다. 충북의 방언형은 전 지역이 'kɨru'이므로 변화과정을 다음과 같이 상정할 수 있다.

o kɨlɨh 〉 kɨlɨ 〉 kɨlu
전체

위의 변화과정은 전 지역에서 발생한 어말자음 'ㅎ'의 약화, 어말의 'ɨ>u'를 포함하고 있다.

22] 그리다[畵] : 중세국어에서는 '그리-(용가43 석보13:52 두初16:26 자회中2)'가 '寫, 畵, 貌'의 뜻으로 사용되었다. 충북의 방언형은 'kɨrinda〈단양 제외 전 지역〉'와 'kirinda〈단양〉'이므로 변화과정을 다음과 같이 상정할 수 있다.

o kɨli- 〉 kɨyli- 〉 kili-
×단 단

위의 변화과정은 전 지역에서 후속하는 'i'의 영향으로 발생한 'y' 첨가(ɨ〉ɨy), 어두의 'ɨy〉i' 단모음화를 보여 준다.

23] 기둥[柱] : 문헌에 '기동(능엄8:80 두初15:35 자회中6 유합上23 石千19)'으로 나온다. 충북의 방언형은 'kiduŋ〈진천 단양〉 kidoŋ〈영동〉'과 'čiduŋ〈단양 영동 제외 전 지역〉'이므로 변화과정을 다음과 같이 상정할 수 있다.

- kitoŋ 〉 kituŋ 〉 čituŋ
  영　　　진단　　　×단영

위의 변화과정은 영동 지역을 제외한 전 지역에서 발생한 어말의 'o〉u', 단양과 영동 지역을 제외한 전 지역에서 발생한 어두의 'ㄱ' 구개음화(k〉č)를 보여 준다.

24] 기스락물[溜] : 문헌에 '기슭믈(자회下18)'로 나온다. 충북의 방언형은 'čisɨraŋmul〈진천〉 čisyiraŋmul〈중원 괴산〉'과 'čiǰiraŋmul〈음성〉'과 's'əgɨn sɛmmul〈제원 단양 청원 영동〉'과 's'əgɨn sEmmul〈청원〉'이므로 변화과정을 다음과 같이 상정할 수 있다.

- *kisɨlak 〉 čisɨlak 〉 čisilak[31)]
  　　　　진　　　　중괴

위의 변화과정은 진천과 중원과 괴산 지역에서 발생한 어두의 'ㄱ' 구개음화(k〉č), 중원과 괴산 지역에서 발생한 전설모음화(ɨ〉i)를 보여 준다.

---

31) 방언형 'čiǰiraŋmul'의 'ǰ'는 'ㅅ〉ㅈ' 변화에 의한 것이거나 'ㅿ〉ㅈ' 변화에 의한 것으로 보아야 하는데, 국어사에서 전자보다는 후자의 경우가 설득력이 있으므로 저자도 재구형 '*kizɨrak'으로부터 변화한 것으로 보고자 한다.

25] 길이[長] : 문헌에 '기릐(월석9:53 능엄9:108 두初15:3 역어下45) 기릐(두初17:26 박初上38 박重上35/中1/下46 온역7)'와 '기리(석보13:9 월석1:26 삼강孝19 내훈二上44 구간3:60) 길이(화포25)'로 나온다. 충북의 방언형은 'čiri〈진천 음성 보은 옥천〉'와 'kiri〈중원 제원 청원〉'와 'čiregi〈중원 단양〉'와 'čirəksyi〈중원 괴산〉 kirəkč'i〈영동〉'이므로 변화과정을 다음과 같이 상정할 수 있다.[32)]

o kiliy 〉 kili 〉 čili
중제청 진음보옥

위의 변화과정은 전 지역에서 발생한 'iy〉i' 단모음화, 중원과 단양과 괴산 지역의 방언형 'čiregi, čirəksyi'를 고려할 때 중원과 제원과 청원 지역을 제외한 전 지역에서 발생한 어두의 'ㄱ' 구개음화(k〉č)를 보여 준다고 할 수 있다.

26] 까투리 : 문헌에 '가토리(청구p.120 물보虫豸) 가톨이(유물二水族)'로 나온다. 충북의 방언형은 'k'at^hori〈진천 청원〉'와 'k'at^huri〈진천 청원 제외 전 지역〉'이므로 변화과정을 다음과 같이 상정할 수 있다.

o kat^holi 〉 k'at^holi 〉 k'at^huli
진청 ×진청

위의 변화과정은 전 지역에서 발생한 어두 'ㄱ'의 경음화, 진천과 청원 지역을 제외한 전 지역에서 발생한 어중의 'o〉u'를 보여 준다.

27] 깨다[破] : 문헌에 'ᄣᅢ-(능엄2:48 금삼5:22 법화1:13)'와 'ᄭᅢ-(박重中40 한청11:54 계축98)'로 나온다. 충북의 방언형은 전 지

---

32) 기타의 방언형 'čiregi〈중원 단양〉 čirəks'yi〈중원 괴산〉 kirəkč'i〈영동〉' 등은 어간 '길-/질-(〈길-)'에 각각 '-어기, -억시, -억지' 등의 접미사가 결합한 것이다.

역이 'k'ε-'이므로 변화과정을 다음과 같이 상정할 수 있다.

o pk'ay- 〉 k'ay- 〉 k'ε-
전체

위의 변화과정은 전 지역에서 발생한 합용병서 'ㅄ'의 'ㅂ' 탈락(pk'〉k'), 'ay〉ε' 단모음화를 보여 준다.

28] 껌 : 표제어 '껌'은 영어의 'gum'에서 온 말이다. 충북의 방언형은 'k'ɨːm〈중원 제원 단양 청원〉 k'ɨm〈진천 음성 괴산 보은 옥천 영동〉'이므로 변화과정을 다음과 같이 상정할 수 있다.

o kəːm 〉 k'əːm 〉 k'ɨːm[33)]
전체

위의 변화과정은 전 지역에서 발생한 어두 'ㄱ'의 경음화, 어두의 'ə〉ɨ'를 보여 준다.

29] 꿩[稚] : 문헌에 '꿩(용가88 두初20:39/23:38 남명上7 자회上16 역어下27 왜어下21)'으로 나온다. 충북의 방언형은 'k'wəŋ〈진천 옥천〉 k'ʷɜŋ〈보은〉 k'oŋ〈진천 보은 옥천 제외 전 지역〉'이므로 변화과정을 다음과 같이 상정할 수 있다.

o k'wəŋ 〉 k'əŋ 〉 k'oŋ
진옥　　보　　×진보옥

위의 변화과정은 진천과 옥천 지역을 제외한 전 지역에서 발생한 어두 'ㄲ' 뒤의 'w' 탈락, 진천과 보은과 옥천 지역을 제외한 전 지역에서 발생한 어두의 'ə〉o'를 보여 준다.

---

33) 'ɨ'의 음장 상실은 따로 다루지 않았다.

30] 나흘[四日] : 문헌에 '나ᄋᆞᆯ(석보11:31 월석7:71 구간1:103 아미 17)'과 '나ᄒᆞᆯ(삼강忠8 벽신5)'로 나온다. 'ᄂᆞᄒᆞᆫ날(가언7:14)'도 참고할 수 있다. 충북의 방언형은 전 지역이 'nahɨl'이므로 변화과정을 다음과 같이 상정할 수 있다.

o naʌl 〉 nahʌl 〉 nahɨl
전체

위의 변화과정은 전 지역에서 발생한 모음 사이의 'ㅎ' 첨가,[34] 비어두음절의 'ʌ〉ɨ'를 보여 준다.

31] 노루[獐] : 문헌에 '노로(해례用字 유합上13 왜어下23 동문下39 동의湯液1:47 역어下32 한청425c)'와 '노ᄅᆞ(자회上18)'로 나온다. 그 곡용형 '놀이(용가43) 놀ᄋᆞᆯ(용가65) 놀ᄋᆡ(續삼강孝2) 놀릐(신속孝7:4)'도 참고된다. 충북의 방언형은 전 지역이 'noru'이므로 변화과정을 다음과 같이 상정할 수 있다.

o nolʌ 〉 nolo 〉 nolu
전체

위의 변화과정은 전 지역에서 발생한 비어두음절의 'ʌ〉o', 어말의 'o〉u'를 보여 준다.

32] 놀라다[驚] : 문헌에 자동사는 '놀라-(용가61 능엄7:43 석보13:44 두初20:35) 놀나-(오륜1:19/2:12) 놀ᄂᆡ-(여사3:15)'로,[35] 사동사는 '놀래-(법화2:28 두初15:26/41 금삼3:42 놀내오-(서궁일기上1)

34) '나ᄋᆞᆯ'이 '나ᄒᆞᆯ'로 되는 변화는 '이틀(〈*인흘), 아흐래, 열흘'에 유추된 어형으로의 통일에 기인하는 것으로 파악된다.

35) 자동사로 쓰인 '놀ᄂᆡ-'의 예문은 다음과 같다.

o 문을 열되 하여곰 놀ᄂᆡ시게 말고(驚怍)(여사3:15)

놀ᄂᆡ오-(계축9)'로 나온다. 충북의 방언형은 전 지역이 'nollɛ-'이므로 변화과정을 다음과 같이 상정할 수 있다.

ㅇ nolla- 〉 nollay- 〉 nollɛ-
전체

위의 변화과정은 전 지역에서 발생한 어간말 모음 뒤의 'y' 첨가, 어말의 'ay〉ɛ' 단모음화를 보여 준다.

33] 누비다[衲] : 문헌에 '누비-(두重1:6 동문上56 한청11:26)'로 나온다. '누비(褐)(두初15:35 남명上59 금삼5:9) 누비옷(衲襖)(월천120 월석7:31 두初20:12) 누비즁(衲僧)(용가21 남명上29 금삼3:13) 누비쳥(衲襪子)(역어上45)'도 참고할 수 있다. 표제어 '누비이불'에 해당하는 충북의 방언형이 'nübi ibul〈진천 제원 괴산 보은〉 nubi ibul〈음성 중원 청원 옥천〉 nibi ibul〈단양 영동〉'이므로 변화과정을 다음과 같이 상정할 수 있다.

ㅇ nupi- 〉 nüpi- 〉 nipi-
음중청옥 진제괴보 단영

위의 변화과정은 진천과 제원과 단양과 괴산과 보은과 영동 지역에서 발생한 'u' 움라우트(u〉ü), 단양과 영동 지역에서 발생한 'ü'의 원순성 상실(ü〉i)을 보여 준다.

34] 눈곱[眼脂] : 문헌에 '눈곱(두요下34 역어上61 물보氣血) 눉곱(자회上29) 눈ㅅ곱(역어上32) 눈쏩(박重中48 동문上15 한청8:46(237c))'으로 나온다. 이 문헌형들은 '눈[眼]'에 '곱[膏/脂]'이 결합한 합성명사였던 것으로 파악된다. 충북의 방언형은 'nuŋk'op〈진천 단양 괴산 옥천 영동〉 nunk'op〈음성 중원 제원 청원 보은〉 nuŋk'up〈단양〉'이므로 변화과정을 다음과 같이 상정할 수 있다.

o nunk'op 〉 nuŋk'op 〉 nuŋk'up
음중제청보　진단괴옥영　단

위의 변화과정은 진천과 단양과 괴산과 옥천과 영동 지역에서 발생한 'ㄲ' 앞의 'n〉ŋ', 단양 지역에서 발생한 어말의 'o〉u'를 보여 준다.

35] 다리다[熨/運] : 문헌에 '다리-(구방上34 두初25:50 유합下41 역어上47 한청11:27)'로 나온다. 충북의 방언형은 'tari-〈단양 제외 전 지역〉'와 'tεri-〈단양〉'이므로 변화과정을 다음과 같이 상정할 수 있다.

o tali- 〉 tayli- 〉 tεli-
×단　단

위의 변화과정은 단양 지역에서 후속하는 'i'의 영향으로 발생한 'y' 첨가(a〉ay), 어두의 'ay〉ε' 단모음화를 보여 준다.

36] 다섯[五] : 문헌에 '다ᄉᆞᆺ(용가86 월천上3 석보6:8 월석2:13 능엄3:63/4:81 법화1:26 여사4:24) 다ᄉᆞᆺ(소언5:102) 다섯(역어補36 청구p.15) 다셧(여사3:2 아학下12)'과 '다ᄉᆞᆺ(화포17/28)'으로 나온다. 충북의 방언형은 전 지역이 'tasəs'이므로 변화과정을 다음과 같이 상정할 수 있다.

o tasʌs 〉 tasɨs 〉 tasəs[36)]
전체

위의 변화과정은 전 지역에서 발생한 비어두음절의 'ʌ〉ɨ', 어말의 'ɨ〉ə'를 보여 준다.

---

36) 이숭녕(1940)에서는 '다ᄉᆞᆺ(五)'을 '도ᄌᆞᆨ(賊), ᄐᆞᆨ(頤)'과 더불어 'ᄋᆞ〉어'의 변화예로 다루고 있다.

37] 다음 : 문헌형 '다ᄋᆞᆷ짓(翅次翎)(한청420c)'을 참고할 수 있다. 충북의 방언형은 'ta:m〈제원 제외 전 지역〉'과 'taɨm〈제원〉'이므로 변화과정을 다음과 같이 상정할 수 있다.

o taʌm 〉 taɨm 〉 ta:m
제 ×제

위의 변화과정은 전 지역에서 발생한 비어두음절의 'ʌ〉ɨ', 제원 지역을 제외한 전 지역에서 발생한 'ɨ'의 보상적 탈락(aɨ〉a:)을 보여 준다.

38] 닷새[五日] : 문헌에 '닷쐐(두初16:31 구간6:77 번소8:35 두요上9 신속孝8:65 박重中53) 다쐐(석보9:31 월석2:18/7:71 아미17)'와 '닷새(여소6:64 두경21)'로 나온다. 충북의 방언형은 'tas'E〈청원 제외 전 지역〉 tas'ɛ〈청원〉'이므로 변화과정을 다음과 같이 상정할 수 있다.

o tas'way 〉 tas'ay 〉 tas'ɛ
전체

위의 변화과정은 전 지역에서 발생한 'ㅆ' 뒤의 'w' 탈락, 어말의 'ay〉ɛ' 단모음화를 보여 준다.

39] 드리다[呈, 獻] : 문헌에 '드리-(석보6:2 소언2:11 박初上49 역어上13 한청4:12)'와 '듸리-(여소2:2b/2:34a/3:47a)'로 나온다. 충북의 방언형은 전 지역이 'tiri-'이므로 변화과정을 다음과 같이 상정할 수 있다.

o tɨli- 〉 tɨyli- 〉 tili-
전체

위 변화과정은 전 지역에서 후속하는 'i'의 영향으로 발생한 'y' 첨가(ɨ>ɨy), '어두의 ɨy>i' 단모음화를 보여 준다.

40] 들[野] : 문헌에 '드릏(용가69 석보19:43 두初7:23 법화6:47) 드르(자회上4 역어上6 동문上7)'와 '들(유합上6 왜어上8 박重中34 백련4 목우36 내훈重2:95)' 및 '덜(여소6:4b)'로 나온다. 충북의 방언형은 전 지역이 'tɨ:l'이므로 변화과정을 다음과 같이 상정할 수 있다.

o tɨlɨh 〉 tɨlɨ 〉 tɨl
전체

위 변화과정은 전 지역에서 발생한 어말자음 'ㅎ'의 약화, 어말모음 'ɨ'의 탈락을 보여 준다.

41] 디디다[踏, 躐] : 문헌에 '드듸-(월천上18 월석1:52 능엄9:103 법화1:59 구간1:60 육조上23 유합下30/37 소언 4:12)'와 '드딕-(악궤井邑詞 소학1:2/2:69/5:70 박重下22 여범3)'로 나온다. 충북의 방언형은 전 지역이 'tidi-'이므로 변화과정을 다음과 같이 상정할 수 있다.

o tɨtɨy- 〉 tɨti- 〉 tɨyti- 〉 titi-
전체

위의 변화과정은 전 지역에서 발생한 어간말과 어두의 'ɨy>i' 단모음화, 후속하는 'i'의 영향으로 발생한 'y' 첨가(ɨ>ɨy)를 보여 준다.

42] 딴[別] : 문헌에 'ᄠᅶ(노언上29/下6 박重單字解2) ᄯᅶ(역어補33 한청67c) 싼(한중p.42)'으로 나온다. 충북의 방언형은 전 지역이 't'an'이므로 변화과정을 다음과 같이 상정할 수 있다.

o ptʌn 〉 t'ʌn 〉 t'an
전체

위의 변화과정은 전 지역에서 발생한 합용병서의 'ㅂ' 보상적 탈락(pt〉t'), 어두음절의 'ʌ〉a'를 보여 준다.

43] 망월(望月) : 충북의 방언형은 'maŋul〈진천〉'과 'maŋwəl〈진천 제외 전 지역〉'이므로 변화과정을 다음과 같이 상정할 수 있다.

o maŋwəl 〉 maŋwul 〉 maŋul
×진 진

위의 변화과정은 진천 지역에서 발생한 어말 'w' 뒤의 'ə〉u', 'u' 앞의 'w' 탈락을 보여 준다.

44] 면화(棉花) : 문헌에 '면화(사성上52 유물三草)'로 나온다. 이 문헌어와 직접 관련되는 충북의 방언형은 'myən^{ɦ}wa〈진천 옥천 영동〉'와 'men^{ɦ}wa〈청원〉'이므로 변화과정을 다음과 같이 상정할 수 있다.

o myənhwa 〉 məynhwa 〉 menhwa
진옥영 청

위의 변화과정은 청원 지역에서 발생한 음운도치(yə〉əy), 'əy〉e' 단모음화를 보여 준다.

45] 몫[分] : 문헌에 '목(석보6:26 속삼孝12)'으로 나온다. 충북의 방언형은 'mok〈진천 음성 옥천 영동〉'과 'mɜks'〈중원〉 moks'〈제원 단양 청원 괴산 보은〉'과 'mogəč^{h}i〈음성 제원 괴산〉 mogač^{h}i〈단양 보은 영동〉'이므로 변화과정을 다음과 같이 상정할 수 있다.

o mok 〉 moks' 〉 məks'

진음옥영 제단청괴보 중

위의 변화과정은 제원과 중원과 단양과 청원과 괴산과 보은 지역에서 발생한 어말자음 뒤의 'ㅆ' 첨가, 중원 지역에서 발생한 어두의 'o〉ə'를 보여 준다.

46] 무[蔓] : 문헌에 '무수(구방上58 두初16:70 번소10:28) 무우(소언6:126) 역어下12 아학上5) 무오(역어上52)'와 '무슈(여소4:60a)'로 나온다.[37] 충북의 방언형은 'musu〈중원 제외 전 지역〉'와 'mu:〈진천 음성 중원 청원 영동〉 muu〈보은 옥천〉[38]'이므로 변화과정을 다음과 같이 상정할 수 있다.

o muzu 〉 muu 〉 mu:

보옥 진음중청영

위의 변화과정은 제원과 단양과 괴산 지역을 제외한 전 지역에서 발생한 모음 사이의 'ㅿ' 약화, 'u'의 보상적 탈락(uu〉u:)을 보여 준다.

47] 바가지[瓢] : 문헌에 '박(두初20:47 자회上8/中19 내훈3:54)'과 '박아지(가언4:20)'로 나온다. '박닢(두初16:73 구간6:22) 드레박(악장雙花)'을 참고할 수 있다. 충북의 방언형은 'pagaǰi〈전 지역〉'와 'paga$\check{c}^{h}$i〈중원 단양 청원 보은 영동〉'이므로 변화과정을

---

37) '여소학'의 경우, 본문이 아니고 한자에 음과 훈을 단 곳에서는 '무'라고 적고 있어 이것과 비교된다.

ㅇ 蔓 무 만(4:60a)   ㅇ 菁 무 청(4:60a)

38) 강원도 방언과 경상도 방언 중에는 특이형 'muk'u'도 있다.
강원도 : 양구 인제 홍천 횡성 평창 명주 영월 정선 삼척(한국방언자료집2 p.38)
경상도 : 영풍 봉화 문경 안동 영양 상주 의성 영덕 군위 영일(한국방언자료집4 p.42)

다음과 같이 상정할 수 있다.

ο pakatsi 〉 pakači 〉 $pakač^{h}i$
전체 중단청보영

위의 변화과정은 전 지역에서 발생한 치조음 'ㅈ'의 구개음화(ts〉č), 중원과 단양과 청원과 보은과 영동 지역에서 발생한 어중 'ㅈ'의 격음화(č〉$č^{h}$)를 보여 준다.

48] 바로[直] : 문헌에 '바ᄅᆞ(석보6:20 월석序18 능엄1:4 법화6:138 두初22:13) 바로(노언上6 계축p.50 한중p.202 박신1:9 한청115c) 바르(첩해6:18) ᄇᆞ루(여소4:18b)'로 나온다. 충북의 방언형은 'paru〈음성 괴산 보은〉 paro(중원)'와 't'okp'aru〈단양〉 kotparu〈청원〉 kotp'aru〈괴산〉'와 'kot〈옥천〉 kotč'aŋ〈영동〉'이므로 변화과정을 다음과 같이 상정할 수 있다.

ο palʌ 〉 palo 〉 palu
중 음단청괴보

위의 변화과정은 음성과 중원과 단양과 청원과 괴산과 보은 지역에서 발생한 비어두음절의 'ʌ〉o', 음성과 단양과 청원과 괴산과 보은 지역에서 발생한 어말의 'o〉u'를 보여 준다.

49] 반딧불[螢] : 문헌에 '반되(해례用字 두初8:40 남명下59 유합上15 역어下34 한청14:52(303d)) 반도(자회上21 동문下42 한청303d 소아7)'와 '반듸(유물二昆 물보飛虫)'로 나온다. 충북의 방언형은 'pandip'ul〈음성〉'과 'kɛt'oŋbul〈음성 중원 제원 괴산〉 kɛt'oŋbəlle〈진천 중원 단양 청원 옥천〉 kɛt'oŋbəlgəǰi〈보은 영동〉'이므로 문헌형들과 관련되는 방언형 'pandip'ul'의 변화과정을 다음과 같이 상정할 수 있다.

o pantoy 〉 pantɨy 〉 panti
음

위의 변화과정은 음성 지역에서 발생한 어말의 'o〉ɨ', 'ɨy〉i' 단모음화를 보여 준다.

50] 배[梨, 腹, 舟] : 문헌에 'ᄇᆡ'로 나온다. 물론 성조표시는 서로 다르다. '腹'의 뜻으로는 '능엄9:64 자회上28'에서, '舟'의 뜻으로는 '용가20 두初1:29 자회中25'에서, '梨'의 뜻으로는 '두初22:3 자회上11'에서 확인할 수 있다. 충북의 방언형은 세 가지가 다 전 지역에서 'pɛ'이므로 변화과정을 다음과 같이 상정할 수 있다.

o pʌy 〉 pay 〉 pɛ
전체

위의 변화과정은 전 지역에서 발생한 어두음절의 'ʌ〉a', 'ay〉ɛ' 단모음화를 보여 준다.

51] 번개[電] : 문헌에 '번게(용가30 월천161 석보6:32 자회上2 동문上2 한청12d) 번개(왜어上2 무예도18)'와 '번긔(물명天文 아학上3)'로 나온다. 충북의 방언형은 'pɜngE〈진천〉 pəngE〈진천 제외 전 지역〉'이므로 변화과정을 다음과 같이 상정할 수 있다.

o pənkəy 〉 pənkay 〉 pənkɛ
전체

위의 변화과정은 전 지역에서 발생한 어말의 'ə〉a', 'ay〉ɛ' 단모음화를 보여 준다.

52] 베[布] : 문헌에 '뵈(용가3:13 석보13:52 박初上51 자회中30 유합上26 石千39 소언6:39 역어下50 유물三草)'와 '베(여사4:44)'

로 나온다. 충북의 방언형은 전 지역이 'pe'이므로 변화과정을 다음과 같이 상정할 수 있다.

o poy 〉 pəy 〉 pe[39)]
전체

위의 변화과정은 전 지역에서 발생한 어두 순음 뒤의 'o〉ə', 'əy〉e' 단모음화를 보여 준다.

53] 벼[稻] : 문헌에 '벼(두初7:16 자회上12 동문下2)'로 나온다. 충북의 방언형은 'pyə〈옥천 영동 제외 전 지역〉'와 'pe〈진천 중원 제원 청원 영동〉'이므로[40)] 변화과정을 다음과 같이 상정할 수 있다.

o pyə 〉 pəy 〉 pe
×옥영 진중제청영

위 변화과정은 진천과 음성과 중원과 제원과 청원과 영동 지역에서 발생한 음운도치(yə〉əy)[41)], 'əy〉e' 단모음화를 보여 준다.

---

39) 'poy〉pö〉pe'의 변화과정도 생각해 볼 수 있으나, 단모음 'ö'의 성립 시기가 매우 늦다는 점을 감안할 필요가 있다. '여사서(女四書)'의 간행 연대가 1736년인 점을 간과해선 안 된다.

40) 충북방언에는 이들 방언형 외에 'narak'이 많이 분포되어 있다.

41) 위의 변화과정에 들어 있는 음운도치는 'ㅛ〉ㅚ, ㅠ〉ㅟ, ㅑ〉ㅐ, ㅕ〉ㅔ'와 같은 상향이중모음의 단모음화가 어떤 절차를 거쳐 이루어지는지를 설명해 주는 음운적 기제이지만 학자들은 대부분의 경우 이에 대한 음운론적 해석 없이 그저 'ㅛ〉ㅚ, ㅠ〉ㅟ, ㅑ〉ㅐ, ㅕ〉ㅔ' 변화를 기술하는 데 그치고 있다. 다만, 'yə'가 'e'로 되는 단모음화의 경우에 'ə〉e' 변화와 그에 후속하는 'y' 탈락으로 설명하려는 시도가 있었고(곽충구 1982b), '뱀'과 '새악시'의 방언형 '뱜'과 '샤시'가 과도음의 기능에 의하여 얻어진 'ᄇᆡ얌'과 '사약시'로부터 도출되었다고 하는 주장이 있을 뿐이다(김정태(1996:97-105). 저자는 이 중간형들의 'ya' 앞에서 'ᄋᆞ'와 '아'가 탈락하는 데 대한 설명이 정당화되지 않는 한 'yo〉ö, yu〉ü, ya〉ε, yə〉e' 변화과정의 기저 중간단계에 하향이중모음 'oy, uy, ay, əy'를 상정해야 비로소 충북방언에서 이루어진 상향이중모음의 단모음화 전부가 한꺼번에 음운론적으로 설명될 수 있다고 본다.

54] 벽(壁) : 문헌에 '벽(능엄7:18 가례8:14 몽어2:1)'으로 나온다. 충북의 방언형은 'pyək〈청원 괴산 제외 전 지역〉 pek〈음성 옥천 영동〉 pyɜk〈청원〉'이므로 변화과정을 다음과 같이 상정할 수 있다.

o pyək 〉 pəyk 〉 pek
×괴 음옥영

위의 변화과정은 음성과 옥천과 영동 지역에서 발생한 음운도치(yə〉əy), 'əy〉e' 단모음화를 보여 준다.

55] 병아리[鷄雛] : 문헌에 '병알(계축p.86)'과 '병아리(유물—羽虫)'로 나온다. 충북의 방언형은 'pyəŋari〈옥천 영동 제외 전 지역〉 peŋari〈옥천 영동〉'와 'pyəŋǰari〈보은〉'이므로 변화과정을 다음과 같이 상정할 수 있다.

o pyəŋali 〉 pəyŋali 〉 peŋali
×옥영 옥영

위의 변화과정은 옥천과 영동 지역에서 발생한 음운도치(yə〉əy), 'əy〉e' 단모음화를 보여 준다.

56] 비료(肥料) : 충북의 방언형은 'piru〈진천 옥천 영동〉 piro〈단양〉 piryo〈음성 중원 제원 청원 괴산 보은〉'이므로 변화과정을 다음과 같이 상정할 수 있다.

o pilyo 〉 pilo 〉 pilu
×진단옥영 단 진옥영

위의 변화과정은 진천과 단양과 옥천과 영동 지역에서 발생한 'ㄹ' 뒤의 'y' 탈락, 진천과 옥천과 영동 지역에서 발생한 어말의 'o〉u'

를 보여 준다.

57] 사닥다리[梯] : 문헌에 '사ᄃᆞ리(역어上14 왜어上33 동문下16 한청10:38(310ㄷ))'와 'ᄉᆞ다리(아학上9)'로 나온다. 충북의 방언형은 'sɛdari〈제원 제외 전 지역〉'와 'sadari〈제원 괴산〉'이므로 변화과정을 다음과 같이 상정할 수 있다.

o satʌli 〉 satali 〉 sɛtali
제괴 ×제

위의 변화과정은 전 지역에서 발생한 비어두음절의 'ʌ〉a', 제원 지역을 제외한 전 지역에서 발생한 어두음절의 'a〉ɛ'를 보여 준다.

58] 소금[鹽] : 문헌에 '소곰(두初7:34 구간2:117 자회中22 유합上30 동문上61) 쇼곰(유물五石)'과 '소금(박重中6 아학上13)'으로 나온다. 충북의 방언형은 'sogʉm〈중원 괴산 영동〉 sogɨm〈제원 단양〉'이므로 변화과정을 다음과 같이 상정할 수 있다.

o sokom 〉 sokɨm 〉 sokum
제단 중괴영

위의 변화과정은 중원과 제원과 단양과 괴산과 영동 지역에서 발생한 어말 순음 앞의 'o〉ɨ', 중원과 괴산과 영동 지역에서 발생한 어말 순음 앞의 'ɨ〉u'를 보여 준다.

59] 솜[綿, 棉] : 문헌에 '소옴(두初15:9 구간6:4 월석2:41 삼강孝1 박初上44 자회中24 노언上12 동문下25 한청322ㄷ 유물三草 역어補49)'과 '소음(오륜1:2 아학上6)'으로 나온다. 충북의 방언형은 전 지역이 'so:m'이므로 변화과정을 다음과 같이 상정할 수 있다.

o soom 〉 soɨm 〉 so:m

전체

위의 변화과정은 전 지역에서 발생한 'o' 뒤의 'o〉ɨ', 'ɨ'의 보상적 탈락(oɨ〉o:)을 보여 준다.

60] 송사리[鮊] : 문헌에 '숑ᄉᆞ리(해동p.117)'와 '숑샤리(역어補49)'로 나온다. 충북의 방언형은 전 지역이 'soŋsari'이므로 변화과정을 다음과 같이 상정할 수 있다.[42]

o syoŋsyali 〉 soŋsali

전체

위의 방언형은 전 지역에서 발생한 치조음 'ㅅ'의 구개음화, 'ㅅ'의 구개음화에 이은 잉여자질 'y'의 탈락을 보여 준다.

61] 쉬다[饐] : 문헌에 '쉬-(자회下12 소언3:25 역어上49 동문上58)'로 나온다. 충북의 방언형은 'syü-〈단양 제외 전 지역〉 sywi-〈단양〉'이므로 변화과정을 다음과 같이 상정할 수 있다.

o suy- 〉 sü- 〉 swi-

×단 단

위의 변화과정은 전 지역에서 발생한 'uy〉ü' 단모음화, 단양 지역에서 발생한 'ü〉wi'를 보여 준다.

62] 시래기[棲葅] : 문헌에 '시락이(물보飮食)'로 나온다. 충북의 방언형은 's'yirɛgi〈진천 청원 괴산 보은〉 s'yirEgi〈음성 중원 제원 단양 영동〉'와 'syirEgi〈옥천〉'이므로 변화과정을 다음과 같이 상정

42) 영동 지역에서는 'soŋsarit'e'와 'tolk'ari'라는 말을 사용하고 있다.

할 수 있다.

ㅇ silaki 〉 silɛki 〉 s'ilɛki[43)]
　　　　　　　옥　　　×옥

위의 변화과정은 전 지역에서 발생한 어중의 'a' 움라우트(a〉ɛ), 옥천 지역을 제외한 전 지역에서 발생한 어두 'ㅅ'의 경음화를 보여 준다.

63] 아가미[魚鬪顋] : 문헌에 '아감이(역어下38 한청123d)'로 나온다. 충북의 방언형은 'agami〈진천 중원 단양 청원 옥천〉'와 'agʉmi〈제원〉'이므로 변화과정을 다음과 같이 상정할 수 있다.

ㅇ akami 〉 akɨmi 〉 akumi
진중단청옥　　　　　제

위의 변화과정은 제원 지역에서 발생한 어중의 'a〉ɨ', 순음 앞의 'ɨ〉u'를 보여 준다.

64] 엄지손가락 : 문헌에 '엄지(법화1:9) 엄지가락(구방上2 구간1:31 자회上29) 엄지ᄀᆞ락(가언圖11) 엄지발(역어補50 동문下42)'로 나온다. 충북의 방언형은 'əmǰi karak〈진천〉 ɜmǰi soŋk'urak〈음성〉 ɜmǰi〈중원 청원〉 ɜmǰiǰaŋgarak〈괴산〉 əmǰisoŋk'urak〈제원 단양 보은 옥천〉'과 'ŏmǰisoŋk'urak〈영동〉'이므로 변화과정을 다음과 같이 상정할 수 있다.

---

43) 경북 안동의 방언형 'syiragi'와 충남 당진 지역의 's'yiragi'를 참조할 수 있다. 충남 아산과 예산 지역의 방언형 'syiraguy' 및 보령 부여 서천 논산 대덕 금산 지역의 방언형 'syiragu'는 또 다른 시사점을 던져 준다(한국방언자료집Ⅶ p.44, 한국방언자료집Ⅳ p.39 참조).

ㅇ əmtsi 〉 əmči 〉 omči
×영 영

위의 변화과정은 전 지역에서 발생한 치조음 'ㅈ'의 구개음화(ts〉č), 영동 지역에서 발생한 어두의 'ə〉o'를 보여 준다.

65] 없다[無, 乏] : 문헌에 '없-(용가111 월천75 석보11:11 몽산11)'과 '읎-(여소1:2b)'으로 나온다. 충북의 방언형은 'ʉps'-〈진천 음성 단양 영동〉 ɨps'-〈중원 제원 괴산〉 ups'-〈청원 보은 옥천〉'이므로 변화과정을 다음과 같이 상정할 수 있다.

ㅇ əps'- 〉 ɨps'- 〉 ups'-
중제괴 ×중제괴

위의 변화과정은 전 지역에서 발생한 어두의 'ə〉ɨ', 중원과 제원과 괴산 지역을 제외한 전 지역에서 발생한 어두 순음 앞의 'ɨ〉u'를 보여 준다.

66] 여든[八十] : 문헌에 '여든(석보6:25 월석2:59 내훈3:45 동문下20 한청4:26(106a)) 여ᄃᆞᆫ(삼강忠19 속삼孝35 소언6:73 은중11 가례6:13)'으로 나온다. 충북의 방언형은 전 지역이 'yədɨn'이므로 변화과정을 다음과 같이 상정할 수 있다.

ㅇ *yʌtʌn 〉 *yʌtɨn 〉 yətɨn
전체

위의 변화과정은 전 지역에서 발생한 비어두음절의 'ʌ〉ɨ', 어두음절의 'ʌ〉ə'를 보여 준다.

67] 엿새[六日] : 문헌에 '여쐐(월석7:71 능엄6:17) 여쇄(두初10:4

영험18)'와 '엿쇄(내훈序5 속삼烈13 신속烈5) 엿새(두경21)'로 나온다. 충북의 방언형은 'yəs'E〈청원 제외 전 지역〉 yəs'ɛ〈청원〉'이므로 변화과정을 다음과 같이 상정할 수 있다.

o yəs'way 〉 yəs'ay 〉 yəs'ɛ
전체

위의 변화과정은 전 지역에서 발생한 'ㅆ' 뒤의 'w' 탈락, 어말의 'ay〉ɛ' 단모음화를 보여 준다.

68] 외국(外國) : 충북의 방언형은 'öguk〈단양 제외 전 지역〉 wEguk〈단양〉'이므로 변화과정을 다음과 같이 상정할 수 있다.

o oykuk 〉 ökuk 〉 wɛkuk
×단 단

위의 변화과정은 전 지역에서 발생한 어두의 'oy〉ö' 단모음화, 단양 지역에서 발생한 어두의 'ö〉wɛ'를 보여 준다.

69] 이엉 : 충북의 방언형은 'yɜŋ〈진천〉 yɨːŋ〈진천 청원 제외 전 지역〉 yəːŋ〈청원〉'이므로 변화과정을 다음과 같이 상정할 수 있다.

o iəŋ 〉 yəŋ 〉 yɨŋ
진청 ×진청

위의 변화과정은 전 지역에서 발생한 'i'의 활음화(i〉y), 진천과 청원 지역을 제외한 전 지역에서 발생한 어두의 'ə〉ɨ'를 보여 준다.

70] 이웃[隣] : 문헌에 '이웃(능엄3:37 두初7:13/15:5 삼강烈8 남명下69 노언上14) 니웃(두重16:22) 이웃(두初9:9)'과 '이우지(해동

p.106) 이오지(동문上40)'로 나온다. 충북의 방언형은 'ius〈음성 제원 단양 제외 전 지역〉 iuč〈중원 청원 괴산 제외 전 지역〉'이므로 변화과정을 다음과 같이 상정할 수 있다.

ㅇ iuts 〉 iuč 〉 ius
×중청괴 ×음제단

위의 변화과정은 전 지역에서 발생한 치조음 'ㅈ'의 구개음화(ts〉č), 음성과 제원과 단양 지역을 제외한 전 지역에서 발생한 어말 'ㅈ'의 마찰음화(č〉s)를 보여 준다.

71] 일곱[七] : 문헌에 '닐굽(월천8 석보6:11 두初16:39 금삼2:7 소언6:123 자회下34) 닐곱(소언6:24 동문下20 한청106a)'과 '일굽(여소2:5a)'으로 나온다. 충북의 방언형은 전 지역이 'ilgop'이므로 변화과정을 다음과 같이 상정할 수 있다.

ㅇ nilkup 〉 nilkop 〉 ilkop
전체

위의 변화과정은 전 지역에서 발생한 어말의 'u〉o', 두음법칙(n〉ø)을 보여 준다.

72] 일흔[七十] : 문헌에 '닐흔(용가40 원각上一之一29 월석2:59 두初20:15) 닐흔(신속5:6)'으로 나온다. 충북의 방언형은 'irɨn〈진천 청원 영동〉 ir^{ɦ}ɨn〈중원〉 ir^{ɦ}ɨn〈음성 제원 단양 괴산 보은 옥천〉 ilhɨn〈보은〉'이므로 변화과정을 다음과 같이 상정할 수 있다.

ㅇ nilhɨn 〉 ilhɨn 〉 ilɨn
×청영 진청영

위의 변화과정은 두음법칙(n〉ø), 진천과 청원과 영동 지역에서 발생한 유성음 사이의 'ㅎ' 약화를 보여 준다.

73] 쟁기[犂] : 문헌에 '잠기(고산六下別2 은중26 물보耕農) 장기(여소5:20a)'로 나온다. 충북의 방언형은 전 지역이 'čɛŋgi'이므로 변화과정을 다음과 같이 상정할 수 있다.

o čamki 〉 čaŋki 〉 čɛŋki
전체

위의 변화과정은 전 지역에서 발생한 'ㄱ' 앞의 'm〉ŋ', 어두의 'a' 움라우트(a〉ɛ)를 보여 준다.

74] 추다[舞] : 문헌에 '츠-(월석21:190 두初15:44)'와 '추-(역어上6 청구p.109)'로 나온다. 충북의 방언형은 전 지역이 '$č^h$u-'이므로 변화과정을 다음과 같이 상정할 수 있다.

o ts^hɨ- 〉 $č^h$ɨ- 〉 $č^h$u-44)
전체

위의 변화과정은 전 지역에서 발생한 치조음 'ㅊ'의 구개음화(ts^h〉$č^h$), 어두 'ㅊ' 뒤의 'ɨ〉u'를 보여 준다.

75] 춥다[寒, 凄, 冷] : 문헌에 '칩-(월석9:23 삼강孝1 두初8:29)'으로 나온다. 충북의 방언형은 전 지역이 '$č^h$up-'이므로 변화과정을 다음과 같이 상정한다.

---

44) 'ɨ〉u' 변화는 '$č^h$' 뒤의 'ɨ'가 'i'로 전설모음화하지 않고 오히려 그 반대의 변화를 수행한 것이다.

o ts^hip- 〉 $č^hip-$ 〉 $č^hup-$
전체

위의 변화과정은 전 지역에서 발생한 치조음 'ㅊ'의 구개음화(ts^h〉$č^h$), 어두 'ㅊ' 뒤의 'i〉u'를 보여 준다.

76] 칼[劍, 刀] : 문헌에 '갏(용가36 월석9:43 능엄6:109)'과 '칾(선가上49 태산24 신속삼忠2 김언73)' 그리고 '깛(두重6:25 보권32)'로 나온다. 충북의 방언형은 전 지역이 'k^hal'이므로 변화과정을 다음과 같이 상정할 수 있다.

o kalh 〉 k^halh 〉 k^hal
전체

위의 변화과정은 전 지역에서 발생한 어두 'ㄱ'의 격음화(k〉k^h), 어말자음 'ㅎ'의 약화를 보여 준다.

77] 퇴침(退枕) : 충북의 방언형은 '$t^höč^him$〈단양 제외 전 지역〉'과 '$t^hweč^him$〈단양〉'이므로 변화과정을 다음과 같이 상정할 수 있다.

o $*t^hoyč^him$ 〉 $t^höč^him$ 〉 $t^hweč^him$
×단 단

위의 변화과정은 전 지역에서 발생한 어두의 'oy〉ö' 단모음화, 단양 지역에서 발생한 'ö〉we'를 보여 준다.[45]

78] 패다[發穗] : 문헌에 '픠-(법화3:36 구방上46 역어下8)'로 나온다. 충북의 방언형은 전 지역이 '$p^hɛ-$'이므로 변화과정을 다음과 같이 상정할 수 있다.

45) '고비(薇)'의 방언형 중에는 'kwebi〈단양〉' 외에 'ㄱ' 뒤에서 'w' 탈락을 수행한 'kebi kosari〈영동〉'도 있어서 표제어 '퇴침'의 변화과정과 구별된다.

ㅇ p^hʌy- 〉 p^hay- 〉 p^hɛ-
전체

위의 변화과정은 전 지역에서 발생한 어두음절의 'ʌ〉a', 'ay〉ɛ' 단모음화를 보여 준다.

79] 포대기[褓褓] : 문헌에 '포다기(아학上12)'로 나온다. 충북의 방언형은 'p^hodɛgi〈진천 청원〉 p^hŏdEgi〈제원〉'와 'p^hədEgi〈음성 단양 괴산〉 p^hɜdEgi〈중원〉 p^hɜdɛgi〈보은 옥천 영동〉'이므로 변화과정을 다음과 같이 상정할 수 있다.

ㅇ p^hotaki 〉 p^hotɛki 〉 p^hətɛki
진제청 ×진제청

위의 변화과정은 전 지역에서 발생한 'a' 움라우트(a〉ɛ), 진천과 제원과 청원 지역을 제외한 전 지역에서 발생한 어두 순음 뒤의 'o〉ə'를 보여 준다.

80] 포기[叢] : 문헌에 '퍼기(두初15:6 동의湯液1:14 속삼烈12 박初上40 역어補50) 퍽이(박重上36)'와 '퍼긔(동문下45 한청413a) 퍼귀(오륜1:44)' 및 '펄기(신속烈4 두重14:3)'로 나온다. 충북의 방언형은 'p^hogi〈진천 중원 제원 단양〉 p^högi〈중원 청원 괴산 보은 옥천 영동〉'와 'p^hok〈음성 괴산〉'이므로 변화과정을 다음과 같이 상정할 수 있다.

ㅇ p^həki 〉 p^hoki 〉 p^höki[46)]
진중제단 중청괴보옥영

46) 근대어 문헌형 '퍼긔(동문下45 한청413a)'나 '퍼귀(오륜1:44)'로부터도 방언형의 하나인 'p^hoki'를 얻을 수 있다(예 : p^həkuy 〉 p^həkɨy 〉 p^hokɨy 〉 p^hoki 〉 p^höki). 그러나 이 변화과정은 정음초기 문헌들에 이미 '퍼기'가 등장하고 있기 때문에 문제가 된다.

위의 변화과정은 전 지역에서 발생한 어두 순음 뒤의 'ə>o', 'o' 움라우트(o>ö)를 보여 준다.[47)]

81] 풀무 : 문헌에 '붊(두初2:47/6:24 금삼2:28'과 '불무(두初8:65 원각上一之二17 자회下16 유합下41) 불무질ᄒᆞ-(두初8:65)' 그리고 '풀무(왜어下16 역어補16 동문下16 한청308a(10:33)) 플무(역어上19/20)'로 나온다. 충북의 방언형은 'pulmu〈청원 보은 옥천 영동〉'와 'p^hulmu〈진천 음성 중원 제원 괴산 보은〉 p^hulmi〈단양〉'이므로 변화과정을 다음과 같이 상정할 수 있다.

o pulmu 〉 p^hulmu 〉 p^hulmi
청보옥영 진음중제괴보 단

위의 변화과정은 청원과 옥천과 영동 지역을 제외한 전 지역에서 발생한 어두 'ㅂ'의 격음화(p>p^h), 단양 지역에서 발생한 어말의 'u>i'를 보여 준다.[48)]

82] 피다[發] : 문헌에 '프-(월천158 월석2:47 두初15:8 남명上37)'와 '퓌-(박初上7 악장鄭石 송강2:14 청구p.86) 픠-(소언5:26 두重10:7 박重上36 계축p.221 한청412d 청구p.3)' 및 '피-(한청293d)'로 나온다. '燃'의 뜻으로 쓰인 '퓌-(월석7:35 능엄7:16 구간6:18)'도 참고할 수 있다. 충북의 방언형은 전 지역이 'p^hi-'이므로 변화과정을 다음과 같이 상정할 수 있다.[49)]

---

47) 이 변화과정은 표제어 '포대기[襁褓]'의 경우와 반대로 일어난 모음변화를 포함하고 있는 점이 특이하다.

48) 어말 'i'형인 'p^hulmi'가 단양 지역에서만 쓰이는 방언형이므로 이웃 방언의 차용으로 볼 수도 있다.

49) 현대어의 '피-'가 '프->피-' 변화를 거쳐 또는 '프-'로부터 출발하는 다른 어떤 변화를 거쳐 형성된 것이라고 말하는 것은 'p^hɨ- 〉 p^hi-'의 변화를 상정할 때 발생하는 문제 곧 순음 뒤의 'ɨ>i' 변화를 설명하기 어렵다. 그것은 순음 아래에서 일반적으로 발생하는 원순모음화와 사뭇 다르게 그것도 매우 드물게 일어나는 모음변화라는 점 때문이다.

o p^huy- 〉 p^hɨy- 〉 p^hi-
전체

위의 변화과정은 전 지역에서 발생한 어두 순음 뒤의 'u〉ɨ', 'ɨy〉i' 단모음화를 보여 준다.[50)]

83] 하나[一] : 문헌에 'ᄒᆞ낳(월천89 석보6:22 법화3:97 노언上35)'와 'ᄒᆞ나(송강1:11)'로 나온다. 충북의 방언형은 전 지역이 'hana'이므로 변화과정을 다음과 같이 상정할 수 있다.

o hʌnah 〉 hʌna 〉 hana
전체

위의 변화과정은 전 지역에서 발생한 어말자음 'ㅎ'의 약화, 어두 음절의 'ʌ〉a'를 보여 준다.

84] 화로(火爐) : 문헌에 '화로(남명下69 자회中15 역어下13 동문下15 노언上56)'로 나온다. 충북의 방언형은 'hwa:ri〈중원 단양 제외 전 지역〉 hwa:ro〈음성 중원〉 hwa:ru〈단양 옥천 영동〉'이므로 변화과정을 다음과 같이 상정할 수 있다. 어말 'i'형의 단어 'hwa:ri'가 표제어 '호미' 및 '홍시'의 경우와 달리 중원 지역과 단양 지역을 제외한 전 지역에서 조사되었다는 점이 주의를 끈다. 충북방언에서 이런 어말 'i'형이 차지하는 광범위한 분포가 'i'형을 단순한 차용으로 처리하지 못하게 막고 있기 때문이다.

o hwalo 〉 hwalu 〉 hwali
음중 단옥영 ×중단

---

50) 순음 아래의 'u〉ɨ' 변화는 일종의 이화작용에 해당한다(최전승, 1993).

위의 변화과정은 중원 지역을 제외한 전 지역에서 발생한 어말의 'o>u' 고모음화, 중원과 단양 지역을 제외한 전 지역에서 발생한 어말의 'u>i'를 보여 준다.

85] 환갑(還甲) : 충북의 방언형은 'hạ: ŋgap〈진천 음성 단양 괴산 보은 영동〉 ha:ngap〈중원 제원 청원 옥천〉'이므로 변화과정을 다음과 같이 상정할 수 있다.

- hwankap 〉 hankap 〉 haŋkap
  중제청옥　진음단괴보영

위의 변화과정은 전 지역에서 발생한 어두 'ㅎ' 뒤의 'w' 약화, 진천과 음성과 단양과 괴산과 보은과 영동 지역에서 발생한 'ㄱ' 앞의 'n>ŋ'을 보여 준다.

2.1.3. 음운변화가 세 가지인 것

1] 가꾸다 : 문헌에 '갓고-(청구p.87 청구李啓榮)'로 나온다. 이 말은 중세국어 '갔-/겄-'에 '오'가 결합되면서 '깎거나 꺾어내는 등 잘 자라게 돌보다'의 뜻을 갖게 된 것으로 생각된다. 충북의 방언형은 'kak'u-〈영동 제외 전 지역〉'이므로 변화과정을 다음과 같이 상정할 수 있다.

- kasko- 〉 katko- 〉 kak'o- 〉 kak'u-
  전체

위의 변화과정은 전 지역에서 발생한 음절말의 'ㅅ〉ㄷ', 어중 'ㄱ'의 경음화, 어간말의 'o>u'를 보여 준다.

2] 가랑비 : 이 말은 흔히 훈민정음 초기 문헌에 나오는 'ᄀᆞᄅᆞ뷔(월석 1:36)'로부터 근대어 전기 문헌에 나오는 'ᄀᆞ랑비(역어上2)'로 이어지는 것으로 설명되었다. 'ᄀᆞᄅᆞ뷔'의 'ᄀᆞᄅᆞ'를 'ᄀᆞᄅᆞ[粉]'라고 해석하기도 하고(허웅, 1975:96), 'ᄀᆞᄅᆞ[霧]'라고 해석하기도 하였다(이기문, 1986). 충북의 방언형은 'karaŋbi〈전 지역〉'와 'kalgɨraŋbi〈단양〉'이므로 'ᄀᆞᄅᆞᆯ-[細](번노下53 노언下58 벽온13)'에 '비'가 결합한 것으로 보고 '*kʌlʌlpi'를 재구하여 변화과정을 다음과 같이 상정할 수 있다.

ㅇ kʌlʌl+pi → *kʌlʌlpi 〉 *kʌlʌŋpi 〉 kʌlaŋpi 〉 kalaŋpi[51)]
전체

위의 변화과정은 전 지역에서 발생한 'ㅂ' 앞의 'l〉ŋ', 비어두음절의 'ʌ〉a', 어두음절의 'ʌ〉a'를 보여 준다.[52)]

3] 가로[横] : 문헌에 'ᄀᆞᄅᆞ(법화4:130 두初22:28 소언3:10 유합下53/62 동문上30 역어補60)'와 'ᄀᆞ르(동문下54 한청4:35 청구 p.92)'로 나온다. 이것이 들어간 복합어는 'ᄀᆞ로, ᄀᆞ루, ᄀᆞ르, 가ᄅᆞ, 가로' 등의 형태로 나온다(ᄀᆞ로ᄢᅦ다(석보23:22) ᄀᆞ로막다(역어補26) ᄀᆞ루막ᄋᆞ서(여소5:12b) ᄀᆞ르지르다(한청11:31) 가ᄅᆞ드듸다(두重9:32) 가ᄅᆞ다디(역어上가17) 가로다지(청구한습아) 등등). 충북의 방언형은 'karu〈음성 괴산 보은****〉'와 'karo〈진천 중원 제원 단양 청원 옥천 영동****〉'이므로 변화과정을 다음과 같이 상정할 수 있다.

---

51) 문헌형 'ᄀᆞᄅᆞ뷔(월석1:36)'는 'kʌlʌl+pi → kʌlʌlβi 〉 kʌlʌβi'의 과정으로 얻어질 수 있다.

52) 'ㄹ' 뒤에서 발생하는 'ㅂ' 약화현상을 피하기 위하여 'ㄹ'을 'ㆁ'으로 바꾸어 준 것으로 파악된다.

o kʌlʌ 〉 kʌlo 〉 kalo 〉 kalu
×음괴보 음괴보

위의 변화과정은 전 지역에서 발생한 비어두음절의 'ʌ〉o',[53] 어두음절의 'ʌ〉a', 음성과 괴산과 보은 지역에서 발생한 어말의 'o〉u'를 보여 준다.

4] 가루[粉] : 문헌에 'ᄀᆞᄅᆞ(법화1:223 원각上二之二154 구간6:19 자회中22 유합上26/下61 분문5 계축110 박통下1 동문下3 한청390b) ᄀᆞ로(두경19) ᄀᆞ르(한청3:36)'와 '가ᄅᆞ누룩(柳物三草)'으로 나온다. 충북의 방언형은 전 지역이 'karu'이므로 변화과정을 다음과 같이 상정할 수 있다.

o kʌlʌ 〉 kʌlo 〉 kalo 〉 kalu
전체

위의 변화과정은 전 지역에서 발생한 비어두음절의 'ʌ〉o', 어두음절의 'ʌ〉a', 어말의 'o〉u'를 보여 준다.

5] 가르다[割] : 문헌에 'ᄀᆞᄅᆞ-(신속烈5:35/85)'와 'ᄀᆞ리-(유합下41)'로 나온다. 한편 'ᄀᆞᆯᄒᆡ-'가 '擇, 採, 選, 揀, 辨, 別, 辯' 등의 한자에 대응하여 쓰였다는 점과 '排'에 대응하는 'ᄀᆞᆯ이-'가 있었다는 점이 참고된다. 충북의 방언형은 'kallɨ-〈진천 음성 제원 보은 옥천〉 karɨ-〈중원 단양 청원〉'와 't'a-〈진천 제원 괴산 옥천 영동〉'이므로 변화과정을 다음과 같이 상정할 수 있다.

53) 'ʌ〉o(ʌ(c)ʌ〉ʌ(c)o)' 변화는 'ᄋᆞ'의 중출(重出)을 기피해서 발생한 이화작용의 일종이다(이숭녕, 1940).

o kʌlʌ－ 〉 kʌlɨ－ 〉 kalɨ－ 〉 kallɨ－

중단청　진음제보옥

위의 변화과정은 괴산과 영동 지역에서 발생한 비어두음절의 ‘ʌ〉ɨ’, 어두음절의 ‘ʌ〉a’, 진천과 음성과 제원과 보은과 옥천 지역에서 발생한 ‘ㄹ’ 뒤의 ‘ㄹ’ 첨가를 보여 준다.

6] 가마[釜, 鍋] : 문헌에 ‘가마(월석7:13 구간1:25 유합上27 왜어下14)’와 ‘가매(두요上6 삼강孝10 두重11:17)’로 나온다. 충북의 방언형은 ‘kamasos〈진천 음성 제원 청원 괴산 보은〉 kamasoth〈중원〉 kamasoč h 〈제원 괴산〉’과 ‘kamEsoč h〈단양〉 kamɛsos〈옥천 영동〉’이므로 변화과정을 다음과 같이 상정할 수 있다.

o kama+i → kamai 〉 kamay 〉 kamɛ

×단옥영　단옥영

위의 변화과정은 단양과 옥천과 영동 지역에서 발생한 접미사 ‘－이’의 첨가, 어말모음 ‘i’의 활음화(i〉y), 어말의 ‘ay〉ɛ’ 단모음화를 보여 준다.[54]

7] 가마[旋] : 문헌에 ‘가마(자회上24 역어上32)’로 나온다. 충북의 방언형은 ‘kama〈옥천 영동 제외 전 지역〉’와 ‘kamE〈단양〉 ka:mɛ〈옥천 영동〉’이므로 표제어 ‘가마[釜], 가마[轎]’의 경우와 마찬가지로 변화과정을 다음과 같이 상정할 수 있다.

---

54) 최전승(1983)에 의하면 ‘ᄌᆞᅀᆞ[核], 사ᅀᆞ[骰子], 여ᅀᆞ[狐]’ 등의 후대의 발달형 ‘ᄌᆞᅀᆡ, 사ᅀᆡ, 여ᅀᆡ’ 등은 어간말 모음에 명사파생접미사 ‘－i’가 연결되어 이차적으로 이중모음을 형성한 형태들이며, 이 접미사 ‘－i’의 기능은 접미된 선행명사에 [－격식성, ＋구어성, －존경성, ＋친숙성]의 자질을 부가시켜 주는 일종의 sociolinguistic variable을 의미하는 표지였다.

o kama+i → kamai 〉 kama 〉 kamay 〉 kamɛ
×옥영 단옥영

위의 변화과정은 단양과 옥천과 영동 지역에서 발생한 접미사 '-이'의 첨가, 어말모음 'i'의 활음화(i〉y), 어말의 'ay〉ɛ' 단모음화를 보여 준다.

8] 가마[轎] : 문헌에 '가마(동문下19 한청370a)'로 나온다. 충북의 방언형은 'kama〈옥천 영동 제외 전 지역〉'와 'ka:mɛ〈옥천 영동〉'이므로 표제어 '가마[釜], 가마[旋]'의 경우와 마찬가지로 변화과정을 다음과 같이 상정할 수 있다.

o kama+i → kamai 〉 kamay 〉 kamɛ
×옥영 옥영

위의 변화과정은 옥천과 영동 지역에서 발생한 '-이'의 첨가, 어말모음 'i'의 활음화(i〉y), 어말의 'ay〉ɛ' 단모음화를 보여 준다.

9] 가물다[旱] : 문헌에 'ᄀᆞᄆᆞᆯ-(월석2:50 능엄8:12 두初16:65)'과 'ᄀᆞ믈-(한청19a)'로 나온다. 충북의 방언형은 전 지역이 'kamul-'이므로 변화과정을 다음과 같이 상정할 수 있다.

o kʌmʌl- 〉 kʌmɨl- 〉 kamɨl- 〉 kamul-
전체

위의 변화과정은 전 지역에서 발생한 비어두음절의 'ʌ〉ɨ', 어두음절의 'ʌ〉a', 어간말의 원순모음화(ɨ〉u)를 보여 준다.

10] 가시[棘] : 문헌에 '가ᄉᆡ(석보11:35 법화1:148 두初20:10 자회上10)'와 '가싀(동문上63 한청221 오륜3:38)'로 나온다. 충북의

방언형은 전 지역이 'k'asyi'이므로 변화과정을 다음과 같이 상정할 수 있다.

ㅇ kasʌy 〉 kasɨy 〉 kasi 〉 k'asi
전체

위의 변화과정은 전 지역에서 발생한 비어두음절의 'ʌ〉ɨ', 'ɨy〉i' 단모음화, 어두 'ㄱ'의 경음화를 보여 준다.

11] 갈고리[鉤子] : 문헌에 '갈고리(박重中35 역어上21 동문下12 한청111c)'와 '갈구리(노언下46)'로 나온다. 표제어 '갈퀴'의 방언형 가운데 '갈고리'와 직접 관련되는 충북의 방언형은 'k'alk'uri〈진천 음성 제원 괴산〉'이므로 변화과정을 다음과 같이 상정할 수 있다.

ㅇ kalkoli 〉 kalkuli 〉 kalk'uli 〉 k'alk'uli
진음제괴

위의 변화과정은 진천과 음성과 제원과 괴산 지역에서 발생한 어중의 'o〉u' 고모음화, 유성음 사이의 'ㄱ' 경음화, 어두 'ㄱ'의 경음화를 보여 준다.

12] 갖추다[備, 具] : 문헌에 'ᄀᆞ초-(두初7:25 원각下三之一43 소언6:92 삼강烈17 한청366b)'와 'ᄀᆞᆺ초-(소언4:8/5:36 신속孝4:29/8:13) ᄀᆞᆽ초-(여사4:54 태평1:25)'로 나온다. 훈민정음 초기 문헌에부터 '具'의 뜻으로 'ᄀᆞᆽ-'이 매우 생산적으로 쓰였음을 보아 'ᄀᆞ초-'는 'ᄀᆞᆽ+호'의 구성으로 파악된다. 충북의 방언형은 전 지역이 'kač^{h}u-'이므로 변화과정을 다음과 같이 상정할 수 있다.

ㅇ kʌts^{h}o- 〉 kʌts^{h}u- 〉 kʌč^{h}u- 〉 kač^{h}u-
전체

위의 변화과정은 전 지역에서 발생한 어간말의 'o>u', 치조음 'ㅊ'의 구개음화(ts^h>$\check{c}^h$), 어두음절의 'ʌ>a'를 보여 준다.

13] 개[狗, 犬] : 문헌에 '가히(월천70 법화2:112 두初8:5)'와 '개(번소9:110)'로 나온다. 충북의 방언형은 전 지역이 'kɛ'이므로 변화과정을 다음과 같이 상정할 수 있다.

o kahi > kai > kay > kɛ
전체

위의 변화과정은 전 지역에서 발생한 유성음 사이의 'ㅎ' 약화, 어말모음 'i'의 활음화(i>y), 'ay>ɛ'의 단모음화를 보여 준다.

14] 개구리[蝸] : 문헌에 '개고리(유합上15 동의湯液2:10 물보水族 유물二昆) 개골이(신속孝1:12)'와 '개구리(왜어下27 동문下42 한청444d)'로 나온다. 충북의 방언형은 'kɛguri〈진천 음성 중원 청원〉'와 'k'ɛguri〈음성 중원 청원 제외 전 지역〉'이므로 변화과정을 다음과 같이 상정할 수 있다.

o kaykoli > kaykuli > kɛkuli > k'ɛkuli
진음중청 ×음중청

위의 변화과정은 전 지역에서 발생한 어중의 'o>u', 어두의 'ay>ɛ' 단모음화, 음성과 중원과 청원 지역을 제외한 전 지역에서 발생한 어두 'ㄱ'의 경음화를 보여 준다.

15] 거짓[僞] : 문헌에 '거즛(석보6:10 월석 2:71 능엄7:60) 거즏(신속忠1 왜어下34) 거즛(신속烈1) 거즛(유합下18 여범1)'과 '거짓(아학下9/12)'으로 나온다. 충북의 방언형은 'kəǰis〈진천** 제천** 옥천** 영동**〉 kɨǰis〈영동 제외 전 지역**〉'이므로 변화과

정을 다음과 같이 상정할 수 있다.

o kətsɨs 〉 kəčɨs 〉 kəčis 〉 kɨčis
진제옥영 ×영

위의 변화과정은 전 지역에서 발생한 치조음 'ㅈ'의 구개음화(ts〉č), 전설모음화(ɨ〉i), 영동 지역을 제외한 전 지역에서 발생한 어두의 'ə〉ɨ'를 보여준다.

16] 견디다[忍, 耐] : 문헌에 '견듸-(두初8:21 번박上13 두重10:2)'와 '견ᄃᆡ-(두初6:16 구간2:46/47 유합下11/22/35 왜어上21/下42 내훈重3:45 한청168a 경신28)'로 나온다.[55] 충북의 방언형은 전 지역이 'čəndi-'이므로 변화과정을 다음과 같이 상정할 수 있다.

o kyəntɨy- 〉 kyənti- 〉 čyənti- 〉 čənti-
전체

위의 변화과정은 전 지역에서 발생한 어간말의 'ɨy〉i' 단모음화, 어두의 'ㄱ' 구개음화(k〉č), 'ㄱ' 구개음화에 따른 잉여자질 'y'의 탈락을 보여 준다.[56]

17] 계획(計劃) : 충북의 방언형은 전 지역이 'ke(:)ɦok'이므로 변화과정을 다음과 같이 상정할 수 있다.

o kyəyhoyk 〉 kyəyhok 〉 kyehok 〉 kehok
전체

---

55) 초간 두시언해에 보이는 두 어형 '견듸-'와 '견ᄃᆡ-'는 'ᆞ'의 변화, 곧 그 시기와 내용과 관련하여 시사하는 바 큰 것으로 생각된다.

56) 하향이중모음 'ɨy'의 단모음화(ɨy〉i)를 'ㄱ' 구개음화보다 나중에 적용하면 'čyəntɨy-'를 얻을 수 있는 대신에 '견디-'는 얻을 수 없음에 유의해야 한다.

위의 변화과정은 전 지역에서 발생한 하향이중모음의 부음 'y'의 탈락(oy>o), 어두의 'əy>e' 단모음화, 어두 'ㄱ' 뒤의 'y' 탈락을 포함하고 있다.

18] 고구마 : 충북의 방언형은 'koguma〈제원 제외 전지역〉'와 'kogɨma〈제원〉'이므로 재구형 '*kokomo'로부터 출발하는 변화과정을 다음과 같이 상정할 수 있다.

o *kokomo > *kokoma > kokuma > kokɨma[57]
×제 제

위의 변화과정은 전 지역에서 발생한 어말의 'o>a', 어중의 'o>u', 제원 지역에서 발생한 어중 순음 앞의 'u>ɨ'를 보여 준다.

19] 고리[環] : 문헌에 '골회(월석23:38 능엄1:22 영가下45 구급上53 박初上54 자회中24 한청11:22)'와 '골희(동문下17 한청14:14 경신26 역어下28 유물一毛)'로 나온다. 충북의 방언형은 전 지역이 'kori'이므로, '골회>골희>골히'의 변화과정을 상정할 수 있다. 'oC(C)o>oC(C)ɨ' 변화는 일종의 이화작용으로 여겨진다.[58]

o kolhoy > kolhɨy > kolhi > koli
전체

위의 변화과정은 전 지역에서 발생한 어중의 'o>ɨ', 어말의 'ɨy>i'

57) 대마도에서 병약한 부모를 고구마로 봉양했다고 해서 '고오꼬오(孝行)이모(감자 종류)'라는 이름이 붙었다는 민간어원설이 있다. 학명은 'ipomoea batatas'인데, '甘薯(감서) 甘藷(감저) 南감저, 단감자, 藷芋(저우)' 등으로도 불린다.

58) 여기서 'ᄋᆞ'대신 '으'가 선택된 것은 문헌형 '골희'를 보이는 근대국어 시기에 이미 비어두음절에서 'ᄋᆞ'의 비음운화가 완성되었기 때문이다.

단모음화, 유성음 사이의 'ㅎ' 약화를 포함하고 있다.

20] 고프다[飢, 餓] : 문헌에 '골ᄑᆞ-(월석2:42/8:100 남명上10 금삼3:42 목우5 야운19) 골프-(노언上35/39/49) 골푸-(몽어下22) 곪프-(번노上39)'와 '고프-(구황3) 고ᄑᆞ-(여사2:17)'로 나온다. 충북의 방언형은 전 지역이 'kop^hu-'이므로 변화과정을 다음과 같이 상정할 수 있다.

ㅇ $kolp^hʌ$- 〉 $kolp^hɨ$- 〉 $kop^hɨ$- 〉 kop^hu-
전체

위의 변화과정은 전 지역에서 발생한 비어두음절의 'ʌ〉ɨ', 'ㅍ' 앞의 'ㄹ' 탈락, 원순모음화(ɨ〉u)를 포함하고 있다.

21] 국수[麵] : 문헌에 '국슈(번노上60 동의湯液 노언上54 박重下32 역어上51 왜어上47 동문上59 한청10:13 물보飮食)'로 나온다. 충북의 방언형은 'kuks'u〈영동 제외 전 지역〉'와 'kuks'yi〈영동〉'이므로 변화과정을 다음과 같이 상정할 수 있다.

ㅇ kuks'yu 〉 kuks'u 〉 kuks'i
×영 영

위의 변화과정은 전 지역에서 발생한 치조음 'ㅅ'의 구개음화, 'ㅅ'의 구개음화에 이은 잉여자질 'y'의 탈락, 영동 지역에서 발생한 어말의 'u〉i'를 보여 준다.

22] 기다리다[待] : 문헌에 '기드리-(용가19 석보6:11 법화5:81 원각上一之一116) 기들이-(소언2:42)'와 '기들오-(두初21:3 소언6:93) 기들우-(두初8:21 소언4:23 신속三烈1)'와 '기ᄃᆞᆯ오-(소언6:96 2:62) 기ᄃᆞᆯ우-(두重5:14 소언6:97)'와 '기돌오-(노언下18) 기도로

-(역어下45)'와 '기ᄃᆞ리-(신속孝1:62 삼역9:9 두重6:23 유합下34) 기다리-(삼략上10)'와 '기들-(삼강孝4) 기둘르-(두경69)'로 나온다. 충북의 방언형은 'kidari-〈옥천 제외 전 지역〉'와 'čidari-〈옥천〉'이므로 변화과정을 다음과 같이 상정할 수 있다.[59)]

o kitɨli- 〉 kitʌli- 〉 kitali- 〉 čitali-
×옥 옥

위의 변화과정은 전 지역에서 발생한 비어두음절의 'ɨ〉ʌ', 비어두음절의 'ʌ〉a', 옥천 지역에서 발생한 어두의 'ㄱ' 구개음화(k〉č)를 포함하고 있다.

23] 까치[鵲] : 문헌에 '가치(용가7 월천上61 두初8:93 자회上17 목우19 구간1:49) 갓치(물보羽鳥) 가막갓치(계축p.210)'와 '가티(유물一羽虫) 가티놀[白頭波](물보舟車)'로 나온다. 충북의 방언형은 'k'ač^{h}i〈보은 옥천 영동 제외 전 지역〉'와 'k'anč^{h}i〈보은 옥천 영동〉'이므로 변화과정을 다음과 같이 상정할 수 있다.

o kats^{h}i 〉 kač^{h}i 〉 k'ač^{h}i 〉 k'anč^{h}i
×보옥영 보옥영

위의 변화과정은 전 지역에서 발생한 치조음 'ㅊ'의 구개음화(ts^{h}〉č^{h}), 어두 'ㄱ'의 경음화, 보은과 옥천과 영동 지역에서 발생한 'ㅊ' 앞의 'ㄴ' 첨가를 보여 준다.

24] 깨[荏] : 문헌에 'ᄢᅢ(월석10:121 법화5:210 역어上51) ᄣᅢ(사성上40) 빼(동의湯液1:20)'로 나온다. '두리ᄢᅢ[荏](구간6:54) 듧ᄢᅢ(사

---

59) 충북의 방언형에는 훈민정음 초기 문헌형인 '으'형은 보이지 않고 '아'형만 보인다는 사실에 입각하여 '기드리->기ᄃᆞ리->기다리-'의 변화과정을 상정할 필요가 있겠다. 삼략직해의 '기다리-(삼략上10)'도 근거자료가 된다.

성上40)'와 '듧깨(자회上13)'도 참고할 수 있다. 충북의 방언형은 'k'ɛ〈청원 옥천 영동 제외 전 지역〉'와 'k'wɛ〈청원 옥천 영동〉'이므로 변화과정을 다음과 같이 상정할 수 있다.

o pk'ay 〉 k'way 〉 k'wɛ 〉 k'ɛ
청옥영 ×청옥영

위의 변화과정은 전 지역에서 발생한 'ㅂ'의 보상적 탈락(p〉w), 'ay〉ɛ' 단모음화, 청원과 옥천과 영동 지역을 제외한 전 지역에서 발생한 'ㄲ' 뒤의 'w' 탈락을 보여 준다.

25] 꺾다[折] : 문헌에 '걹-(월석18:56 능엄9:47)'과 '꺾-(왜어下38 경신4/31) 걹-(계축218 아학下10)'으로 나온다. 충북의 방언형은 전 지역이 'k'ək'-'이므로 변화과정을 다음과 같이 상정할 수 있다.

o kəsk- 〉 kətk- 〉 kək'- 〉 k'ək'-
전체

위의 변화과정은 전 지역에서 발생한 음절말의 'ㅅ〉ㄷ', 어중 'ㄱ'의 경음화, 어두 'ㄱ'의 경음화를 보여 준다.

26] 껍질[皮, 匣], 殼] : 문헌에 '겁질(삼강忠14 구급下2 구황5 분문12 태산6 왜어下39 두창44 유물一羽虫 태요6) 겁딜(동문下5)'과 '껍질(아학上8)'로 나온다. 표제어 '껍질'과 직접 관련이 되는 충북의 방언형은 'k'əpč'il〈단양 청원 영동〉'과 'k'əpč'ul〈진천 중원 제원 괴산 보은〉'이므로 변화과정을 다음과 같이 상정할 수 있다.

o kəpts'il 〉 kəpč'il 〉 k'əpč'il 〉 k'əpč'ul
단청영 진중제괴보

위의 변화과정은 진천과 옥천 지역을 제외한 전 지역에서 발생한 치조음 'ㅈ'의 구개음화(ts〉č), 어두 'ㄱ'의 경음화, 진천과 중원과 제원과 괴산과 보은 지역에서 발생한 어말의 'i〉u'를 포함하고 있다.

27] 꽂다[插/拱] : 문헌에 '곶-(두初7:31/8:35/24:8 소언6:14 자회下5 유합下46 소학6:114) 꼿-(송강1:3 청구p.51 역어上43 왜어上30 한청327d)'과 '꼽-(여소4:11b)'으로 나온다. 충북의 방언형은 'k'oč-〈진천 중원 제원 단양 괴산〉'과 'k'op-〈진천 제원 단양 제외 전 지역〉'이므로 변화과정을 다음과 같이 상정할 수 있다.[60]

ㅇ kots- 〉 koč- 〉 k'oč- 〉 k'op-
진중제단괴 ×진제단

위의 변화과정은 전 지역에서 발생한 치조음 'ㅈ'의 구개음화(ts〉č), 어두 'ㄱ'의 경음화, 진천과 제원과 단양 지역을 제외한 전 지역에서 발생한 어간말의 'ㅈ〉ㅂ'를 보여 준다.

28] 낯[面] : 문헌에 'ᄂᆞᆾ(용가40 월천62 월석10:17 자회上25)'과 '낫(여사3:4 여소1:18)'으로 나온다. 충북의 방언형은 'nač^h〈단양 청원〉'과 'nas〈단양 청원 제외 전 지역〉'이므로 변화과정을 다음과 같이 상정할 수 있다.

ㅇ nʌts^h 〉 nʌč^h 〉 nač^h 〉 nas
단청 ×단청

위의 변화과정은 전 지역에서 발생한 치조음 'ㅊ'의 구개음화(ts^h〉č^h), 어두음절의 'ʌ〉a', 단양과 청원 지역을 제외한 전 지역에

60) 이 '꽂-'과 '꼽-'의 관계는 '좇-'과 '좁-'의 관계와 비교하여 살펴볼 필요가 있다. 문헌형 '곶-'과 '좇-'은 훈민정음 초기문헌에서부터 등장하지만 '꼽-'은 근대 후기 문헌에서야 볼 수 있으며 '좁-'은 아예 문헌에서 확인되지 않기 때문이다.

서 발생한 음절말 'ㅊ'의 비파열화($\check{c}^h$>s)를 보여 준다.

29] 누더기[衲, 褸襗] : 문헌에 '누더기(衲)(왜어上46)'와 '눕더기(衲)(박初上36 자회中24)'로 나온다. 표제어 '누더기'는 현대국어에서 '褸襗' 곧 '누덕누덕 기운 헌옷'을 가리킨다. 충북의 방언형은 'nudegi〈영동 제외 전 지역〉'와 'tudigi〈영동〉'이므로 변화과정을 다음과 같이 상정할 수 있다.[61)]

o nutəki 〉 nuteki 〉 nutiki 〉 tutiki
×영 영

위의 변화과정은 전 지역에서 발생한 어중의 'ə' 움라우트(ə>e), 영동 지역에서 발생한 어두의 'ㄴ>ㄷ', 어중의 'e>i'를 보여 준다.

30] 뉘 : 충북의 방언형은 '^{d}nü〈중원 제원 옥천 단양 제외 전 지역〉 nü〈중원 제원 옥천〉 ^{d}nwi〈청원〉 n^wE〈단양〉'이므로[62)] 변화과정을 다음과 같이 상정할 수 있다.

o *nuy 〉 nü 〉 nwi 〉 nwe 〉 nwɛ
×단 청 단

위의 변화과정은 전 지역에서 발생한 'uy>ü' 단모음화, 청원 지역에서 발생한 'ü>wi', 단양 지역에서 발생한 어두의 'e>ɛ'를 포함하

61) 방언형 'nudegi'는 '누덕누덕'이라는 말에 근거하여 '누덕+이'의 변화형이라 할 수 있다. 그런데 충북의 영동 지역과 충남의 금산 지역, 그리고 전북의 익산을 제외한 전 지역, 전남의 무안을 제외한 전 지역, 경북의 안동 상주 등 몇 곳을 제외한 대부분의 지역에서 '두덕두덕' 관련 어형들을 사용하고 있고, 전라도 방언 중에는 '두더기, 두데기, 두대기, 두뒤기, 뒤데기, 두덕지, 두덕바지, 두덕옷' 등 어두 'ㄷ' 형태가 매우 다양하게 쓰이고 있으므로 충북 영동 지역의 'tudigi'는 이웃 방언의 차용이라고 해석하는 것이 온당하다 하겠다.

62) 단양 지역의 방언형 'n^wE'는 그 인접한 경북방언에서도 찾아볼 수 없는 특이한 형태이다.

고 있다.

31] 다래[獼猴桃] : 문헌에 '猴桃, 楔棗, 楔, 軟栗, 洋桃, 楔栗, 獼猴桃' 등에 대응하는 말이 'ᄃᆞ래(구간3:109 사성下12 자회上12 역어上55 동문下5 한청133c) ᄃᆞᄅᆡ(왜어下7) 다ᄅᆡ(한청13:5(392b) 유물三草)'로 나온다. 이 문헌형들은 'ᄋᆞ'의 비음운화에 따른 표기상의 차이를 보여 주는 것으로 생각된다. 충북의 방언형은 'tare〈진천〉 tarE〈진천 옥천 영동 제외 전 지역〉 tarɛ〈옥천 영동〉'이므로 변화과정을 다음과 같이 상정할 수 있다.

ㅇ tʌlay 〉 talay 〉 talɛ 〉 tale
×진 진

위의 변화과정은 전 지역에서 발생한 어두음절의 'ʌ〉a', 어말의 'ay〉ɛ' 단모음화, 진천 지역에서 발생한 'ɛ〉e'를 보여 준다.[63)]

32] 닭[鷄] : 문헌에 'ᄃᆞᆰ(훈언合字 월석1:46 능엄8:91/10:43 두初7:28 구방上10 구간6:50 신속孝3:35 역어下24 왜어下21 아학上17)'으로 나온다. 충북의 방언형은 'tag〈진천 음성 옥천 영동〉'과 'talg〈중원 제원 청원 괴산〉'과 'takʰ〈단양 보은〉'이므로[64)] 변화과정을 다음과 같이 상정할 수 있다.

ㅇ tʌlk 〉 talk 〉 tak 〉 takʰ
중제청괴 진음옥영 단보

위의 변화과정은 전 지역에서 발생한 어두음절의 'ʌ〉a', 진천과 음성과 단양과 보은과 옥천과 영동 지역에서 발생한 어말자음군 'ㄺ'

63) 여기서 'talɛ〉tale'의 변화는 'ɛ'와 'e'의 중간음으로서의 'E'가 충북방언의 모음체계에 존재하지 않는다는 사실을 감안한 조치이다.
64) 주격조사 '-이'가 붙었을 때의 곡용형에서 명사 어근만 제시한다.

의 'ㄹ' 탈락(lk>øk), 단양과 보은 지역에서 발생한 어말 'ㄱ'의 격음화(k>k^h)를 보여 준다.

33] 대가리[頭] : 표제어의 어형과 일치하는 문헌어로 '대가리(월석14:8/23:94 능엄8:7 법화3:84 원각上一之二136 금삼2:12/2:34)'가 있다. 그런데 이 말은 '殼'의 뜻으로 쓰였다는 점을 간과해선 안 된다. 현대국어에서 '대가리'는 의미변화가 일어나 '사람이나 동물의 머리를 속되게 이르는 말'로 쓰인다. 중세국어에서 '顱, 腦, 髑髏骨' 등의 뜻으로 쓰인 문헌어로 'ᄃᆡ골(월석2:55 구간6:44 남명上47 번노下39 자회上24 유합上21 왜어上16 신속烈3:92 노언上36)'이 있다. 'ᄃᆡ골'이 접미사 '-이'를 취하여 'ᄃᆡ고리'가 되고 어두음절의 'ʌ'가 'a'로 변하여 '대고리'가 된 후 이미 존재하던 '대가리'와 의미상으로 그리고 형태상으로 혼효가 이루어진 것으로 파악된다. 충북의 방언형은 전 지역이 'tɛgari'이므로 변화과정을 다음과 같이 상정할 수 있다.

o tʌykol+i → tʌykoli 〉 taykoli 〉 taykali 〉 tɛkali
전체

위의 변화과정은 전 지역에서 발생한 어두음절의 'ʌ>a', 어중의 'o>a', 'ay>ɛ' 단모음화를 보여 준다.

34] 더위[熱] : 문헌에 '더뷔(석보9:9 월석9:51)'와 '더위(구방上11 남명上59 내훈3:16 벽온1 여사4:46 한청1:28(21c) 인어1:8)'로 나온다. 충북의 방언형은 'təuy〈진천 중원 청원〉 $təu^y$〈음성〉'와 'təu〈제원 단양 괴산 보은 옥천 영동〉'이므로 변화과정을 다음과 같이 상정할 수 있다.

o təβuy 〉 təwuy 〉 təuy 〉 təu
진음중청 제단괴보옥영

위의 변화과정은 전 지역에서 발생한 'β〉w', 원순모음 'u' 앞의 'w' 탈락,[65] 제원과 단양과 괴산과 보은과 옥천과 영동 지역에서 발생한 하향이중모음의 부음 'y'의 탈락(uy〉u)을 보여 준다.

35] 되다[深, 甚, 極, 硬, 濃] : 문헌에 '되-(삼강孝31 구간6:30 박初上18 내훈二下15/63)'로 나온다. 충북의 방언형은 'tö-〈단양 제외 전 지역〉'와 'tE-〈단양〉'이므로 변화과정을 다음과 같이 상정할 수 있다.

ㅇ toy- 〉 tö- 〉 te- 〉 tε-
×단 단

위의 변화과정은 전 지역에서 발생한 'oy〉ö' 단모음화, 단양 지역에서 발생한 'ö'의 원순성 상실(ö〉e), 어두의 'e〉ε'를 보여 준다.

36] 뒤[後, 北] : 문헌에 '뒿(용가28 월석序24 박初上21 자회下31)'로 나온다. 충북의 방언형은 'tü〈제원 단양 영동 제외 전 지역〉 twi〈제원 단양 영동〉'이므로 변화과정을 다음과 같이 상정할 수 있다.

ㅇ tuyh 〉 tuy 〉 tü 〉 twi
×제단영 제단영

위의 변화과정은 전 지역에서 발생한 어말자음 'ㅎ'의 약화, 'uy〉ü' 단모음화, 제원과 단양과 영동 지역에서 발생한 'ü〉wi'를 보여 준다.

37] 때[垢] : 문헌에 'ᄣᅵ(월천上15 석보6:27 능엄4:76 금강上13 자회下18 石千38)'와 'ᄯᅵ(동문上9/下56 한청11:52)'로 나온다. 충북

65) 이에 관한 자세한 논의는 최전승(1975)을 참조할 것.

의 방언형은 전 지역이 ‘t'ɛ’이므로 변화과정을 다음과 같이 상정할 수 있다.

ㅇ ptʌy 〉 t'ʌy 〉 t'ay 〉 t'ɛ
전체

위의 변화과정은 전 지역에서 발생한 합용병서의 보상적 ‘ㅂ’ 탈락(pt〉t'), 어두음절의 ‘ʌ〉a’, ‘ay〉ɛ’ 단모음화를 보여 준다.

38] 때리다[打, 析] : 문헌에 ‘析, 破, 打破, 碎’ 등의 뜻으로 쓰인 ‘ᄣᆞ리-(법어16 원각下三之一87 두初2:64) ᄣᅡ리-(두初5:37 박初下43 유합下59 신속烈1:2) ᄯᅡ리-(경신6 정철고시조)’가 보인다. 이 문헌형들이 근대국어 시기를 거치면서 의미변화를 입은 것으로 생각된다. 충북의 방언형은 전 지역이 ‘t'ɛri-’이므로 변화과정을 다음과 같이 상정할 수 있다.

ㅇ pt'ali- 〉 t'ali- 〉 t'ayli- 〉 t'ɛli-
전체

위 변화과정은 전 지역에서 발생한 합용병서의 보상적 ‘ㅂ’ 탈락(pt〉t'), 후속하는 ‘i’의 영향으로 발생한 어두의 ‘y’ 첨가(a〉ay), ‘ay〉ɛ’ 단모음화를 보여 준다.

39] 떼[莎] : 문헌에 ‘ᄠᅬ(신속孝1:66) ᄠᅬᆺ덩이(역어補6) ᄯᅬ(왜어下31) ᄯᅬ[回軍草](유물三草)’로 나온다. 충북의 방언형은 전 지역이 ‘t'e’와 ‘t'ečaŋ’이므로 변화과정을 다음과 같이 상정할 수 있다.

ㅇ ptoy 〉 t'oy 〉 t'ö 〉 t'e
전체

위의 변화과정은 전 지역에서 발생한 합용병서의 보상적 'ㅂ' 탈락(pt>t'), 'oy>ö' 단모음화, 'ö'의 원순성 상실(ö>e)을 보여 준다.

40] 마름[菱] : 문헌에 '말왐(능엄9:56 두初7:7 자회上12)'과 '말암(두重6:64 역어上56 시언物名1) 말음(왜어下6)' 및 '마름(물보草果 유물三草)'으로 나온다. 문헌형 '말왐'은 '菱鐵'을 뜻하는 '말밤(월석21:80)'에 견주어 보면 '말'과 '밤'이 결합하여 합성어를 이룰 때 발생한 'ㅸ'이 약화된 결과로 파악된다. 충북의 방언형은 'marɨm〈진천 중원 청원〉'과 'malbam〈보은 옥천〉'과 'mal〈음성 괴산〉'이므로 방언형 'marɨm'의 변화과정을 다음과 같이 상정할 수 있다.

ㅇ *malβam 〉 malwam 〉 malam 〉 malɨm[66)]
진중청

위의 변화과정은 진천과 중원과 청원 지역에서 발생한 'β>w', 어중 'ㄹ' 뒤의 'w' 탈락, 어말 순음 앞의 'a>ɨ'를 보여 준다.

41] 메아리[響] : 문헌에 '뫼사리(금강127 월석2:53 법화5:162 능엄8:55 두初15:9)'와 '뫼아리(두重15:9 동문上7)'로 나온다. 충북의 방언형은 'sanullyim〈전 지역〉'과 'meari〈청원 괴산****〉'이므로 문헌형과 직접 관련되는 후자의 변화과정을 다음과 같이 상정할 수 있다.

ㅇ moyzali 〉 moyali 〉 möali 〉 meali
청괴

66) 'malam>malɨm'에서 보이는 'a>ɨ' 변화는 비어두음절에서의 'ㆍ'의 동요가 불러온 일종의 부정회귀 현상으로 생각된다. 'a>ɨ' 변화보다는 그 사이에 'a>ʌ'가 적용되는 'malam>malʌm>malɨm'의 변화 가능성도 생각할 수 있을 것이다.

위의 변화과정은 청원과 괴산 지역에서 발생한 모음 사이의 'ㅿ' 약화, 어두의 'o' 움라우트(o>ö), 'ö'의 원순성 상실(ö>e)을 보여 준다.

42] 메주[豉] : 문헌에 '며주(자회中21) 며조(金諺14/67 유물三草 아학上13)'와 '몌조(구황沉醬法 박重中17 역어上52)' 그리고 '메조(여사3:22)'로 나온다. 충북의 방언형은 전 지역이 'meǰu'이므로 변화과정을 다음과 같이 상정할 수 있다.

ㅇ myəytsu 〉 myəyču 〉 myeču 〉 meču[67)]
전체

위의 변화과정은 전 지역에서 발생한 치조음 'ㅈ'의 구개음화(ts>č), 'əy>e' 단모음화, 어두 순음 뒤의 'y' 탈락을 보여 준다.

43] 바꾸다[換, 貿, 易] : 문헌에 '밧고-(능엄2:13/8:131 몽산46 두初8:46 자회下20 동문下27 한청300a) 밧고-(자회上34)'와 '받고-(왜어上55)'로 나온다. 충북의 방언형은 전 지역이 'pak'u-'이므로 변화과정을 다음과 같이 상정할 수 있다.

ㅇ pasko- 〉 patko- 〉 pak'o- 〉 pak'u-
전체

위의 변화과정은 전 지역에서 발생한 음절말의 'ㅅ>ㄷ', 어중 'ㄱ'의 경음화, 어간말의 'o>u'를 보여 준다.

44] 버선[襪] : 문헌에 '보션(내훈3:17 두初16:31 자회中23 유합上31 계축p.99 여사2:14 동문上56 청구p.112)'으로 나온다. 충북의 방언형은 'pɜsɜn〈진천〉 posɜn〈음성〉 pɜsən〈중원 청원 보은 영동〉 pəsən〈제원 단양 괴산〉'과 'pŏsən〈옥천〉'이므로 변화과정을

67) 문헌어 '며주/며조'를 고려하면 'myəytsu' 앞에 'myətsu'를 상정할 수 있다.

다음과 같이 상정할 수 있다.

o posyən 〉 posən 〉 pəsən
　　　　　　음옥　　×음옥

위의 변화과정은 전 지역에서 발생한 치조음 'ㅅ'의 구개음화, 'ㅅ'의 구개음화에 이은 잉여자질 'y'의 탈락, 음성과 옥천 지역을 제외한 전 지역에서 발생한 어두 순음 뒤의 'o〉ə'를 보여 준다.

45] 벗기다[脫] : 문헌에 '벗기-(석보13:28 월석10:5 두初18:17 소언6:44)'와 '밧기-(용가58 두初24:39)'로 나온다. 충북의 방언형은 'pek'i-〈단양 제외 전 지역〉'와 'pik'i-〈단양〉'이므로 변화과정을 다음과 같이 상정할 수 있다.

o pəski- 〉 pətki- 〉 pək'i- 〉 pek'i- 〉 pik'i-
　　　　　　　　　　　　　　×단　　　단

위의 변화과정은 음절말의 전 지역에서 발생한 음절말의 'ㅅ〉ㄷ', 어두의 'ə' 움라우트(ə〉e), 단양 지역에서 발생한 어두의 'e〉i'를 보여 준다.

46] 벙어리[瘂, 瘖] : 문헌에 '버워리(석보19:6 월석13:18/17:52 자회中34 영험11)'와 '벙어리(소언4:31 두경53 역어上29 왜어上51 한청8:15(222b) 아학下3)'로 나온다. 충북의 방언형은 'pɜŋəri〈진천 청원〉 pəŋəri〈음성 단양 괴산 보은 옥천〉 pɜŋɜri〈영동〉 pŏŋəri〈중원 제원〉'와 'pəbəri〈단양 괴산〉'이므로 변화과정을 다음과 같이 상정할 수 있다.[68]

68) 단양 괴산 지역의 방언형 'pəbəri' 혹은 그와 유사한 방언형이 경상북도에서 안동을 제외한 전 지역에서 쓰이는 것으로 조사되었음을 보아 그것의 차용형으로 처리할 수도 있을 것이다(안동지역은 '벙어리' 형을 쓰는 것으로 조사되었다).

o *pəβəli 〉 pəwəli 〉 pəŋəli 〉 poŋəli
×중제 중제

위의 변화과정은 전 지역에서 발생한 'β〉w', 모음 사이의 'w〉ŋ', 중원과 제원 지역에서 발생한 어두 순음 뒤의 'ə〉o'를 볼 수 있다.

47] 베다[枕] : 문헌에 '볘-(두初22:19 월석1:17 삼강烈3 동문上58 한청335d 청구p.69)'와 '벼-(악장滿殿春)'로 나온다. 충북의 방언형은 전 지역이 'pi:-'이므로 변화과정을 다음과 같이 상정할 수 있다.

o pyəy- 〉 pye- 〉 pe- 〉 pi-
전체

위의 변화과정은 전 지역에서 발생한 'əy〉e' 단모음화, 어두 순음 뒤의 'y' 탈락, 'e〉i'를 보여 준다.

48] 벼락[霹, 靂] : 문헌에 '벼락(두初18:19 자회上2 유합上4 삼역1:19) 별악(역어上2)'으로 나온다. 충북의 방언형은 'perak〈제원 단양 제외 전 지역〉 pErak〈단양〉 pyərak〈제원〉'이므로 변화과정을 다음과 같이 상정할 수 있다.

o pyəlak 〉 pəylak 〉 pelak 〉 pɛlak
제 ×제단 단

위의 변화과정은 제원 지역을 제외한 전 지역에서 발생한 음운도치(yə〉əy), 'əy〉e' 단모음화, 단양 지역에서 발생한 어두의 'e〉ɛ'를 보여 준다.

49] 벼랑[崖] : 문헌에 '볋(악학動動 악장鄭石)'과 '벼로(역어上7 유물五水 한청1:39)'와 '비레(두初21:19/9:38)'로 나온다. 표제어 '벼

랑'과 직접 관련되는 충북의 방언형은 'pyəraŋ〈진천 제원〉 peraŋ〈옥천〉'과 'pinyaŋ〈단양〉'이므로 변화과정을 다음과 같이 상정할 수 있다.

o pyəlhaŋ 〉 pyəlaŋ 〉 pəylaŋ 〉 pelaŋ[69]
진제 옥

위의 변화과정은 진천과 제원과 옥천 지역에서 발생한 유성음 사이의 'ㅎ' 약화, 어두의 음운도치(yə〉əy), 옥천 지역에서 발생한 어두의 'əy〉e' 단모음화를 보여 준다.

50] 부끄럽다[羞, 愧, 恥] : 문헌에 '붓그립-(삼강忠12)'과 '붓그럽-(두初8:3 번소8:15 한청239d)'으로 나온다. 충북의 방언형은 'puk'ɨrəp-〈음성 제외 전 지역〉 puk'urəp-〈음성〉'이므로 변화과정을 다음과 같이 상정할 수 있다.

o puskɨləp- 〉 putkɨləp- 〉 puk'ɨləp- 〉 puk'uləp-
×음 음

위의 변화과정은 전 지역에서 발생한 음절말의 'ㅅ〉ㄷ', 어중 'ㄱ'의 경음화, 음성 지역에서 발생한 어중의 'ɨ〉u'를 보여 준다.

51] 부드럽다[軟, 柔] : 문헌에 '보드랍-(석보13:40 월석21:140 두初15:32 유합上11)'과 그 모음대립형 '부드럽-(월석14:55 능엄9:69 두初22:1 내훈1:30 유합上11 동문上21) 부들업-(역어補49)'으로 나온다. 충북의 방언형은 'pudɨrəp-〈제원 괴산 옥천 제외 전 지역〉 podɨrəp-〈제원 단양 괴산 옥천〉'과 'podɨrap-〈단양〉'이므로 변화과정을 다음과 같이 상정할 수 있다.

---

69) 단양 지역의 방언형 'pinyaŋ'은 'pelaŋ〉pilaŋ〉pinaŋ〉pinyaŋ'의 변화의 결과일 가능성도 있다.

o potʌlap- 〉 potɨlap- 〉 potɨləp- 〉 putɨləp-[70)]
단 제단괴옥 ×제괴옥

위의 변화과정은 전 지역에서 발생한 비어두음절의 ‘ʌ〉ɨ’, 단양 지역을 제외한 전 지역에서 발생한 어간말의 ‘a〉ə’, 제원과 괴산과 옥천 지역을 제외한 전 지역에서 발생한 어두 순음 뒤의 ‘o〉u’를 보여 준다.

52] 부시[火鎌] : 문헌에 ‘부쇠(역어下18 동문上49 한청10:50(316d) 유물五火) 부쇠깃(유물五火) 부쇠ㅅ깃(동문上49 한청10:50(316d) 부쇠ㅅ돌(동문上49 한청1:42(28c) 부쇳깃(역어下18) 부쇳돌(역어下18)’로 나온다. 충북의 방언형은 ‘pusyi〈음성 제외 전 지역〉’와 ‘puse〈음성〉’이므로 변화과정을 다음과 같이 상정할 수 있다.

o pusoy 〉 pusəy 〉 puse 〉 pusi
음 ×음

위의 변화과정은 전 지역에서 발생한 어말의 ‘o〉ə’, ‘əy〉e’ 단모음화, 음성 지역을 제외한 전 지역에서 발생한 어말의 ‘e〉i’를 보여 준다.

53] 빼다[拔, 抽] : 문헌에 ‘쌔히-(박重上39 오륜3:63 동문上30 한청177a) 빠히-(역어上64) 쌔이-(유합上10 石千32 신속孝1:49 경민9 박重中47)’와 ‘쌔-(신속孝1/6 여범2) 쌔티-(구간2:71 유합下11 신속烈4:8) 쌔히-(오륜5:25)’ 및 ‘쌔혀-(월석10 능엄5:12 불정上1) 쌔혀-(두初22:4 유합下55) 쌔혀-(석보6:30 월석10:25 능엄5:12) 쌔혀-(구간6:26 능엄6:74)’로 나온다. 충북의 방언형은 전 지역이 ‘p'ɛ-’이므로 변화과정을 다음과 같이 상정할 수 있다.

70) 방언형 ‘pudirəp-’은 문헌형 ‘보드랍-’의 모음대응형 ‘부드럽-’과 일치한다.

ㅇ p'ahi- 〉 p'ai- 〉 p'ay- 〉 p'ε-
전체

위의 변화과정은 전 지역에서 발생한 모음 사이의 'ㅎ' 약화, 어말 모음 'i'의 활음화(i〉y), 'ay〉ε' 단모음화를 보여 준다.

54] 뺨[臉, 頰] : 문헌에 '뺨(두初25:14 구방下50 자회上25 선가上5)'과 '뺨(유합上21 왜어上16 두요上10 신속孝1:50 역어上33 동문上14 한청3:8(68d))'으로 나온다. 충북의 방언형은 'p'yam〈진천 청원 옥천〉'과 'p'εm〈음성 중원 청원 보은 옥천 영동〉'이므로 변화과정을 다음과 같이 상정할 수 있다.

ㅇ p'am 〉 p'yam 〉 p'aym 〉 p'εm
진청옥 음중청보옥영

위의 변화과정은 방언형 'polt^hEgi'를 쓰는 제원과 단양과 괴산 지역을 제외한 전 지역에서 발생한 'ㅃ' 뒤의 'y' 첨가, 음성과 중원과 청원과 보은과 옥천과 영동 지역에서 발생한 음운도치(ya〉ay), 'ay〉ε' 단모음화를 보여 준다.

55] 뻐꾸기[鵠, 鴹, 布穀] : 문헌에 '버국새(자회上17 두重4:19) 버곡댱(시용維鳩) 버국이(청구p.72)'와 '벅국이(한청418a 유물一羽虫) 벅구기(동문下35) 벅국새(왜어下21 역어補47 동의湯液1:40)'로 나온다. 충북의 방언형은 'p'ək'ugi〈진천 음성 중원 제원 단양〉 p'ək'ügi〈청원〉'와 'p'ək'uksε〈진천 청원 괴산 보은 옥천 영동〉'이므로 변화과정을 다음과 같이 상정할 수 있다.

ㅇ pəkuki 〉 pək'uki 〉 p'ək'uki 〉 p'ək'üki
진음중제단 청

위의 변화과정은 전 지역에서 발생한 어중 'ㄱ'의 경음화, 어두 'ㅂ'의 경음화, 청원 지역에서 발생한 'u' 움라우트(u>ü)를 보여 준다. 이것은 진천과 청원과 괴산과 보은과 옥천과 영동 지역의 방언형 'p'ək'uksɛ'를 고려한 것이다.

56] 뼈[骨, 骸] : 문헌에 '쎠(월석10:24 능엄2:5 박初上15 목우2 자회上28 유합上22 石千38 한청434c) 뼈(두重2:49) 뼈(가언10:11 두重2:49)'와 '뼤(노계太平) 뻬(여소1:21a)'로 나온다. 충북의 방언형은 'p'e〈전 지역〉 p'yə〈진천〉 p'i〈단양〉'이므로 변화과정을 다음과 같이 상정할 수 있다.

ㅇ p'yə 〉 p'əy 〉 p'e 〉 p'i[71)]
진 전체 단

위의 변화과정은 전 지역에서 발생한 음운도치(yə>əy), 'əy>e' 단모음화, 단양 지역에서 발생한 어두의 'e>i'를 보여 준다.

57] 서까래 : 문헌에 '셔(법화2:105 두初16:28 자회中6) 셧가래(동문上35)'와 '혀(박重下12/46 역어上17 유합上23) 혁가래(물보第宅) 혓가래(박重下46) 혓가레(청구p.31)'로 나온다. 충북의 방언형은 'sɜk'arE〈진천〉 sək'arE〈진천 청원 제외 전 지역〉'와 'sək'ɨr〈청원 보은 옥천〉'이므로[72)] 변화과정을 다음과 같이 상정할 수 있다.

ㅇ syəskalay 〉 syək'alay 〉 sək'alay 〉 sək'alɛ
×청

---

71) 문헌형 '뼤(노계太平詞)'가 취신할 수 있는 자료라면 'p'yə>p'yəy>p'ye>p'e>p'i'의 변화과정을 상정할 수 있다.

72) 경북의 봉화 영덕 영일 등지에서 현대에도 어두 'ㅎ'을 가진 방언을 쓰고 있는 점으로 미루어 구개음화와 무관한 것으로 생각된다(한국방언자료집Ⅶ p.78).

위의 변화과정은 전 지역에서 발생한 치조음 'ㅅ'의 구개음화, 'ㅅ'의 구개음화에 이은 잉여자질 'y'의 탈락, 청원 지역을 제외한 전 지역에서 발생한 어말의 'ay〉ɛ' 단모음화를 보여 준다.

58] 섣달[臘月] : 문헌에 '섯ᄃᆞᆯ(두初10:45 구간6:23 구방下58 역어上4 동문上4 노언下32) 섯ᄯᆞᆯ(분문8 태산66) 섣ᄃᆞᆯ(신속孝1:12)'로 나온다. 충북의 방언형은 'sə:t'al〈진천〉 sɨ:t'al〈진천 제외 전 지역〉'이므로 변화과정을 다음과 같이 상정할 수 있다.

o səl+s+tʌl → səstʌl 〉 səttʌl 〉 sət'ʌl 〉 sət'al 〉 sɨt'al
진 ×진

위의 변화과정은 전 지역에서 발생한 음절말의 'ㅅ〉ㄷ', 비어두의 'ʌ〉a', 진천 지역을 제외한 전 지역에서 발생한 어두의 'ə〉ɨ'를 보여 준다.

59] 설마 : 문헌에 '현마(월천上121 청구p.55 고시조) 혈마(노계陋巷, 고시조) 혓마(해동고시조)' 그리고 '설마(청구大p.130)'로 나온다. 충북의 방언형은 전 지역이 'səlma'이므로 변화과정을 다음과 같이 상정할 수 있다.

o hyənma 〉 hyəlma 〉 syəlma 〉 səlma[73)]
전체

위의 변화과정은 전 지역에서 발생한 'ㅁ' 앞의 'ㄴ〉ㄹ', 'ㅎ' 구개음화(h〉s), 'ㅎ' 구개음화에 이은 잉여자질 'y'의 탈락을 보여 준다.

60] 설흔[三十] : 문헌에 '셜흔(월석9:51 두初8:21 소언1:6 동문下20

73) 'ㄴ'이 'ㄹ'로 바뀐 것은 '언마/언머'의 변화과정에서도 볼 수 있다.

한청106a 삼강忠13)'으로 나온다. 충북의 방언형은 'sərɨn〈진천 제원 청원 보은 옥천〉 sɜrɦɨn〈음성 중원 단양 괴산 영동〉'이므로 변화과정을 다음과 같이 상정할 수 있다.

o syəlhɨn 〉 səlhɨn 〉 səlɨn
음중단괴영 진제청보옥

위의 변화과정은 전 지역에서 발생한 치조음 'ㅅ'의 구개음화, 'ㅅ'의 구개음화에 이은 잉여자질 'y'의 탈락, 진천과 제원과 청원과 보은과 옥천 지역에서 발생한 유성음 사이의 'ㅎ' 약화를 보여 준다.

61] 쇠다[老] : 문헌에 '쇠-(老)(두창上34) (了)(역어補42)'로 나온다. 충북의 방언형은 'swE:sə(쇠+아서)〈음성 중원 단양 제외 전 지역〉 sö:sə(쇠+아서)〈음성〉 sE:sə(쇠+아서)〈단양〉 swE:t'a(쇠+었+다)〈중원 제원〉'이므로 변화과정을 다음과 같이 상정할 수 있다.

o soy- 〉 sö- 〉 se- 〉 sɛ-
×단 단

위의 변화과정은 전 지역에서 발생한 'oy〉ö' 단모음화, 'ö'의 원순성 상실(ö〉e), 단양 지역에서 발생한 어두의 'e〉ɛ'를 보여 준다.

62] 시루[甑] : 문헌에 '시르(구방上71 사성上15 자회中10 노언下30 동문上59)'와 '시ᄅ(분문21 역어下14)'로 나온다. 충북의 방언형은 전 지역이 'syiru'이므로 변화과정을 다음과 같이 상정할 수 있다.[74)]

---

74) 북한방언 '실구(강원), 실기(평남, 함남, 함북, 자강), 실구떡(강원), 실기떡(평남, 자강, 함남, 함북, 량강, 강원)' 등과 경북 영풍 예천 영양 상주 지역의 방언형 'sylgi' 및 고령 지역의 방언형 'sylli'에 의거하여 '*silkV'를 재구할 수 있다(북한의 방언자료는 김병제(1980)의 p.112와 김태균(1986)의 p.327을, 경북의 방언자료는 한국방언자료집Ⅶ의 p.59를 볼 것).

o *silkɨ 〉 *silɦɨ 〉 silɨ 〉 silu
전체

위의 변화과정은 전 지역에서 발생한 어중 'ㄹ' 뒤의 'ㄱ' 약화, 유성음 사이의 'ɦ' 약화, 어말의 'ɨ〉u'를 보여 준다.

63] 싸우다[鬪, 戰] : 문헌에 '싸호-(용가87 석보9:16 월석1:26 한청110b) 사호-(남명上69 두初22:4 능엄9:19 법화5:63 원각下三之二83) 빠호-(역어補47 한청66a 청구p.83 삼략上19 십구1:3)'로 나온다. 충북의 방언형은 's'au-〈옥천 영동 제외 전 지역〉 s'ao-〈옥천 영동〉'이므로 변화과정을 다음과 같이 상정할 수 있다.

o saho- 〉 s'aho- 〉 s'ao- 〉 s'au-[75)]
옥영 ×옥영

위의 변화과정은 전 지역에서 발생한 어두 'ㅅ'의 경음화, 모음 사이의 'ㅎ' 약화, 옥천과 영동 지역을 제외한 전 지역에서 발생한 어간말의 'o〉u'를 보여 준다.

64] 아우[弟] : 문헌에 '아ᅀᆞ(해례用字 월석1:5 법화7:144 내훈二上32 노언下31) 아ᄋᆞ(石千15 소언6:34 계축p.144 노언下3 역어上57 십구1:12) 아오(한중p.6)'와 '아ᄉᆞ(삼강孝27)'로 나온다. 충북의 방언형은 'au〈음성 단양 청원 제외 전 지역〉'와 'ao〈음성 단양 청원〉'이므로 변화과정을 다음과 같이 상정할 수 있다.

---

75) 강원도는 평창 명주 원성 영월 정선 지역을 제외한 전 지역에서 그리고 경상도는 영덕을 제외한 전 지역에서, 전라도는 신안을 제외한 전 지역에서 's'ao-'를 사용하고 있고, 충남은 전 지역에서 's'au-'를 사용하고 있다는 점이 흥미롭다(한국방언자료집Ⅱ p.302, 한국방언자료집Ⅷ p.381, 한국방언자료집Ⅵ p.398, 한국방언자료집Ⅶ p.299 참조).

o azʌ 〉 aʌ 〉 ao 〉 au

음단청 ×음단청

위의 변화과정은 전 지역에서 발생한 모음 사이의 ‘ㅿ’ 약화, 비어두음절의 ‘ʌ〉o’, 음성과 단양과 청원 지역을 제외한 전 지역에서 발생한 어말의 ‘o〉u’를 보여 준다.

65] 아침[朝, 旦] : 문헌에 ‘아ᄎᆞᆷ(석보6:3 월석1:45 능엄1:16 두初7:7 자회上2) 아츰(아학下1)’과 ‘아침(여사3:9)’으로 나온다. 충북의 방언형은 전 지역이 ‘ačhim’이므로 변화과정을 다음과 같이 상정할 수 있다.

o atshʌm 〉 atshɨm 〉 ačhɨm 〉 ačhim

전체

위의 변화과정은 전 지역에서 발생한 비어두음절의 ‘ʌ〉ɨ’, 치조음 ‘ㅊ’의 구개음화(ts^h〉$\check{c}^h$), 전설모음화(ɨ〉i)를 보여 준다.

66] 양념[料物, 和, 齏] : 문헌에 ‘약(박初上6 번노上22)’과 ‘약념(물보 飮食)’ 그리고 ‘양람(아학上13)’으로 나온다.[76] 충북의 방언형은 ‘yaŋnyəm〈진천 음성 중원 제원 청원 괴산〉 yaŋnyim〈단양 보은 옥천 영동〉’과 ‘yaŋnyimganǰaŋ〈진천 괴산 보은〉 yaŋnyim čaŋmul〈제원 단양 괴산 보은 옥천 영동〉’이므로 변화과정을 다음과 같이 상정할 수 있다.

o *yaknyam 〉 yaŋnyam 〉 yaŋnyəm 〉 yaŋnyim

진음중제청괴 ×음중청

---

76) 문헌에서는 ‘料物’에 ‘교토(박初上6 노언上19) 교퇴(박重下33 역어上51)’가 대응되기도 하였다.

위의 변화과정은 전 지역에서 발생한 'ㄴ' 앞의 'k〉ŋ', 어말의 'a〉ə', 음성과 중원과 청원 지역을 제외한 전 지역에서 발생한 어말의 'ə〉i'를 보여 준다.

67] 어제[昨日] : 문헌에 '어제(석보6:9 내훈二下37 두初16:74 자회下2 유합上3 동문上3) 어재(첩해8:20)'로 나온다. 충북의 방언형은 'əǰe〈단양 제외 전 지역〉 əǰE〈단양〉'이므로 변화과정을 다음과 같이 상정할 수 있다.

o ətsəy 〉 əčəy 〉 əče 〉 əčɛ
×단 단

위의 변화과정은 전 지역에서 발생한 치조음 'ㅈ'의 구개음화(ts〉č), 어말의 'əy〉e' 단모음화, 단양 지역에서 발생한 어말의 'e〉ɛ'를 보여 준다.

68] 여덟[八] : 문헌에 '여듧(석보6:7 월석9:58 능엄10:34 자회下34) 여ᄃᆲ(박初上11 속삼孝19 유합上1 石千21 동문下20 한청106a)'과 '여덜(아학下12)'로 나온다. 충북의 방언형은 전 지역이 'yədəl'이므로 변화과정을 다음과 같이 상정할 수 있다.

o *yʌtʌlp 〉 *yʌtɨlp 〉 yətɨlp 〉 yətəlp 〉 yətəl[77]
전체

위의 변화과정은 전 지역에서 발생한 비어두음절의 'ʌ〉ɨ', 어두음절의 'ʌ〉ə', 어말자음 'ㄼ'의 'ㅂ' 탈락을 보여 준다.

77) '*yʌtʌlp'의 제2음절 'ʌ'가 어두음절의 그것보다 늦게 변화한 형태가 '여ᄃᆲ(박初上11 속삼孝19)'인 것으로 생각된다.

69] 여드레[八日] : 문헌에 '여ᄃᆞ래(월석2:35 삼강忠13)'와 '여드레(인어1:6)'로 나온다. 충북의 방언형은 'yədirE〈청원 제외 전 지역〉 yədirɛ〈청원〉'이므로 변화과정을 다음과 같이 상정할 수 있다.

ㅇ *yʌtʌlay 〉 *yʌtilay 〉 yətilay 〉 yətilɛ
전체

위의 변화과정은 전 지역에서 발생한 비어두음절의 'ʌ〉i', 어두음절의 'ʌ〉ə', 'ay〉ɛ' 단모음화를 보여 준다.

70] 올챙이[蝌蚪] : 문헌에 '올창(해례用字)'과 '올창이(사성上1 자회上24 유합上15) 올챵이(물보水族)'와 '올턍이(유물二昆)'로 나온다. 충북의 방언형은 'olč^{h}ɛŋi〈진천 청원 보은 옥천 영동〉 olč^{h}eŋi〈음성〉 olč^{h}Eŋi〈음성 중원 제원 단양 괴산〉'이므로 변화과정을 다음과 같이 상정할 수 있다.

ㅇ olts^{h}aŋi 〉 olč^{h}aŋi 〉 olč^{h}ɛŋi 〉 olč^{h}eŋi
전체 음

위의 변화과정은 전 지역에서 발생한 치조음 'ㅊ'의 구개음화(ts^h〉č^h), 'a' 움라우트(a〉ɛ), 음성 지역에서 발생한 어중의 'ɛ〉e'를 보여 준다.

71] 위[上] : 문헌에 '웋(석보6:17 능엄1:8 두初7:23)'과 '우(여소1:36b)'로 나온다. 충북의 방언형은 'uy〈진천 청원〉 u〈옥천 제외 전 지역〉 ü〈옥천〉'이므로 변화과정을 다음과 같이 상정할 수 있다.

ㅇ uh 〉 u 〉 uy 〉 ü
×옥 진청 옥

위의 변화과정은 전 지역에서 발생한 어말자음 'ㅎ'의 약화, 진천과 청원과 옥천 지역에서 발생한 모음 뒤의 'y' 첨가(u>uy), 옥천 지역에서 발생한 'uy>ü' 단모음화를 보여 준다.

72] 자루[柄] : 문헌에 'ᄌᆞᄅᆞ(금삼2:12 구간1:62 박初上16 자회中12 유합下9 한청126d) ᄌᆞ로(왜어下17 역어補36) ᄌᆞ루(여소4:11b)'로 나온다. 충북의 방언형은 'čaru〈전 지역〉 čallu〈음성〉'이므로 변화과정을 다음과 같이 상정할 수 있다.

ㅇ tsʌlʌ 〉 tsʌlo 〉 čʌlo 〉 čalo 〉 čalu 〉 čallu
　　　　　　　　　　　　　　　　　　　　전체　　　음

위의 변화과정은 전 지역에서 발생한 치조음 'ㅈ'의 구개음화(ts>č), 어말의 'o>u', 음성 지역에서 발생한 'ㄹ' 뒤의 'ㄹ' 첨가를 보여 준다.

73] 재갈[銜] : 문헌에 '쟈갈(한청438a 유물一毛 물보牛馬)'로 나온다. 충북의 방언형은 'čagal〈단양 제외 전 지역〉'과 'čEgal〈단양〉'이므로 변화과정을 다음과 같이 상정할 수 있다.

ㅇ tsyakal 〉 čyakal 〉 čakal 〉 čɛkal
　　　　　　　　　　　　×단　　　단

위의 변화과정은 전 지역에서 발생한 치조음 'ㅈ'의 구개음화(ts>č), 'ㅈ'의 구개음화에 이은 잉여자질 'y'의 탈락, 단양 지역에서 발생한 어두의 'a>ɛ'를 보여 준다.

74] 주걱[笊籬, 杓] : 문헌에 '쥭(해례用字 자회中19)'과 '쥬게(박重中11 역어補43 동문下14) 쥬걱(청구大p.147)'으로 나온다. 충북의

방언형은 'čugək〈단양 제외 전 지역〉'과 'čubək〈단양〉'이므로 변화과정을 다음과 같이 상정할 수 있다.

o tsyukək 〉 čyukək 〉 čukək 〉 čupək
×단 단

위의 변화과정은 전 지역에서 발생한 치조음 'ㅈ'의 구개음화(ts〉č), 'ㅈ'의 구개음화에 이은 잉여자질 'y'의 탈락, 단양 지역에서 발생한 모음 사이의 'ㄱ〉ㅂ'을 보여 준다.

75] 쥐[鼠] : 문헌에 '쥐(용가88 능엄8:119 자회上19 유합上14)'로 나온다. 충북의 방언형은 'čü〈제원 단양 제외 전 지역〉 čwi〈제원 단양〉'이므로 변화과정을 다음과 같이 상정할 수 있다.

o tsuy 〉 čuy 〉 čü 〉 čwi
×제단 제단

위의 변화과정은 전 지역에서 발생한 치조음 'ㅈ'의 구개음화(ts〉č), 'uy〉ü' 단모음화, 제원과 단양 지역에서 발생한 'ü〉wi'를 보여 준다.

76] 칡[葛] : 문헌에 '츩(두初15:10 자회上9 유합上8 분문26 여사2:22) 측(아학上5)'으로 나온다. 충북의 방언형은 '$\check{c}^{h}$ik〈진천 음성 중원 제원〉 $\check{c}^{h}$ilk〈단양 청원 괴산〉'과 '$\check{c}^{h}$ilgəǰi〈보은 옥천 영동〉'이므로 변화과정을 다음과 같이 상정한다.

o ts^{h}ɨlk 〉 $\check{c}^{h}$ɨlk 〉 $\check{c}^{h}$ilk 〉 $\check{c}^{h}$ik
단청괴 진음중제

위의 변화과정은 전 지역에서 발생한 치조음 'ㅊ'의 구개음화

(ts^h〉$\check{c}^h$), 전설모음화(ɨ〉i), 진천과 음성과 중원과 제원 지역에서 발생한 어말 'ㄱ' 앞의 'ㄹ' 탈락을 보여 준다.

77] 튀밥 : 표제어 '튀밥'의 전부요소 '튀'는 중세국어 '쀠-'(용가48 두初25:53 금삼5:11)에 소급하는 것으로 생각된다. 충북의 방언형은 't^hübap〈음성 단양 영동 제외 전 지역〉 t^hibap〈음성 단양 영동〉'이므로 변화과정을 다음과 같이 상정할 수 있다.

ㅇ *pt^huypap 〉 t^huypap 〉 t^hüpap 〉 t^hipap
×음단영 음단영

위의 변화과정은 전 지역에서 발생한 합용병서 'ㅄ'의 'ㅂ' 탈락(pt^h〉t^h), 'uy〉ü' 단모음화, 음성과 단양과 영동 지역에서 발생한 'ü'의 원순성 상실(ü〉i)을 보여 준다.

78] 팽이[托羅] : 문헌에 '핑이(역어下23 한청260d(9:17)'로 나온다. 충북의 방언형은 'p'ɛŋi〈진천 음성 청원 괴산 보은 옥천〉 p^hɛŋi〈중원 제원 단양 영동〉'와 'p^hɛŋgurEmi〈제원〉' 그리고 'p^hindiŋi〈영동〉'이므로 변화과정을 다음과 같이 상정할 수 있다.[78)]

ㅇ *p^hʌyŋi 〉 p^hayŋi 〉 p^hɛŋi 〉 p'ɛŋi
중제단영 진음청괴보옥

위의 변화과정은 전 지역에서 발생한 어두음절의 'ʌ〉a', 'ay〉ɛ' 단모음화, 진천과 음성과 청원과 괴산과 보은과 옥천 지역에서 발생한 어두 'ㅍ'의 경음화(p^h〉p')를 보여 준다.

---

78) 영동 지역의 방언형 'p^hindiŋi'는 이웃한 경상방언(팽댕이/팽딩이/핑댕이/핑딩이)의 차용으로 파악된다.

79] 펴다[伸, 施, 布] : 문헌에 '펴-(월천75 석보13:25 두初8:56 자회下12)'로 나온다. 충북의 방언형은 'p^hi-〈진천 단양 보은 영동〉 p^he-〈음성 청원 괴산〉 $p^hyə$-〈중원 제원 보은 옥천〉'이므로 변화과정을 다음과 같이 상정한다.

ㅇ $p^hyə$- 〉 $p^həy$- 〉 p^he- 〉 p^hi-
중제보옥 음청괴 진단보영

위의 변화과정은 중원과 제원과 옥천 지역에서 발생한 음운도치(yə〉əy), 'əy〉e' 단모음화, 진천과 단양과 보은과 영동 지역에서 발생한 어두의 'e〉i' 고모음화를 보여 준다.

80] 포개다[累] : 문헌에 '프-(삼강孝2)'와 '포긔-(역어下45) 포긔-(왜어下36)' 및 '포개-(가언6:2)'로 나온다. 충북의 방언형은 전 지역이 '$p^hogɛ$-'이므로 변화과정을 다음과 같이 상정한다.

ㅇ *$p^hokʌy$- 〉 p^hokoy- 〉 p^hokay- 〉 $p^hokɛ$-[79)]
전체

위의 변화과정은 전 지역에서 발생한 비어두음절의 'ʌ〉o', 어간말의 'o〉a', 'ay〉ɛ' 단모음화를 보여 준다.

81] 하루[一日] : 문헌에 'ᄒᆞᄅᆞ(석보6:23 월석8:78 능엄9:106 두初8:17 계초19 자회上23 동문下43)'와 'ᄒᆞ로(자휼7 계축p.106 정속6b)'로 나온다. 충북의 방언형은 전 지역이 'haru'이므로 변화과정을 다음과 같이 상정한다.

---

79) 문헌형 '포긔-(왜어下36)'는 재구형 '*$p^hokʌy$-'로부터 'ʌ〉ɨ' 변화에 의해 얻을 수 있고, '포괴-(역어下45)'는 재구형 '*$p^hokʌy$-'로부터 'ʌ〉o' 변화에 의해 얻을 수 있다. 후자의 모음변화는 동화작용으로 설명될 수 있다.

o hʌlʌ 〉 hʌlo 〉 halo 〉 halu
전체

위의 변화과정은 전 지역에서 발생한 비어두음절의 'ʌ〉o(ʌCʌ〉ʌCo)', 어두음절의 'ʌ〉a', 어말의 'o〉u' 고모음화를 보여 준다.

82] 핥다[舐] : 문헌에 '핧-(석보11:25 월석9:35 능엄3:9 구간1:43 자회下14 내훈2:55)'과 '핥-(역어上54 여사4:13 왜어上49 경신40)'으로 나온다. 충북의 방언형은 '$halt^h$-〈중원 제원 단양 제외 전 지역〉 $h\mathrm{з}lt^h$-〈중원 제원〉 $hәlt^h$-〈단양〉'이므로 변화과정을 다음과 같이 상정한다.

o *halhʌ- 〉 halh- 〉 $halt^h$- 〉 $hәlt^h$-
×중제단 중제단

위의 변화과정은 전 지역에서 발생한 어간말 모음의 탈락(ʌ〉ø), 어간말 'ㄹ' 뒤의 'ㅎ〉ㅌ', 중원과 제원과 단양 지역에서 발생한 어두의 'a〉ә'를 보여 준다.

83] 혼수감(婚需감) : 충북의 방언형은 'honsuk'am〈진천 중원 제원 청원 보은 옥천〉'과 'honsu〈음성 괴산〉 honsE〈단양〉 honsә〈영동〉'이므로 변화과정을 다음과 같이 상정할 수 있다.

o honsu 〉 honsә 〉 honse 〉 honsɛ
×단영 영 단

위의 변화과정은 단양과 영동 지역에서 발생한 어말의 'u〉ә', 'ә〉e', 단양 지역에서 발생한 어말의 'e〉ɛ'를 보여 준다.

84] 황새[鸛] : 문헌에는 '한새(사성上72 자회上15 유합上11 역어下

26 동문下34 유물一羽虫)'와 '황ᄉᆡ(청구大p.122) 아학上7'로 나온다. 충북의 방언형은 전 지역이 'hwaŋsɛ'이므로 변화과정을 다음과 같이 상정할 수 있다.

o hansay 〉 haŋsay 〉 hwaŋsay 〉 hwaŋsɛ
전체

위의 변화과정은 전 지역에서 발생한 어중의 'n〉ŋ', 'ㅎ' 뒤의 'w' 첨가, 어말의 'ay〉ɛ' 단모음화를 보여 준다.

85] 흙[土] : 'ᄒᆞᆰ(용가1:44 석보13:51 두初8:27 자회上4 소언5:52 역어上18)'과 '흙(소언6:122 신속烈2:67 태요14 두경50 역어下17)'으로 나온다. 충북의 방언형은 'xɨlg〈진천 괴산〉 hɨlg〈제원 청원〉 xɨg〈음성 옥천 영동〉 hɨg〈중원〉 $hɨk^h$〈단양〉 $xɨk^h$〈보은〉' 이므로 변화과정을 다음과 같이 상정할 수 있다.

o hʌlk 〉 hɨlk 〉 hɨk 〉 $hɨk^h$
진제청괴 음중옥영 단보

위의 변화과정은 전 지역에서 발생한 어두음절의 'ʌ〉ɨ', 음성과 중원과 단양과 보은과 옥천과 영동 지역에서 발생한 어말자음군 'ㄺ'의 'ㄹ' 탈락, 단양과 보은 지역에서 발생한 어말의 'ㄱ' 격음화를 보여 준다($k〉k^h$).[80]

80) 어말에서 발생한 'ㄱ' 격음화는 특이하게도 충북의 북부 지역인 단양과 남부 지역인 보은에서만 조사되었다.

2.1.4. 음운변화가 네 가지인 것

1] 가게[鋪] : 현대국어 '가게'는 중세국어 '가개(假屋(삼강孝7), 棚(사성下59 자회中5 노언上36 역어上17))'에서 변화한 말로 생각된다. 문 앞이나 길가에 천막을 치거나 가건물을 세우고서 거기에다 물건을 벌여 놓고 장사하던 데서 유래된 듯하다(전철웅, 1985). 이 '가개'는 점점 한자어 '뎜(店), 뎜방(店房)' 또는 '젼(廛), 푸(鋪)'에 대응하여 쓰이게 된 것으로 보인다. 충북의 방언형은 'ka:ge〈진천 보은 옥천〉 ka:gE〈음성 중원 제원 청원 괴산 영동〉 kwa:gE〈단양〉'이므로 변화과정을 다음과 같이 상정한다.

o kakay 〉 kakəy 〉 kake 〉 kakε 〉 kwakε
진보옥 음중제청괴영 단

위의 변화과정은 전 지역에서 이화작용으로서 발생한 어말의 'a〉ə', 'əy〉e' 단모음화, 진천과 보은과 옥천 지역을 제외한 전 지역에서 발생한 어말의 'e〉ε', 단양 지역에서 발생한 'ㄱ' 뒤의 'w' 첨가를 보여 준다.

2] 가리다[擇] : 문헌에 'ᄀᆞᆯᄒᆡ-(용가8 두初16:17 월석1:35)'와 'ᄀᆞᆯ희-(청구p.72/77)'로 나온다. 충북의 방언형은 전 지역이 'kari-'이므로 변화과정을 다음과 같이 상정할 수 있다.

o kʌlhʌy- 〉 kʌlhɨy- 〉 kʌlɨy- 〉 kalɨy- 〉 kali-
전체

위의 변화과정은 전 지역에서 발생한 비어두음절의 'ʌ〉ɨ', 유성음 사이의 'ㅎ' 약화, 어두음절의 'ʌ〉a', 'ɨy〉i' 단모음화를 보여 준다.

3] 감[材料] : 문헌에 'ᄀᆞᅀᆞᆷ(금삼3:51 사성下18 법화2:99)'과 'ᄀᆞᆷ

(유합上3 石千16 소언2:25 계축p.180) ㄱ음(박신1:16)'으로 나온다. 충북의 방언형은 전 지역이 'ka:m'이므로 변화과정을 다음과 같이 상정할 수 있다.

o kʌzʌm 〉 kʌʌm 〉 kʌɨm 〉 kaɨm 〉 ka:m
전체

위의 변화과정은 전 지역에서 발생한 유성음 사이의 'ㅿ' 약화, 비어두음절의 'ʌ〉ɨ', 어두음절의 'ʌ〉a', 'ɨ'의 보상적 탈락(aɨ〉a:)을 포함하고 있다.[81]

4] 강아지[狗子, 犬子] : 문헌에 '강아지(구방上10 구간1:35) 개야지(계축p.57) 강아디(유물三草)'로 나온다. 충북의 방언형은 전 지역이 'kaŋaǰi'이므로 변화과정을 다음과 같이 '가히[犬]'에 지소사 '아지'가 결합한 '*kahiatsi'로부터 출발하는 것으로 상정할 수 있다.

o *kahiatsi 〉 kaiatsi 〉 kayatsi 〉 kaŋatsi[82] 〉 kaŋači[83]
전체

위의 변화과정은 전 지역에서 발생한 유성음 사이의 'ㅎ' 약화, 어중모음 'i'의 활음화(i〉y), 어중의 'y〉ŋ', 치조음 'ㅈ'의 구개음화(ts〉č)를 보여 준다.

---

81) 'ʌɨ〉ʌ:' 변화를 생각할 수도 있을 것으로 보이지만, 필자가 이것을 선택하지 않은 것은 'ʌ〉a' 변화 이후에 장음화가 이루어진 것으로 파악되기 때문이다.
82) 이것은 계축일기(p.57)의 '개야지'와 관련된다. 타도의 방언형 '갱생이'의 '갱'과 관련하여 'kayači'에 'ŋ'이 첨가된 '*kayŋači' 형태의 재구형을 상정할 수도 있을 것이다.
83) 'kaiatsi'에서 'i〉y' 변화가 일어나기 전에 'i' 자체가 탈락하면서 'a'와 'a' 사이에 'ŋ'이 첨가되는 변화과정을 상정하는 것은 모음충돌을 유발한 후 다시 그것을 피하기 위해 다시 'ŋ'이 들어간다고 말해야 하기 때문에 취하기 어렵다.

5] 계시다[在] : 문헌에 '겨시-(용가62 석보11:11 월석1:51 법화5:158 번소10:4)'와 '계시-(선가上36 두重3:18 여사2:18 청구p.14 첩해4:23 경신49 인어1:6/25)'로 나온다. 충북의 방언형은 'kesyi-〈중원 제원 청원 보은 영동〉'와 'kisyi-〈제원 영동 제외 전 지역〉'이므로 변화과정을 다음과 같이 상정할 수 있다.

o kyəsi- 〉 kyəysi- 〉 kyesi- 〉 kesi- 〉 kisi-
중제청보영 ×제영

위의 변화과정은 전 지역에서 후속하는 'i'의 영향으로 발생한 'y' 첨가(ə〉əy)[84], 'əy〉e' 단모음화, 'ㄱ' 뒤의 'y' 탈락, 제원과 영동 지역을 제외한 전 지역에서 발생한 어말의 'e〉i'를 포함하고 있다.

6] 괘씸하다[可惡] : 문헌에 '과심ᄒᆞ-(역어下33) 과씸ᄒᆞ-(동문下33)'와 '괘심히(계축p.179 한중p.104) 괘씸ᄒᆞ-(한청8:65(247a))'로 나온다. 충북의 방언형은 전 지역이 'kwɛs'imha-'이므로 변화과정을 다음과 같이 상정할 수 있다.[85]

o kwasimhʌ- 〉 kwaysimhʌ- 〉 kways'imhʌ- 〉 kways'imha- 〉 kwɛs'imha-
전체

위의 변화과정은 전 지역에서 발생한 모음 뒤의 'y' 첨가(a〉ay), 어말의 'ʌ〉a', 어중 'ㅅ'의 경음화, 'ay〉ɛ' 단모음화를 포함하고 있다.

7] 궁둥이[臀] : 문헌에 '궁둥이(동문上16 한청5:54/12:29) 궁동이(마언

84) 개재자음 'ㅅ'는 'ㅣ'모음역행동화를 막는 요소라는 점에 유의할 필요가 있다.
85) 다만, '과심(과씸)〉괘심(괘씸)'의 모음변화는 'ㅣ'모음역행동화로 처리하기에는 어려운 점이 있다. 동화주 'i'와 피동화음 'a' 사이에 개재한 자음이 [+coronal]인 'ㅅ(ㅆ)'이기 때문이다. 그렇기는 하지만, 후속하는 'i'의 영향으로 'y'가 나타난 것은 분명해 보인다.

上10)'와 '궁둥치(청구p.178)'로 나온다. 충북의 방언형은 'kuŋdiŋi〈진천 음성 청원 괴산 보은 영동〉 kuŋdi^{ŋ}i〈제원 단양〉 kuŋdeŋi〈중원 옥천〉'와 'ɨŋdiŋi〈음성 영동〉 ɨŋdeŋi〈청원〉'와 'paŋchi〈음성 영동〉 paŋdiŋi〈청원 영동〉'와 'polgič'ak〈중원 청원 괴산〉'이므로 변화과정을 다음과 같이 상정할 수 있다.[86)]

o kuŋtuŋi 〉 kuŋtəŋi 〉 kuŋteŋi 〉 kuŋtiŋi 〉 kuŋtii
중옥 진음청괴보영 제단

위의 변화과정은 전 지역에서 발생한 어중의 'u〉ə', 'ə' 움라우트(ə〉e), 중원과 옥천 지역을 제외한 전 지역에서 발생한 어중의 'e〉i', 제원과 단양 지역에서 발생한 모음 사이의 'ŋ' 약화를 보여 준다.

8] 그을음[炱] : 문헌에 '그스름(자회下35)'과 '그으름(역어補32 동문上63 한청10:52(317c)) 그을음(유물五土)'으로 나온다. 충북의 방언형은 'kɨ:rɨm〈음성〉 k'ɨ:rɨm〈진천 중원 제원 단양 청원 영동〉 k'ɨ:rəm〈괴산 보은 옥천〉'이므로 변화과정을 다음과 같이 상정할 수 있다.

o kɨzɨlɨm 〉 kɨɨlɨm 〉 kɨ:lɨm 〉 k'ɨ:lɨm 〉 k'ɨ:ləm
음 진중제단청영 괴보옥

위의 변화과정은 전 지역에서 발생한 모음 사이의 'ㅿ' 약화, 'ɨ'의 보상적 탈락(ɨɨ〉ɨ:), 음성 지역을 제외한 전 지역에서 발생한 어두 'ㄱ'의 경음화, 괴산과 보은과 옥천 지역에서 발생한 어말 순음 앞의 'ɨ〉ə'를 보여 준다.

9] 그저께[前日] : 문헌에 '그젓긔(박重上2 동문上3) 그저ㅅ긔(한청

86) '엉덩방아'에 대한 중원 제원 괴산 지역의 방언형 'kuŋduŋbaŋa'와 음성 지역의 방언형 'kuŋdəŋ baŋa'를 참조하여 'kuŋtuŋi'를 출발점으로 삼았다.

1:26(20c)) 그적긔(첩해1:1)'로 나온다. 이 말은 중세국어 문헌에 나오는 '어젓긔(두初7:20) 어저씌(월석1:17)'와 동일한 구성이다. '어제+띄'와 '그제+띄'로 형태분석될 수 있는 것이다.[87] 충북의 방언형은 'kɨǰək'e〈단양 제외 전지역〉 kɨǰək'E 〈단양〉'이므로 변화과정을 다음과 같이 상정할 수 있다.

o kɨtsəskɨy 〉 kɨtsək'ɨy 〉 kɨčək'ɨy 〉 kɨčək'ɔy 〉 kɨčək'ɐ 〉 kɨčək'ɛ

×단 단

위의 변화과정은 전 지역에서 발생한 치조음 'ㅈ'의 구개음화(ts〉č), 'ə' 뒤 어말의 'ɨ〉ə', 'əy〉e' 단모음화, 단양 지역에서 발생한 어말의 'e〉ɛ'를 보여 준다.

10] 기지개[伸] : 문헌에 '기지게(내훈1:50 금삼2:11 자회上30 소학2:7 역어上38 동문上19)'로 나온다. 충북의 방언형은 'kiǰigɛ〈진천〉 kiǰigE〈음성 제원〉'와 'čiǰigɛ〈청원 보은 옥천〉 čiǰigE〈중원 단양 괴산 영동〉'이므로 변화과정을 다음과 같이 상정할 수 있다.

o kitsikəy 〉 kičikəy 〉 kičikay 〉 kičikɛ 〉 čičikɛ

진음제 ×진음제

위의 변화과정은 전 지역에서 발생한 치조음 'ㅈ'의 구개음화(ts〉č), 어말의 'ə〉a', 'ay〉ɛ' 단모음화, 진천과 음성과 제원 지역을 제외한 전 지역에서 발생한 어두 'ㄱ'의 구개음화(k〉č)를 보여 준다.

---

87) 중세국어에서 합성어를 만들 때에, 선행어가 하향이중모음으로 끝나면 그 활음 'y'가 탈락하는 현상이 여기에서도 확인된다. 「순천김씨묘출토간찰」에 나오는 '닐원날(김언65)'도 참고된다. 이것은 '닐웨+ㅅ+날'로 형태분석되기 때문이다.

11] 깃[羽] : 문헌에 '짗(능엄8:88 두初15:33 박初上44 자회下3 유합上13)'과 '깃(삼역9:15)'으로 나온다. 충북의 방언형은 'čis〈진천 음성 영동 제외 전 지역〉 kis〈진천 음성 괴산〉'과 't^{h}ərigi〈영동〉'이므로 변화과정을 다음과 같이 상정할 수 있다.

o tsits^{h} 〉 čič^{h} 〉 čis 〉 kis
×진음영　진음괴

위의 변화과정은 전 지역에서 발생한 치조음 'ㅈ'의 구개음화(ts〉č), 치조음 'ㅊ'의 구개음화(ts^{h}〉č^{h}), 어말 'ㅊ'의 마찰음화(č^{h}〉s), 진천과 음성과 괴산 지역에서 발생한 어두 'ㅈ'의 역구개음화(č〉k) 등을 포함하고 있다.

12] 끌다[引] : 문헌에 '그ᅀᅳ-(월석2:35/21:44 삼강孝6 두初21:40/23:10) ᄭᅳᅀᅳ-(두初8:66 법화7:91 남명上42/下8 박初上40 번소9:59 내훈1:17)'와 'ᄭᅳ으-(신속烈3:22 소언6:61 삼역5:15 역어上67 한청7:54(212a) 오륜2:42 청구p.38 경신3)' 및 'ᄭᅳ을-(오륜2:73 경신5 아학下3/10)'로 나온다. 충북의 방언형은 전 지역이 'k'ɨ:l-'이므로 변화과정을 다음과 같이 상정할 수 있다.

o kɨzɨ- 〉 k'ɨzɨ- 〉 k'ɨɨ- 〉 k'ɨɨl- 〉 k'ɨ:l-
전체

위의 변화과정은 전 지역에서 발생한 어두 'ㄱ'의 경음화, 모음 사이의 'ㅿ' 약화, 어간말의 'ㄹ' 첨가(ø〉l), 'ɨ'의 보상적 탈락(ɨɨ〉ɨ:)을 보여 준다.

13] 나물[菜蔬] : 문헌에 'ᄂᆞᄆᆞᆶ(능엄6:99 두初22:14 삼강孝6 자회上7)'과 'ᄂᆞ믈(한청374 오륜1:4)' 및 '나물(유물三草)'로 나온다. 충

북의 방언형은 'namul〈전 지역〉'과 '$\check{c}^h$εso〈청원 영동〉'이므로 변화과정을 다음과 같이 상정할 수 있다.

ㅇ nʌmʌlh 〉 nʌmʌl 〉 nʌmɨl 〉 namɨl 〉 namul
전체

위의 변화과정은 전 지역에서 발생한 어말 'ㅎ'의 약화, 비어두음절의 'ʌ〉ɨ', 어두음절의 'ʌ〉a', 원순모음화(ɨ〉u)를 포함하고 있다.

14] 달팽이[蝸牛] : 문헌에 '돌팡이(구간6:60 사성下31 자회上21 동의湯液二蟲部 역어下34 물보介虫) 달팡이(한청447d 유물二介) 돌핑이(아학上8)'와 '돌파니(구방上77) 돌판이(유합上16)'로 나온다. 충북의 방언형은 'talp^{h}εŋi〈청원 옥천 영동〉'와 't^{h}alp^{h}εŋi〈진천 괴산 보은〉 t^{h}alp^{h}Eŋi〈음성 괴산〉 t^{h}alp^{h}E^{ŋ}i〈중원 제원 단양〉'이므로 변화과정을 다음과 같이 상정할 수 있다.

ㅇ tʌlp^{h}aŋi 〉 talp^{h}aŋi 〉 talp^{h}εŋi 〉 t^{h}alp^{h}εŋi 〉 t^{h}alp^{h}εi
청옥영 진음괴보 중제단

위의 변화과정은 전 지역에서 어두음절의 'ʌ〉a', 'a' 움라우트(a〉ε), 청원과 옥천과 영동 지역을 제외한 전 지역에서 발생한 어두 'ㄷ'의 격음화(t〉t^h), 중원과 제원과 단양 지역에서 발생한 모음 사이의 'ŋ' 약화를 포함하고 있다.

15] 대추[棗] : 문헌에 '대초(두初10:31/22:3 구간1:40/6:29 육조上64 자회上11 유합上9) 대쵸(번노下68 소학6:130 노언上26 역어上55 왜어下7 동문下5 유물四木果 한청13:3) 대츄(동의 湯液二果部 두요下39) ᄃᆡ쵸(방약33 아학上9)'와 '대조(大棗)(구방上14 내훈3:61)'로 나온다. 충북의 방언형은 전 지역이 'tε$\check{c}^h$u'이므로 변화과정을 다음과 같이 상정할 수 있다.

o tayts^{h}yo 〉 tayč^{h}yo 〉 tayč^{h}yu 〉 tayč^{h}u 〉 tɛč^{h}u
전체

위의 변화과정은 전 지역에서 발생한 치조음 'ㅊ'의 구개음화(ts^{h}〉č^{h}), 어말의 'o〉u', 'ㅊ'의 구개음화에 이은 잉여자질 'y' 탈락, 'ay〉ɛ' 단모음화를 보여 준다.

16] 데리다[率, 携, 與] : 문헌에 'ᄃᆞ리-(용가58 월천上9/68 월석1:44 능엄2:8 呂約35 유합下8 石千6 신속孝7:52 여사4:20 여소2:48b)'와 '더리-(여소3:6a)'로 나온다. 충북의 방언형은 'teri-〈단양 제외 전 지역〉 tiri-〈단양〉'이므로 변화과정을 다음과 같이 상정할 수 있다.

o tʌli- 〉 təli- 〉 təyli- 〉 teli- 〉 tili-
×단 단

위의 변화과정은 전 지역에서 발생한 어두음절의 'ʌ〉ə', 후속하는 'i'의 영향으로 발생한 'y' 첨가(ə〉əy), 'əy〉e' 단모음화, 단양 지역에서 발생한 어두의 'e〉i'를 포함하고 있다.

17] 되다[量, 測] : 문헌에 '되-(월천上61 석보6:35/23:56 두初8:10 박初上12/67 유합下14) 역어上24 동문下22)'로 나온다. 충북의 방언형은 'tö-〈단양 제외 전 지역〉 tE-〈단양〉 twe-〈단양〉'이므로 변화과정을 다음과 같이 상정할 수 있다.

o toy- 〉 tö- 〉 twe- 〉 te- 〉 tɛ-
×단 단 단

위의 변화과정은 전 지역에서 발생한 'oy〉ö' 단모음화, 단양 지역에서 발생한 'ö〉we', 어두 'ㄷ' 뒤의 'w' 탈락, 'e〉ɛ'를 보여 준다.

18] 둘[二] : 문헌에 '둟(석보13:48 두初8:68 월천52 월석7:44)'과 '두을(두重17:10) 두울(칠대2)'로 나온다. 충북의 방언형은 전 지역이 'tu:l'이므로 변화과정을 鷄林類事의 '途孛'에 근거하여 다음과 같이 상정할 수 있다.

ㅇ *tuβɨlh 〉 tuwɨlh 〉 tuulh 〉 tu:lh 〉 tu:l

전체

위의 변화과정은 전 지역에서 발생한 'β〉w', 'wɨ〉u', 'u'의 보상적 탈락(uu〉u:), 어말자음 'ㅎ'의 탈락을 보여 준다.

19] 마루[地塘板] : 문헌에는 '마로(계축p.83 한중p.224)'와 '마루(역어上16 동문上25 한청9:73(288d))'로 나온다. 충북의 방언형은 'maru〈전 지역〉'와 'mari〈제원 옥천〉'[88]이므로 'ʌ(c)ʌ〉ʌ(c)o'의 변화 규칙에 따라 변화과정을 다음과 같이 상정할 수 있다.

ㅇ *mʌlʌ 〉 mʌlo 〉 malo 〉 malu 〉 mali

전체 제옥

위의 변화과정은 전 지역에서 발생한 비어두음절의 'ʌ〉o', 어두음절의 'ʌ〉a', 어말의 'o〉u', 제원과 옥천 지역에서 발생한 어말의 'u〉i'를 보여 준다.

20] 마음[心] : 문헌에 'ᄆᆞᅀᆞᆷ(용가18 월천上44 석보6:8 두初8:9 자회下25 번소9:95) ᄆᆞᄋᆞᆷ(소언3:4 유합下1 첩해9:21 두重2:42) ᄆᆞ옴(두重9:24)'과 'ᄆᆞᅀᆞᆷ(금강2 두初20:27 야운40 염불37)'으로 나온다. 충북의 방언형은 'ma:m〈제원 보은 제외 전 지역〉'과 'maɨm〈제원 보은〉'이므로 변화과정을 다음과 같이 상정할 수 있다.

88) 격조사 '-에'가 접속될 때에는 방언형이 'mallE〈중원 보은〉 mallɛ〈괴산****〉'로 나타나기도 한다.

o mʌzʌm 〉 mʌʌm 〉 mʌɨm 〉 maɨm 〉 maːm

제보 ×제보

위의 변화과정은 전 지역에서 발생한 모음 사이의 'ㅿ' 약화, 비어두음절의 'ʌ〉ɨ', 어두음절의 'ʌ〉a', 제원과 보은 지역을 제외한 전 지역에서 발생한 'ɨ'의 보상적 탈락(aɨ〉aː)을 보여 준다.

21] 마흔[四十] : 문헌에 '마ᅀᆞᆫ(용가88 석보6:25 법화2:13 월석2:41 내훈二上59) 마ᅌᆞᆫ(소언6:53 두重4:1 시언爲政) 마은(노언下64 태산5)'과 '마흔(박신1:47 동문下20 십구1:18)'으로 나온다. 충북의 방언형은 'mahɨn〈옥천 제외 전 지역〉 mahʉn〈옥천〉'이므로 변화과정을 다음과 같이 상정할 수 있다.

o mazʌn 〉 maʌn 〉 maɨn 〉 mahɨn 〉 mahun[89]

×옥 옥

위의 변화과정은 전 지역에서 발생한 모음 사이의 'ㅿ' 약화, 비어두음절의 'ʌ〉ɨ', 모음 사이의 'ㅎ' 첨가, 옥천 지역에서 발생한 어말의 'h'를 보여 준다.

22] 머루[葡, 萄] : 문헌에 '멀위(자회上12 역어上55) 멀외(시언物名) 멀애(시언物名)'와 '머루(유물三草) 머르(물보草果)'로 나온다. 충북의 방언형은 'mɜru〈진천 보은 영동〉 mŏru〈청원〉 məru〈음성 중원 제원 단양 괴산 옥천〉'와 'sanp^{h}odu〈진천〉'인데 후자는 문헌형과 관련되지 않으므로 제외하고 나머지 방언형들의 변화과정을 다음과 같이 상정할 수 있다.

o *məlkuy 〉 məlɦuy 〉 məluy 〉 məlu 〉 molu

×청 청

---

89) 이것은 '셜흔, 닐흔, 아흔' 등에 유추된 결과로 파악된다.

위의 변화과정은 전 지역에서 발생한 'ㄹ' 뒤의 'ㄱ' 약화(k〉ɦ), 'ɦ' 약화, 하향이중모음의 부음 'y'의 탈락(uy〉u), 청원 지역에서 발생한 어두 순음 뒤의 'ə〉o'를 보여 준다.

23] 며느리[嬪, 婦] : 문헌에 '며느리(석보6:7 자회上31) 며늘(번소9:64) 며늘이(소언5:73)'와 '며ᄂᆞ리(유합上29 소언2:2) 며ᄂᆞᆯ이(월천上14)'로 나온다. 충북의 방언형은 'menuri〈중원 제원 단양 제외 전 지역〉 myənuri〈진천〉 myɜnuri〈중원〉 myənɨri〈제원〉 minuri〈단양〉'이므로 변화과정을 다음과 같이 상정할 수 있다.

ㅇ myənɨli 〉 myənuli 〉 məynuli 〉 menuli 〉 minuli
　　제　　　진중　　　　　　　　×중제단　　단

위의 변화과정은 제원 지역을 제외한 전 지역에서 발생한 어중의 'ɨ〉u', 중원과 제원과 단양 지역을 제외한 전 지역에서 발생한 음운도치(yə〉əy), 'əy〉e' 단모음화, 단양 지역에서 발생한 어두의 'e〉i'를 보여 준다.

24] 모레[明後日] : 문헌에 '모뢰(박初上35 첩해3:29 인어1:25)'와 '모ᄅᆡ(金諺97 역어上3 송강2:2 동문上3 한청20d) 모릐(박신1:35 해동p.64)'로 나온다.[90] 충북의 방언형은 전 지역이 'more'이므로 변화과정을 다음과 같이 상정할 수 있다.

ㅇ moloy 〉 molʌy 〉 molɨy 〉 moləy 〉 mole[91]
　　　　　　　　　　　　　　　　　전체

90) 문헌형 '모ᄅᆡ'의 처리에는 신중을 기해야 한다. '모ᄅᆡ'를 보여 주는 문헌들이 16세기 말엽 혹은 그 후대의 것이기 때문이다. 'ᄋᆞ'의 1단계 변화 시기에 비어두음절에서 'o〉ʌ' 변화가 발생한 것으로 볼 수도 있기 때문이다.

91) 소창진평(1944)에는 어말 'ɛ'형인 'morɛ〈청주 보은 영동 충주 단양〉'가 보인다. 이것은 비어두음절에서 'e'와 'ɛ'의 변별력이 약화한 데에서 기인한 것으로 생각된다.

위의 변화과정은 전 지역에서 발생한 비어두음절의 'o>ʌ', 비어두음절의 'ʌ>ɨ', 어말의 'ɨ>ə', 'əy>e' 단모음화를 보여 준다.

25] 바퀴[輪] : 문헌에 '바회(월석2:38 자회中26)'와 '박회(동의湯液3:55 왜어下19 물보舟車)' 및 '바퀴(역어下23)'로 나온다. 충북의 방언형은 'pakʰu〈음성 단양 제외 전 지역〉 pakʰuy〈음성 청원〉'와 'pak'u〈음성 단양〉'이므로 변화과정을 다음과 같이 상정할 수 있다.

o pahoy 〉 pakhoy 〉 pakʰuy 〉 pakʰu 〉 pak'u
음청 ×음단 음단

위의 변화과정은 전 지역에서 발생한 어중 'ㅎ' 앞의 'ㄱ' 첨가, 어말의 'o>u', 청원 지역을 제외한 전 지역에서 발생한 하향이중모음의 부음 'y'의 탈락(uy>u), 음성과 단양 지역에서 발생한 어중 'ㅋ'의 경음화(kʰ>k')를 보여 준다.

26] 배우다[學] : 문헌에 'ᄇᆡ호-(월천上13 석보6:10/9:13 능엄1:10 몽산57 자회下31 소언5:15 역어上15 동문上42)'와 'ᄇᆡ우-(여사3:24 아학下6)'로 나온다. 충북의 방언형은 전 지역이 'pɛu-'이므로 변화과정을 다음과 같이 상정할 수 있다.

o pʌyho- 〉 pʌyo- 〉 pʌyu- 〉 payu- 〉 pɛu-
전체

위의 변화과정은 전 지역에서 발생한 모음 사이의 'ㅎ' 약화, 어간말의 'o>u', 어두음절의 'ʌ>a', 'ay>ɛ' 단모음화를 보여 준다.

27] 보조개[頰, 笑印] : 문헌에 '보죠개(자회上25 왜어上10 한청146a) 보죠개우물(역어補21) 보죠개(동문上15) 보죠기(해동p.96)'로 나온다. 충북의 방언형은 'sɛ:m〈진천 청원〉 sha:m〈옥천 영동〉'과

'poǰogE〈중원〉'이므로 변화과정을 다음과 같이 상정할 수 있다.

o *pol+tsyokay → potsyokay 〉 počyokay 〉 počokay 〉 počokɛ
중

위의 변화과정은 전 지역에서 발생한 치조음 'ㅈ' 앞의 'ㄹ' 탈락, 치조음 'ㅈ'의 구개음화(ts〉č), 'ㅈ'의 구개음화에 이은 잉여자질 'y' 탈락, 중원 지역에서 발생한 'ay〉ɛ' 단모음화를 보여 준다.

28] 뽕나무[桑] : 문헌에 '뽕(내훈2下68 물명6 물보雜木) 뽕나모(능엄7:91 두初21:36 번소8:20 자회上10 신속烈1 동문下43 한청401b 유물四木) 뽕나무(物名8 아학上8) 뽕남오(여사4:16) 뽕남우(여사4:13)'로 나온다. 충북의 방언형은 'p'yəŋnamu〈진천 괴산 옥천〉 p'yəŋnaŋgu〈괴산〉 p'oŋnamu〈괴산 제외 전 지역〉 p'oŋnaŋgu〈중원 단양〉 p'eŋnamu〈옥천〉'이므로 변화과정을 다음과 같이 상정할 수 있다.

o p'oŋ 〉 p'yoŋ 〉 p'yəŋ 〉 p'əyŋ 〉 p'eŋ
×괴 진괴옥 옥

위의 변화과정은 전 지역에서 발생한 어두 'ㅃ' 뒤의 'y' 첨가, 진천과 괴산과 옥천 지역에서 발생한 순음 뒤의 'o〉ə', 음운도치(yə〉əy), 'əy〉e' 단모음화를 보여 준다.

29] 사흘[三日] : 문헌에 '사ᄋᆞᆯ(용가67 월석21:106 두初15:36 구간1:103) 사을(삼강孝24)'과 '사ᄒᆞᆯ(두初11:52 박初上55 분문5 속삼烈15 번소8:35 소언5:113 두요上34 가언4:24) 사흘(송강1:6 신속烈1:49)'로 나온다. 충북의 방언형은 'sa^{ɦ}ɨl〈영동 제외 전 지역〉'과 'sa:l〈영동〉'이므로 변화과정을 다음과 같이 상정할 수 있다.

o saʌl 〉 sahʌl 〉 sahɨl 〉 saɨl 〉 saːl
×영 영

위의 변화과정은 전 지역에서 발생한 모음 사이의 'ㅎ' 첨가, 비어두음절의 'ʌ〉ɨ', 모음 사이의 'ㅎ' 약화, 영동 지역에서 발생한 'ɨ'의 보상적 탈락(aɨ〉aː)을 보여 준다.

30] 세수[盥, 洗臉] : 문헌에 '셰슈(유합下8 소언2:3) 셰슈ᄒᆞ다(소언2:2) 셰슈대야(동문下15 한청11:24(225č)) 셰슈소라(역어下13)'로 나온다. 충북의 방언형은 'sesu〈단양 옥천 제외 전 지역〉 syisu〈음성 단양 괴산 옥천〉'이므로 변화과정을 다음과 같이 상정할 수 있다.

o syəysyu 〉 səysu 〉 sesu 〉 sisu
×단옥 음단괴옥

위의 변화과정은 전 지역에서 발생한 치조음 'ㅅ'의 구개음화, 'ㅅ'의 구개음화에 이은 잉여자질 'y'의 탈락, 어두의 'əy〉e' 단모음화, 음성과 단양과 괴산과 옥천 지역에서 발생한 어두의 'e〉i'를 보여 준다.

31] 손가락[[指] : 문헌에 '손가락(능엄6:104 유합上21 동문上16 신속三孝3:65/5:58 여사4:15) 손까락(월석7:38 분문7 박初上13) 손ㅅ가락(능엄10:42) 손ᄀᆞ락(신속孝3:31 두요上4)'으로 나온다. 충북의 방언형은 'sonk'urak〈진천 단양 옥천〉 sonk'arak〈청원〉 so ŋ k'urak〈음성 중원 괴산 보은 영동〉 so ŋ k'ɨrak〈제원〉'이므로 변화과정을 다음과 같이 상정할 수 있다.

o sonk'alak 〉 sonk'olak 〉 sonk'ulak 〉 so ŋ k'ulak 〉 so ŋ k'ɨlak[92]
청 진단옥 음중괴보영 제

위의 변화과정은 청원 지역을 제외한 전 지역에서 발생한 어중의 'a>o', 'o>u', 'ㅠ' 앞의 'n>ŋ', 제원 지역에서 발생한 어중의 'u>ɨ'를 보여 준다.

32] 수채[溝, 墻]水眼] : 문헌에 '슈채(역어補14 동문上36) 슈치(한청 290a 물보第宅)'로 나온다. 충북의 방언형은 전 지역이 'sučʰε'이므로 변화과정을 다음과 같이 상정할 수 있다.

ᴏ syutsʰay > syučʰay > sučʰay > sučʰε
전체

위의 변화과정은 전 지역에서 발생한 치조음 'ㅅ'의 구개음화, 치조음 'ㅊ'의 구개음화(tsʰ>čʰ), 치조음 'ㅅ'의 구개음화에 이은 잉여자질 'y'의 탈락, 'ay>ε' 단모음화를 보여 준다.

33] 술[酒] : 문헌에 '수을(석보9:37 월석1:43 두初8:27 삼강孝22)'과 '수울(두初8:28 삼강孝6 내훈1:33 분문6 박初上2 속삼孝6)' 그리고 '술(능엄7:53 두初8:61 법화4:37 원각序 구간6:65 자회中21 유합下40 분문9 金諺24/114)'로 나온다. 충북의 방언형은 전 지역이 'sul'이므로, 변화과정을 다음과 같이 상정할 수 있다.

ᴏ *suβɨl > suwɨl > suul > suɨl > su:l93)
전체

---

92) 강원도의 철원 영월 지역과 충남의 서산 아산 보령 지역 및 경북의 함평 지역의 방언형 'soŋk'orak'과 충남의 공주 부여 지역의 방언형 'sonk'orak'을 참고할 수 있다(한국방언자료집Ⅱ p.94, 한국방언자료집Ⅳ p.93).

93) '고ᅀᆞ-(烹)>고-, ᄀᆞᅀᆞᆷ(料)>ᄀᆞᅀᆷ>ᄀᆞ음>가음>감, ᄀᆞᄫᆞᆯ(郡)>ᄀᆞᄫᆯ>ᄀᆞ올>고을>골, 고코을->코골-, ᄃᆞᄫᅵ-(化)>ᄃᆞ외->도의->되-' 등과 같은 변화예가 중요한 근거자료가 된다.

위의 변화과정은 전 지역에서 발생한 'β〉w', 'wɨ〉u', 'u〉ɨ', 'ɨ'의 보상적 탈락(uɨ〉uː)을 보여 준다.

34] 시원하다[暢, 爽, 快] : 문헌에 '싀훤ᄒᆞ-(삼강烈18 두창下43 소언5:55 내훈1:17 유합下15 박重上40 동문上20 한청179ㄷ) 싀원ᄒᆞ-(계축p.89)'와 '싀훠니(삼강烈18 두창下43) 싀훤이(첩해8:11)'로 나온다. 충북의 방언형은 'syəːnɦa-〈진천 옥천 영동〉 syiənɦa-〈중원 제원 단양 괴산 보은〉'와 'syiwənɦa-〈음성 청원〉'이므로 변화과정을 다음과 같이 상정할 수 있다.

ㅇ sɨyhwən 〉 sɨywən 〉 siwən 〉 siən 〉 syən
음청 중제단괴보 진옥영

위의 변화과정은 전 지역에서 발생한 유성음 사이의 'ㅎ' 약화, 'ɨy〉i' 단모음화, 음성과 청원 지역을 제외한 전 지역에서 발생한 어중 'ㅎ' 뒤의 'w' 탈락, 진천과 옥천과 영동 지역에서 발생한 어두 'i'의 활음화(i〉y)를 보여 준다.

35] 싶다[欲] : 문헌에 '식브-(월천上132 두初10:28 구간6:16 삼강烈13) 신브-(번소8:1) 십브-(삼강烈13 신속三烈6)'와 '시브-(이륜重30 첩신1:10 첩몽2:5 계축p.60)' 그리고 '시프-(가언5:6 첩해7:20)'로 나온다. 충북의 방언형은 'syip^{h}-〈진천 제외 전 지역〉 sup^{h}-〈영동〉 syip^{h}ɨ-〈진천〉'와 'čəp^{h}-〈옥천〉'이므로 변화과정을 다음과 같이 상정할 수 있다.[94]

---

94) 옥천 지역의 방언형 'čəp^{h}-'은 충남 금산 지역의 방언형 'čəp^{h}-' 및 부여 논산 지역의 방언형 'čap^{h}-', 그리고 전남 대부분 지역의 방언형 'čap-' 및 영광 강진 장흥의 방언형 'čap^{h}-', 경북 예천 안동 청송 영덕 금릉 영일 경산 영천 지역의 방언형 'čɛp-'으로부터 영향을 입은 형태로 보일 뿐, 여타 방언형들과의 직접적 관련성을 찾기 어렵다(한국방언자료집Ⅳ p.266, 한국방언자료집Ⅵ p.351, 한국방언자료집Ⅶ p.334 참조).

o sikpɨ- 〉 sippɨ- 〉 sip'ɨ- 〉 $sip^hɨ$- 〉 sip^h- 〉 sup^h-
진 ×진 영

위의 변화과정은 전 지역에서 발생한 'ㅂ' 앞의 'ㄱ〉ㅂ', 어중의 'ㅃ' 격음화(p'〉p^h), 어말모음 'ɨ'의 탈락, 영동 지역에서 발생한 어두 'ㅅ' 뒤의 'i〉u'를 보여 준다.

36] 아그배[山樝, 山査, 棠] : 문헌에 '아가외(자회上11 石千14 역어上55 유물四木 방약40 아학上6)'와 '아가빅(물보木果)'로 나온다. 충북의 방언형은 'agubE〈진천〉 agʉbE〈괴산〉 agubɛ〈청원 영동〉 agɨbɛ〈보은 옥천〉'이므로 변화과정을 다음과 같이 상정할 수 있다.

o akapʌy 〉 akapay 〉 akɨpay 〉 akɨpɛ 〉 akupɛ
보옥 진청괴영

위의 변화과정은 진천과 청원과 괴산과 보은과 옥천과 영동 지역에서 발생한 비어두음절의 'ʌ〉a', 어중의 'a〉ɨ', 어말의 'ay〉ɛ' 단모음화, 진천과 청원과 괴산과 영동 지역에서 발생한 어중 'ㅂ' 앞의 'ɨ〉u'를 보여 준다.

37] 아지랑이[靄] : 문헌에 '아즈랑이(왜어上2 동문上28 한청6:40(171c))'로 나온다. 충북의 방언형은 'ǎjirɛŋi〈진천 청원 옥천〉 ǎjirEŋi〈음성 제원 괴산 보은 영동〉 $ǎjirE^ŋi$〈중원〉'와 'ǎjiraŋi〈단양〉'이므로 변화과정을 다음과 같이 상정할 수 있다.

o atsɨlaŋi 〉 ačɨlaŋi 〉 ačilaŋi 〉 ačilɛŋi 〉 ačilɛi
단 ×중단 중

위의 변화과정은 전 지역에서 발생한 치조음 'ㅈ'의 구개음화(ts〉č), 전설모음화(ɨ〉i), 어중의 'a' 움라우트(a〉ɛ), 중원 지역에서 발생한 모음 사이의 'ŋ' 탈락을 보여 준다.

38] 아흐레[九日] : 문헌에 '아ᄒᆞ래(석보9:32 월석9:51 불정中7)'로 나온다. 충북의 방언형은 'aʱɨrE〈음성 청원 제외 전 지역〉 aʱɨrɛ〈청원〉'와 'a:rE〈음성〉'이므로 변화과정을 다음과 같이 상정할 수 있다.

ㅇ ahʌlay 〉 ahɨlay 〉 ahɨlɛ 〉 aɨlɛ 〉 a:lɛ
×음 음

위의 변화과정은 전 지역에서 발생한 비어두음절의 'ʌ〉ɨ', 'ay〉ɛ' 단모음화, 모음 사이의 'ㅎ' 약화, 음성 지역에서 발생한 'ɨ'의 보상적 탈락(aɨ〉a:)을 보여 준다.

39] 자루[袋] : 문헌에 '자ᄅᆞ(능엄8:88 원각三之一91 계축p.107) 쟈ᄅᆞ(관음12 자회中13 유합上31 역어下15) 쟈르(박신1:14)'로 나온다. 충북의 방언형은 'čaru〈전 지역〉 čallu〈음성〉'이므로 변화과정을 다음과 같이 상정할 수 있다.

ㅇ tsyalʌ 〉 tsyalo 〉 čyalo 〉 čalo 〉 čalu 〉 čallu
전체 음

위의 변화과정은 전 지역에서 발생한 치조음 'ㅈ'의 구개음화(ts〉č), 'ㅈ'의 구개음화에 이은 잉여자질 'y'의 탈락, 어말의 'o〉u', 음성 지역에서 발생한 'ㄹ' 뒤의 'ㄹ' 첨가를 보여 준다.

40] 죄(罪) : 문헌에 '죄(두初6:38/23:19 자회下29 유합下21/34)'로 나온다. 충북의 방언형은 'čö〈단양 제외 전 지역〉 $č^{w}i$〈단양〉'이므로 변화과정을 다음과 같이 상정할 수 있다.

o tsoy 〉 čoy 〉 čö 〉 čü 〉 či
×단 단

위의 변화과정은 전 지역에서 발생한 치조음 'ㅈ'의 구개음화(ts〉č), 'oy〉ö' 단모음화, 'ö〉ü', 단양 지역에서 발생한 'ü'의 원순성 상실(ü〉i)을 보여 준다.

41] 채소(菜蔬) : 문헌에 '칙소(월석21:110 삼강孝26 두初17:39 소언6:106 박初上4 역어上51)'로 나온다. 충북의 방언형은 'č^{h}εso〈제원 단양 옥천 제외 전 지역〉 č^{h}εsu〈제원 단양 옥천〉'와 'namul〈청원 영동〉'과 'č^{h}εma〈옥천〉'이므로 변화과정을 다음과 같이 상정할 수 있다.

o ts^{h}ʌyso 〉 č^{h}ʌyso 〉 č^{h}ayso 〉 č^{h}εso 〉 č^{h}εsu
×제단옥 제단옥

위의 변화과정은 전 지역에서 발생한 치조음 'ㅊ'의 구개음화(ts^h〉č^h), 어두음절의 'ʌ〉a', 'ay〉ε' 단모음화, 제원과 단양과 옥천 지역에서 발생한 어말의 'o〉u'를 보여 준다.

42] 추녀[飛檐] : 문헌에 '츈혀(역어補12 한청266a) 춘혀(물보第宅)'로 나온다. 충북의 방언형은 'č^{h}unyə〈단양 제외 전 지역〉 č^{h}unya〈단양〉'와 'č^{h}əma〈제원〉'이므로 변화과정을 다음과 같이 상정할 수 있다.

o ts^{h}yunhyə 〉 č^{h}yunhyə 〉 č^{h}unhyə 〉 č^{h}unyə 〉 č^{h}unya
×단 단

위의 변화과정은 전 지역에서 발생한 치조음 'ㅊ'의 구개음화(ts^h〉č^h), 'ㅊ'의 구개음화에 이은 잉여자질 'y'의 탈락, 유성음 사이의 'ㅎ' 약화, 단양 지역에서 발생한 어말의 'ə>a'를 보여 준다.

43] 할아버지[祖父] : 문헌에 '한아바님(월석10:10/14:15)'과 '한아비(석보24:4 삼강孝13 두初21:31 소학4:35 역해上56) 할아비(신속孝4:67 仁祖行狀51)'로 나온다.[95] 충북의 방언형은 'harabəǰi〈단양 보은 옥천 제외 전 지역〉 harabuǰi〈단양 보은 옥천〉'이므로 변화과정을 다음과 같이 상정할 수 있다.

ㅇ *hanapatsi 〉 *halapatsi 〉 *halapači 〉 halapəči 〉 halapuči[96]
×단보옥 단보옥

위의 변화과정은 전 지역에서 발생한 활음조 현상(ㄴ>ㄹ), 치조음 'ㅈ'의 구개음화(ts>č), 어중의 'a>ə(aVa>aVə)', 단양과 보은과 옥천 지역에서 발생한 어중 'ㅂ' 뒤의 'ə>u'를 보여 준다.

44] 헝겊[帛, 布] : 문헌에 '헌것(구간1:22/27/90 3:70 6:29)'과 '헝것(자회中17 신구황4 역어下7)'으로 나온다. 충북의 방언형은 'hɨŋgəp〈괴산 제외 전 지역〉'과 'hɨŋgəpʰ〈제원 괴산〉'이므로 변화과정을 다음과 같이 상정할 수 있다. 충북방언이 음절말 위치에서 'ㅅ>ㅂ'의 변화를 수행한 것이라고 말할 수 있기 때문이다. '헝것>헝겁'의 변화과정을 상정하는 근거는 충북방언에 존재하는 음절말의 'ㅂ>ㅅ' 변화에 있다. 용언의 어간 '굽-(炙), 눕-(臥), 잡숩-(食)' 등이 현대 충북방언에서 자음어미와 결합할 때에 각각 'kus-, nus-, čapsus-' 등으로 실현되는 것이다. 이들이 중세 중앙어 '굽-, 눕-, 잡숩-'에 대응하는 것이므로 충북방언이 어말위치에서 'ㅂ>ㅅ'의 변화를 경험했을 가능성이 인정되

95) '祖父母'의 뜻으로 사용된 '한어버이(소언5:43) 할어버이(신속續烈9)'가 참고된다.
96) 조항범(1996:185)에 제시된 18세기의 '한아바지(직장부군필적 언간)'를 참고할 수 있다.

며, 그렇다면, '헝것>헝겁'은 이러한 'ㅂ>ㅅ'의 변화와는 역방향으로 진행된 것임을 알 수 있다.

o hənkəs > həŋkəs > həŋkəp > hɨŋkəp > hɨŋkəpʰ
×괴 제괴

위의 변화과정은 전 지역에서 발생한 'ㄱ' 앞의 'n>ŋ', 어말의 'ㅅ>ㅂ', 어두의 'ə>ɨ', 제원과 괴산 지역에서 발생한 어말 'ㅂ'의 격음화를 보여 준다. '헝겊'이 모음으로 시작하는 조사와 결합할 때 괴산 지역 한 곳을 제외하고는 전 지역에서 'b'로 실현된다는 사실(hɨːŋgəb–i, hɨːŋgəb–ɨ(ə)l 등)에 주목하여 '헝겁>헝겊'의 변화과정을 상정하는 것이다. 체언의 어말자음 격음화는 '부엌, 녘, 꽃, 돌, 흙' 등의 방언형에서도 볼 수 있다.

45] 홑옷[單衣] : 문헌에 'ᄒᆞ옷옷(구방下92) 호읫옷(자회中24)'과 '홋옷(유합上30 오륜5:20)'으로 나온다. 현대어 '홑[單]'에 해당하는 문헌어는 'ᄒᆞ옷(능엄8:15 두初22:56 법화1:44) ᄒᆞ옻(두重1:19)'과 '홋(유합下44 소학3:21 동문上55)'으로 나온다. 충북의 방언형은 'hodos〈옥천 제외 전 지역〉'과 'hotk'əs〈옥천〉'이므로 문헌어들이 'ᄒᆞ옷'과 같이 'ʌo'의 모음충돌을 보여 주고 있다는 점에 착안하여 '*hʌβʌts'을 재구하고자 하며, 'ᄒᆞ옷'이 '옷'과 결합할 때는 음절말 규칙이 적용되었을 것으로 파악되므로 변화과정을 다음과 같이 상정할 수 있다.

o *hʌβʌtsos > hʌwʌtsos > hʌotsos > hootos > hoːtos
×옥

위의 변화과정은 전 지역에서 발생한 'β>w', 'wʌ>o' 변화(김완진, 1972:51–62), 어두음절의 'ʌ>o(ʌo>oo)', 옥천 지역을 제외한 전 지역에서 발생한 'o'의 보상적 탈락(oo>oː)을 보여 준다.

46] 황소[巨牛] : 문헌에 '한쇼(용가87 월천上162 동문下38 한청44d 악장鄭石)'로 나온다. 충북의 방언형은 전 지역이 'hwaŋso'이므로 변화과정을 다음과 같이 상정할 수 있다.

ｏ hansyo 〉 haŋsyo 〉 haŋso 〉 hwaŋso
전체

위의 변화과정은 전 지역에서 발생한 어두 'ㅎ' 뒤의 'w' 첨가, 치조음 'ㅅ'의 구개음화, 'ㅅ'의 구개음화에 이은 잉여자질 'y'의 탈락, 어중의 'n〉ŋ'을 보여 준다.

47] 효자(孝子) : 충북의 방언형은 'hyo:ǰa〈전 지역〉'와 'so:ǰa〈진천〉'이므로 변화과정을 다음과 같이 상정할 수 있다.

ｏ hyotsʌ 〉 hyotsa 〉 hyoča 〉 syoča 〉 soča
전체 진

위의 변화과정은 전 지역에서 발생한 비어두음절의 'ʌ〉a', 치조음 'ㅈ'의 구개음화(ts〉č), 진천 지역에서 발생한 'ㅎ' 구개음화(h〉s), 'ㅎ' 구개음화에 이은 잉여자질 'y'의 탈락을 보여 준다.

2.1.5. 음운변화가 다섯 가지인 것

1] 감추다[藏] : 문헌에 'ᄀᆞ초-(용가27 월천上20 석보9:20 월석1:45 능엄6:108 내훈二下15 두初7:24)'와 'ᄀᆞᆫ초-(법화6:175 내훈二上32 야운67 칠대14) ᄀᆞᆷ초-(내훈二下16 유합下39 소학4:37 신속孝8:57 계축98 여사3:6 동문上30 한청1:40 역어上47) ᄀᆞᆷ추-(왜어下3) 감초-(연병1:15 병학1:15 오륜4:57 삼략上5 경신29/37)'로 나온다. 충북의 방언형은 전 지역이 'kamč^{h}u-'이므로 변화과정을 다

음과 같이 상정할 수 있다.

o kʌts^{h}o- 〉 kʌnts^{h}o- 〉 kʌmts^{h}o- 〉 kʌmč^{h}o- 〉 kamč^{h}o- 〉 kamč^{h}u-
전체

위의 변화과정은 전 지역에서 발생한 치조음 'ㅊ(ts^h)' 앞의 'ㄴ' 첨가, 'ㅊ' 앞의 'n〉m', 치조음 'ㅊ'의 구개음화(ts^h〉č^h), 어두음절의 'ʌ〉a', 어간말의 'o〉u' 고모음화를 보여 준다.

2] 겨울[冬] : 문헌에 '겨ᅀᅳᆯ(월석1:26 두初16:60) 겨ᅀᅳᇙ(영가下44)'과 '겨을(유합上2 소언6:29 두重8:6) 겨읋(신속三忠5) 겨ᄋᆞᆯ(두重2:40 동문上3 한청19b 오륜1:2/29) 겨ᄋᆞᇙ(계축p.37 가언4:25)' 및 '겨슬(칠대15)'로 나온다. 충북의 방언형은 'kyəul〈괴산 제외 전 지역〉 kyəɨl〈괴산〉 čəul〈진천〉'이므로[97] 변화과정을 다음과 같이 상정할 수 있다.

o kyəzɨlh 〉 kyəɨlh 〉 kyəɨl 〉 kyəul 〉 čyəul 〉 čəul
괴 ×괴 진

위의 변화과정은 전 지역에서 발생한 모음 사이의 'ㅿ' 약화, 어말자음 'ㅎ'의 약화, 괴산 지역을 제외한 전 지역에서 발생한 어말 'ㄹ' 앞의 'ɨ〉u', 진천 지역에서 발생한 어두의 'ㄱ' 구개음화(k〉č), 'ㄱ' 구개음화에 이은 잉여자질 'y'의 탈락을 포함하고 있다.

3] 고을[邑, 郡] : 문헌에 'ᄀᆞᄫᆞᆯ(용가2:22) ᄀᆞᄋᆞᇙ(두初21:18 법화2:236 삼강孝6 월석2:50 석보9:4) ᄀᆞᄋᆞᆯㅎ(두重3:29)'과 'ᄀᆞ을(두重3:20)'

---

97) 조사 '-에'가 결합될 때는 다음과 같이 'g'가 나타나는 곳이 많다.
kyəulge〈음성 단양 청원 괴산〉 čəulge〈괴산〉 čɨ:lge〈진천 청원 영동〉 čɨlk^{h}e〈보은〉
이 방언형들의 변화과정은 다음과 같이 상정할 수 있다.
*kyəzɨlk 〉 *kyəɨlk 〉 čyəɨlk 〉 čəɨlk 〉 čɨɨlk 〉 čɨ:lk

과 '고흙(번소10:7 소언6:3 신속孝22 삼강孝28 두重1:52) 고흙(번소10:5 자회中7 유합下10 石千18 소언6:107) 곬(번소10:7 은중16 계초11 여사4:12 여범4)'로 나온다. 충북의 방언형은 전 지역이 'koɨl'이므로[98] 변화과정을 다음과 같이 동화작용인 'ʌo>oo'와 이화작용인 'oo>oɨ'를 포함하는 것으로 상정할 수 있다.

o *kʌβʌlh > kʌwʌlh > kʌolh > koolh > koɨlh > koɨl[99]

전체

위의 변화과정은 전 지역에서 발생한 'β>w', 'wʌ>o', 어두의 'ʌ>o', 'o>ɨ', 어말자음 'ㅎ'의 약화를 보여 준다.

4] 떼다[擦] : 문헌에 '뻐히-(남명上72 계축p.139 박重下51) 뻐이-(가언6:34) 써히-(삼역6:7 동문下27 한청113d 청구p.101) 뻐이-(화포1)'와 '뻬혀-(월천上33) 뻬-(소언5:101)'로 나온다. 충북의 방언형은 전 지역이 't'i-'이므로 변화과정을 다음과 같이 상정할 수 있다.

o ptəhi- > t'əhi- > t'əi- > t'əy- > t'e- > t'i-

전체

위 변화과정은 전 지역에서 발생한 합용병서 'ㅂ'의 보상적 탈락(pt>t'), 모음 사이의 'ㅎ' 약화, 어말모음 'i'의 활음화(i>y), 'əy>e' 단모음화, 어두의 'e>i'를 보여 준다.

5] 마디[節, 寸] : 문헌에 'ᄆᆞᄃᆡ(월석2:56 두初25:2 자회上1 유합上3 石千16)'와 '마듸(아학上6/下12)'로 나온다. 충북의 방언형은 'mɛdi〈중원 제원 청원 제외 전 지역〉'와 'madi〈중원 제원 청원 괴산 옥

---

98) 이것이 마을이름의 후부요소로 쓰일 때는 으레 'ko:l' 형태를 보인다.

99) 참고로, '시골'의 방언형 'syigul〈청주 충주**〉'에 대해서는 다음의 변화과정을 상정할 수 있다.
sɨkʌβʌl > sɨkʌol > sɨkool > sɨko:l > siko:l > sikul

천〉'이므로 변화과정을 다음과 같이 상정할 수 있다.

o mʌtʌy 〉 mʌtɨy 〉 matɨy 〉 mati 〉 mayti 〉 mεti
중제청괴옥 ×중제청

위의 변화과정은 전 지역에서 발생한 비어두음절의 'ʌ〉ɨ', 어두음절의 'ʌ〉a', 어말의 'ɨy〉i' 단모음화, 중원과 제원과 청원 지역을 제외한 전 지역에서 후속하는 'i'의 영향으로 발생한 어두의 'y' 첨가(a〉ay), 어두의 'ay〉ε' 단모음화를 보여 준다.

6] 마렵다 : 충북의 방언형은 'mεryəp-〈진천 보은〉 mεrəp-〈진천 청원 옥천 제외 전 지역〉 mεrop-〈영동〉 maryəp-〈청원 옥천〉 mεrup-〈괴산***〉'이므로 변화과정을 다음과 같이 상정할 수 있다.

o malyəp- 〉 maylyəp- 〉 mεlyəp- 〉 mεləp- 〉 mεlop- 〉 mεlup-
청옥 진보 ×진청옥 영 괴

위의 변화과정은 전 지역에서 후속하는 'i'의 영향으로 발생한 어두의 'y' 첨가(a〉ay), 'ay〉ε' 단모음화, 어중 'ㄹ' 뒤의 'y' 탈락, 영동과 괴산 지역에서 발생한 어간말의 'ə〉o', 괴산 지역에서 발생한 어간말의 'o〉u'를 보여 준다.

7] 망아지[駒] : 문헌에 'ᄆᆞ야지(두初23:36 자회上18) ᄆᆡ아지(소아6 두重2:11 한청432b)'와 'ᄆᆞᆼ아지(시언物名) 망아지(몽어5:11) 망아디(아학上9)'로 나온다. 충북의 방언형은 전 지역이 'maŋaǰi'이므로 변화과정을 다음과 같이 상정할 수 있다.

o *mʌlatsi 〉 mʌatsi 〉 mʌyatsi 〉 mʌyači 〉 mayači 〉 maŋači
전체

위의 변화과정은 전 지역에서 발생한 모음 사이 'ㄹ' 탈락, 모음

사이의 'y' 첨가, 치조음 'ㅈ'의 구개음화(ts>č), 어두음절의 'ʌ>a', 어중의 'y> ŋ'을 보여 준다.

8] 먼지[埃] : 문헌에 '몬ᄌᆡ(석보11:21 월석13:21/21:219 동문上63 왜어上8 역어補7/43)'와 '몬지(여사3:22)'로 나온다. 충북의 방언형은 'mŏnǰi〈진천〉 monǰi〈중원 청원 괴산〉 mənǰi〈음성 괴산〉 munǰi〈제원 단양 보은 옥천 영동〉'이므로 변화과정을 다음과 같이 상정할 수 있다.

o montsʌy 〉 montsɨy 〉 mončɨy 〉 monči 〉 mənči 〉 munči[100]

진중청괴 (monči)　음괴 (mənči)　제단보옥영 (munči)

위의 변화과정은 전 지역에서 발생한 비어두음절의 'ʌ>ɨ', 치조음 'ㅈ'의 구개음화(ts>č), 'ɨy>i' 단모음화, 어두 순음 뒤의 'o>ə', 제원과 단양과 보은과 옥천과 영동 지역에서 발생한 어두 순음 뒤의 'ə>u'를 보여 준다.

9] 목욕(沐浴) : 문헌에 '모욕(구간1:104 신속烈18 자회下11 분문20 소언6:79 두요下44 박重下20 역어補42 경신16), 뫼욕(신속烈3:40, 6:71)'과 '목욕(월천上23/57 석보6:27 삼강忠19 石千38 소언2:50 가례5:13 태평1:25 경신46)'으로 나온다. 충북의 방언형은 'mogyok〈진천 청원 괴산〉'과 'moyok〈진천 청원 괴산 제외 전지역〉' 및 'miyək〈단양〉'이므로 표제어와 동일한 'mogyok'을 제외한 나머지 방언형들의 변화과정을 다음과 같이 상정할 수 있다.

o moyok 〉 moyyok 〉 moyyək 〉 möyək 〉 meyək 〉 miyək

×진청괴 (moyok)　단 (miyək)

위의 변화과정은 진천과 청원과 괴산 지역을 제외한 전 지역에서

100) 'o>ə'의 변화 조건은 표제어 '먼저'의 경우와 동일하다.

후행하는 'y'의 영향으로 발생한 어두의 'y' 첨가(oy〉oyy), 어말의 'o〉ə', 'oy〉ö' 단모음화, 'ö'의 원순성 상실(ö〉e), 단양 지역에서 발생한 어두의 'e〉i'를 보여 준다.

10] 뱉다[唾] : 문헌에 '밭-(두初8:31 구간1:82 금삼5:28 번소8:20 박重中58 소언4:39 유합下30)'으로 나온다. '토(吐)하다'는 뜻으로 쓰인 '비밭-(몽산31) 비왇-(능엄2:79 법화6:60 두初16:59 유합下6) 비앗-(한청12:49) 비얏-(동문上63)' 등이 참고된다. 충북의 방언형은 전 지역이 'pɛt^{h}-'이므로 변화과정을 다음과 같이 상정할 수 있다.[101]

o piβat^{h}- 〉 piwat^{h}-〉 piat^{h}- 〉 pyat^{h}- 〉 payt^{h}- 〉 pɛt^{h}-
전체

위의 변화과정은 전 지역에서 발생한 'β〉w', 어중 모음 사이의 'w' 탈락, 어두의 'i' 활음화(i〉y), 음운도치(ya〉ay), 'ay〉ɛ' 단모음화를 보여 준다.

11] 새우[蝦] : 문헌에 '사비(해례用字)'와 '사이(능엄7:89) 사이젓(金諺8/178)'과 '새요(사성下31 자회上20 박初上70 동문下42 한청444d) 사요(동의湯液2:12 태산74) 새오(왜어下26 유물二介 경신35 역어補38) 싀오(화어58 방약51 유물一毛 가곡p.26)' 및 '사유(유합上15)'로 나온다. 충북의 방언형은 'sɛbɛŋi〈진천 음성 중원 청원 옥천〉 sɛbEŋi〈괴산〉'와 'saburɛŋi〈보은〉 sabuŋgɛ〈영동〉' 그리고 'sɛu〈전 지역〉'이므로 변화과정을 다음과 같이 상정할 수 있다.[102]

---

101) 문헌어 '밭-'이 후대로 오면서 기능부담량이 현저히 축소되어 그 기능을 '비밭-' 쪽으로 넘겨준 것으로 파악된다.

102) 방언형 가운데 '새뱅이, 사붕개, 사부랭이' 등의 'ㅂ' 유지형은 훈민정음 초기의 문헌형 '사비'에 대응하는 재구형 '*사비'에 접미사 '-앙이/-웅개/-랑이'가 후접되면서 어말모음 'i'의 탈락을 수행한 것으로 생각된다.

o saβi 〉 sai 〉 sayi 〉 sayo 〉 sayu 〉 sεu[103)]
전체

위의 변화과정은 전 지역에서 발생한 어중 모음 사이의 'β' 탈락, 모음 사이의 'y' 첨가, 어말의 'i〉o', 어말의 'o〉u', 'ay〉ε' 단모음화를 보여 준다.

12] 질경이[車前草] : 문헌에 '길경이(한청377c 물보藥草)'와 '질경이(유물三草)'로 나온다. 충북의 방언형은 'čilgiŋi〈진천 영동〉 čilgeŋi〈진천 단양 영동 제외 전 지역〉 $\text{čilgi}^{ŋ}\text{i}$〈괴산〉'와 '$\text{ibač}^{h}\text{u}$〈단양〉'이므로 변화과정을 다음과 같이 상정할 수 있다.

o kilkyəŋi 〉 čilkyəŋi 〉 čilkyeŋi 〉 čilkeŋi 〉 čilkiŋi 〉 čilkii
×진단영 진영 괴

위의 변화과정은 단양 지역을 제외한 전 지역에서 발생한 'ㄱ' 구개음화(k〉č), 어중의 'ə' 움라우트(ə〉e), 어중 'ㄱ' 뒤의 'y' 탈락, 진천과 괴산과 영동 지역에서 발생한 어중의 'e〉i', 괴산 지역에서 발생한 모음 사이의 'ŋ' 탈락을 보여 준다.

2.1.6. 음운변화가 여섯 가지 이상인 것

1] 되다[化] : 문헌에는 'ᄃᆞᄫᅵ-(용가98 석보6:9 월석2:11)'와 'ᄃᆞ외-(월천上140 석보19:8 능엄10:3 월석9:21 두初8:64) 도외-(삼강孝15/烈7 두初25:51 구방下38 번소10:11 자회下1 구황10 분문2 노언上38) 도ᄋᆡ-(삼강孝9 번소8:3/4 선가上23) 도의-(삼강烈7 박初上38 자회上33/下1) 도위-(법록12)' 및 '되-(삼강烈26 속삼烈3

---

103) 'a'와 'i' 사이의 충돌을 피하기 위한 'y' 첨가현상에 관해서는 도수희(1985)를 참고할 수 있다.

번소8:3/10:6 은중12 소언6:132 맹언13:28 논언1:46 노언下65)' 로 나온다. 충북의 방언형은 'tö-〈단양 제외 전 지역〉'와 'tE-〈단양〉'이므로 변화과정을 다음과 같이 상정할 수 있다.[104]

o tʌβʌy- > tʌwʌy- > tʌoy- > tooy- > toɨy- > to:y- >
  tö:- > te:- > tɛ:-[105]
  ×단 　　　　　　　단

위의 변화과정은 전 지역에서 발생한 'β>w', 'wʌ>o', 어두음절의 'ʌ>o', 어간말의 'o>ɨ', 'ɨ'의 보상적 탈락(oɨ>o:), 'oy>ö' 단모음화, 단양 지역을 제외한 전 지역에서 발생한 'ö'의 원순성 상실(ö>e), 단양 지역에서 발생한 어두의 'e>ɛ'를 보여 준다.

2] 무엇 : 문헌에 '므슷(두初10:16) 므읏(두重3:30) 므엇(소언5:99 가언1:13 신속忠1:75 첩해9:12 노언上24) 무엇(계축p.9 청구p.30)'과 '므슷(석보6:27 월석1:7 두初15:6 삼강忠13) 므섯(박重上19 노언下11 소언6:123 청구p.62) 무섯(청구p.113)'으로 나온다. 충북의 방언형은 'mwə〈중원 단양 청원 제외 전 지역〉 muə〈청원〉 mə〈단양〉'와 'muəs〈중원 보은〉'이므로 변화과정을 다음과 같이 상정할 수 있다.

o mɨzɨs > mɨɨs > mɨəs > muəs > muə > mwə > mə
　　　　　　　　　　　　중보 　청 　×중단청 　단

---

104) 삼강행실도에 나오는 문헌형 '되-'는 그보다 앞선 어형인 'tooy-'의 단음절화에 의해 이루어진 것으로 볼 수 있지만, 당시의 이 어형은 이미 존재하던 동음이의어 '되-(升, 硬)'와 충돌하게 되므로 활성화되지 못하고 다른 형태 곧 '도의-' 쪽으로 변화해 나간 것이 아닐까 생각된다.

105) '도외->도의-' 변화과정 사이에 'toʌy-'를 개재시키는 데에는 어려움이 있고, 또 'oo>oɨ' 변화에 관하여는 이미 전철웅(2000)에서 논의한 바 있다. '되-'의 기저형 설정에 관한 논의로는 전철웅(1986), 한영균(1991)을 참고할 수 있다.

위의 변화과정은 전 지역에서 발생한 모음 사이의 'ㅿ' 약화, 어말의 'ɨ〉ə', 어두의 원순모음화(ɨ〉u), 중원 지역을 제외한 전 지역에서 발생한 어말자음 'ㅅ' 약화, 중원과 청원 지역을 제외한 전 지역에서 발생한 'u'의 활음화(u〉w), 단양 지역에서 발생한 어두 'ㅁ' 뒤의 'w' 탈락을 보여 준다.

3] 뼘[拆] : 문헌에 '봄(자회下34) 뽐(역어上48) 쏨(박重上35)'으로 나온다. 충북의 방언형은 'p'yəm〈진천 음성 중원 청원 괴산 영동〉 p'yem〈제원〉 p'yŏm〈보은 옥천〉 p'em〈제원〉 p'im〈단양〉'이므로 변화과정을 다음과 같이 상정할 수 있다.

o pom 〉 p'om 〉 p'yom 〉 p'yəm 〉 p'yəym 〉 p'yem 〉 p'em 〉 p'im
보옥 진음중청괴영 제 제 단

위의 변화과정은 전 지역에서 발생한 어두 'ㅂ'의 경음화, 어두 'ㅃ' 뒤의 'y' 첨가(o〉yo), 보은과 옥천 지역을 제외한 전 지역에서 발생한 순음 뒤의 'o〉ə', 어말 순음 앞의 'y' 첨가, 'əy〉e' 단모음화, 제원과 단양 지역에서 발생한 어두 순음 뒤의 'y' 탈락, 단양 지역에서 발생한 어두의 'e〉i'를 보여 준다.

4] 수제비 : 문헌에 '슈져비(사성上77 역어上51) 슈졉이(물보飮食)'로 나온다. 충북의 방언형은 'sujebi〈진천 중원 제원 청원 괴산 옥천〉 sujibi〈음성 단양 보은 영동〉'이므로 변화과정을 다음과 같이 상정할 수 있다.

o syutsyəpi 〉 syučyəpi 〉 sučəpi 〉 sučepi 〉 sučipi
진중제청괴옥 음단보영

위의 변화과정은 전 지역에서 발생한 치조음 'ㅅ'의 구개음화, 치조음 'ㅈ'의 구개음화, 'ㅅ'의 구개음화에 이은 잉여자질 'y'의 탈락, 'ㅈ'의 구개음화에 이은 잉여자질 'y'의 탈락, 'ə' 움라우트(ə>e), 음성과 단양과 보은과 영동 지역에서 발생한 어중의 'e>i'를 보여 준다.

5] 저녁[夕] : 문헌에 '져녁(산성81 벽신17 동문上5) 젼역(여사3:8)'으로 나온다. 충북의 방언형은 'čənyək〈전 지역〉 čenyək〈영동〉'과 'čiyək〈괴산****〉'이므로 변화과정을 다음과 같이 상정할 수 있다.

o *tsyənyək > čyənyək > čənyək > čəynyək > čenyək > činyək > čiyək

전체 (čənyək), 영 (čenyək), 괴 (čiyək)

위의 변화과정은 전 지역에서 발생한 치조음 'ㅈ'의 구개음화(ts>č), 'ㅈ'의 구개음화에 이은 잉여자질 'y'의 탈락, 후속하는 'y'의 영향으로 발생한 어두의 'y' 첨가(ə>əy), 어두의 'əy>e' 단모음화, 어두의 'e>i', 괴산 지역에서 발생한 어중 'y' 앞의 'ㄴ' 탈락을 보여 준다.

6] 주춧돌[礎石] : 문헌에 '쥬츄(자회中6 왜어上32) 쥬쵸(오륜2:50)'와 '쥬츄돌(역어上17) 쥬츄ㅅ돌(동문上34)'로 나온다. 충북의 방언형은 'čuč^{h}ut'ol〈영동 제외 전 지역〉 čuč^{h}ot'ol〈영동〉'이므로 변화과정을 다음과 같이 상정할 수 있다.

o tsyuts^{h}yustol > tsyuts^{h}yuttol > čyuč^{h}yut'ol > čuč^{h}ut'ol > čuč^{h}ot'ol

×영 (čuč^{h}ut'ol), 영 (čuč^{h}ot'ol)

위의 변화과정은 전 지역에서 발생한 음절말의 'ㅅ>ㄷ', 치조음 'ㅈ'의 구개음화(ts>č), 치조음 'ㅊ'의 구개음화(ts^{h}>č^{h}), 'ㅈ'의 구개음화에 이은 잉여자질 'y'의 탈락, 'ㅊ'의 구개음화에 이은 잉여자질 'y'의 탈락, 영동 지역에서 발생한 어중의 'u>o'를 보여 준다.

7] 하품[欠] : 문헌에 '하외욤(구방上79 내훈1:49 금삼2:11 자회上30

소언2:7 두창上11)'과 '하회홈(박重中51)' 및 '하픠옴(역어上37 동문上19 한청205d) 하픠음(역어補23 물보氣血)'으로 나온다. 충북의 방언형은 전 지역이 'hap^{h}um'이므로 변화과정을 다음과 같이 상정할 수 있다.

o *hahʌyhʌm 〉 hahoyhom 〉 hahoyom 〉 hap^{h}oyom 〉 hap^{h}ɨyom 〉 hap^{h}ɨyɨm 〉 hap^{h}yɨɨm 〉 hap^{h}yɨ:m 〉 hap^{h}ɨ:m 〉 hap^{h}um[106)]

전체

위의 변화과정은 전 지역에서 발생한 모음 사이의 'ㅎ' 약화, 모음 사이의 'ㅎ〉ㅍ', 어중과 어말의 'o〉ɨ', 음운도치(ɨy〉yɨ), 어중 순음 뒤의 'ɨ' 탈락, 앞의 'ɨ〉u'를 보여 준다.[107)]

---

106) 이 변화과정은 '*hahʌyhʌm'과 '*hap^{h}ʌyʌm' 중에서 후자를 선택하고자 한 것인데 그것은 어중 'p^h'의 약화나 탈락이 전라남도 방언에 보이지 않는다는 이기갑(1986:89)의 증언에 입각한 것이다. 또한 'hap^{h}ɨyɨm'에서 음운도치에 의해 'hap^{h}ɨɨym'으로 되고, 이어 'hap^{h}ɨ:ym'을 거쳐 'hap^{h}ɨ:m'이 된 것으로 보려면 'ɨy'의 'y'가 탈락하는 이유를 설명할 수 있어야 한다. 또한 'hap^{h}ɨyɨm'에서 'hap^{h}iɨ:m'을 거쳐 'hap^{h}ɨ:m'으로 되었다고 보기 어려운 것은 'iɨ'가 보통은 장음 'i:'로 되는 경향이 있기 때문이다.

107) '*hap^{h}ʌyʌm〉hap^{h}ɨyɨm〉hap^{h}iɨm〉hap^{h}yɨm〉hap^{h}ɨm〉hap^{h}um'과 같은 변화과정을 상정하는 것은 위의 여러 문헌형들이 비교적 이른 시기의 문헌들에 나오는 '하외욤'으로부터 출발하여 '하픠음'에 이르기까지 어떤 경로를 겪었는지 확언하기 어렵기 때문에 일단 방언형과 가장 직접적으로 관련되는 '하픠옴'을 출발점으로 삼은 것에 지나지 않는다.
저자는 '하외욤(구방上79 내훈1:49 금삼2:11 자회上30 소언2:7 두창上11)'은 재구형 '*hahʌyhʌm'으로부터 '*hahʌyhʌm〉hahoyhom〉hahoyom〉haoyom〉haoyyom'의 변화과정을 통하여 얻을 수 있다고 생각한다.

2.1.7. 종합

변화과정이 하나인 표제어는 모두 313개이다. 표제어별 각 변화과정에는 음운변화가 1가지에서 8가지까지 포함되어 있는 것으로 나타났다. 이 음운변화로는 다음과 같은 것들이 있다. 숫자는 빈도를 나타낸다.

자음의 변화로는 우선 통시적 구개음화, 치조음의 구개음화, 역구개음화, 경음화, 격음화, 음절말의 비파열화, 활음조 현상, 'ㄴ' 두음법칙 등을 확인할 수 있다.

통시적 구개음화(15)는 'ㄱ10, ㅌ2, ㅎ2, ㄷ1'로 나타났고, 치조음의 구개음화(54)는 'ㅈ27, ㅊ17, ㅅ10'으로 나타났다. 역구개음화(1)는 'ㅈ〉ㄱ(1)'로 나타났다.

경음화(29)는 어두경음화(21)가 'ㄱ15, ㅅ3, ㅂ2, ㅍ1'로 나타났고, 어중경음화(8)가 'ㄱ6, ㅅ1, ㅋ1'로 나타났다.

격음화(9)는 어두격음화(4)가 'ㄱ2, ㄷ1, ㅂ1'로 나타났고, 어중격음화(2)가 'ㅃ1, ㅈ1'로 나타났고, 어말격음화(3)가 'ㄱ2, ㅂ1'로 나타났다.

음절말의 비파열화(5)는 'ㅈ〉ㅅ(3)'과 'ㅊ〉ㅅ(2)'로 나타났다. 'ㄴ' 두음법칙(2), 음절말의 'ㅅ〉ㄷ(7)', 'ㄴ〉ㄹ(1)' 활음조 현상도 보인다.

이 밖의 변화로는 'β〉w(9), n〉ŋ(6)(ㄱ앞4, 어중2), ㄱ〉ㅂ(3)(ㅂ앞1, 모음사이2), ㄷ〉ㅈ(2)(어말2), y〉ŋ(2)(어중2), k〉ŋ(1)(ㄴ앞), l〉ŋ(1)(자음앞1), m〉ŋ(1)(ㄱ앞1), w〉ŋ(1)(모음사이1), ㄴ〉ㄷ(1)(어두1), ㄴ〉ㄹ(1)(ㅁ앞1), ㄴ〉ㅁ(ㅊ앞1), ㅂ〉ㅍ(1)(어말1), ㅅ〉ㅂ(1)(어말1), ㅈ〉ㅂ(1)(어말1), ㅊ〉ㅌ(1)(어말1), ㅎ〉ㅌ(1)(ㅀ1), ㅎ〉ㅍ(1)(모음사이1)' 등으로 나타났다.

모음의 변화로는 우선 원순모음화, 전설모음화, 하향이중모음의 단모음화, 활음화, 움라우트 등을 확인할 수 있다.

'ㅁ, ㅂ, ㅍ' 뒤에서 발생한 원순모음화(6)는 'ɨ〉u(6)'로 나타났고, 'ㅅ, ㅈ, ㅊ' 뒤에서 발생한 전설모음화(8)는 'ɨ〉i(8)'로 나타났다.

하향이중모음의 단모음화(89)는 'ay〉ɛ(40), əy〉e(25), ɨy〉i(9),

oy〉ö(9), uy〉ü(6)'로 나타났다. 움라우트(16)는 'ə〉e(7), a〉ɛ(4), o〉ö(3), u〉ü(2)'로 나타났고, 활음화(11)는 'i〉y(10), o〉w(1)'로 나타났다. 이 밖에 'wʌ〉o(3), wɨ〉u(2)'도 보인다.

위의 변화 이외의 것은 모음별로 다음과 같이 정리할 수 있다.

a(12) : a〉ə(6)(어두2, 어중1, 어말3), a〉ɨ(3)(어중2, 어말1), a〉ɛ(2)(어두2), a〉o(1)(어중1)

ɛ(2) : ɛ〉e(2)(어중1, 어말1)

ə(27) : ə〉ɨ(10)(어두10), ə〉o(7)(어두5, 어말2), ə〉u(5)(어두1, 어중2, 어말2), ə〉a(3) (어말3), ə〉e(1)(어말1), ə〉i(1)(어말1)

e(28) : e〉i(18)(어두12, 어중4, 어말2), e〉ɛ(10)(어두6, 어말4)

o(64) : o〉u(42)(어두1, 어중6, 어말35), o〉ə(10)(어두8, 어말2), o〉ɨ(8)(어두1, 어중3, 어말4), o〉a(3)(어중1, 어말2), o〉ʌ(1)(비어두1)

ö(10) : ö〉e(6), ö〉we(2), ö〉wɛ(1), ö〉ü(1)

u(14) : u〉ɨ(4)(어두1, 어중2, 어말1), u〉o(4)(어중1, 어말3), u〉i(4)(어말4), u〉ə(2)(어중1, 어말1)

ü(7) : ü〉wi(4), ü〉i(3)

ɨ(26) : ɨ〉u(17)(어두2, 어중4, 어말11), ɨ〉ə(8)(어중1, 어말7), ɨ〉ʌ(1)(비어두1)

i(7) : i〉u(4)(어두2, 어말2), i〉ɨ(2)(어말2), i〉o(1)(어말1)

ʌ(84) : ʌ〉a(43)(어두35, 비어두8), ʌ〉ɨ(25)(어두1)(비어두24), ʌ〉o(11)(어두3, 비어두8), ʌ〉ə(5)(어두5)

자음과 모음이 아우른 변화로는 첨가, 약화와 탈락, 보상적 탈락, 음운도치 등이 확인되었다.

첨가 현상(46)은 다음과 같이 나타났다.

자음(14)

ㄹ(5)(ㄹ뒤3, 어말자음ㅍ앞1, 어말모음뒤1), ㅎ(4)(모음사이3,

어말모음뒤1), ㄴ(3)(ㅊ앞3), ㄱ(1) (어중ㅎ앞1), ㅆ(1)(어말자음ㄱ뒤1)

모음(2)

i(2)(어말2)

활음(24)

y(20)(어두자음뒤3, 모음뒤5, 어말자음앞1, 후속하는i/y영향11)

w(4)(어두자음뒤3, 어중자음뒤1)

약화와 탈락 현상(118)은 다음과 같이 나타났다.

자음(65)

ㅎ(25)(모음사이6, 유성음사이9, 어말10), ㅿ(13)(모음사이11, 유성음사이1, 어말1), ㄹ(9)(ㄺ3, ㄿ2, ㅈ앞2, 모음사이1, ㄼ1), ㅂ(4)(합용병서의ㅂ4), ŋ(4)(모음사이4), ㅅ(3)(ㄳ1, ㅄ1, 어말1), ㄱ(2)(어중ㄹ뒤2), ɦ(2), β(2), ㄴ(1)(어중y앞1)

모음(3)

ɨ(2)(어말모음2), ʌ(1)(어말모음1)

활음(50)

y(37)(잉여자질y24, 자음뒤8, 하향이중모음의부음y5)

w(13)(자음뒤10, 모음앞3)

보상적 탈락(18)은 '자음(6)(ㅂ6)'과 '모음(13)(ɨ10, u2, o1)'로 나타났다. 음운도치(13)는 'yə>əy(10), ya>ay(2), ɨy>yɨ(1)'로 나타났다.

2.2. 변화과정이 둘인 단어

2.2.1. 음운변화가 한 가지인 것

1] 재봉틀 : 한자어 '裁縫'과 '自縫'이 어기의 기능을 담당하는 것으로 파악된다. 충북의 방언형은 'čɛboŋč^him〈진천 청원〉 čabaŋč^him〈음성 괴산 보은〉 čɛbaŋč^him〈중원〉 čaboŋč^him〈옥천 영동〉'과 'čaboŋt^hɨl〈제원〉 čɛboŋt^hɨl〈단양〉'이므로 제원 지역과 단양 지역의 방언형은 문제가 없고 나머지 방언형들은 변화과정을 다음과 같이 상정할 수 있다.108)

- čapoŋč^him 〉 čapaŋč^him
  옥영 음괴보

- čɛpoŋč^him 〉 čɛpaŋč^him
  진청 중

위의 변화과정은 음성과 중원과 괴산과 보은 지역에서 발생한 어중의 'o〉a'를 보여 준다.

2] 줍다 : 문헌에 '즇-(석보11:38 두初7:18 금삼4:18)'과 '줏-(여소5:18a)'으로 나온다. 충북의 방언형은 'čus-〈전 지역〉 čuz-〈단양〉109)'이므로 변화과정을 다음과 같이 상정할 수 있다.

---

108) 방언형 'čaboŋt^hɨl'과 'čɛboŋt^hɨl'은 서로 다른 한자어 '자봉(自縫)'과 '재봉(裁縫)'에 '틀'이 결합한 것으로 처리한다.

109) 단양 방언은 'ču:ra, ču:t'a'로 조사되었기 때문에 그 어간말자음을 'z'로 잡은 것이다. 표제어 '줍-' 형태는 경기도의 포천 고양 양주 시흥 양평 지역, 강원도의 철원 지역, 경상북도의 영풍 봉화 영덕 영일 경산 영천 지역, 전라남도의 광양 여천 지역에서 쓰이는 것으로 조사되었다.

o *tsus- 〉 čus-
전체

o tsuz- 〉 čuz-
단

위의 변화과정은 전 지역에서 발생한 치조음 ‘ㅈ’의 구개음화(ts〉č)를 보여 준다.

2.2.2. 음운변화가 두 가지인 것

1] 가[邊] : 문헌에 ‘ᄀᆞᆺ(월석23:90 두初15:52 선가上42 자회中7 번소8:4)’과 ‘ᄀᆞᇫ(용가68 월천上124 월석2:43 석보13:4 두初7:26)’으로 나온다.[110] 충북의 방언형은 전 지역이 ‘kas’과 ‘ka’이므로 변화과정을 각각 다음과 같이 상정할 수 있다.

o kʌs 〉 kas
전체

o kʌz 〉 kʌ 〉 ka[111]
전체

위의 변화과정은 전 지역에서 발생한 어두음절의 ‘ʌ〉a’, 어말의 ‘ᅀ’ 약화를 보여 준다.

2] 갈퀴[柴杷] : 문헌에 ‘갈키(역어補43 동문下16 한청295b 물보耕農)’로 나온다. ‘껍질(果穀子)’의 뜻으로 쓰인 ‘각디(동문下5)’와 ‘깍

110) 충북 중남부 지역의 근대어 자료를 담고 있는 여소학에 다음과 같이 어말 ‘ㅅ’ 유지형 ‘ᄀᆞᆺ’이 쓰여 있다 : 은덕을 ᄀᆞ풀야 홀진된 흔을 가치 갓시 업도다(1:25b).
111) 충북방언에서는 이 ‘ka’ 형태를 후대에 딴 방언에서 차용했을 가능성도 있다.

지(角指, 扮指子)'의 뜻으로 쓰인 '각지(박重上49 역어上22 동문上47 한청5:19)'를 참고할 수 있을 것이다. 충북의 방언형은 'kalk^{h}i〈진천 음성 청원 괴산〉 k'alk^{h}i〈보은 옥천〉'와 'ka:kč'i〈중원 제원〉 k':akč'i〈단양〉'와 'k'alk'uri〈영동〉'이므로 변화과정을 다음과 같이 상정할 수 있다.

o kalk^{h}i 〉 k'alk^{h}i
진음청괴　보옥

o kakt'i 〉 kakč'i 〉 k'akč'i
중제　단

위의 변화과정은 단양과 보은과 옥천 지역에서 발생한 어두 'ㄱ'의 경음화, 어말의 'ㄷ' 구개음화(t'〉č')를 보여 준다.

3] 거머리[水蛭, 馬蟥, 蜞] : 문헌에 '거머리(사성下46/58 자회上23 유합上16 동문下43)'와 '검어리(태요73)'로 나온다[112]. 충북의 방언형은 'kɨ:məri〈전 지역〉'와 'kɨ:mǰəri〈진천 보은〉'이므로 변화과정을 다음과 같이 상정할 수 있다.

o kəməli 〉 kɨməli
전체

o *kəmtsəli 〉 kəmčəli 〉 kɨmčəli
진보

위 변화과정은 전 지역에서 발생한 어두의 'ə〉ɨ', 진천과 보은 지역에서 발생한 치조음 'ㅈ'의 구개음화(ts〉č)를 보여 준다.

4] 구부리다[伏] : 문헌에 '굿블-(능엄1:50 금삼2:67 두初8:59) 구쁠

112) 이 단어는 어두음절이 상성이었음이 주목된다.

-(삼강忠18)'과 '굽푸리-(여사4:28 만언사)'와 '구브러디-(마언上33)'로 나온다. '굿블-'의 사동형 '굿블이-(법화2:152 육조上87)'에서 해결의 단초(端初)를 얻을 수 있다.[113] 충북의 방언형은 'kuphuri-〈음성 중원〉'와 'kuburi-〈음성 중원 제외 전 지역〉'이므로 변화과정을 다음과 같이 상정할 수 있다.[114]

o kup'ɨli- 〉 kup^{h}ɨli- 〉 kup^{h}uli-
음중

o kupɨli- 〉 kupuli-
×음중

위의 변화과정은 음성과 중원 지역에서 발생한 어중의 'ㅃ' 격음화(p' 〉 p^{h}), 원순모음화(ɨ〉u)를 보여 준다.

5] 나막신 : 충북의 방언형은 'namaks'yin〈음성 옥천 영동 제외 전 지역〉 namoks'yin〈음성 영동〉'과 'moks'yin〈옥천〉'과 'namuk'E〈진천〉 namak'E〈중원〉 namuk'ɛ〈보은〉 namok'ɛ〈옥천 영동〉'이므로 현대국어 '나무'가 중세국어에서 '낡' 대 '나모'라는 특수어간 교체를 실현한다는 점과 충북의 방언형들이 'namoks'yin' 및 'namok'ɛ' 등으로 존재한다는 점을 감안하여 '나목'으로부터 출발하는 변화과정을 다음과 같이 상정할 수 있다.[115]

---

113) 이 말은 엎드린다는 뜻으로 쓰인 '굽슬-(삼강烈28 두初7:10/9:1)/구뿔-(월석14:7)'과 비교된다.

114) 방언형 'kuburi-' 쪽은 형용사 어간 '굽-(曲)'에 파생접사 '-으리-'가 붙어 이루어진 것으로, 또는 '정강이' 또는 '엉덩이/볼기'를 뜻하던 '구블'이 동사로 재어휘화한 후 접미사 '-이'를 취한 것으로 볼 수 있다.

115) 허웅(1975:325)은 '임자씨의 형태음소적 변동'을 논하는 자리에서 '나모:남ㄱ, 구무:굼ㄱ, 녀느:년ㄱ' 등을 '끝홀소리 줄고 /ㄱ/이 덧남' 항(項)에 배속시키고 나서, '나모' 쪽을 기본으로 정하는 방법 이외에 다른 설명 방법이 있을 수 있다고 주장하며, 끝홀소리 /ㄱ/이 다 유지된 '*나목, *구묵, *녀늑' 등을 기본형태로 가정하고, 소위 '가상적 기본 형태'를 제시하고 있다.

o namok 〉 namuk
음옥영 진보

o namok 〉 namak
음옥영 중

위의 변화과정은 진천과 보은 지역에서 발생한 어말의 'o〉u', 중원 지역에서 발생한 어말의 'o〉a'를 보여 준다.

6] 뎣[地䳒] : 문헌에 '뎟(역어下19 역어補44 유물一羽虫)'으로 나온다. 이 문헌어는 7종성 표기에 해당하는 체언의 독립형이기 때문에 어말 자음이 무엇인지 정확히 알려 주지 않는다. 충북의 방언형은 'tos〈중원 단양 청원 제외 전 지역〉 təs〈중원 청원〉'과 'təč^h〈중원 단양〉 toč^h〈괴산〉'이므로 변화과정을 다음과 같이 상정할 수 있다.

o təč^h 〉 toč^h 〉 tos
중단 괴 ×중단청

o təč^h 〉 təs
중단 중청

위의 변화과정은 중원과 단양과 청원 지역을 제외한 전 지역에서 발생한 'ə〉o', 단양 지역을 제외한 전 지역에서 발생한 어말 'ㅊ'의 비파열화(č^h〉s)를 보여 준다.

7] 두꺼비[蟾蜍] : 문헌에 '두텁(해례用字 청구p.100) 두터비(구방下67 남명上11 자회上24 유합上15 두창上27 동문下42) 두텁이(왜어下27 한청444d 유물二昆)'와 '둗거비(사성下31) 둣겁이(물보水族) 둑거비(아학上8)'로 나온다. 충북의 방언형은 'tuk'ɜbi〈진천

청원〉 t'uk'əbi〈단양〉 tuk'ebi〈진천 단양 청원 제외 전 지역〉'이므로 변화과정을 다음과 같이 상정할 수 있다.

ㅇ tut^h+kəp+i → tutkəpi 〉 tuk'əpi 〉 tuk'epi
진청 ×진단청

ㅇ tut^h+kəp+i → tutkəpi 〉 tuk'əpi 〉 t'uk'əpi
진청 단

위의 변화과정은 진천과 단양과 청원 지역을 제외한 전 지역에서 발생한 'ə' 움라우트(ə〉e), 단양 지역에서 발생한 어두 'ㄱ'의 경음화를 보여 준다.

8] 뒤지다[搜索] : 문헌에 '두디-(선가上18) 두지-(청구p.120)'와 '뒤지-(역어補17 한청428d 청구p.103) 뒤디-(유물一毛)'로 나온다. 충북의 방언형은 'tüǰi-〈음성 청원 옥천 제외 전 지역〉 tuǰi-〈음성 청원 옥천〉'와 'tübi-〈보은〉'이므로 어원이 다른 'tübi-'를 제외하고 너머지 방언형들의 변화과정을 다음과 같이 상정할 수 있다.

ㅇ tuyči- 〉 tüči-
×음청옥

ㅇ tuyči- 〉 tuči-
음청옥

위의 변화과정들은 음성과 청원과 옥천 지역을 제외한 전 지역에서 발생한 어두의 'uy〉ü' 단모음화, 음성과 청원과 옥천 지역에서 발생한 어두 하향이중모음의 부음 'y'의 탈락(uy〉u)을 보여 준다.

9] 맞추다 : 문헌에 '證, 對, 配, 照, 偶'의 뜻으로 '마초-(능엄1:19

법화1:73 영가上10 박初上12)'와 '躲, 不錯'의 뜻으로 '마치-(용가32 두初15:36 삼강忠28)'로 나온다. 충북의 방언형은 'mač^{h}u-〈옥천 영동 제외 전 지역〉'와 'mač^{h}i-〈옥천 영동〉'이므로 변화과정을 다음과 같이 상정할 수 있다.

o mats^{h}o- 〉 mač^{h}o- 〉 mač^{h}u-
×옥영

o mats^{h}i- 〉 mač^{h}i-
옥영

위의 변화과정들은 전 지역에서 발생한 치조음 'ㅊ'의 구개음화(ts^{h}〉č^{h}), 옥천과 영동 지역을 제외한 전 지역에서 발생한 어간말의 'o〉u'를 보여 준다.

10] 본[樣範] : 문헌에 '본(월석17:54 법화1:93 두初20:4 금삼3:35)'으로 나온다. 용언 어간 '받-' 또는 '보-'와 결합한 '본받-(월석17:54 두初20:4 동문上42) 본보-(유합下60 石千8 노언下51 한청58c)' 등을 참조할 수 있다. 충북의 방언형은 'ponbat-〈진천 중원 제원〉 pŏnbat-〈청원〉 p'onbat-〈중원 보은 영동〉 pənbat-〈괴산〉'과 'ponbo-〈진천〉 pŏnbo-〈음성〉 p'onbo-〈진천 옥천 영동〉 p'ənbo-〈괴산 옥천〉' 그리고 'p'ont'i-〈제원 보은 옥천〉 p'ənt'i-〈단양 청원〉'이므로 변화과정을 다음과 같이 상정할 수 있다.

o pon 〉 p'on
진음중제청 진중제보옥영

o pon 〉 pən 〉 p'ən
진음중제청 괴 단청괴옥

위의 변화과정은 전 지역에서 발생한 어두 'ㅂ'의 경음화, 단양과 청원과 괴산과 옥천 지역에서 발생한 순음 뒤의 'o>ə'를 보여 준다.

11] 삼태기[蕢] : 문헌에 '산태(자회中19)'와 '삼태(역어下19 왜어下15 동문下16 물보佃魚) 삼틔(유물二水族)'로 나온다. 충북의 방언형은 'santʰɛmi〈음성 중원 제외 전 지역〉'와 'samtʰɛmi〈음성 중원〉'이므로 변화과정을 다음과 같이 상정할 수 있다.

o *santʰaymi 〉 santʰɛmi
×음중

o *santʰaymi 〉 samtʰaymi 〉 samtʰɛmi
음중

위의 변화과정은 전 지역에서 발생한 어중의 'ay>ɛ' 단모음화, 음성과 중원 지역에서 발생한 어중 'ㅌ' 앞의 'ㄴ〉ㅁ'을 보여 준다.

12] 언덕[崖, 岸] : 문헌에 '언ㅎ(석보9:37 번박上69 신속烈3:31)'과 '언덕(자회上3 유합上5 역어補5)'으로 나온다. 충북의 방언형은 'əndək〈보은 영동 제외 전 지역〉 ədək〈보은〉 əŋdək〈영동〉'이므로[116] 변화과정을 다음과 같이 상정할 수 있다.

o əntək 〉 ətək
×보영 보

o əntək 〉 əŋtək
×보영 영

---

116) 보은 지역의 방언형 'ədək'은 전북의 옥구 익산 무주 장수 고창 정읍 남원, 전남의 영광 담양 광산 무안 광양 진도 강진, 충남의 보령 등지에서, 영동 지역의 방언형 'əŋdək'은 경북의 영양 칠곡 고령 달성, 전북의 임실 순창, 전남의 장성 구례 광산 승주 광양 장흥 보성 고흥 여천, 충남의 청양 등지에서 사용되는 것으로 조사되었음이 주목된다.

위의 변화과정은 보은 지역에서 발생한 어중 'ㄷ' 앞의 'ㄴ' 탈락, 영동 지역에서 발생한 'ㄷ' 앞의 'n〉ŋ'을 보여 준다.

13] 오금[脥] : 문헌에 '오곰(자회上28)'으로 나온다. 충북의 방언형은 'ogɨmǰEŋi〈진천〉 ogomǰEŋi〈음성〉 ogumǰEŋi〈중원 제원 괴산〉 ogɨmǰɛŋi〈청원 보은 영동〉'와 'ogum〈제원〉 ogʉm〈단양〉 ogɨm〈옥천〉'이므로 변화과정을 다음과 같이 상정할 수 있다.

ㅇ okom 〉 okɨm 〉 okum
음 옥 제단

ㅇ okomčɛŋi 〉 okɨmčɛŋi 〉 okumčɛŋi
음 진청보영 중제괴

위의 변화과정은 음성 지역을 제외한 전 지역에서 발생한 어말의 'o〉ɨ', 중원과 제원과 단양과 괴산 지역에서 발생한 어말 순음 앞의 'ɨ〉u'를 보여 준다.

14] 오이[瓜] : 문헌에 '외(두初8:42 자회上13 유합上11 역어補50 물보草果)'로 나온다. 충북의 방언형은 'oi〈보은 옥천 제외 전 지역〉 ö〈보은 옥천〉'와 'muroi〈단양〉 murö〈청원 옥천 영동〉'이므로 변화과정을 다음과 같이 상정할 수 있다.

ㅇ oy 〉 ö
×보옥 청보옥영

ㅇ oy 〉 oi
×보옥 단

위의 변화과정은 청원과 보은과 옥천과 영동 지역에서 발생한 'oy〉ö' 단모음화, 단양 지역에서 발생한 음절분화(oy〉oi)를 보여 준다.

15] 올캐 : 충북의 방언형은 'olk^he〈진천 음성 괴산 옥천〉 olk^hE〈중원 제원 단양 청원 보은〉 olk^hi〈영동〉'이므로 변화과정을 다음과 같이 상정할 수 있다.

o olk^he 〉 olk^hɛ
진음괴옥 중제단청보

o olk^he 〉 olk^hi
진음괴옥 영

위의 변화과정은 중원과 제원과 단양과 청원과 보은 지역에서 발생한 어말의 'e〉ɛ', 영동 지역에서 발생한 어말의 'e〉i'를 보여 준다.

16] 의자(椅子) : 충북의 방언형은 'ɨyǰa〈진천 음성 단양 청원〉 ɨǰa〈제원 단양 괴산 옥천 영동〉 ɨ^yǰa〈중원 괴산 보은〉 iǰa〈청원 제외 전 지역〉'이므로 변화과정을 다음과 같이 상정할 수 있다.

o ɨyča 〉 iča
×제옥영 ×청

o ɨyča 〉 ɨča
×제옥영 제단괴옥영

위의 변화과정은 청원 지역을 제외한 전 지역에서 발생한 어두의 'ɨy〉i' 단모음화, 제원과 단양과 괴산과 옥천과 영동 지역에서 발생한 어두 하향이중모음의 부음 'y'의 탈락(ɨy〉ɨ)을 보여 준다.

17] 일부러 : 문헌에 '부러(용가64 월천上154 석보19:32 능엄6:96 두初8:51 삼역1:3 야운48) 불어(여소1:38a)'로 나온다. 충북의 방언형은 'ilburə〈진천 음성 중원 괴산 옥천〉 ilburu〈제원 보은〉

ilburo〈단양〉'와 'yəkp'urə〈청원 옥천〉 yəkp'uru〈보은 영동〉'이므로 변화과정을 다음과 같이 상정할 수 있다.

ㅇ ilpulə 〉 ilpulu 〉 ilpulo
진음중괴옥 제보 단

ㅇ *yəkp'ulə 〉 yəkp'ulu
청옥 보영

위의 변화과정은 제원과 단양과 보은과 영동 지역에서 발생한 어말의 'ə〉u', 단양 지역에서 발생한 어말의 'u〉o'를 보여 준다.

18] 토끼[兎] : 문헌에 '톳기(금삼4:36 능엄1:74 두初24:25 자회上19 유물一贏 한청307b)'와 '톡기(해동p.99 물보毛虫)'로 나온다. 충북의 방언형은 't^{h}ök'i〈진천 청원 보은 옥천〉 t^{h}ok'i〈보은 제외 전 지역〉'와 't^{h}ök'ɛŋi〈보은 영동〉'이므로 변화과정을 다음과 같이 상정할 수 있다.

ㅇ t^{h}oski 〉 t^{h}otki 〉 t^{h}ok'i 〉 t^{h}ök'i
×보 진청보옥

ㅇ t^{h}ök'i+aŋi → t^{h}ök'aŋi 〉 t^{h}ök'ɛŋi
보영

위의 변화과정은 진천과 청원과 보은과 옥천 지역에서 발생한 'o' 움라우트(o〉ö), 보은과 영동 지역에서 발생한 'a' 움라우트(a〉ɛ)를 보여 준다.

2.2.3. 음운변화가 세 가지인 것

1] 거미[蜘蛛] : 문헌에 '거믜(두初21:4 구간6:59 사성上17 자회上21 유합上16)'와 '거뮈(유물二昆 청구閨氏네 아학上8)'로 나온다. 충북의 방언형은 'kɜmi〈진천 음성 중원 제원 청원〉 kəmi〈단양 괴산〉'와 'kɜmu〈중원 보은 영동〉 kəmu〈옥천〉'이므로 변화과정을 다음과 같이 상정할 수 있다.117)

o kəmɨy 〉 kəmi
×보옥영

o kəmɨy 〉 kəmuy 〉 kəmu
중보옥영

위의 변화과정은 보은과 옥천과 영동 지역을 제외한 전 지역에서 발생한 'ɨy〉i' 단모음화, 중원과 보은과 옥천과 영동 지역에서 발생한 원순모음화(ɨ〉u), 어말 하향이중모음의 부음 'y'의 탈락(uy〉u)을 보여 준다.

2] 결혼(結婚) : 문헌에 '결혼ᄒᆞ-(산성140)'로 나온다. 충북의 방언형은 'kyəron〈진천 단양 청원 보은〉 kyərɦon〈음성〉 kyər^{ɦ}on〈음성 중원〉 kerhon〈영동〉 keron〈옥천〉'이므로 변화과정을 다음과 같이 상정할 수 있다.

o kyəlhon 〉 kyəlon
음중 진단청보

o kyəlhon 〉 kəylhon 〉 kelhon 〉 kelon
음중 영 옥

---

117) 어말 'u'형은 충북방언에서 양형(兩形)을 다 가지고 있는 중원 지역을 제외하면 '보은 옥천 영동' 곧 충북의 남부 지역에 한정되어 나타난다는 것이 결코 우연이 아니다.

위의 변화과정은 진천과 단양과 청원과 보은과 옥천 지역에서 발생한 유성음 사이의 'ㅎ' 약화, 옥천과 영동 지역에서 발생한 어두의 음운도치(yə〉əy), 옥천 지역에서 발생한 어두의 'əy〉e' 단모음화를 포함하고 있다.[118)]

3] 고누[格五] : 문헌에 '고노(물보博戲)'로 나온다. 고누 놀이 자체와 고누의 판에 대한 충북의 방언형은 'konǰil〈진천 음성 청원〉 k'onǰil〈옥천〉'과 'kon〈영동〉 k'on〈중원 괴산 영동〉' 그리고 'konu〈청원〉 k'onu〈보은 옥천〉' 그리고 'konup'as〈음성〉 pačh〈중원 제원 괴산〉 k'op^{h}an〈단양〉 nyibač^{h}〈단양〉[119)]'이므로 변화과정을 다음과 같이 상정할 수 있다.

ㅇ kono 〉 konu 〉 k'onu
음청 보옥

ㅇ kono 〉 kon 〉 k'on
진음청영 중괴옥영

위의 변화과정은 음성과 청원과 보은과 영동 지역에서 발생한 어말의 'o〉u' 고모음화, 제원과 단양과 보은 지역을 제외한 전 지역에서 발생한 어말모음 'o'의 탈락(o〉ø), 중원과 괴산과 영동 지역에서 발생한 어두 'ㄱ'의 경음화를 보여 준다.

4] 고름[膿] : 문헌에 '고롬(능엄8:99 법화6:154 원각上二之二25/27 자회上30 벽온11 인어11) 고름(두요下65)'으로 나온다. 이 말은 용언어간 '곯(膿)-(구급下35)'에 동명사어미 '-옴'이 결합하여 이

---

118) 이 단어의 경우는 충북의 최남단 지역인 옥천과 영동에서 'yə〉əy〉e' 변화가 실현된다는 사실이 주목된다.

119) '고누판'을 '사밭', '오밭'이라고도 하는데, 단양 지역의 방언형 'nyibač^{h}'은 '사밭'의 다른 말 '네밭'을 두고 발음한 것으로 생각된다.

루어진 것으로 생각된다. '곯(膿)-'의 성조가 거성이라는 사실이 이를 뒷받침해 준다. 충북의 방언형은 'korom〈음성 보은 옥천 영동〉 korŏm〈제원〉 korəm〈단양〉 korum〈중원 청원〉 korɨm〈진천 괴산〉'이므로 변화과정을 다음과 같이 상정할 수 있다.

o kolom 〉 kolɨm 〉 koləm
음제보옥영　진괴　단

o kolom 〉 kolɨm 〉 kolum
음제보옥영　진괴　중청

위의 변화과정은 진천과 중원과 단양과 청원과 괴산 지역에서 발생한 어말의 'o〉ɨ', 단양 지역에서 발생한 어말의 'ɨ〉ə', 중원과 청원 지역에서 발생한 어말의 'ɨ〉u'를 포함하고 있다. 이들 어말모음의 변화는 순음 'ㅁ' 앞에서 발생한 것이다.

5] 고무래[推扒] : 문헌에 '고미레(한청11:40 물보農耕)'와 '고미릐(行吏)'로 나온다. 충북의 방언형은 'komulgE〈진천 음성 중원 청원 괴산〉 komilgɛ〈옥천〉 kömilgɛ〈보은 옥천 영동〉'이므로 변화과정을 다음과 같이 상정할 수 있다.

o *komilkay 〉 komilkɛ 〉 kömilkɛ
옥　보옥영

o *komilkay 〉 komilkɛ 〉 komulkɛ
진음중청괴

위의 변화과정은 전 지역에서 발생한 'ay〉ɛ' 단모음화, 보은과 옥천과 영동 지역에서 발생한 'o' 움라우트(o〉ö), 진천과 음성과 중원과 청원과 괴산 지역에서 발생한 어중 순음 뒤의 'i〉u'를 보여 준다.

6] 고생(苦生) : 문헌에 '고상(염불11 만언사) 고샹(여소5:43a)'과 '고싱(만언사)'으로 나온다. 충북의 방언형은 'kosaŋ〈전 지역〉'과 'kosɛŋ〈청원 중원〉'이므로 변화과정을 다음과 같이 상정할 수 있다.

o kosʌyŋ 〉 kosayŋ 〉 kosɛŋ
청중

o kosʌyŋ 〉 kosayŋ 〉 kosaŋ
전체

위의 변화과정은 전 지역에서 발생한 비어두음절의 'ʌ〉a', 중원과 청원 지역에서 발생한 'ay〉ɛ' 단모음화, 전 지역에서 발생한 어말 하향이중모음의 부음 'y'의 탈락(ay〉a)을 보여 준다.[120]

7] 고치[蠶繭] : 문헌에 '고티(해례用字 석보11:35 능엄1:5 구방上48 삼강烈2 자회中24 왜어下10 역어下2 유물2昆蟲)'와 '곳티(동문下25)'로 나온다. 충북의 방언형은 'koč^{h}i〈청원〉 k'oč^{h}i〈진천 영동〉 nuek'oč^{h}i〈중원〉'와 'koč^{h}u〈단양 괴산 보은〉 k'oč^{h}u〈제원 괴산 옥천 영동〉 nuek'oč^{h}u〈음성〉'이므로 변화과정을 다음과 같이 상정할 수 있다.

o kot^{h}i 〉 koč^{h}i 〉 k'oč^{h}i
청 진중영

o kot^{h}i 〉 koč^{h}i 〉 koč^{h}u 〉 k'oč^{h}u[121]
청 단괴보 음제괴옥영

위의 변화과정은 어중의 'ㅌ' 구개음화(t^h〉č^h), 단양과 청원과 보은

---

120) 일부 방언에서는 '동생(同生)'의 경우도 하향이중모음 'ay'의 'y' 탈락을 보여 준다.
121) 어말 'u'형은 '고추[椒]'에 유추된 형태일 가능성을 배제할 수 없다.

지역을 제외한 전 지역에서 발생한 어두 'ㄱ'의 경음화, 음성과 제원과 괴산과 옥천과 영동 지역에서 발생한 어말의 'i>u'를 포함하고 있다.

8] 구기다[臥, 縐縮] : 문헌에 '구긔-(역어上47 동문上56 한청241c)'로 나온다. 충북의 방언형은 'k'ugi-〈청원 영동 제외 전 지역〉 kügi-〈청원 괴산〉 k'ügi-〈청원 괴산 영동〉'이므로 변화과정을 다음과 같이 상정할 수 있다.

o kukɨy- 〉 kuki- 〉 k'uki-
×청영

o kukɨy- 〉 kuki- 〉 küki- 〉 k'üki-
청괴　　청괴영

위의 변화과정은 전 지역에서 발생한 'ɨy>i' 단모음화, 어두 'ㄱ'의 경음화, 청원과 괴산과 영동 지역에서 발생한 'u' 움라우트(u>ü)를 포함하고 있다.

9] 궤(櫃) : 문헌에 '궤(박初上52 번소8:39 자회中10 유합上28 왜어下11 역어下15)'로 나온다. 충북의 방언형은 'kwe〈음성 제원〉 kö〈음성 보은 옥천 영동〉'와 'kweč'ak〈진천 음성 중원 제원 청원 괴산〉 k'üč'ak〈음성〉 kwič'ak〈단양〉 kič'ak〈단양〉 köč'ak〈옥천〉'이므로 변화과정을 다음과 같이 상정할 수 있다.

o kwəy 〉 kwe 〉 kö
음제　음보옥영

o kwəyč'ak 〉 kweč'ak 〉 köč'ak 〉 küč'ak 〉 kwič'ak 〉 kič'ak
진음중제청괴　옥　음　단　단

위의 변화과정은 음성과 보은과 옥천과 영동 지역에서 'ö>we'와는 반대방향으로 이루어진 'we>ö', 음성과 단양 지역에서 발생한 'ö>ü', 단양 지역에서 발생한 'ü>wi', 어두 'ㄱ' 뒤의 'w' 탈락을 포함하고 있다.

10] 귀[耳] : 문헌에 '귀(용가6:40 월천上2 석보6:28 월석1:32 자회上26)'로 나온다. 충북의 방언형은 'kü〈진천 음성 청원 괴산 보은 옥천〉 kwi〈중원 제원 단양 영동〉 kuy〈청원〉 ki〈단양〉'이므로 변화과정을 다음과 같이 상정할 수 있다.

- o kuy 〉 kü 〉 ki
  청　진음청괴보옥　단

- o kuy 〉 kü 〉 kwi
  청　진음청괴보옥　중제단영

위의 변화과정은 전 지역에서 발생한 'uy>ü' 단모음화, 단양 지역에서 발생한 'ü'의 원순성 상실 'ü>i', 중원과 제원과 단양과 영동 지역에서 발생한 'ü>wi'를 보여 준다.

11] 기슭[邊] : 문헌에 '기슭(邊, 簷)(능엄2:29 법화2:106 두初7:34 자회中5)'과 '기ᄉᆞᆰ(邊)(계축p.83)'으로 나온다. '기슭(衽)(자회中24 소언5:43)'도 참고된다. 충북의 방언형은 주격형이 'kisɨlg-i〈진천 중원 제원〉 čisɨlg-i〈음성〉 čisyilg-i〈청원〉'이고, 명사는 'čisyirak〈음성 괴산 보은 영동〉'과 'čisɨlgač^{h}i〈단양〉 čisɨlgaǰi〈옥천〉'이므로[122] 변화과정을 다음과 같이 상정한다.

---

122) 단양 지역의 방언형 'čisɨlgač^{h}i'와 옥천 지역의 방언형 'čisɨlgaǰi'는 '기슭+아치/아지'로 형태분석될 수 있다.

o *kisɨlak 〉 kisɨlk 〉 čisɨlk 〉 čisilk
진중제 음단옥 음청괴보옥

o *kisɨlak 〉 čisɨlak 〉 čisilak
음괴보영

위의 변화과정은 영동 지역을 제외한 전 지역에서 발생한 어말음절의 모음탈락(lak〉lk), 어두의 'ㄱ' 구개음화(k〉č), 진천과 중원과 제원과 단양 지역에서 발생한 전설모음화(ɨ〉i)를 포함하고 있다.

12] 꽹과리 : 충북의 방언형은 'k'wɛŋmɛgi〈진천〉 k'ɛŋmɛgi〈청원 보은 옥천〉 k'wEŋmEgi〈제원 단양〉 k'wEŋmɛgi〈영동〉'와 'k'wɛŋgari〈진천〉 k'wEŋgari〈중원〉 k'^{w}Eŋgari〈괴산〉 k'ɛŋgari〈음성〉'이므로 변화과정을 다음과 같이 상정할 수 있다.

o *kwɛŋkwali 〉 k'wɛŋkwali 〉 k'wɛŋkali 〉 k'ɛŋkali
진중 음괴

o *kwɛŋmɛgi 〉 k'wɛŋmɛgi 〉 k'ɛŋmɛgi
진제단영 청보옥

위의 변화과정은 전 지역에서 발생한 어두 'ㄱ'의 경음화, 음성과 괴산 지역에서 발생한 'ㄱ' 뒤의 'w' 탈락, 청원과 보은과 옥천 지역에서 발생한 어두 'ㄲ' 뒤의 'w' 탈락을 보여 준다.

13] 꾸미 : '꾸미'는 '국이나 찌개에 넣는 고기붙이'를 일컫는 말인데, 방언으로는 '고명'을 이르기도 한다. 충북의 방언형은 'k'umi〈음성 중원 제원 괴산 옥천〉 k'uymi〈음성〉 k'ömi〈진천〉 k'ümi〈음성 단양 청원 보은 영동〉'이므로 변화과정을 다음과 같이 상정할 수 있다.

o k'uymi 〉 k'umi

음 음중제괴옥

o k'uymi 〉 kümi 〉 kömi

음 음단청보영 진

위의 변화과정은 음성과 중원과 제원과 괴산과 옥천 지역에서 발생한 어두 하향이중모음의 부음 'y'의 탈락(uy〉u), 진천과 음성과 단양과 청원과 보은과 영동 지역에서 발생한 어두의 'uy'의 단모음화(uy〉ü), 진천 지역에서 발생한 어두의 'ü〉ö'를 포함하고 있다.

14] 뀌다 : 문헌에 '放氣 ᄲᅱ-(청구p.113)'로 나온다. 충북의 방언형은 'k'u-〈진천 음성 청원 괴산〉 k'ü-〈중원 제원 청원 보은 옥천 영동〉 k'wi-〈단양〉'이므로 변화과정을 다음과 같이 상정할 수 있다.

o k'uy- 〉 k'ü- 〉 k'wi-

중제청보옥영 단

o k'uy- 〉 k'u-

진음청괴

위의 변화과정은 진천과 음성과 괴산 지역을 제외한 전 지역에서 발생한 'uy〉ü' 단모음화, 단양 지역에서 발생한 'ü〉wi', 진천과 음성과 청원과 괴산 지역에서 발생한 어두 하향이중모음의 부음 'y'의 탈락(uy〉u)을 보여 준다. 청원 지역에서는 'uy〉ü' 단모음화를 수행한 방언형과 하향이중모음의 부음 'y' 탈락(uy〉u)을 수행한 방언형이 함께 쓰이는 것으로 나타났다.

15] 냉이[薺] : 문헌에 '나ᅀᅵ(두初8:18 사성上27 자회上14)'와 '나이(두重8:18 유물三草)' 그리고 '낭이(박重中34 왜어下5)'와 '낭히

(화어47)'로 나온다. 충북의 방언형은 'nasEŋi〈진천 음성 중원 제원 단양 괴산〉 nasyi〈청원〉 nasyiŋgE〈보은〉 nasyiŋgɛ〈옥천 영동〉'와 'nɛŋi〈중원〉'[123]이므로 변화과정을 다음과 같이 상정할 수 있다.

ㅇ nasi+aŋi → nasaŋi 〉 nasɛŋi
　　청　　　　　　진음중제단괴

ㅇ nazi 〉 nai 〉 naŋi 〉 nɛŋi
　　　　　　　　　　중

위 변화과정은 중원 지역에서 발생한 모음 사이의 'ㅿ' 약화, 모음 사이의 'ŋ' 첨가, 보은과 옥천과 영동 지역을 제외한 전 지역에서 발생한 'a' 움라우트(a〉ɛ)를 보여 준다.

16] 다듬이[砧] : 문헌에 '다ᄃᆞᆷ이(박重中4)'와 '다드미(왜어下15)'로 나온다. '다듬이돌(아학上11)'을 참고할 수 있다. 표제어 '다드미질'의 방언형으로 대신한 충북의 방언형이 'tadimiǰil〈진천 음성 중원 제원 단양 괴산〉 t'adimiǰil〈옥천 영동〉과 tadɨmiǰil〈청원〉 t'adɨmiǰil〈보은〉'이므로 변화과정을 다음과 같이 상정할 수 있다.

ㅇ tatʌmi 〉 tatɨmi 〉 tatimi
　　　　　　청　　진음중제단괴

ㅇ tatʌmi 〉 tatɨmi 〉 t'atɨmi 〉 t'atimi
　　　　　　청　　　　보　　　　옥영

위의 변화과정은 전 지역에서 발생한 비어두음절의 'ʌ〉ɨ', 진천과

123) 중원 지역에서는 'nasEŋi'를 많이 쓰고 'nɛŋi'는 조금 쓰이는 것으로 조사되었음을 주목할 필요가 있다.

음성과 중원과 제원과 단양과 괴산 지역에서 발생한 'ɨ' 움라우트(ɨ>i), 보은과 옥천과 영동 지역에서 발생한 어두 'ㄷ'의 경음화를 보여 준다.

17] 덤[貼頭] : 문헌에 '더음(동문下27 한청300a)'으로 나온다. 중세국어 '더으-(添)(월석18:15 두初15:9)'의 파생명사 '더음'에서 그 기원을 찾을 수 있다. 충북의 방언형은 'təum〈진천〉 tɜʉm〈음성〉 tɜɨm〈중원〉 tɜːm〈음성 청원 괴산〉 tɨːm〈제원〉'과 'usuri〈단양〉 usu〈보은 옥천 영동〉'이므로 어원이 다른 'usuri'와 'usu'를 제외하고 나머지 방언형들의 변화과정을 다음과 같이 상정할 수 있다.

- təɨm 〉 təːm 〉 tɨːm
  중 음청괴 제

- təɨm 〉 təum
  중 진음

위의 변화과정은 음성과 제원과 청원과 괴산 지역에서 발생한 'ə'의 보상적 탈락(əə>əː), 'ə>ɨ', 진천과 음성 지역에서 발생한 어말 순음 앞의 'ɨ>u'를 보여 준다.

18] 돌쩌귀[合葉] : 문헌에 '돌져귀(청구p.115 동한)'와 '지도리(樞)(능엄10:2 내훈1:12 번소8:10 자회中7 유합上24 역어上8 동문上35) 지두리(능엄6:19 내훈1:1)'로 나온다. 충북의 방언형은 'tolč'ogu〈진천 음성 청원 괴산 보은 옥천〉'와 'čiduri〈중원 제원 단양 영동〉'이므로 변화과정을 다음과 같이 상정할 수 있다.

- tolč'əkuy 〉 tolč'əku 〉 tolč'oku
  진음청괴보옥

ㅇ tsitoli 〉 čitoli 〉 čituli
　　　　　　　　중제단영

위 변화과정은 진천과 음성과 청원과 괴산과 보은과 옥천 지역에서 발생한 어말 하향이중모음의 부음 'y'의 탈락(uy〉u), 중원과 제원과 단양과 영동 지역에서 발생한 어중의 'ə〉o', 치조음 'ㅈ'의 구개음화(ts〉č)를 보여 준다.

19] 두드리다[叩, 拍] : 문헌에 '두드리-(능엄7:18 두初16:60 석보11:21 목우2 남명下77 유합下31/41 동문上53) 두ᄃᆞ리-(신속孝5:15 왜어下3 동문上53)'와 '뚜드리-(구방上42) 뚜두리-(청구p.118)'로 나온다. 충북의 방언형은 'tudiri-〈진천〉 t'udɨri-〈음성 중원 단양 괴산 옥천〉 tudɨri-〈제원〉 t'udiri-〈청원 보은 영동〉'이므로 변화과정을 다음과 같이 상정할 수 있다.

ㅇ tutɨli- 〉 t'utɨli-
　　제　　　음중단괴옥

ㅇ tutɨli- 〉 tutɨyli- 〉 tutili- 〉 t'utili-
　　제　　　　　　　　진　　　청보영

위의 변화과정은 진천과 제원 지역을 제외한 전 지역에서 발생한 어두 'ㄷ'의 경음화, 진천과 청원과 보은과 영동 지역에서 후속하는 'i'의 영향으로 발생한 'y' 첨가(ɨ〉ɨy), 'ɨy〉i' 단모음화를 보여 준다.

20] 두름[級] : 문헌에 '드름(왜어下39)'과 '비온드름(金諺192)'으로 나온다.[124] '드름드름ᄒᆞ다(滴流搭拉)(한청13:27)'를 참고할 수 있다. 충북의 방언형은 'turim〈진천 청원 보은 영동〉 turʉm〈옥천〉

124) 이 '비온'은 훈몽자회의 '비운(자회上20)'에 소급하는 말로서 '鯖魚'를 뜻한다.

turum〈음성 중원 제원 단양〉'과 'kas〈진천 단양 제외 전 지역〉' 이므로 어원이 다른 'kas'을 제외하고 나머지 방언형들의 변화과정을 다음과 같이 상정할 수 있다.

ㅇ tɨlɨm 〉 tɨlum 〉 tulum
음중제단옥

ㅇ tɨlɨm 〉 tɨlum 〉 tulɨm
진청보영

위의 변화과정은 방언형 'kas'만을 사용하는 괴산 지역을 제외한 전 지역에서 발생한 어말의 'ɨ〉u', 음성과 중원과 제원과 단양과 옥천 지역에서 발생한 역행동화로서의 어두의 'ɨ〉u', 진천과 청원과 보은과 영동 지역에서 발생한 음운도치(ɨlu〉ulɨ)를 보여 준다.

21] 딸기[苺] : 문헌에 '빨기(구간6:12 자회上12) 빨기(역어補31 동문下5) 딸기(한청393c) 나모빨기(覆盆子)(방약41)'로 나온다. 충북의 방언형은 't'algu〈진천 음성 중원 청원 괴산〉 t'algi〈진천 중원 제원 청원〉'와 't'al〈단양 보은 옥천 영동〉'이므로 변화과정을 다음과 같이 상정할 수 있다.

ㅇ ptalki 〉 t'alki 〉 t'alku
진중제청 진음중청괴

ㅇ ptalki 〉 t'alki 〉 t'al
진중제청 단보옥영

위의 변화과정은 전 지역에서 발생한 합용병서 'ㅃ'의 'ㅂ' 보상적 탈락(pt〉t'), 진천과 음성과 중원과 청원과 괴산 지역에서 발생한 어말의 'i〉u', 단양과 보은과 옥천과 영동 지역에서 발생한 어말음절 탈락(ki〉ø)을 보여 준다.

22] 떫다[澁] : 문헌에 'ᄠᅟᅥᆲ-(석보19:20)'과 'ᄠᅟᅥᆲ-(월석17:67 법화6:51 두初18:6 동의湯液1:17 역어上53 화어31) ᄯᅟᅥᆲ-(동문上61 한청386d)'으로 나온다. 충북의 방언형은 't'ɨlb-〈제원 단양 청원 제외 전 지역〉 t'əlb-〈청원〉'과 't^hɨlb-〈제원〉 t^həlb-〈단양〉'이므로 변화과정을 다음과 같이 상정할 수 있다.

ㅇ ptəlp- 〉 t'əlp- 〉 t'ɨlp-
청 ×제단청

ㅇ pt^həlp- 〉 t^həlp- 〉 t^hɨlp-
단 제

위의 변화과정은 단양 지역을 제외한 전 지역에서 발생한 합용병서 'ㅳ'의 'ㅂ' 보상적 탈락(pt〉t'), 단양 지역에서 발생한 'ㅼ'의 'ㅂ' 탈락, 단양과 청원 지역을 제외한 전 지역에서 발생한 'ə〉ɨ'를 보여 준다.

23] 만지다[摩, 撫] : 문헌에 'ᄆᆞᆫ지-(능엄7:7 두初9:5 자회下32 유합下9) 만지-(아학下3) ᄆᆡᆫ지-(이륜重43)'와 'ᄆᆞᆫ치-(신속烈2:18 가언5:29)'로 나온다. 충북의 방언형은 'manǰi-〈진천 제원 청원 옥천 영동〉'와 'manč^{h}i-〈음성 중원 단양 괴산 보은〉'이므로 변화과정을 다음과 같이 상정할 수 있다.

ㅇ mʌntsi- 〉 mʌnči- 〉 manči-
진제청옥영

ㅇ mʌntsi- 〉 mʌnči-〉 mʌnč^{h}i- 〉 manč^{h}i-
음중단괴보

위의 변화과정은 전 지역에서 발생한 치조음 'ㅈ'의 구개음화(ts〉č), 어두음절의 'ʌ〉a', 음성과 중원과 단양과 괴산과 보은 지역에서 발생한 'ㄴ' 뒤의 'ㅈ' 격음화(č>čʰ)를 보여 준다.

24] 맵다[釅, 猛] : 문헌에 '밉-(석보6:30 월석7:49/18:78 삼강烈9 금삼5:29 자회下13 유합下11)'으로 나온다. 충북의 방언형은 'mɛp-〈전 지역〉'과 'mɛup-〈청원〉'이므로 변화과정을 다음과 같이 상정할 수 있다.

o mʌyp- 〉 mayp- 〉 mɛp-
전체

o mʌyp- 〉 mayp- 〉 mɛp- 〉 mɛup-
청

위의 변화과정은 전 지역에서 발생한 어두음절의 'ʌ>a', 'ay>ɛ' 단모음화, 청원 지역에서 발생한 어간말 'ㅂ' 앞의 'u' 첨가를 보여 준다.

25] 방아[舂, 碓] : 문헌에 '방하(석보6:31/24:15 능엄4:130 두初7:18 자회中11 신속孝2:70 동문下2 한청10:8 유씨물명三草) 방해(두重7:18 악학相杵)'와 '방아(아학上11)'로 나온다. 충북의 방언형은 'tidilp'aŋa〈옥천 제외 전 지역〉 tidilp'aŋɛ〈옥천〉'와 'paŋɛk'o〈옥천 영동〉'에서 확인되므로 변화과정을 다음과 같이 상정할 수 있다.

o paŋha 〉 paŋa
×옥

o paŋha+i → paŋhai 〉 paŋhay 〉 paŋay 〉 paŋɛ[125)]
옥영

125) 'paŋa'가 직접 'paŋɛ'로 변화한 것으로 처리하지 않은 점에 유의해야 한다.

위의 변화과정은 전 지역에서 발생한 유성음 사이의 'ㅎ' 약화, 옥천과 영동 지역에서 발생한 'i'의 활음화(i〉y), 'ay〉ɛ' 단모음화를 보여 준다.

26] 벼리다[鍛冶] : 문헌에 '벼리-(청구大p.132)'로 나온다. 충북의 방언형은 'peri-〈음성 단양 제외 전 지역〉 peru-〈음성〉 piri-〈단양 영동〉'이므로 변화과정을 다음과 같이 상정할 수 있다.

o pyəli- 〉 pəyli- 〉 peli- 〉 pili-
×음단 단영

o pyəli- 〉 pyəlu- 〉 pəylu- 〉 pelu-
음

위의 변화과정은 전 지역에서 발생한 어두의 음운도치(yə〉əy), 'əy〉e' 단모음화, 단양과 영동 지역에서 발생한 어두의 'e〉i', 음성 지역에서 발생한 어간말의 'i〉u'를 보여 준다.

27] 사금파리[沙器片, 砂器片] : 문헌에 '사푼ᄌᆞ[磁盆](동문下15)'로 나온다. 충북의 방언형은 'sɛgomp^{h}ari〈진천 괴산〉 sɛgɨmp^{h}ari〈음성 청원〉 sagɨmp^{h}ari〈중원 제원 보은〉 sɛgamp^{h}ari〈옥천 영동〉'와 'sɛgɨmč^{h}ari〈단양〉 sɛgamč^{h}i〈옥천〉' 그리고 'sɛgɨmp^{h}ɛŋi〈보은〉'와 'k'ɛːmp^{h}Eŋi〈음성〉 k'ɛːmp^{h}E^{ŋ}i〈괴산〉'인데 음성과 괴산 지역의 방언형은 어원이 다르므로 제외하고 나머지 방언형들의 변화과정은 다음과 같이 상정할 수 있다. 접미사 '-파리, -차리, -치, -팽이' 중에서 '-파리'가 결합한 방언형을 대표로 삼는다.

o sakɨmp^{h}ali 〉 sɛkɨmp^{h}ali 〉 sɛkomp^{h}ali
중제보 음청 진괴

o sakɨmp^{h}ali 〉 sɛkɨmp^{h}ali 〉 sɛkamp^{h}ali
중제보 음청 옥영

위의 변화과정은 진천과 음성과 청원과 괴산과 영동 지역에서 발생한 어두의 'a〉ɛ', 진천과 괴산 지역에서 발생한 어중의 순음 앞의 'ɨ〉o', 옥천과 영동 지역에서 발생한 어중의 순음 앞의 'ɨ〉a'를 보여 준다.

28] 사마귀[痣, 黶] : 문헌에 '사마괴(법화2:15 사성上18 자회中34 유합上22 무원록1:25) 샤마괴(역어上36 동문上19 한청6:1(159b))'와 '샤마귀(왜어上51)'로 나온다. 충북의 방언형은 'samagu〈청원 제외 전 지역〉 samagü〈진천〉 samaguy〈청원〉'이므로 변화과정을 다음과 같이 상정할 수 있다.

o samakoy 〉 samakuy 〉 samakü
청 진

o samakoy 〉 samakuy 〉 samaku
청 ×청

위의 변화과정은 전 지역에서 발생한 어말의 'o〉u', 진천 지역에서 발생한 'uy〉ü' 단모음화, 청원 지역을 제외한 전 지역에서 발생한 어말의 하향이중모음의 부음 'y'의 탈락(uy〉u)을 보여 준다.

29] 샘[泉] : 문헌에 '십(용가2 해례用字 두初7:23 자회上5) 샘(유물五水)'과 '시옴(청구大p.132) 시암(방약59)'으로 나온다. 충북의 방언형은 'sɛːm〈옥천 영동 제외 전 지역〉 syɛːm〈단양〉'과 'syaːm〈청원 옥천 영동〉'이므로 변화과정을 다음과 같이 상정할 수 있다.

ㅇ sʌym 〉 saym 〉 sɛm
×옥영

ㅇ sʌym 〉 saym 〉 syam
청옥영

위의 변화과정은 전 지역에서 발생한 어두음절의 'ʌ〉a', 옥천과 영동 지역을 제외한 전 지역에서 발생한 'ay〉ɛ' 단모음화, 청원과 옥천과 영동 지역에서 발생한 음운도치(ay〉ya)를 보여 준다.

30] 소나기[涑雨] : 문헌에 '쇠나기(두初18:19 자회上3 역어上2 동문上2 송강2:12 청구p.105)'와 '소나기(아학上3)'로 나온다. 충북의 방언형은 's'onɛgi〈진천 옥천 영동〉 s'onEgi〈음성 중원 괴산 보은〉 sonEgi〈제원〉 s'onagi〈단양〉'와 's'onakp'i〈단양 청원〉'이므로 변화과정을 다음과 같이 상정할 수 있다.

ㅇ soynaki 〉 sonaki 〉 sonɛki[126)]
제

ㅇ soynaki 〉 sonaki 〉 s'onaki 〉 s'onɛki
단 음중괴보

위의 변화과정은 전 지역에서 발생한 어두 하향이중모음의 부음 'y'의 탈락(oy〉o), 음성과 중원과 제원과 괴산과 보은 지역에서 발생한 'a' 움라우트(a〉ɛ), 단양과 음성과 중원과 괴산과 보은 지역에서 발생한 어두 'ㅅ'의 경음화를 보여 준다.

31] 쉬[蠅卵] : 문헌에 '쉬(역어上53 동문下42 한청450b)'로 나온다.

---

126) 강원도 양양 지역의 방언형 'sona^{y}gi'를 근거로 'sonaki〉sonayki〉sonɛki'의 변화과정을 상정할 수도 있을 것이다(한국방언자료집Ⅱ p.179).

충북의 방언형은 'syü〈단양 제외 전 지역〉 swi〈제원〉 syi〈단양〉' 이므로 변화과정을 다음과 같이 상정할 수 있다.

o suy 〉 sü 〉 si[127)]
×단 단

o suy 〉 sü 〉 swi
×단 제

위의 변화과정은 전 지역에서 발생한 'uy>ü' 단모음화, 단양 지역에서 발생한 'ü'의 원순성 상실(ü>i), 제원 지역에서 발생한 'ü>wi'를 보여 준다.

32] 쉽다[易, 便] : 문헌에 '쉽-(훈언 법화1:223 번소8:11 금삼3:14 동문下52) 쉽-(아학下9)'으로 나온다. 충북의 방언형은 'syüp-〈영동 제외 전 지역〉 sywip-〈단양〉 syip-〈단양 영동〉'이므로 변화과정을 다음과 같이 상정할 수 있다.

o suyp- 〉 süp- 〉 sip-
×영 단영

o suyp- 〉 süp- 〉 swip-
×영 단

위의 변화과정은 전 지역에서 발생한 'uy>ü' 단모음화, 단양과 영동 지역에서 발생한 'ü'의 원순성 상실(ü>i), 단양 지역에서 발생한 'ü>wi'를 보여 준다.

127) 제원 지역의 방언형 'swi'는 'ü'를 이중모음으로 발음한 것이고, 단양 지역의 방언형 'syi'는 'ü'의 원순성을 소실시켜 발음한 것이다.

33] 아버지[父親] : 문헌에 '아바님(월천上23 용가28 월석10:2) 아버님(계축p.68) 아바니(여사4:31) 아바(보권19 박重中56) 아비(석보11:26 월석17:21 법화2:189 두初8:67 자회上31 계축p.116)'로 나온다. 충북의 방언형은 'abəǰi〈단양 청원 영동 제외 전 지역〉 abuǰi〈단양 청원 옥천 영동〉'와 'abənnyim〈음성 청원〉 abənyim〈중원〉'이므로 변화과정을 다음과 같이 상정할 수 있다.

o apanim 〉 apənim 〉 apənnim
중 음청

o *apači 〉 apəči 〉 apuči[128)]
×단청영 단청옥영

위의 변화과정은 전 지역에서 발생한 어중의 'a〉ə', 음성과 청원 지역에서 발생한 'ㄴ' 뒤의 'ㄴ' 첨가, 단양과 청원과 옥천과 영동 지역에서 발생한 어중의 'ə〉u'를 보여 준다.

34] 어레미[篩, 籮] : 문헌에 '어러미(가언7:24 아학上11)'로 나온다. 충북의 방언형은 'əlgemi〈단양 보은 영동 제외 전 지역〉 əlgimi〈진천 음성 단양 보은 영동〉'와 'əremi〈청원〉'이므로 변화과정을 다음과 같이 상정할 수 있다.

o *əlkəmi 〉 əlkemi 〉 əlkimi
×단보영 진음단보영

o *əlkəmi 〉 *əlɦəmi 〉 ələmi 〉 əlemi
청

128) '할아버지'의 변화과정에서도 'ə〉u'를 만날 수 있다. 방언형이 'harabəǰi〈단양 보은 옥천 제외 전 지역〉 harabuǰi〈단양 보은 옥천〉'이기 때문이다.

위의 변화과정은 전 지역에서 발생한 어중의 'ə' 움라우트(ə>e), 진천과 음성과 단양과 보은과 영동 지역에서 발생한 어중의 'e>i', 청원 지역에서 발생한 'ㄹ' 뒤의 'ㄱ' 약화를 보여 준다.

35] 얼레빗[櫛, 梳] : 문헌에 '얼에빗(구간6:66 박初上44 자회中14 역어下19)'으로 나온다. 충북의 방언형은 'əlgibis〈진천 제원 괴산 보은 영동〉 ɜlgibis〈음성〉 ɜlgebis〈중원〉 əlgebis〈옥천〉'과 'əlgebičh〈청원〉' 그리고 'əlgɨnbis〈단양〉'이므로 변화과정을 다음과 같이 상정할 수 있다.

o *əlkəypis 〉 əlkepis 〉 əlkipis
중옥 진음제괴보영

o *əlkəypis 〉 əlkepis 〉 əlkepič^{h}[129)]
중옥 청

위의 변화과정은 전 지역에서 발생한 어중의 'əy>e' 단모음화, 진천과 음성과 제원과 괴산과 보은과 영동 지역에서 발생한 어중의 'e>i', 청원 지역에서 발생한 어말의 'ㅅ〉ㅊ'를 보여 준다.

36] 에누리 : 충북의 방언형은 'enuri〈단양 제외 전 지역〉 enəri〈단양〉'이므로 변화과정을 다음과 같이 상정할 수 있다.

o *əynɨli 〉 *enɨli 〉 enuli
×단

o *əynɨli 〉 *enɨli 〉 enəli
단

129) '참빗'의 청원 지역 방언형도 어말의 'ㅊ'을 보여 준다(čhambič^{h}-i〈청원〉).

위의 변화과정은 전 지역에서 발생한 어두의 'əy>e' 단모음화, 단양 지역을 제외한 전 지역에서 발생한 어중의 'ɨ>u', 단양 지역에서 발생한 어중의 'ɨ>ə'를 보여 준다.

37] 엿기름[麥芽] : 문헌에 '엿기름(역어補30 유물三草)'으로 나온다. 충북의 방언형은 'yəč'ilgɨm〈청원 옥천 제외 전 지역〉 yətč'ilgɨm〈음성 옥천〉'과 'yətkirɨm〈청원〉 yətkilgɨm〈청원〉'이므로 변화과정을 다음과 같이 상정할 수 있다.

o yəskilkɨm > yətk'ilkɨm > yətč'ilkɨm > yəč'ilkɨm
음옥 ×청옥

o yəskilkɨm > yətk'ilkɨm > yətk'ilɦɨm > yətk'ilɨm
청 청

위의 변화과정은 전 지역에서 발생한 음절말의 'ㅅ>ㄷ', 청원 지역을 제외한 전 지역에서 발생한 'ㄱ' 구개음화(k'>č'), 청원 지역에서 발생한 'ㄹ' 뒤의 'ㄱ' 약화를 보여 준다.

38] 오줌[尿] : 문헌에 '오좀(석보11:25 월석13:62 능엄8:99 구간6:27 자회上28 동문上17 역어上35)'으로 나온다. 충북의 방언형은 'ǒjum〈음성 옥천 영동 제외 전 지역〉 ǒjom〈음성 옥천 영동〉'과 'ǒjo ŋ〈보은 옥천 영동〉'이므로 변화과정을 다음과 같이 상정할 수 있다.

o otsom > očom > očum
음옥영 ×음옥영

o otsom > očom > očo ŋ
음옥영 보옥영

위의 변화과정은 전 지역에서 발생한 치조음 'ㅈ'의 구개음화(ts〉č), 음성과 옥천과 영동 지역을 제외한 전 지역에서 발생한 어중의 이화작용으로서의 'o〉u', 보은과 옥천과 영동 지역에서 발생한 어말의 'm〉ŋ'을 보여 준다.

39] 의복(衣服) : 문헌에 '의복(월석10:44 법화6:45 박初上57 번노下57 소언4:43)'으로 나온다. 충북의 방언형은 'ibuk〈진천〉 ibok〈제원 단양 괴산 옥천 영동〉 ɨʸbok〈음성〉 ɨbok〈괴산〉 ɨybok〈중원 청원 보은〉'이므로 변화과정을 다음과 같이 상정할 수 있다.

o ɨypok 〉 ipok 〉 ipuk
음중청보 제단괴옥영 진

o ɨypok 〉 ɨpok
음중청보 괴

위의 변화과정은 진천과 제원과 단양과 괴산과 옥천과 영동 지역에서 발생한 'ɨy〉i' 단모음화, 진천 지역에서 발생한 어말의 'o〉u', 괴산 지역에서 발생한 하향이중모음의 부음 'y' 탈락(ɨy〉ɨ)을 보여 준다.

40] 이름[名] : 문헌에 '일훔(용가90 월천32 석보9:21) 일홈(박初上50 자회上32) 일흠(두重1:14 물보文士)'과 '이름ᄒᆞ-(여사3:2)'로 나온다. 충북의 방언형은 'irɨm〈단양 제외 전 지역〉 irum〈음성〉 irəm〈단양〉'이므로 변화과정을 다음과 같이 상정할 수 있다.

o ilhum 〉 ilhɨm 〉 ilɨm 〉 iləm
×단 단

o ilhum 〉 ilum
음

위의 변화과정은 전 지역에서 발생한 어말 순음 앞의 'u>ɨ', 유성음 사이의 'ㅎ' 약화, 단양 지역에서 발생한 어말의 'ɨ>ə'를 보여 준다.

41] 지붕[屋蓋] : 문헌에 '집웅(물보第宅)'으로 나온다. 충북의 방언형은 'čibɜŋ〈진천 보은 옥천 영동〉 čibəŋ〈음성〉 čibuŋ〈중원 제원 단양 청원〉 čibŏŋ〈괴산〉'이므로 변화과정을 다음과 같이 상정할 수 있다.

o *tsipoŋ 〉 čipoŋ 〉 čipəŋ
괴 진음보옥영

o *tsipoŋ 〉 čipoŋ 〉 čipuŋ
괴 중제단청

위의 변화과정은 전 지역에서 발생한 치조음 'ㅈ'의 구개음화(ts>č), 진천과 음성과 보은과 옥천과 영동 지역에서 발생한 어말의 'o>ə', 중원과 제원과 단양과 청원 지역에서 발생한 어말의 'o>u'를 보여 준다.

42] 치우다[除, 泄, 淘] : 문헌에 '츠-(법화2:23 분문1 계축p.210)'와 '최오-(한청207c)'로 나온다. 충북의 방언형은 'č^{h}iu-〈진천 음성 청원 괴산 보은 영동〉'와 'č^{h}i-〈중원 제원 단양 청원 옥천〉'이므로 변화과정을 다음과 같이 상정한다.

o ts^{h}ɨy- 〉 č^{h}ɨy- 〉 č^{h}i-
중제단청옥

o ts^{h}ɨyo- 〉 č^{h}ɨyo- 〉 č^{h}io- 〉 č^{h}iu-
진음청괴보영

위의 변화과정은 전 지역에서 발생한 치조음 'ㅊ'의 구개음화

(ts^h>$č^h$), 'ɨy>i' 단모음화, 진천과 음성과 청원과 괴산과 보은과 영동 지역에서 발생한 어간말의 'o>u'를 보여 준다.

43] 흰떡 : '희-(白)'가 중세국어에서 'ᄒᆡ-(용가50 석보6:43 두初7:14)'이며, '떡'은 'ᄯᅥᆨ(월석1:42 두初25:8 자회中20)'이다. 충북의 방언형은 'hɨnt'ək〈진천 음성〉'과 'hint'ək〈진천 음성 제외 전 지역〉'이므로 변화과정을 다음과 같이 상정할 수 있다.

ㅇ *hʌynt'ək 〉 hɨynt'ək 〉 hint'ək
×진음

ㅇ *hʌynt'ək 〉 hɨynt'ək 〉 hɨnt'ək
진음

위의 변화과정은 전 지역에서 발생한 어두음절의 'ʌ>ɨ', 진천과 음성 지역을 제외한 전 지역에서 발생한 'ɨy>i' 단모음화, 진천과 음성 지역에서 발생한 하향이중모음의 부음 'y'의 탈락(ɨy>ɨ)을 보여 준다.

2.2.4. 음운변화가 네 가지인 것

1] 개암[榛] : 문헌에 '개옴(박初上4 자회上11 유합上9) 개욤(삼강孝32) 개엄(신속三孝1) 개ᄋᆞᆷ(왜어下7) 개암(물보木果) ᄀᆡ얌(방약41)'으로 나온다. 충북의 방언형은 'kɛgam〈진천〉 kɛgɨm〈청원 괴산〉 k'ɛgɨm〈진천 청원 제외 전 지역〉'이므로 '*kaykom'을 재구하여 변화과정을 다음과 같이 상정할 수 있다.

ㅇ *kaykom 〉 kaykɨm 〉 kɛkɨm 〉 k'ɛkɨm
청괴 ×진청

ㅇ *kaykom 〉 kaykam 〉 kɛkam
진

위의 변화과정은 진천 지역을 제외한 전 지역에서 발생한 어말의 순음 앞의 'o>ɨ', 어두 'ㄱ'의 경음화, 진천 지역에서 발생한 어말의 순음 앞의 'o>a', 'ay>ɛ' 단모음화를 보여 준다.

2] 가득 : 문헌에 'ᄀᆞᄃᆞ기(석보9:20 월석2:18 두初7:22)'와 'ᄀᆞᄃᆞᆨ히(능엄10:90)'와 'ᄀᆞ득(신속孝三82 동문下49 한청113d)'으로 나온다. 충북의 방언형은 전 지역이 'kadɨk, kat'ɨk, k'at'ɨk, k'adɨk'과 'kɨdɨk, kɨt'ɨk'이므로 변화과정을 다음과 같이 상정할 수 있다.

o kʌtʌk > kʌtɨk > katɨk > kat'ɨk > k'at'ɨk
전체 전체 전체

o kʌtʌk > kʌtɨk > kɨtɨk > kɨt'ɨk
전체 전체

위의 변화과정은 전 지역에서 발생한 비어두음절의 'ʌ>ɨ', 어두음절의 'ʌ>a', 어중 'ㄷ'의 경음화, 어두 'ㄱ'의 경음화를 보여 준다.

3] 거기[其處, 那裏] : 문헌에 '거긔(석보13:33 월석10:52 두初22:9 번소8:24 번노上29)'와 '그어긔(석보19:16 월석1:24 구급下71)' 그리고 '게(월석2:11 두初8:60 번노上11 박初上65)'와 그에(석보6:22 월석1:29 훈언註1 내훈3:65)'로 나온다. 충북의 방언형은 'kəgi〈전 지역〉'와 'ke〈전 지역〉'이므로, 변화과정을 다음과 같이 상정할 수 있다.

o kɨŋəkɨy > kɨəkɨy > kəkɨy > kəki
전체

o kɨŋəy > kɨəy > kəy > ke
전체

위의 변화과정은 전 지역에서 발생한 모음 사이의 'ŋ' 탈락, 'ə' 앞의 'ɨ' 탈락, 'ɨy>i' 단모음화, 'əy>e' 단모음화를 보여 준다.

4] 거울[鏡] : 문헌에 '거우루(월석1:34 능엄2:17 금삼2:64 내훈序8 두初20:34 남명上3 石千30) 거우로(두初21:41 구간1:111 자회中14 유합上25 신속烈1:1 은중6)'와 '거우룰(두初3:18) 거우르(여범3)' 및 '거올(역어下15 백련13) 거울(두重3:39 1:50 내훈重序7 삼역10:7 왜어上44 동문上54 한청338d 여사4:3)'로 나온다. 충북의 방언형은 'kɜul〈제원 보은 제외 전 지역〉 kəul〈보은〉'과 'sek'yəŋ〈단양 제외 전 지역〉 syik'yəŋ〈단양〉'이므로 변화과정을 다음과 같이 상정할 수 있다.130)

o kəulu 〉 kəulɨ 〉 kəul
×제

o səkkyəŋ 〉 sək'yəŋ 〉 sek'yəŋ 〉 sik'yəŋ
×단 단

위의 변화과정은 제원 지역을 제외한 전 지역에서 발생한 어말의 'u>ɨ', 어말자음 'ɨ'의 탈락, 단양 지역을 제외한 전 지역에서 발생한 어두의 'ə' 움라우트(ə>e), 단양 지역에서 발생한 어두의 'e>i'를 포함하고 있다.

5] 겨[糠] : 문헌에 '겨(월석9:35 법화1:195/2:28 자회下6 石千35 왜어下3 동문下3)'로 나온다. '등겨(米皮)(한청12:66)'도 참고할 수 있다. 충북의 방언형은 'ke〈괴산 보은 영동〉 kE〈단양〉 kyɜ〈중원〉 kyə〈제원 괴산〉'와 'če〈음성 제원〉'이므로 변화과정을 다음과 같이 상정할 수 있다.

---

130) 방언형 'sek'yəŋ, syik'yəŋ'은 한자어 '석경(石鏡)'의 변화형으로 생각된다.

o kyə 〉 kəy 〉 ke 〉 kɛ
중제괴 괴보영 단

o kyə 〉 čyə 〉 čəy 〉 če
중제괴 음제

위의 변화과정은 중원 지역을 제외한 전 지역에서 발생한 음운도치(yə〉əy), 'əy〉e' 난보음화, 단양 지역에서 발생한 어두의 'e〉ɛ', 음성과 제원 지역에서 발생한 어두의 'ㄱ' 구개음화(k〉č)를 보여준다.

6] 겨드랑[腋] : 문헌에는 '겨드랑(신속烈6:81 왜어上17 역어上34 동문上15 한청148b(5:53) 삼역4:9 무예48)'과 '겨ᄃᆞ랑(가언1:93 두요下43)'으로 나온다. 충북의 방언형은 'kyədɨraŋ〈옥천〉 kyədɨrɛŋi〈진천 청원〉'와 'čədɨraŋ〈중원 보은 옥천 영동〉 čədɨraŋi〈단양〉 čədɨrEŋi〈음성〉 čədɨrE[ŋ]i〈제원 괴산〉'이므로 변화과정을 다음과 같이 상정할 수 있다.

o kyətɨlaŋ 〉 čyətɨlaŋ 〉 čətɨlaŋ
옥 중단보옥영

o kyətɨlaŋ+i → kyətɨlaŋi 〉 kyətɨlɛŋi 〉 čyətɨlɛŋi 〉 čətɨlɛŋi 〉 čətɨlɛi
진청 음 제괴

위의 변화과정은 진천과 청원 지역을 제외한 전 지역에서 발생한 어두의 'ㄱ' 구개음화(k〉č), 'ㄱ' 구개음화에 이은 잉여자질 'y' 탈락, 진천과 음성과 제원과 청원과 괴산 지역에서 발생한 'a' 움라우트(a〉ɛ)', 제원과 괴산 지역에서 발생한 모음 사이의 'ŋ' 약화를 포함하고 있다.

7] 구더기[蛆] : 문헌에 '귀더기(사성上31 자회上24 계축2:210 왜어

下27 역어下35) 귀덕이(여사4:15 한청7:57 오륜1:58 유물二昆蟲'와 '구더기(영가上35 삼강孝31 유합上16)'로 나온다. 충북의 방언형은 'kudegi〈중원 제원 청원〉 kudigi〈진천 음성 단양〉 küdegi〈괴산〉 küdigi〈중원 청원 괴산 제외 전 지역〉 k'üdigi〈보은〉'이므로 변화과정을 다음과 같이 상정할 수 있다.

o kuytəki 〉 kuyteki 〉 küteki 〉 kütiki 〉 k'ütiki
괴 ×중청괴 보

o kuytəki 〉 kutəki 〉 kuteki 〉 kutiki
중제청 진음단

위의 변화과정은 전 지역에서 발생한 어중의 'ə' 움라우트(ə〉e), 중원과 청원과 괴산 지역을 제외한 전 지역에서 발생한 'uy〉ü' 단모음화, 어중의 'e〉i' 고모음화, 보은 지역에서 발생한 어두 'ㄱ'의 경음화, 진천과 음성과 중원과 제원과 단양과 청원 지역에서 발생한 어두 하향이중모음의 부음 'y'의 탈락(uy〉u)을 포함하고 있다.

8] 구유[槽] : 문헌에 '구슈(자회中12) 구싀(박初上21 남명下63)'와 '구유(자회中19 역어上19 동문下40 한청441d 오륜4:49) 귀우(왜어下16 유물) 귀유(노언上31 박重中12 물보牛馬) 귀요(노언上29)'와 '구슈(유합上27)'로 나온다. 충북의 방언형은 'kuyuŋ〈진천 음성 중원 괴산〉'과 'kusu〈진천 청원 보은〉 kusyi〈옥천〉'와 'soǰuktʰoŋ〈제원 단양〉'이므로 변화과정을 다음과 같이 상정할 수 있다.[131)]

o kusyu 〉 kusu
진청보

131) 문헌형 '구싀'의 존재로 체언의 어말 모음에서 발견되는 'u'와 'i'의 대립구도가 이미 오래 전부터 있어 왔음을 알 수 있다.

o kuzyu 〉 kuyu 〉 kuyuŋ
진음중괴

위의 변화과정은 진천과 청원과 보은 지역에서 발생한 치조음 'ㅅ'의 구개음화, 'ㅅ'의 구개음화에 이은 잉여자질 'y'의 탈락, 진천과 음성과 중원과 괴산 지역에서 발생한 어중 유성음 사이의 'ㅿ' 약화, 어말의 'ŋ' 첨가를 보여 준다.

9] 글피[大前日] : 문헌에 '글픠(박初上51) 글픠(박重5 역어上3 청구p.61 동문上3) 글피(海東오늘은)'로 나온다. 충북의 방언형은 'kɨlp^hi〈중원〉 kɨlp^he〈중원 제원 단양 제외 전 지역〉 kɨlp^hE〈제원 단양 괴산〉'이므로 변화과정을 다음과 같이 상정할 수 있다.

o kɨlp^hɨy 〉 kɨlp^hi
중

o kɨlp^hɨy 〉 kɨlp^həy 〉 kɨlp^he 〉 kɨlp^hɛ
×중제단 제단괴

위의 변화과정은 중원 지역에서 발생한 'ɨy〉i' 단모음화, 중원과 제원과 단양과 청원 지역에서 발생한 어말의 순음 뒤의 'ɨ〉ə', 'əy〉e' 단모음화, 'e〉ɛ'를 보여 준다.

10] 김매다[耘] : 문헌에 '기슴믹-(월석10:19 자회下5 번소9:91) 기슴믹-(구감下39)'와 '기음믹-(소언4:34/6:84 신속孝12 유합下7 왜어下3 아학下5 여범2) 기음믹-(두重12:37) 기옴믹-(유합下7)'로 나온다. 문헌에서 '기슴'은 '莠(①가라지 ②씀바귀)' 또는 '稊(①돌피 ②기음풀)'에 대응되어 있음을 참조할 필요가 있다. 충북의 방언형은 'ki:mmɛnda〈진천 제원 청원〉'와 'či:mmɛnda〈음성 중원 단양 보은〉'와 'kisyimmɛnda〈괴산〉'와 'čisyimmɛnda〈음성

중원 제외 전 지역〉'이므로 변화과정을 다음과 같이 상정할 수 있다.[132)]

o kizɨm 〉 kiɨm 〉 ki:m 〉 či:m
진제청 음중단보

o kisɨm 〉 kisim 〉 čisim
괴 ×음중

위의 변화과정은 전 지역에서 발생한 어두의 'ㄱ' 구개음화(k〉č), 음성과 중원과 괴산을 제외한 모음 사이의 'ㅿ' 약화, 'ɨ'의 보상적 탈락(iɨ〉i:), 음성과 중원 지역에서 발생한 전설모음화(ɨ〉i)를 보여 준다.

11] 까닭 : 문헌에 'ᄭᅡ닭(한중p.566)'으로 나온다. 충북의 방언형은 'k'adak〈진천 음성 제원 보은〉'과 'k'adal〈단양 보은〉'과 'k'adalg-i/ɨl/e〈음성 제원 청원 괴산 옥천 영동〉'이므로 변화과정을 다음과 같이 상정할 수 있다.

o k'ʌtʌlk 〉 k'atalk 〉 k'atak
×진중단보 진음제보

o k'ʌtʌlk 〉 k'atalk 〉 k'atal
×진중단보 단보

위의 변화과정은 전 지역에서 발생한 어두음절의 'ʌ〉a', 비어두음절의 'ʌ〉a', 진천과 음성과 제원과 보은 지역에서 발생한 어말자음군 'ㄺ'의 'ㄹ' 탈락, 단양과 보은 지역에서 발생한 어말 'ㄺ'의 'ㄱ' 탈락을 보여 준다.

---

132) 이 방언형들의 후부요소 '매-'는 'mʌy-〉may-〉mɛ-'의 변화과정으로 얻어진다.

12] 까불다[簸] : 문헌에 '가볼오-(자회下6)'와 '까보로-(역어下8)' 및 '까불-(왜어下3) 까불-(한청10:9(296a) 동문下2)'로 나온다. 충북의 방언형은 'k'abul-〈제원 제외 전 지역〉'과 'k'aburɨ-〈중원 제원〉'이므로 변화과정을 다음과 같이 상정할 수 있다.

o kapolo- 〉 k'apolo- 〉 k'apol- 〉 k'apul-
×제

o kapolo- 〉 k'apolo- 〉 k'apulu- 〉 k'apulɨ-
중제

위의 변화과정은 전 지역에서 발생한 어두 'ㄱ'의 경음화, 제원 지역을 제외한 전 지역에서 발생한 어간말 모음 'o'의 탈락, 제원 지역을 제외한 전 지역에서 발생한 순음 뒤의 'o〉u', 중원과 제원 지역에서 발생한 어간말의 'u〉ɨ'를 보여 준다.

13] 넷[四] : 문헌에 '넿(월석1:7 능엄1:4 박初上45 소언6:77)'과 '넷(동문下20 한청105d) 늿(여소3:32a)'으로 나온다. 충북의 방언형은 'nes〈진천 중원 제원 단양 옥천〉 niːs〈중원 제원 단양 제외 전 지역〉'이므로 여소학의 '늿'을 중시하여 변화과정을 다음과 같이 상정할 수 있다.

o nəyh 〉 nəys 〉 nɨys 〉 nis[133)]
×중제단

o nəyh 〉 nəys 〉 nes
진중제단옥

위 변화과정은 전 지역에서 발생한 어말의 'ㅎ〉ㅅ', 중원과 제원과

133) 이것은 '네 사람, 네 개' 등을 지칭할 때 충북 방언에서 'nɨy'라고 말하는 현상을 염두에 둔 변화과정이다.

단양 지역을 제외한 전 지역에서 발생한 'ə>ɨ', 'ɨy>i' 단모음화, 진천과 중원과 제원과 단양과 옥천 지역에서 발생한 'əy>e' 단모음화를 보여 준다.

14] 달걀[鷄卵] : 문헌에 'ᄃᆞᆯᄀᆡ알(월석23:80 구방上25 몽산44 구간6:5/6:69 온역11 박初上40)'과 'ᄃᆞᆰ의알(구간1:56) ᄃᆞᆰ긔알(박重中6)'로 나온다. 충북의 방언형은 'talgyal〈진천 중원 단양 청원 괴산〉'과 'talgal〈음성 제원 괴산 보은 옥천〉'이므로 변화과정을 다음과 같이 상정할 수 있다.

o tʌlkʌyal 〉 tʌlkɨyal 〉 talkɨyal 〉 talkial 〉 talkyal
진중단청괴

o tʌlkal 〉 talkal
음제괴보옥

위의 변화과정은 전 지역에서 발생한 비어두음절의 'ʌ>ɨ', 어두음절의 'ʌ>a', 진천과 중원과 단양과 청원과 괴산 지역에서 발생한 'ɨy>i' 단모음화, 'i'의 활음화(i>y)를 보여 준다.

15] 두께[厚] : 문헌에 '두틔(구방上71 구간3:47 가언7:23) 두틱(가언7:24/26)'와 '둗긔(구간1:72)'로 나온다. 충북의 방언형은 'tuk'e〈음성 단양 제외 전 지역〉 tuk'E〈음성〉 t'uk'e〈단양〉'이므로 변화과정을 다음과 같이 상정할 수 있다.

o *tuthkɨy 〉 tutkɨy 〉 tuk'ɨy 〉 tuk'əy 〉 tuk'e 〉 tuk'ɛ
×음단 음

o *tuthkɨy 〉 tutkɨy 〉 tuk'ɨy 〉 tuk'əy 〉 tuk'e 〉 t'uk'e
×음단 단

위의 변화과정은 전 지역에서 발생한 어말의 'ɨ>ə', 'əy>e' 단모음화, 음성 지역에서 발생한 어말의 'e>ɛ', 단양 지역에서 발생한 어두 'ㄷ'의 경음화를 보여 준다.

16] 떼[群] : 문헌에 'ᄣᅦ(노언下22 역어下4 청구p.10) ᄣᅦ구룸(번노下24) ᄣᅦ구롬(역어下4)'과 'ᄤᅦ(삼역7:19/9:5 여사3:23 해동p.44)'로 나온다. 충북의 방언형은 't'e〈단양 제외 전 지역〉 t'i〈단양〉 t'E〈단양〉'이므로 변화과정을 다음과 같이 상정할 수 있다.

o ptəy 〉 t'əy 〉 t'e 〉 t'i
×단 단

o ptəy 〉 t'əy 〉 t'e 〉 t'ɛ
×단 단

위의 변화과정은 전 지역에서 발생한 합용병서 'ㅶ'의 보상적 'ㅂ' 탈락(pt>t'), 'əy>e' 단모음화, 단양 지역에서 발생한 어두의 'e>i', 'e>ɛ'를 보여 준다.

17] 뛰다[躍] : 문헌에 'ᄠᅱ-(금삼2:12 두初16:2 속삼孝28 연병1:1 유합下60 石千38) ᄯᅱ-(왜어上31 역어補60 한청14:47(447d) 동문上26)'로 나온다. 충북의 방언형은 't'ü-〈단양 제외 전 지역〉 t'i-〈단양〉 t'wi-〈단양〉'이므로 변화과정을 다음과 같이 상정할 수 있다.

o ptuy- 〉 t'uy- 〉 t'ü- 〉 t'i-
×단 단

o ptuy- 〉 t'uy- 〉 t'ü- 〉 t'wi-
×단 단

위의 변화과정은 전 지역에서 발생한 합용병서 'ㅶ'의 보상적 'ㅂ'

탈락(pt>t'), 'uy>ü' 단모음화, 단양 지역에서 발생한 'ü'의 원순성 상실(ü>i), 'ü>wi'를 보여 준다.

18] 멍에[駕] : 문헌에 '머에(삼강烈9 두初23:36)'와 '멍에(두初24:12 자회下9 石千22 유합下14 왜어下19)'로 나온다. 충북의 방언형은 'mɜŋe〈진천 청원〉 mɜŋE〈음성 중원 제원 괴산〉 mŏŋE〈음성〉 məŋe〈보은〉 məŋE〈단양 옥천〉'와 'məŋi〈영동〉'이므로 변화과정을 다음과 같이 상정할 수 있다.

- məŋəy > məŋe > məŋi
  진청보 영

- məŋəy > məŋe > məŋɛ > moŋɛ
  음중제단괴옥 음

위의 변화과정은 전 지역에서 발생한 어말의 'əy>e' 단모음화, 영동 지역에서 발생한 어말의 'e>i', 음성과 중원과 제원과 단양과 괴산과 옥천 지역에서 발생한 어말의 'e>ɛ', 음성 지역에서 발생한 어두의 'ə>o'를 보여 준다.

19] 무늬[紋] : 문헌에 '문(小언6:96 朴초上29 노언下21 역어下4)'으로 나온다. 충북의 방언형은 'munyi〈진천 중원 청원 괴산 보은〉'와 'mune〈음성 괴산〉 munE〈제원 단양 옥천 영동〉'이므로 변화과정을 다음과 같이 상정할 수 있다.

- *munəy > muniy > muni
  진중청괴보

- *munəy > mune > nunɛ
  음괴 제단옥영

위의 변화과정은 진천과 중원과 청원과 괴산과 보은 지역에서 발생한 어말의 'ə〉ɨ', 'ɨy〉i' 단모음화, 'əy〉e' 단모음화, 음성과 제원과 단양과 괴산과 옥천과 영동 지역에서 발생한 어말의 'e〉ɛ'를 보여 준다.

20] 미투리[麻鞋] : 문헌에 '메트리(구간6:61 동의湯液一土部)'와 '메토리(동문上58 청구p.121)'로 나온다. 충북의 방언형은 'mit^{h}uri〈제원 옥천 영동 제외 전 지역〉 mit^{h}ɨri〈제원 옥천〉 mit^{h}əri〈영동〉'이므로 변화과정을 다음과 같이 상정할 수 있다.

o məyt^{h}ɨli 〉 məyt^{h}uli 〉 met^{h}uli 〉 mit^{h}uli
×제옥영

o məyt^{h}ɨli 〉 met^{h}ɨli 〉 mit^{h}ɨli 〉 mit^{h}əli
제옥 영

위의 변화과정은 제원과 옥천과 영동 지역을 제외한 전 지역에서 발생한 어중의 'ɨ〉u', 'əy〉e' 단모음화, 어두의 'e〉i', 영동 지역에서 발생한 어중의 'ɨ〉ə'를 보여 준다.

21] 별[星] : 문헌에 '별(용가101 석보9:33 남명下41 자회上1 유합上2/下23 石千20 동문上1)'로 나온다. 충북의 방언형은 'pyəl〈음성 괴산 제외 전 지역〉 pil〈중원 제원 괴산 영동 제외 전 지역〉 pyɨ:l〈괴산〉'이므로 변화과정을 다음과 같이 상정할 수 있다.

o pyəl 〉 pəyl 〉 pel 〉 pil
×음괴 ×중제괴영

o pyəl 〉 pyɨl[134]
×음괴 괴

134) 방언형 'pyɨ:l'을 가지고 있지 않은 강원방언이나 경상방언 등에 'pi:l'이 많이 쓰이는 것으로 조사된 점을 고려할 때 'yɨ〉i' 변화의 설정은 필요하지 않다고 할 수 있다.

위의 변화과정은 중원과 제원과 괴산과 영동 지역을 제외한 전 지역에서 발생한 음운도치(yə〉əy), 'əy〉e' 단모음화, 어두의 'e〉i', 괴산 지역에서 발생한 어두의 'ə〉ɨ'를 보여 준다.

22] 병(甁) : 문헌에 '병(박初上2 자회中12 유합上27 구간6:24)'으로 나온다. 충북의 방언형은 'pyəŋ〈영동 제외 전 지역〉 piŋ〈단양〉'과 'peŋgE〈영동〉'이므로 변화과정을 다음과 같이 상정할 수 있다.

ㅇ pyəŋ 〉 pəyŋ 〉 peŋ 〉 piŋ
×영 단

ㅇ pyəŋkay 〉 pəyŋkay 〉 peŋkɛ
영

위의 변화과정은 단양과 영동 지역에서 발생한 음운도치(yə〉əy), 'əy〉e' 단모음화, 단양 지역에서 발생한 어두의 'e〉i', 영동 지역에서 발생한 'ay〉ɛ' 단모음화를 보여 준다.

23] 부럽다[羨] : 문헌에 '부럽-(동문上33)'으로 나온다. 현대국어 '부러워하다'에 해당하는 동사 어간 '블-(월석18:32 두初8:24 악학動動)'과 '브러ᄒᆞ-(두初15:5 번소8:23)'를 참고할 수 있다. 충북의 방언형은 'purəp-〈진천 음성 중원 제원 청원 괴산〉 purup-〈단양〉'과 'pulp-〈보은 옥천 영동〉 pulg-〈청원〉'이므로 변화과정을 다음과 같이 상정할 수 있다.[135]

ㅇ pɨləp- 〉 puləp- 〉 pulup-
×단보옥영 단

135) 청원 지역의 방언형 'pulg-'은 'purəwədu'와 함께 조사된 'pulgədu'에서 확인된다.

o pɨləp- 〉 puləp- 〉 pulp- 〉 pulk-
×단보옥영 보옥영 청

위의 변화과정은 전 지역에서 발생한 어두의 원순모음화(ɨ〉u), 단양 지역에서 발생한 어간말의 'ə〉u', 청원과 보은과 옥천과 영동 지역에서 발생한 어간말 모음 'ə' 탈락, 청원 지역에서 발생한 어간말의 'ㅂ〉ㄱ'를 보여 준다.

24] 부수다[碎] : 문헌에 'ᄇᆞᅀᆞ-(금삼5:16 월석21:219 법화1:223 두初18:2 구간6: 63) ᄇᆞᄋᆞ-(두重18:2 자초6 삼역1:9 동문下57)'와 'ᄇᆞᄉᆞ-(선가3 유합下59) ᄇᆞ사-(은중17 구방下89)' 그리고 '브스-(두初25:7 구방下27 구간6:4 속삼忠4) 브으-(두重12:17, 15:44)'로 나온다. 충북의 방언형은 'p'usyi-〈진천 단양 옥천 영동〉 pusyi-〈음성 청원 괴산 보은〉'와 'pusu-〈중원〉 p'usu-〈제원 영동〉'이므로 변화과정을 다음과 같이 상정할 수 있다.

o pɨsɨ- 〉 pusɨ- 〉 pusu- 〉 p'usu-
중 제영

o pɨsɨ- 〉 pusɨ- 〉 pusi- 〉 p'usi-
음청괴보 진단옥영

위의 변화과정은 중원과 제원과 영동 지역에서 발생한 원순모음화(ɨ〉u), 어말의 'ɨ〉u', 어두 'ㅂ'의 경음화, 중원과 제원 지역을 제외한 전 지역에서 발생한 전설모음화(ɨ〉i)를 보여 준다.

25] 부스럼[瘡癤, 疽] : 문헌에 '브스름(원각二之一50 금삼5:31 속삼孝10 사성下4 자회中33/34) 브으름(역어上61 한청219b) 브스럼(속삼孝5)'과 '브스름(선가下55)'으로 나온다. 충북의 방언형은 'pusyirəm〈진천 중원 제원 괴산 보은〉 pusyirum〈음성〉

pusɨrəm〈단양 청원〉'과 'pusɨlmuk〈옥천〉 pusuŋmul〈영동〉' 이므로 변화과정을 다음과 같이 상정할 수 있다.

o pɨsɨlɨm 〉 pusɨlɨm 〉 pusilɨm 〉 pusilum
음

o pɨsɨlɨm 〉 pusɨlɨm 〉 pusɨləm 〉 pusiləm
단청 진중제괴보

위의 변화과정은 전 지역에서 발생한 어두의 원순모음화(ɨ〉u), 진천과 음성과 중원과 제원과 괴산과 보은 지역에서 발생한 전설모음화(ɨ〉i), 음성 지역에서 발생한 어말 순음 앞의 'ɨ〉u', 음성과 옥천과 영동 지역을 제외한 전 지역에서 발생한 어말 순음 앞의 'ɨ〉ə'를 보여 준다.

26] 사귀다[交] : 문헌에는 '사괴-(두初8:25 금삼4:33 자회下15 유합上3 石千16 계축p.9 여사4:53 동문上12)'로 나온다. 충북의 방언형은 'sagü-〈진천 음성 청원〉 sagwi-〈중원〉'와 'sagu-〈제원 단양 괴산 보은 옥천 영동〉'이므로 변화과정을 다음과 같이 상정할 수 있다.

o sakoy- 〉 sakuy- 〉 sakü- 〉 sakwi-
진음청 중

o sakoy- 〉 sakuy- 〉 saku-
제단괴보옥영

위의 변화과정은 전 지역에서 발생한 어말의 'o〉u', 진천과 음성과 중원과 청원 지역에서 발생한 'uy〉ü' 단모음화, 중원 지역에서 발생한 'ü〉wi', 제원과 단양과 괴산과 보은과 옥천과 영동 지역에서 발생한 어간말 하향이중모음의 부음 'y'의 탈락(uy〉u)을 보여 준다.

27] 사납다[劣, 慝] : 문헌에 '사오납-(석보19:10 월석18:54 능엄2:22 두初16:72 소언3:22) 사오랍-(월석2:61 두重11:14 보권4)'과 '사납-(여사3:18)'으로 나온다. 충북의 방언형은 'sanap-〈전 지역〉'과 's'aŋgunha-〈보은〉' 그리고 'saŋgunap-〈괴산〉'이므로 변화과정을 다음과 같이 상정할 수 있다.

ㅇ saonap- 〉 sanap-
전체

ㅇ saonap- 〉 saŋonap- 〉 saŋkonap- 〉 saŋkunap-
괴

위의 변화과정은 전 지역에서 발생한 모음 뒤의 'o' 탈락, 괴산 지역에서 발생한 모음 사이의 'ŋ' 첨가, 유성음 사이의 'ㄱ' 첨가, 어중의 'o〉u'를 보여 준다.

28] 새벽[曉] : 문헌에 '새박(원각序46 소언6:95 한중p.276) 새벽(동문上3 청구p.74)'과 '새배(원각上二之三27 두初7:14 속삼孝6 분문10 자회上1) 새볘(신속孝6:21 역어補3) 사배(두重8:44 6:4) 사볘(왜어上5)'로 나온다. 충북의 방언형은 'sɛbyək〈진천 음성 중원 청원 괴산 옥천〉 sɛbok〈제원 보은 영동〉 sEbok〈단양〉 sɛbɜk〈옥천〉'이므로 변화과정을 다음과 같이 상정할 수 있다.

ㅇ saypak 〉 saypək 〉 sɛpək 〉 sɛpok
옥 제단보영

ㅇ saypak 〉 saypək 〉 saypyək 〉 sɛpyək
진음중청괴옥

위의 변화과정은 전 지역에서 발생한 어말에서 발생한 이화작용으로서의 'a〉ə', 'ay〉ɛ' 단모음화, 제원과 단양과 보은과 영동 지역에서 발생한 어말 순음 뒤의 'ə>o', 진천과 음성과 중원과 청원과 괴산과 옥천 지역에서 발생한 어말 순음 뒤의 'y' 첨가를 보여 준다.

29] 석유(石油) : 충북의 방언형은 'segyu〈진천 옥천 영동〉 səgyu〈중원 제원 단양 청원 괴산〉 sögi〈음성 옥천〉 syigi〈단양〉 segi〈괴산 보은〉 segi čirɨm〈영동〉'이므로 변화과정을 다음과 같이 상정할 수 있다.

o səkyu 〉 sekyu 〉 sekyi 〉 seki 〉 siki
중제단청괴 진옥영 괴보 단

o səkyu 〉 sekyu 〉 sekyi 〉 seki 〉 söki
중제단청괴 진옥영 괴보 음옥

위의 변화과정은 전 지역에서 발생한 'ə' 움라우트(ə>e), 음성과 단양과 괴산과 보은과 옥천 지역에서 발생한 어말모음 'i' 앞의 'y' 탈락, 단양 지역에서 발생한 어두의 'e>i', 음성과 옥천 지역에서 발생한 어두의 'e>ö'를 보여 준다.

30] 세다[計] : 문헌에서 '計'의 뜻과 '商量'의 뜻을 함께 가진 '혀-(석보13:8 두初1:20)'와 '혜-(석보19:11 두初15:5 박初8:36)' 및 '헤-(청구송시열)' 그리고 '혜아리-(월석21:138 능엄1:76 법화3:198 동문上19)'를 만날 수 있다. 충북의 방언형은 'se:-〈진천 중원 청원〉 syi-〈진천 중원 제외 전 지역〉'와 'syiari-〈음성〉'이므로 변화과정을 다음과 같이 상정할 수 있다.

o hyəy- 〉 syəy- 〉 sye- 〉 se- 〉 si-
진중청 ×진중

o hyəyali- 〉 syəyali- 〉 syeali- 〉 seali- 〉 siali-
음

위의 변화과정은 전 지역에서 발생한 'ㅎ' 구개음화, 'əy>e' 단모음화, 'ㅎ' 구개음화에 이은 잉여자질 'y'의 탈락, 진천과 중원 지역을 제외한 전 지역에서 발생한 어두의 'e>i'를 보여 준다.

31] 시렁[棚, 架] : 문헌에 '실에(두初7:6 자회中14 유합上24)'와 '시렁(왜어上33 소언2:50 아학上9)'으로 나온다. 충북의 방언형은 'syilgɜŋ 〈진천 청원〉 syirəŋ 〈중원〉'과 'syilgəŋ 〈음성 괴산 보은 옥천 영동〉 syilgwəŋ 〈중원〉 syilgwaŋ 〈제원 단양〉'이므로 변화과정을 다음과 같이 상정할 수 있다.

- silkəŋ 〉 *silɦəŋ 〉 siləŋ
  ×중제단 중

- silkəŋ 〉 silkwəŋ 〉 silkwaŋ[136]
  ×중제단 중 제단

위의 변화과정은 중원 지역에서 발생한 'ㄹ' 뒤의 'ㄱ' 약화(k>ɦ), 'ɦ' 약화, 중원과 제원과 단양 지역에서 발생한 어중 'ㄱ' 뒤의 'w' 첨가, 제원과 단양 지역에서 발생한 어말의 'ə>a'를 보여 준다.

32] 심다[種, 植] : 문헌에 모음어미와 결합하여 활용하는 '싦-(석보6:37 월석8:63 두初7:9 동문上29)'과 자음어미와 결합하여 활용하는 '심-(원각下三之一56) 시므-(석보19:33 두初15:19 금삼2:21) 시무-(유물三草)'로 나온다. 충북의 방언형은 'syim-〈보은 제외 전 지역〉'과 'syiŋgu-〈보은 옥천 영동〉'이므로 재구형 '*simkɨ-'에서 마지막 모음이 탈락하면 'simk-' 형태가 되고, 마지막 자음이 탈락하면 'simɨ-' 형태가 됨을 염두에 두고 변화과정을 다음과 같이 상정할 수 있다.

---

136) 경상도와 전라도의 방언형 'silkaŋ/siraŋ'은 'w' 첨가 이전에 'ə>a' 변화가 일어난 것으로 생각된다(한국방언자료집Ⅶ p.68, 한국방언자료집Ⅵ p.398 참고).

o *simkɨ- 〉 simɨ- 〉 sim-
×보

o *simkɨ- 〉 simku- 〉 siŋku-
보옥영

위의 변화과정은 보은 지역을 제외한 전 지역에서 발생한 어간말 'ㅁ' 뒤의 'ㄱ' 탈락, 어간말 모음 'ɨ'의 탈락, 보은과 옥천과 영동 지역에서 발생한 어간말 'ㄱ' 뒤의 'ɨ〉u', 어중 'ㄱ' 앞의 'm〉ŋ'을 보여 준다.

33] 스믈[二十] : 문헌에 '스믈ㅎ(용가32 석보6:38/24:4 능엄2:6 법화1:170/2:57 가언3:20)'로 나온다. 충북의 방언형은 'sɨmul〈진천 중원 청원〉 sumul〈제원〉 syimul〈음성 단양 괴산 보은 옥천 영동〉'이므로 변화과정을 다음과 같이 상정할 수 있다.

o sɨmɨlh 〉 sɨmɨl 〉 sɨmul 〉 sumul
진중청 제

o sɨmɨlh 〉 sɨmɨl 〉 sɨmul 〉 simul
진중청 음단괴보옥영

위의 변화과정은 전 지역에서 발생한 어말자음 'ㅎ'의 탈락, 원순모음화(ɨ〉u), 제원 지역에서 발생한 어두 순음 앞의 'ɨ〉u', 음성과 단양과 괴산과 보은과 옥천과 영동 지역에서 발생한 전설모음화(ɨ〉i)를 보여 준다.

34] 엉덩이 : 문헌에 '엉덩이(청구大p.162)'로 나온다. 충북의 방언형은 'ɨːŋdəŋi〈진천〉 ɨːŋdiŋi〈음성 단양 괴산 보은 옥천 영동〉 ɨːŋdeŋi〈중원 청원〉 ɨːŋde^{ŋ}i〈제원〉'이므로 변화과정을 다음과 같이 상정할 수 있다.

o əŋtəŋi 〉 ɨŋtəŋi 〉 ɨŋteŋi 〉 ɨŋtiŋi
진 중청 음단괴보옥영

o əŋtəŋi 〉 ɨŋtəŋi 〉 ɨŋteŋi 〉 ɨŋtei
진 중청 제

위의 변화과정은 전 지역에서 발생한 어두의 'ə〉ɨ', 'ə' 움라우트(ə〉e), 음성과 단양과 괴산과 보은과 옥천과 영동 지역에서 발생한 어중의 'e〉i', 제원 지역에서 발생한 모음 사이의 'ŋ' 약화를 보여 준다.

35] 외삼촌(外三寸) : 충북의 방언형은 'osamčʰun〈진천 옥천 영동〉 ösamčʰun〈단양 영동 제외 전 지역〉 wesamčʰun〈단양〉'이므로 변화과정을 다음과 같이 상정할 수 있다.

o *oysamčʰon 〉 ösamčʰon 〉 ösamčʰun 〉 wesamčʰun
×단영 단

o *oysamčʰon 〉 oysamčʰun 〉 osamčʰun
진옥영

위의 변화과정은 단양과 영동 지역을 제외한 전 지역에서 발생한 'oy〉ö' 단모음화, 단양 지역에서 발생한 'ö〉we', 전 지역에서 발생한 어말의 'o〉u', 진천과 옥천과 영동 지역에서 발생한 어두 하향 이중모음의 부음 'y'의 탈락(oy〉o)을 보여 준다.

36] 우기다 : 문헌에 '우기-(소언6:67 한중p.248 한청238d) 욱이-(계축p.77 한중p.424)'로 나온다. 충북의 방언형은 'ugi-〈진천 음성 중원 제원 단양 청원〉 ügi-〈괴산 보은 옥천 영동〉 wegi-〈괴산〉 egi-〈영동〉'이므로 변화과정을 다음과 같이 상정할 수 있다.

o uki- 〉 üki- 〉 öki- 〉 wegi-
×괴보옥영 괴보옥영 괴

o uki- 〉 üki- 〉 öki- 〉 eki-
×괴보옥영 괴보옥영 영

위의 변화과정은 진천과 음성과 중원과 제원과 단양과 청원 지역에서 발생한 'u' 움라우트(u〉ü), 괴산과 보은과 옥천과 영동 지역에서 발생한 'ü〉ö', 괴산 지역에서 발생한 'ö〉we', 영동 지역에서 발생한 'ö'의 원순성 상실(ö〉e)을 보여 준다.

37] 절구[杵臼] : 문헌에 '졀고(동문下2 무원1:38) 졀구(역어補43 한청10:8(295d) 유물三草 아학上11)'와 '돌고(박重上10) 돌달고(박初上10)'로 나온다. 충북의 방언형은 'čəlgu〈음성 보은 옥천 제외 전 지역〉 čəlguthoŋ〈진천 괴산〉'과 'togu〈음성 괴산〉 toguthoŋ〈음성 청원 보은 옥천 영동〉'이므로 변화과정을 다음과 같이 상정할 수 있다.

o tsyəlko 〉 tsyəlku 〉 čyəlku 〉 čəlku
×음보옥

o tolko 〉 toko 〉 toku
음청괴보옥영

위의 변화과정은 전 지역에서 발생한 어말의 'o〉u', 치조음 'ㅈ'의 구개음화(ts〉č), 'ㅈ'의 구개음화에 이은 잉여자질 'y'의 탈락, 음성과 청원과 괴산과 보은과 옥천과 영동 지역에서 발생한 어중 'ㄱ' 앞의 'ㄹ' 탈락을 보여 준다.

38] 주머니[帑, 袋] : 문헌에 '주머니(능엄8:106 자회中12 역어補28)'와 '죠만(東言)'으로 나온다. 충북의 방언형은 'čumənyi〈전 지역〉'

와 'čuməy〈단양 괴산 영동***〉 čumə ŋ i〈보은 옥천 영동**〉'이므로 변화과정을 다음과 같이 상정할 수 있다.

o *tsuməni 〉 čuməni 〉 čuməi 〉 čuməy
전체 단괴영

o *tsuməni 〉 čuməni 〉 čumə ŋ i
전체 보옥영

위의 변화과정은 전 지역에서 발생한 치조음 'ㅈ'의 구개음화(ts〉č), 모음 사이의 'n' 탈락, 단양과 괴산과 영동 지역에서 발생한 활음화(i〉y), 보은과 옥천과 영동 지역에서 발생한 모음 사이의 'n〉ŋ'을 보여 준다.

39] 철쭉[躑躅] : 문헌에 '텰듁(유물四木)'으로 나온다. 충북의 방언형은 'čʰəlčʰuk'ot〈진천〉 čʰəlt'uk'os〈음성 중원 제원 괴산 보은 옥천〉 čʰəlč'ukk'os〈중원 청원〉 čʰəlt'ukk'očʰ〈제원 단양〉'과 'čʰəlčʰik'os〈청원〉'과 'kɛk'os〈영동〉'이므로 변화과정을 다음과 같이 상정할 수 있다.137)

o čʰyəlt'yuk 〉 čʰyəlč'yuk 〉 čʰəlč'uk
진중청

o čʰyəlt'yuk 〉 čʰyəlt'uk 〉 čʰəlt'uk
×진영

위의 변화과정은 전 지역에서 발생한 'ㄷ' 구개음화(t'〉č'), 'ㄷ' 구개음화에 이은 잉여자질 'y'의 탈락, 구개음 'ㅊ'에 후속하는 잉여자질 'y'의 탈락, 진천과 영동 지역을 제외한 전 지역에서 발생한 어중 'ㄸ'에 후속하는 'y'의 탈락을 보여 준다.

137) 영동 지역의 방언형 'kɛk'os'은 '참꽃'에 대응하는 말이다.

40] 턱[頤] : 문헌에 'ᄐᆞᆨ(해례用字 법화1:52 두初8:4 자회上21 동문上15 한청147b) 탁(해동p.116) 턱(유물一毛)'과 'ᄐᆡᆨ(두경64 송강1:14 신속孝4:4)'으로 나온다. 충북의 방언형은 't^h ɜk〈진천 음성 중원 청원 괴산 보은〉 t^hək〈옥천 영동〉 t^hEk〈제원 단양〉'과 't^h ɜgəri〈음성 괴산〉 t^həgəri〈영동〉'인데, 이 두 방언형이 의미 차이를 가지고 동일 지역에서 쓰이는 점이 주목된다. 이 방언형들의 변화과정을 다음과 같이 상정할 수 있다.

ㅇ t^hʌk 〉 t^hək
×제단

ㅇ t^hʌk 〉 t^hʌyk 〉 t^hayk 〉 t^hɛk
제단

위의 변화과정은 제원과 단양 지역을 제외한 전 지역에서 발생한 어두음절의 'ʌ〉ə', 제원과 단양 지역에서 발생한 어두모음 뒤 'y' 첨가, 어두음절의 'ʌ〉a', 'ay〉ɛ' 단모음화를 보여 준다.

41] 팥[小豆] : 문헌에 'ᄑᆞᆽ(구방下88 구간6:22 간벽15 분문4)'과 'ᄑᆞᇧ(구방上88 구방下21)'으로 나온다. 충북의 방언형은 'p^has〈단양 제외 전 지역〉 p^ha$\check{c}^h$〈중원 단양 청원〉'과 'p^hat^h〈제원 괴산〉이므로[138] 변화과정을 다음과 같이 상정할 수 있다.[139]

ㅇ p^hʌts^h 〉 p^hʌ$\check{c}^h$ 〉 p^ha$\check{c}^h$ 〉 p^has
중단청 ×단

138) 'p^hat^hɨro〈제원〉 p^hat^hɨru〈괴산〉'처럼 격조사 '-으로'가 결합할 때만 'ㅌ'가 나타난다.
139) 'ᄑᆞᇧ'의 용례가 구급방언해에 한정되어 있고, 동일 문헌에 'ᄑᆞᆽ'의 용례도 보이며, 충북방언에서 이것과 관계되는 어떠한 어형도 쓰이고 있지 않으므로 어떠한 재구형도 설정하지 않는다.

o p^hʌts^h 〉 p^hʌ$\check{c}^h$ 〉 p^ha$\check{c}^h$ 〉 p^hat^h[140]

중단청 제괴

위의 변화과정은 전 지역에서 발생한 치조음 'ㅊ'의 구개음화(ts^h〉$\check{c}^h$), 어두음절의 'ʌ〉a', 단양 지역을 제외한 전 지역에서 발생한 음절말 'ㅊ'의 비파열화(ㅊ〉ㅅ), 제원과 괴산 지역에서 발생한 어말의 'ㅊ〉ㅌ'를 보여 준다.[141]

2.2.5. 음운변화가 다섯 가지인 것

1] 개울 : 문헌에 '개올(청구p.106)'과 '걸(渠)(능엄2:48 영가下83/84 두初7:17)'로 나온다. 이 '걸'은 상성이다. 충북의 방언형은 'kεul〈단양 제외 전지역〉, kEul〈단양〉'과 'kεŋgul〈진천 청원〉' 및 'kɨraŋ〈옥천〉'이므로[142] 변화과정을 다음과 같이 상정할 수 있다.

o *kaykol 〉 kayɦol 〉 kayol 〉 kayul 〉 kεul

전체

o *kaykol 〉 kayŋkol 〉 kayŋkul 〉 kεŋkul

진청

위의 변화과정은 전 지역에서 발생한 'y' 뒤의 'ㄱ' 약화(k〉ɦ),

---

140) 'p^ha$\check{c}^h$〉p^hat^h'의 변화는 해당 어례가 별로 없으므로 'ㅌ' 구개음화를 수행한 단어들에 이끌린 과도교정으로 설명될 수도 있을 것이다.

141) '꽃+에(서)'의 방언형이 충북의 북부지방인 중원과 단양에서 'k'ot^he〈중원〉'와 'k'ot^hesə〈단양〉'로 쓰이는 점이 주목된다. 그런데 'p^hat^h' 방언형이 제원과 괴산 지역에서만 그것도 처소격 조사와 결합할 경우에 나타나는 점이 특기할 만하다. '밭+에'의 방언형이 영동 지역만 'pase'이고, 나머지 전 지역이 'pat^he'인 점과 비교된다.

142) 옥천의 방언형 'kɨraŋ'은 중세국어 '걸(渠)(능엄2:48 영가下83/84 두初7:17)'에 접미사 '-앙'이 결합된 형태인 'kəraŋ'의 변화형으로 생각된다.

‘ㄱ’ 약화음 ‘ɦ’의 탈락(ɦ〉ø), 이화작용으로서의 어말 ‘o〉u’ 고모음화, ‘ay〉ɛ’ 단모음화, 진천과 청원 지역에서 발생한 어중 ‘ㄱ’ 앞의 ‘ŋ’ 첨가를 보여 준다.

2] 고추[椒] : 문헌에 ‘고쵸(구간1:32/6:63 자회上12 한청378a(12:41) 물보蔬菜)’와 ‘고초(유물二草)’로 나온다. 충북의 방언형은 ‘$koč^hu$〈제천 청주 청원**〉 $k'oč^hu$〈청주 충주 보은* / 제천 청주 청원 제외 전 지역**〉 $koč^hi$〈보은****〉 $k'oč^hi$〈단양 영동* / 보은 ****〉’이므로 변화과정을 다음과 같이 상정할 수 있다.

- $kots^hyo$ 〉 $koč^hyo$ 〉 $koč^ho$ 〉 $koč^hu$ 〉 $k'oč^hu$
  제청 ×제

- $kots^hyo$ 〉 $koč^hyo$ 〉 $koč^ho$ 〉 $koč^hu$ 〉 $koč^hi$ 〉 $k'oč^hi$[143)]
  제청 보 단보영

위의 변화과정은 전 지역에서 발생한 치조음 ‘ㅊ’의 구개음화(ts^h〉$č^h$), ‘ㅊ’의 구개음화에 이은 잉여자질 ‘y’의 탈락, 어말의 ‘o〉u’, 제원 지역을 제외한 전 지역에서 발생한 어두 ‘ㄱ’의 경음화, 단양과 보은과 영동 지역에서 발생한 어말의 ‘u〉i’를 포함하고 있다.

3] 골무[頂針子] : 문헌에 ‘골모(역어補41 동문下17 한청309d(10:36))’로 나온다. 충북의 방언형은 ‘kolmu〈진천〉’와 ‘kolmi〈전 지역〉’이므로 변화과정을 다음과 같이 상정할 수 있다.

- kolmo 〉 kolmu
  진

- kolmo+i → kolmoi 〉 kolmoy 〉 kolmuy 〉 kolmɨy 〉 kolmi
  전체

143) 어말 ‘i’형은 ‘고치[繭]’에 유추된 형태일 가능성도 배제할 수 없다.

위의 변화과정은 전 지역에서 발생한 어말의 'o>u', 접미사 '-이'의 첨가, 'i'의 활음화(i>y), 순음 뒤의 'u>ɨ', 'ɨy>i' 단모음화를 보여 준다.

4] 귀이개[耳挑子] : 문헌에 '귀우개(역어上44 동문上54 한청339a 물보服飾)'로 나온다. 충북의 방언형은 'kügE〈진천 제원〉 kwiigE〈중원〉 kügɛ〈보은〉'이므로[144] 변화과정을 다음과 같이 상정할 수 있다.

ㅇ kuyukay 〉 kuyikay 〉 kuyikɛ 〉 küikɛ 〉 kwiikɛ
중

ㅇ kuyukay 〉 kuuykay 〉 ku:ykɛ 〉 kü:kɛ
진제보

위의 변화과정은 중원 지역에서 발생한 어중의 'u>i', 'uy>ü' 단모음화, 'ay>ɛ' 단모음화, 어두의 'ü>wi', 진천과 제원과 보은 지역에서 발생한 음운도치(yu>uy)를 포함하고 있다.

5] 김치[菹] : 문헌에 '딤채(자회中22 유합上30 벽온5) 팀채(소언1:7 왜어上47) 침채(동문下4 역어補31 한청12:41 아학上13)'와 '김채(유물三草) 김츼(청구대p.67)' 및 '짐채(두경13) 짐츼(청구p.40)'로 나온다. 이 중 '팀채'와 '침채'는 문헌에서 한자어 '沈菜'에 대응되어 있음을 상기할 필요가 있다. 충북의 방언형은 'kimčʰi〈진천 중원 단양 청원 괴산 영동〉'와 'čimčʰi〈제원 괴산 보은 옥천〉'이므로 변화과정을 다음과 같이 상정할 수 있다.

ㅇ timtsʰʌy 〉 timtsʰɨy 〉 timčʰɨy 〉 čimčʰɨy 〉 kimčʰɨy 〉 kimčʰi
진중단청괴영

---

144) 여타 지역에서는 '귀개, 귀지개, 귀후지개, 귀후비개, 귀휘비개' 등의 방언형이 사용되고 있다.

o timts^{h}ʌy 〉 timts^{h}ɨy 〉 timč^{h}ɨy 〉 čimč^{h}ɨy 〉 čimč^{h}i
제괴보옥

위의 변화과정은 전 지역에서 발생한 비어두음절의 'ʌ〉ɨ', 치조음 'ㅊ'의 구개음화(ts^{h}〉č^{h}), 어두의 'ㄷ' 구개음화(t〉č), 진천과 중원과 단양과 청원과 괴산과 영동 지역에서 발생한 'ㅈ'의 역구개음화(č〉k), 'ɨy〉i' 단모음화를 포함하고 있다.

6] 꾸러미[苞] : 문헌에 'ᄢᅳ례(구방上68)'와 'ᄭᅳ러미(윤음73)'로 나온다. 표제어 '꾸러미'는 중세국어의 용언어간 'ᄢᅳ리-'에 접미사 '-어미'가 붙어 이루어진 것으로 생각된다. 'ᄢᅳ례(구방上68)'와 'ᄭᅳ렁이(십구1:12)'를 'ᄢᅳ리-'에 각각 접미사 '-에'와 '-엉'이 붙은 것으로 볼 수 있기 때문이다. 충북의 방언형은 'k'ʉrimi〈진천〉 k'ɨremi〈음성 중원 제원 괴산〉 k'uremi〈단양〉 k'ɨrimi〈옥천〉'이므로 변화과정을 다음과 같이 상정할 수 있다.

o *pk'ɨləmi 〉 k'ɨləmi 〉 k'ɨlemi 〉 k'ɨlimi
음중제괴 옥

o *pk'ɨləmi 〉 k'wɨləmi 〉 k'uləmi 〉 k'ulemi 〉 k'ulimi
단 진

위의 변화과정은 음성과 중원과 제원과 괴산과 옥천 지역에서 발생한 합용병서 'ㅼ'의 'ㅂ' 탈락(pk'〉k'), 진천과 단양 지역에서 발생한 'p〉w', 'wɨ〉u', 'ə' 움라우트(ə〉e), 어중의 'e〉i'를 포함하고 있다.

7] 내리다[降, 下] : 문헌에 'ᄂᆞ리-(석보11:13 월석1:36 두初10:35 능엄8:76 동문上27 오륜2:23) 나리-(아학下2)'와 '내리-(송강1:10) ᄂᆡ리-(여사3:6)'로 나온다. 충북의 방언형은 'nɛri-〈진천〉 neri-〈청원 괴산 영동 제외 전 지역〉'와 'nari-〈청원 괴산 영동〉'와

'niri-〈단양〉'이므로 변화과정을 다음과 같이 상정할 수 있다.

o nʌli- 〉 nali- 〉 nayli- 〉 nɛli-
청괴영 진

o nʌli- 〉 nəli- 〉 nəyli- 〉 neli- 〉 nili-
×청괴영 단

위의 변화과정은 전 지역에서 발생한 어두음절의 'ʌ〉a', 후속하는 'i'의 영향으로 발생한 일종의 역행동화로서의 'y' 첨가(a〉ay, ə〉əy), 'ay〉ɛ' 단모음화, 청원과 괴산과 영동 지역을 제외한 전 지역에서 발생한 어두음절의 'ʌ〉ə', 'əy〉e' 단모음화, 어두의 'e〉i'를 포함하고 있다.

8] 다래끼[眼丹] : 문헌에 'ᄃᆞ라치(역어上61 동문下7 한청8:10(219d))'로 나온다. '籃, 藍'에 해당하는 문헌어가 'ᄃᆞ라치(자회中13 박重中56)'와 'ᄃᆞ랏기(한청11:44) ᄃᆞ락씨(해동고시조) 다락기(청구고시조)'로 나오는 것을 참고할 수 있다. 충북의 방언형은 'tarɛk'i〈진천 음성 청원 괴산 보은 옥천〉 tɛrEk'i〈중원〉 tErEk'i〈제원〉 tɛrɛk'i〈괴산〉'와 'tarɛk^{h}i〈영동〉 tErEk^{h}i〈제원 단양〉'이므로[145] 변화과정을 다음과 같이 상정할 수 있다.

o *tʌlak'i 〉 talak'i 〉 talɛk'i 〉 tɛlɛk'i
×중제단영 중제

145) 이 방언형들은 비어두음절의 자음에 따라 크게 'k'형과 'k^h'형으로 양분되며, 다시 어두음절의 모음에 따라 'a'형과 'ɛ'형으로 나뉘는 양상을 보인다. 'k'형 대 'k^h'형의 양분 현상은 후자가 충북의 가장 남부 지역인 영동과, 가장 북부 지역인 제원 단양에 한정되어 있는데, 이것은 곧 경상 전라 양 방언의 직접적인 영향권 지역이라는 특징을 나타내는 것이다. 한편, 'a'형 지역은 진천 음성 청원 괴산 보은 옥천 영동인 데 반해 'ɛ'형 지역은 중원 제원 단양 괴산인데, 괴산은 양형이 공존하는 지역이므로 이곳을 제외하고 나면 중원 제원 단양 곧 충북의 북부 지역만 남는다.

o $*t\Lambda lats^hi$ 〉 $t\Lambda la\check{c}^hi$ 〉 $tala\check{c}^hi$ 〉 $talak^hi$ 〉 $tal\varepsilon k^hi$ 〉 $t\varepsilon l\varepsilon k^hi$
영 제단

위의 변화과정은 전 지역에서 발생한 어두음절의 'ʌ〉a', 'a' 움라우트(a〉ε), 중원과 제원과 단양 지역에서 발생한 어두의 a〉ε, 치조음 'ㅊ'의 구개음화(ts^h〉$\check{c}^h$), 'ㅊ'의 역구개음화($\check{c}^h$〉k^h)를 보여 준다.

9] 달래다[誘] : 문헌에 '달애-(용가18 월천上33 번소9:17 소언6:82 자회下28 유합下34)'와 '달내-(계축27/99 오륜1:39) 달래-(신속忠1:20 역어下43 연병8)'로 나온다. 충북의 방언형은 'talgε-〈진천 청원 괴산 보은 옥천 영동〉 talgE-〈음성 제원〉 talgi-〈단양〉'와 'tallε-〈중원 제원〉 tallE-〈중원 괴산〉'이므로 변화과정을 다음과 같이 상정할 수 있다.

o *talkay- 〉 talkε- 〉 talke- 〉 talki-
×중단 단

o *talkay- 〉 *talɦay- 〉 tallay- 〉 tallε-
중괴

위의 변화과정은 전 지역에서 발생한 'ay〉ε' 단모음화, 중원과 단양을 제외한 전 지역에서 발생한 어간말의 'ε〉e', 단양 지역에서 발생한 'e〉i', 중원과 괴산 지역에서 발생한 'ㄹ' 뒤의 'ㄱ' 약화, 'ɦ'의 보상적 탈락(lɦ〉ll)을 보여 준다.

10] 담뱃대[烟俗] : 문헌에 '담빗ㅅ듸(한청11:45(349b)) 담빗ㅅ대(동문上61) 담빗대(유물三草)'로 나온다. 충북의 방언형은 'tambεt'ε〈진천 중원 청원 보은 옥천 영동〉 tambεt'E〈음성〉 tambEt'E〈제원〉'와 'tambut'E〈음성 단양 괴산〉'이므로 변화과정을 다음과 같이 상정할 수 있다.

o tampʌystʌy 〉 tampaystay 〉 tampayt'ay 〉 tampɛt'ɛ
×단괴

o tampʌystʌy 〉 tampɨyt'ʌy 〉 tampɨyt'ay 〉 tampuyt'ay 〉 tamput'ay 〉 tamput'ɛ
음단괴

위의 변화과정은 단양과 괴산을 제외한 전 지역에서 발생한 비어두음절의 'ʌ〉a', 'ay〉ɛ' 단모음화, 음성과 단양과 괴산 지역에서 발생한 비어두음절의 'ʌ〉ɨ', 원순모음화(ɨ〉u), 하향이중모음의 부음 'y'의 탈락(uy〉u)을 포함한다.

11] 대야[盂, 鐥] : 문헌에 '다야(해례用字 자회中19 역어下13 왜어下15)'와 '대야(자회中12 역어補43)'로 나온다. 鷄林類事에 나오는 '盂曰大耶'를 참고할 수 있다. 충북의 방언형은 'tɛya〈진천 청원〉 tɛyɜ〈중원〉 tɛyə〈제원〉'와 'tɛ〈영동〉 tE〈중원 제원 보은〉'와 'sesutɛya〈진천〉 sesut'ɛya〈청원〉 sesut'ɛ〈영동〉 sesut'E〈중원 제원 보은〉 syisut'E〈음성 단양 괴산 옥천〉'이므로[146] 변화과정을 다음과 같이 상정할 수 있다.

o taya 〉 tayya 〉 tɛya 〉 tɛyə
진청 중제

o taya 〉 taay 〉 taːy 〉 tɛː
×진청

위의 변화과정은 전 지역에서 발생한 'ay〉ɛ' 단모음화, 진천과 중원과 제원과 청원 지역에서 발생한 'y' 뒤의 'y' 첨가(aya〉ayya),

---

146) 다음과 같이 '세수+대야'에 해당하는 방언형들을 참고할 수 있다.
sesutɛya〈진천〉 sesut'ɛya〈청원〉 sesut'ɛ〈영동〉 sesut'E〈중원 제원 보은〉 syisut'E〈음성 단양 괴산 옥천〉

어말의 'a〉ə', 진천과 청원을 제외한 전 지역에서 발생한 음운도치(ya〉ay), 'a'의 보상적 탈락(aa〉a:)을 보여 준다.

12] 대장간[冶匠間] : 문헌에 '대쟝(역어上19)'과 '셩녕(박初上17 유합下7 역어下43 동문下17 한청358a 노언下30 경민18) 셩녕깐(한청10:18(300c)) 셩냥바지(능엄3:88) 셩녕바치(역어上30) 셩녕ᄒᆞ-(박初上17 경민11 한청12:1)'로 나온다. 충북의 방언형은 'tɛǰa ŋ k'an〈진천 중원 청원 괴산〉 tɛǰə ŋ k'an〈음성 제원 보은 옥천 영동〉 tEǰa ŋ k'an〈단양〉'과 'sɨ ŋ nya ŋ k'an〈진천〉'이므로 변화과정을 다음과 같이 상정할 수 있다.147)

- taytsya ŋ k'an 〉 tayčya ŋ k'an 〉 tayča ŋ k'an 〉 tɛča ŋ k'an 〉 tɛčə ŋ k'an
  단 음제보옥영

- syə ŋ nya ŋ k'an 〉 sə ŋ nya ŋ k'an 〉 sɨ ŋ nya ŋ k'an
  진

위의 변화과정은 전 지역에서 발생한 치조음 'ㅈ'의 구개음화(ts〉č), 'ㅈ'의 구개음화에 이은 잉여자질 'y' 탈락, 음성과 제원과 단양과 보은과 옥천과 영동 지역에서 발생한 'ay〉ɛ' 단모음화, 어중의 'a〉ə', 진천 지역에서 발생한 어두의 'ə〉ɨ'를 보여 준다.

13] 두드러기[癮, 疹] : 문헌에 '두드러기(자회中3 동문下8) 두드럭이(한청8:2(251b))'와 '두두러기(역어上62)'로 나온다. 충북의 방언형은 'tudɨregi〈진천 제원 청원 옥천〉 tuduregi〈보은〉 tudirigi〈음성〉 tudɨrigi〈중원 단양 괴산〉 tudurigi〈영동〉'이므로 변화과

---

147) 문헌어 '셩녕/셩냥'과 관련되는 방언형 'sɨ ŋ nya ŋ k'an'은 진천 지역에서만 쓰이는 것으로 조사되었다는 사실이 주목된다.

정을 다음과 같이 상정할 수 있다.

o tutɨləki 〉 tutɨleki 〉 tutɨliki 〉 tutɨyliki 〉 tutiliki
진제청옥 중단괴 음

o tutɨləki 〉 tutuləki 〉 tutuleki 〉 tutuliki
보 영

위의 변화과정은 전 지역에서 발생한 'ə' 움라우트(ə〉e), 음성과 중원과 단양과 괴산과 영동 지역에서 발생한 어중의 'e〉i', 음성 지역에서 후속하는 'i'의 영향으로 발생한 어중의 'y' 첨가(ɨ〉ɨy), 'ɨy〉i' 단모음화, 보은과 영동 지역에서 발생한 어중의 'ɨ〉u'를 보여 준다.

14] 뒤집다[飜] : 문헌에 '뒤집-(역어補58)'과 '뒤즙-(여소2:3b)'[148] 으로 나온다. 이 문헌어의 전부요소 '뒤'는 중세국어에서 '飜'의 뜻으로 쓰인 '드위-/드의-/드위잊-/드위티-/드위혀-/드위혀-' 등의 '드위'에 소급하는 것으로 생각된다. 충북의 방언형은 'tüǰip-〈진천 중원 청원 괴산 보은〉 tuǰip-〈음성 옥천 영동〉 tüǰap-〈제원〉 twiǰəp-〈단양〉'이므로 변화과정을 다음과 같이 상정할 수 있다.[149]

o *tɨuytsip- 〉 tuɨytsip- 〉 tu:ytsip- 〉 tu:yčip- 〉 tü:čip-
진중청괴보

o *tɨuytsip- 〉 tuɨytsip- 〉 tu:ytsip- 〉 tu:yčip- 〉 tu:čip-
음옥영

---

148) 여소학에 '부부간의 눈얼 뒤즙고 서로 드투면(여소2:3b)'으로 나온다.
149) 제원 지역의 방언형은 강원도 평창 명주 원성 삼척 지역과 경상북도 문경 지역에서도 확인된다. 방언형 'tüǰap-'과 'twiǰəp-'은 '뒤집-'의 후부요소를 '집' 대신에 '잡'이나 '접'으로 바꾼 별개의 어형으로 파악된다.

위 변화과정은 전 지역에서 발생한 음운도치(ɨu〉uɨ), 'ɨ'의 보상적 탈락(uɨ〉u:), 치조음 'ㅈ'의 구개음화(ts〉č), 진천과 중원과 청원과 괴산과 보은 지역에서 발생한 'uy〉ü' 단모음화, 음성과 옥천과 영동 지역에서 발생한 어두 하향이중모음의 부음 'y'의 탈락(uy〉u)을 보여 준다.

15] 등겨[米皮] : 문헌에 '등겨(한청12:66(390c))'로 나온다. 충북의 방언형은 'tɨŋgyə〈진천〉 tɨŋge〈음성〉 tiŋge〈청원 보은 옥천〉 tiŋgi〈영동〉'와 'taŋgaru〈중원 제원 단양 괴산〉'인데 방언형 'taŋgaru'는 문헌어와 관련되지 않으므로 여기서 제외하고 나머지 방언형들의 변화과정을 다음과 같이 상정할 수 있다.

o tɨŋkyə 〉 tɨŋkəy〉 tɨŋke
진 음

o tɨŋkyə 〉 tɨyŋkyə 〉 tiŋkyə 〉 tiŋkəy 〉 tiŋke 〉 tiŋki
진 청보옥 영

위의 변화과정은 음성과 청원과 보은과 영동 지역에서 발생한 음운도치(yə〉əy), 'əy〉e' 단모음화, 청원과 보은과 옥천과 영동 지역에서 후속하는 'y'의 영향으로 발생한 어두 'y' 첨가(ɨ〉ɨy), 'ɨy〉i' 단모음화, 어말의 'e〉i'를 보여 준다.

16] 뚫다[鑽, 穿] : 문헌에 '듧-(법화6:154 남명下27 두初8:31 금삼4:4 구간6:13 유합下46 두창上8 박初上14 시언1:18) 둛-(두요上8 화포9)'과 'ᄠᅳᆲ-(구간2:12) ᄠᅳᆲ-(역어補45) ᄯᅳᆲ-(계축9/118 박신1:16 동문下39 한청11:57)' 및 'ᄠᅳᆯ-(신속烈3:64) ᄠᅮᆯ-(자초5 박重下5) ᄯᅮᆯ-(화포9 한청5:4)'로 나온다. 충북의 방언형은 't'ullɨ-〈진천〉 t'ʉllu-〈괴산〉'와 't'ulb-〈진천 옥천 영동 제외 전 지역〉 t'ɨlb-〈보은 옥천 영동〉'이므로 변화과정을 다음과 같이 상

정할 수 있다.

o tɨlp- 〉 t'ɨlp- 〉 t'ulp-
보옥영 ×진옥영

o tɨlp- 〉 tɨl- 〉 t'ɨl- 〉 t'ul- 〉 t'ulɨ- 〉 t'ullɨ- 〉 t'ullu-
진 괴

위의 변화과정은 전 지역에서 발생한 어두 'ㄷ'의 경음화, 진천과 옥천과 영동 지역을 제외한 전 지역에서 발생한 어두의 'ɨ>u', 진천과 괴산 지역에서 발생한 어말자음군 'ㄹㅂ'의 'ㅂ' 탈락(p> ø), 어말자음 뒤의 'ɨ' 첨가, 'ㄹ' 뒤의 'ㄹ' 첨가를 보여 준다.

17] 마을[村] : 문헌에 '村, 鄕, 聚落'을 뜻하는 말이 'ᄆᆞᅀᆞᇙ(두初7:39 법화2:188)'과 'ᄆᆞᅀᆞᇙ(소언6:12 유합上18) ᄆᆞᅀᆞᇙ(소언6:80) 마을(소언6:45 삼역2:11)' 및 'ᄆᆞ슬(백련20)'로 나온다. 충북의 방언형은 'maɨl〈중원 제외 전 지역〉'과 'masyil〈중원 옥천 영동〉'이므로 변화과정을 다음과 같이 상정할 수 있다.

o mʌzʌlh 〉 mʌʌlh 〉 mʌɨlh 〉 mʌɨl 〉 maɨl[150)]
×중

o *mʌsʌlh 〉 mʌsɨlh 〉 mʌsɨl 〉 masɨl 〉 masil
중옥영

위의 변화과정은 중원 지역을 제외한 전 지역에서 발생한 모음 사이의 'ㅿ' 약화, 전 지역에서 발생한 비어두음절의 'ʌ>ɨ', 어말자음 'ㅎ'의 탈락, 어두음절의 'ʌ>a', 중원과 옥천과 영동 지역에서 발생한 전설모음화(ɨ>i)를 보여 준다.

150) '아랫말, 웃말, 창말, 큰말' 등의 지명에 들어 있는 후부요소 '-말'은 'maɨl>ma:l'의 변화의 결과로 생각된다.

18] 모기[蚊] : 문헌에 '모ᄀᆡ(석보9:9 능엄4:3 월석9:26 삼강孝31 선가下60)'와 '모긔(자회上16 유합上22 오륜1:58 유물二昆 여소5:31b)' 그리고 '모괴(박重中58)'로 나온다. 충북의 방언형은 'mogi〈전 지역〉'와 'mogu〈영동〉'이므로 변화과정을 다음과 같이 상정할 수 있다.

o mokʌy 〉 mokɨy 〉 moki
전체

o mokʌy 〉 mokoy 〉 mokuy 〉 moku
영

위의 변화과정은 전 지역에서 발생한 비어두음절의 'ʌ〉ɨ', 'ɨy〉i' 단모음화, 영동 지역에서 발생한 비어두음절의 'ʌ〉o', 어말의 'o〉u', 어말 하향이중모음의 부음 'y'의 탈락(uy〉u)을 보여 준다.

19] 묘(墓) : 문헌에 '묘(월석10:3 신속烈8:76 가언10:45) 묘소(월석10:13 가언8:18 역어補19)'로 나온다. 충북의 방언형은 'moi〈진천 음성 중원 청원 괴산 보은〉 mö〈제원 옥천 영동〉'와 'mi:〈단양〉 myo:〈단양〉'이므로[151] 방언형들의 변화과정을 다음과 같이 상정할 수 있다.

o myo 〉 moy 〉 mö 〉 me 〉 mi
단 제옥영 단

o myo 〉 moy 〉 moi
단 진음중청괴보

151) 참고로 '묏자리'의 방언형들을 제시하면 다음과 같다 : moič'ari〈진천 청원 괴산 보은〉 myoč'ari〈음성 중원 단양 옥천〉 möč'ari〈제원 옥천 영동〉 mič'ari〈단양〉

위의 변화과정은 전 지역에서 발생한 음운도치(yo〉oy), 제원과 단양과 옥천과 영동 지역에서 발생한 'oy〉ö' 단모음화, 'ö'의 원순성 상실(ö〉e), 어두의 'e〉i', 진천과 음성과 중원과 청원과 괴산과 보은 지역에서 발생한 음절분화(oy〉oi)를 보여 준다.

20] 바위[巖] : 문헌에 '바회(용가1:46 석보6:44 두初7:31 자회上3) 배회(신속烈8:29)'와 '바위옷(유물三草)'으로 나온다. 충북의 방언형은 'pauy〈진천 음성 청원〉 pau〈진천 청원 제외 전 지역〉'와 'paŋgu〈음성 단양 괴산〉'이므로 변화과정을 다음과 같이 상정할 수 있다.

o pahoy 〉 paoy 〉 pauy 〉 pau
진음청 ×진청

o pahoy 〉 paoy 〉 pauy 〉 pau 〉 paŋu 〉 paŋku
진음청 ×진청 음단괴

위의 변화과정은 전 지역에서 발생한 모음 사이의 'ㅎ' 약화, 어말의 'o〉u', 진천과 청원 지역을 제외한 전 지역에서 발생한 어말의 'y' 탈락(uy〉u), 음성과 단양과 괴산 지역에서 발생한 모음 사이의 'ŋ' 첨가, 어말 유성음 사이의 'ㄱ' 첨가를 보여 준다.

21] 버짐[癬] : 문헌에 '버즘(구간6:86 자회中33 동문下7 한청8:10 (219c)) 버좀(역어上62) 버줌(두요下51)'으로 나온다. 충북의 방언형은 'pɜdɨm〈진천〉 pɜdʉm〈음성〉 pədɨm〈보은 옥천 영동〉'과 'pəǰim〈중원 단양 괴산〉 pɜǰɨm〈청원〉 pəǰɨm〈보은〉 pŏǰim〈제원〉'이므로 변화과정을 다음과 같이 상정할 수 있다.

o pətsɨm 〉 pəčɨm 〉 pəčim 〉 počim
청보 중단괴 제

o pətsɨm 〉 pəčɨm 〉 pətɨm 〉 pətum

청보　　진보옥영　음

위의 변화과정은 전 지역에서 발생한 치조음 'ㅈ'의 구개음화(ts〉č), 중원과 제원과 단양과 괴산 지역에서 발생한 전설모음화(ɨ〉i), 제원 지역에서 발생한 어두 순음 뒤의 'ə〉o', 진천과 음성과 보은과 옥천과 영동 지역에서 발생한 어중의 'ㅈ〉ㄷ', 어말 순음 앞의 'ɨ〉u'를 보여 준다.

22] 새암[妬] : 문헌에 '새옴(월천上108 내훈1:81 유합下26 역어下48 소언2:55 오륜3:4 金諺69) 새욤(金諺73)'과 '식암(도산가)'으로 나온다. 충북의 방언형은 'sɛːm〈옥천 제외 전 지역〉'과 'syaːm〈옥천 영동〉'이므로 변화과정을 다음과 같이 상정할 수 있다.

o sayom 〉 sayam 〉 saaym 〉 saːym 〉 sɛːm

×옥

o sayom 〉 sayam 〉 syaam 〉 syaːm[152)]

옥영

위의 변화과정은 전 지역에서 발생한 어말의 'o〉a', 옥천 지역을 제외한 전 지역에서 발생한 음운도치(ya〉ay), 'ay〉ɛ' 단모음화, 옥천과 영동 지역에서 발생한 음운도치(ay〉ya), 'a'의 보상적 탈락(aa〉aː)을 보여 준다.

---

152) 'sayom〉sayam〉sɛam〉sɛːm'의 변화과정은 표제어 '뱀[蛇]'의 발달과정에서 볼 수 있는 변화과정과 동일한데, 이것은 방언형 'pɛam' 또는 'pɛyam'을 염두에 둔 것이므로 방언형으로 'sɛam'을 가지고 있지 않은 충북방언의 경우는 음운도치에 의한 'sayom〉sayam〉saaym〉saːym〉sɛːm'의 변화과정으로 설명하고자 한다. 경북방언에서도 '새암' 형태를 발견할 수 없음이 흥미롭다(한국방언자료집Ⅶ p.133).

23] 썰매 : 문헌에 '셜마(한청4:52(119a) 물보舟車)'로 나온다.[153] 충북의 방언형은 's'əlmɛ〈진천 청원 괴산 보은〉 s'əlmE〈음성 중원 단양〉 s'əlma〈옥천〉[154]'이므로 변화과정을 다음과 같이 상정할 수 있다.

o syəlma 〉 səlma 〉 s'əlma
옥

o syəlma+i 〉 syəlmai → syəlmay 〉 səlmay 〉 s'əlmay 〉 s'əlmɛ
×제옥영

위의 변화과정은 전 지역에서 발생한 치조음 'ㅅ'의 구개음화, 'ㅅ'의 구개음화에 이은 잉여자질 'y'의 탈락, 어두 'ㅅ'의 경음화, 제천과 옥천과 영동 지역을 제외한 전 지역에서 발생한 'i'의 활음화(i〉y), 'ay〉ɛ' 단모음화를 보여 준다.

24] 쑤시다 : 문헌에 '쁘시-(소언3:23 두요下21 내훈重1:3 역어上47) 쁘시-(계축p.9) 쓔시-(한청213c/217c) 슈시-(유물五土)'와 '쏘시-(여소1:21a)' 그리고 파생명사 '호부[鑿破](동언)'로 나온다. 충북의 방언형은 's'usyi-〈진천 음성〉'와 'hubi-〈중원 제원〉 ɸubi-〈단양 청원〉 ɸübi-〈청원 괴산 보은 옥천 영동〉'이므로 변화과정을 다음과 같이 상정할 수 있다.

o psyusi- 〉 s'yusi- 〉 s'usi-
진음

o *hopi- 〉 hupi- 〉 hüpi-
중제단청 청괴보옥영

153) 이 말은 한자어 '설마(雪馬)'에 대응하는 것으로 보인다.
154) 이 방언형은 충남 금산 지역에서도 쓰이는 것으로 조사되었다(한국방언자료집 Ⅳ p.113 참조).

위의 변화과정은 진천과 음성 지역에서 발생한 합용병서 'ㅄ'의 보상적 'ㅂ' 탈락(ps〉s'), 치조음 'ㅅ'의 구개음화, 'ㅅ'의 구개음화에 이은 잉여자질 'y'의 탈락, 진천과 음성 지역을 제외한 전 지역에서 발생한 어두의 'o〉u', 'u' 움라우트(u〉ü)를 보여 준다.

25] 쓰레기[塵, 芥, 埃] : 문헌에 '쓸어기(경신24)'로 나온다. 이 말은 '掃' 또는 '拂'의 뜻으로 쓰인 중세국어의 동사어간 'ᄡᅳᆯ-(석보6:6 월천上55 삼강孝7 금삼2:54 자회下23 유합下8)'에 접미사 '-어기'가 결합한 것으로 파악된다. 충북의 방언형은 's'ɨregi〈진천 음성 청원〉'와 's'irEgi〈중원 제원 단양 옥천〉 s'irɛgi〈보은〉 s'iregi〈괴산〉 s'irigi〈영동〉'이므로 변화과정을 다음과 같이 상정할 수 있다.

o psɨləki 〉 s'ɨləki 〉 s'ɨleki 〉 s'ileki 〉 s'iliki

진음청 괴 영

o psɨləki 〉 s'ɨləki 〉 s'ɨleki 〉 s'ileki 〉 s'ilɛki

진음청 괴 중제단보옥

위의 변화과정은 전 지역에서 발생한 합용병서 'ㅄ'의 보상적 'ㅂ' 탈락(ps〉s'), 'ə' 움라우트(ə〉e), 영동 지역에서 발생한 어중의 'e〉i', 중원과 제원과 단양과 보은과 옥천 지역에서 발생한 전설모음화(ɨ〉i), 어중의 'e〉ɛ'를 보여 준다.

26] 이레[七日] : 문헌에 '닐웨(월천上39 석보6:27/9:31 월석1:52/2:13 두경21) 닐에(마언下9 십구1:33)'로 나온다. 충북의 방언형은 'ire〈단양 영동 제외 전 지역〉 irE〈단양 영동〉 ir^{ɦ}e〈괴산〉'이므로 변화과정을 다음과 같이 상정할 수 있다.

o nilwəy 〉 niləy 〉 iləy 〉 ile 〉 ilɛ

×단영 단영

o nilwəy 〉 niləy 〉 iləy 〉 ile 〉 ilhe

괴

위 변화과정은 전 지역에서 발생한 어중 'ㄹ' 뒤의 'w' 탈락, 두음법칙(n〉ø), 'əy〉e' 단모음화, 단양과 영동 지역에서 발생한 어말의 'e〉ɛ', 괴산 지역에서 발생한 어중 'ㄹ' 뒤의 'ㅎ' 첨가를 보여 준다.

27] 입술 : 문헌에 '입시울(석보9:29 월석9:50 자회上26 동문上15 한청146d) 입슈얼(역어上5) 입슈월(경민22) 입수얼(여사3:4) 입시읅(두경22 역어補21 아학上2) 입웃시읅(한청6:5) 입아랫시올/입웃시올(역어上33)'과 '입모숨(삼강忠26)'으로 나온다. 충북의 방언형은 'ips'ul〈진천 음성 제원 단양 청원 옥천〉 ips'əl〈중원 청원 옥천〉 ips'öl〈중원 보은〉 ips'ol〈괴산〉'과 'ips'əbəri〈영동〉'[155]이므로 변화과정을 다음과 같이 상정할 수 있다.

o ips'iul 〉 ips'yul 〉 ips'ul 〉 ips'əl

×중괴보영 중청옥

o ips'iul 〉 ips'yul 〉 ips'ul 〉 ips'ol

×중괴보영 중괴보

위의 변화과정은 전 지역에서 발생한 어중 'i'의 활음화(i〉y), 치조음 'ㅆ'의 구개음화, 'ㅆ'의 구개음화에 이은 잉여자질 'y'의 탈락, 중원과 청원과 옥천 지역에서 발생한 어말의 'u〉ə', 중원과 괴산과 보은 지역에서 발생한 어말의 'u〉o'를 보여 준다.

28] 제기[毽] : 문헌에 '져기(왜어下20 물보博戲)'로 나온다. 충북의 방언형은 'čegi〈제원 단양 옥천 제외 전 지역〉 čEgi〈제원 단양

155) 영동 지역의 방언형 'ips'əbəri'는 경상방언의 차용으로 생각된다.

옥천〉 či:gi〈보은〉'이므로 변화과정을 다음과 같이 상정할 수 있다.[156]

o *tsyəki 〉 čyəki 〉 čəki 〉 čeki 〉 čiki
×제단옥 보

o *tsyəki 〉 čyəki 〉 čəki 〉 čeki 〉 čɛki
×제단옥 제단옥

위의 변화과정은 전 지역에서 발생한 치조음 'ㅈ'의 구개음화(ts〉č), 'ㅈ'의 구개음화에 이은 잉여자질 'y'의 탈락, 'ə' 움라우트(ə〉e), 보은 지역에서 발생한 어두의 'e〉i', 제원과 단양과 옥천 지역에서 발생한 어두의 'e〉ɛ'를 보여 준다.

29] 할머니[祖母] : 문헌에 '할마님(번소9:29 소언6:26 신속孝6:8) 한마님(한중p.172)' 및 '한미(유물三(草) 아학上1) 할미(용가19 월천上26 금삼3:12 자회上31/33)' 그리고 '한어미(역어上56)'로 나온다. 충북의 방언형은 'halmənyi〈전 지역〉'와 'halmay〈영동〉 halməy 〈괴산 옥천****〉'이므로 변화과정을 다음과 같이 상정할 수 있다.[157]

o hanmanim 〉 halmanim 〉 halmani 〉 halməni 〉 halməi 〉 halməy
전체 괴옥

o hanmanim 〉 halmanim 〉 halmani 〉 halmai 〉 halmay
영

156) '제비(燕)'에 대한 문헌 자료 '졔비(백련25 杜중2:24)'를 참고할 수 있다.
157) 훈민정음 초기 문헌에 등장하는 '할미'를 '한+어미'로 분석되는 '*하너미'로부터 '하나미'와 '하ᄂᆞ미'를 거쳐 이루어진 '한미'의 활음조 현상으로 설명하는 견해를 수용하여 변화과정을 상정하고자 한다(이기문, 1983:6). 이와 같은 견해는 조항범(1996:164)의 '*한아마님〉*한ᄋᆞ마님〉한마님〉할마님'의 변화과정 상정에도 보인다.

위의 변화과정은 전 지역에서 발생한 활음조 현상(ㄴ〉ㄹ), 어말자음 'ㅁ'의 탈락, 어중의 'a〉ə(aVa〉aVə)', 괴산과 옥천과 영동 지역에서 발생한 모음 사이의 'ㄴ' 약화, 'i'의 활음화(i〉y)를 보여 준다.

30] 호미[鉏, 鋤] : 문헌에 '호ᄆᆡ(해례用字 두初8:48 속삼孝15 자회中16 유합上28)'와 '호뫼(청구p.15) 호뮈(아학上11)' 그리고 '호믜(역어下7 동문下2 한청295b)'로 나온다. 충북의 방언형은 'homi〈영동 제외 전 지역〉'와 'homɛŋi〈진천 보은 옥천 영동〉 homEŋi〈단양〉'와 'homis'yise〈음성〉 homis'yisyi〈중원〉 homis'yisE〈괴산〉 homis'yi〈보은〉 homus'yisyi 〈제원 단양〉 homus'yi〈보은〉 homusyi〈옥천 영동〉'이므로 변화과정을 다음과 같이 상정할 수 있다.158)

ㅇ homʌy 〉 homɨy 〉 homi
×영

ㅇ homʌy 〉 homoy 〉 homuy 〉 homu
제단보옥영

위의 변화과정은 영동 지역을 제외한 전 지역에서 발생한 비어두음절의 'ʌ〉ɨ', 'ɨy〉i' 단모음화, 제원과 단양과 보은과 옥천과 영동 지역에서 발생한 비어두음절의 'ʌ〉o', 어말의 'o〉u' 고모음화, 어말 하향이중모음의 부음 'y'의 탈락(uy〉u)을 포함하고 있다.

158) 비어두음절의 'ᆞ'가 'ɨ'로 바뀌는가 아니면 앞 음절의 'o'에 의해 'o'로 동화되는가에 따라서 서로 다른 방언형에 도달하게 된다. 이러한 변화과정은 '나비, 모기' 등의 통시적 변화에서도 볼 수 있다(전철웅, 2000/2006).

2.2.6. 음운변화가 여섯 가지인 것

1] 가래[楸子] : 문헌에 'ᄀᆞ래(용가10:19 해례用字 두初16:39 구간6:87 자회上11 유합上9 왜어下28)'로 나온다. 충북의 방언형은 'karɛ〈진천 중원〉 karE〈괴산〉'와 'č^huǰa〈괴산〉'와 'sanč^huǰa〈단양〉 karEč^huǰa〈단양〉'이므로 변화과정을 다음과 같이 상정할 수 있다.

o kʌlay 〉 kalay 〉 kalɛ
진중단괴

o ts^hyutsʌ 〉 č^hučʌ 〉 č^huča
단괴

위의 변화과정은 진천과 중원과 단양과 괴산 지역에서 발생한 어두음절의 'ʌ〉a', 어말의 'ay〉ɛ' 단모음화, 단양과 괴산 지역에서 발생한 치조음 'ㅊ'의 구개음화(ts^h〉č^h), 'ㅊ'의 구개음화에 이은 잉여자질 'y' 탈락, 치조음 'ㅈ'의 구개음화(ts〉č), 비어두음절의 'ʌ〉a'를 보여 준다.

2] 가르마[分道子] : 문헌에 'ᄀᆞ림자(동문上14) ᄀᆞ림ᄌᆞ(한청5:48)' 및 '가림자(역어補21)'로 나온다. 이 문헌어들은 '割'의 뜻으로 쓰인 'ᄀᆞ리-(유합下41)'와 관련되는 형태로 보인다.[159] 충북의 방언형은 'karɨmma〈진천〉'와 'karɨmbE〈음성 중원 제원 단양〉 karɨmbɛ〈청원 괴산 보은 영동〉 karambɛ〈옥천〉'이므로 'ᄀᆞᄅᆞ-(신속烈5:35/85)'와 '가린길ㅎ(능엄6:96 남명下12) 가ᄅᆞᆺ길ㅎ(번노下43) ᄀᆞ름길(한청9:23) 가름길(동문上41)'에 근거하여[160] 변화과정을 다음과 같이

159) 중국어로는 '中缝儿, 中分, 分缝, 分发线, 头路' 등으로 쓰이는 점이 의미파악에 도움이 된다.

160) '갈래(岐)'의 뜻으로 쓰인 가ᄅᆞ(월석8:13 박初上68 자회上5 관음13) 가ᄅᆞᆯ(석보24:24)과 '가림(유합下54)', 그리고 '갈리-(被分)'의 뜻으로 쓰인 '가리-(용가1:44 남명下12 능엄1:22) 갈이-(두初23:33)' 역시 참고자료가 된다.

상정할 수 있다.

o *kalʌma 〉 kalɨma 〉 kalɨmma
진

o *kalʌma 〉 kalɨma 〉 kalɨmpa 〉 kalɨmpay 〉 kalɨmpɛ 〉 kalampɛ
음중제단 옥

위의 변화과정은 진천과 음성과 중원과 제원과 단양과 옥천 지역에서 발생한 비어두음절의 'ʌ>ɨ', 진천 지역에서 발생한 어중 'ㅁ' 뒤의 'ㅁ' 첨가, 음성과 중원과 제원과 단양과 옥천 지역에서 발생한 'ㅁ' 뒤의 'ㅂ' 첨가, 어말모음 뒤의 'y' 첨가(a>ay), 'ay>ɛ' 단모음화, 어중의 'ɨ>a'를 보여 준다.

3] 계집[女, 娘, 妻] : 문헌에 '겨집(석보9:14 월석1:26 능엄6:111 자회上31)'과 '계집(동의湯液1:32 역어上27 송강2:2 동문上11 한청213a 내훈重2:13)' 및 '기집(여소1:7b/1:18a)'으로 나온다. 충북의 방언형은 'kiǰibɛ〈진천 영동〉 kiǰibE〈제원〉 keǰibɛ〈청원〉 keǰibE〈음성〉'와 'čiǰibɛ〈보은〉 čiǰibE〈중원 단양 괴산〉 čiǰiba〈단양〉 čiǰəba〈옥천〉'이므로 방언형들이 모두 '계집+아이'의 구조로 분석되므로 '아이'를 제외하고 '계집' 쪽만 대상으로 할 때 변화과정을 다음과 같이 상정할 수 있다.

o kyətsip 〉 kyəytsip 〉 kyəyčip 〉 kyečip 〉 kečip 〉 kičip
음청 진제영

o kyətsip 〉 kyəytsip 〉 kyəyčip 〉 čyəyčip 〉 čəyčip 〉 čečip 〉 čičip
중단괴보

위의 변화과정은 전 지역에서 발생한 치조음 'ㅈ'의 구개음화(ts>č), 후속하는 'i'의 영향으로 발생한 어두 'y' 첨가(ə>əy), 'əy〉e' 단모음화, 어두의 'e〉i', 중원과 단양과 괴산과 보은 지역에서 발생한 어두의 'ㄱ' 구개음화(k〉č), 'ㄱ' 구개음화에 따른 잉여자질 'y'의 탈락 등을 포함하고 있다.

4] 깍두기 : 충북의 방언형은 'k'akt'egi〈옥천〉 k'akt'ugi〈진천 음성 중원 단양 영동〉 k'akt'igi〈제원〉 k'akt'ügi〈청원 괴산〉'와 't'okt'Egi〈보은〉'이므로 변화과정을 다음과 같이 상정할 수 있다.

- *kakt'oki 〉 k'akt'oki 〉 k'akt'öki 〉 k'akt'eki
  옥
- *kakt'oki 〉 k'akt'oki 〉 k'akt'uki 〉 k'akt'üki 〉 k'aktiki
  진음중단영 청괴 제

위의 변화과정은 전 지역에서 발생한 어두 'ㄱ'의 경음화, 옥천 지역에서 발생한 'o' 움라우트(o〉ö), 'ö'의 원순성 상실(ö〉e), 보은과 옥천 지역을 제외한 전 지역에서 발생한 어중의 'o〉u', 제원과 청원과 괴산 지역에서 발생한 'u' 움라우트(u〉ü), 'ü'의 원순성 상실(ü〉i)을 보여 준다.

5] 나누다[分] : 문헌에 'ᄂᆞᆫ호-(석보19:6 월석1:45 두初22:20 능엄5:13 동문上27 한청176a) 난호-(석보13:37 경신15 삼략上10) 논호-(두重6:30 연병1 경민44 칠대10)'와 '노느-(여소2:17b) 나노-(여소3:32a)'로 나온다. 충북의 방언형은 'nonu-〈진천 제원〉 nanu-〈음성 중원 청원〉'와 'non-〈전 지역〉'이므로 변화과정을 다음과 같이 상정할 수 있다.

- nʌnho- 〉 nanho- 〉 nano- 〉 nanu-
  음중청
- nʌnho- 〉 nonho- 〉 nono- 〉 nonu- 〉 nonɨ- 〉 non-
  진제 전체

위의 변화과정들은 음성과 중원과 청원 지역에서 발생한 어두음절의 'ʌ>a', 전 지역에서 발생한 어두음절의 'ʌ>o', 유성음 사이의 'ㅎ' 약화, 어간말의 'o>u', 'u>ɨ', 어말모음 'ɨ'의 탈락을 보여 준다.

6] 다리[髢] : 문헌에 'ᄃᆞᆯ외(자회中25)'와 'ᄃᆞ릐(역어補29 동문上54 한청11:23(338d)) ᄃᆞᆯ이(왜어上44) ᄃᆞᆯ릐(역어上47) 다릐(해동p.95) 달릐(해동p.115)' 그리고 '달비(여소6:20b)'로 나온다. 충북의 방언형은 'tari〈진천 음성 중원 제원 단양 괴산〉 talbi〈단양 청원 괴산 보은 옥천 영동〉 wəlč'a〈보은〉'이므로 어원이 다른 'wəlč'a'를 제외하고 나머지 방언형들의 변화과정을 다음과 같이 상정할 수 있다.

o *tʌlβʌy 〉 tʌlwʌy 〉 tʌloy 〉 tʌlʌy 〉 tʌlɨy 〉 talɨy 〉 tali161)
진음중제단괴

o *tʌlpʌy 〉 tʌlpɨy 〉 talpɨy 〉 talpi
단청괴보옥영

위의 변화과정은 전 지역에서 발생한 'β>w', 'wʌ>o', 진천과 음성과 중원과 제원과 단양과 괴산 지역에서 발생한 비어두음절의 'o>ʌ', 단양과 청원과 괴산과 보은과 옥천과 영동 지역에서 발생한 비어두음절의 'ʌ>ɨ', 전 지역에서 발생한 어두음절의 'ʌ>a', 어말의 'ɨy>i' 단모음화를 보여 준다.

---

161) '*tʌlβʌy>tʌloy>tʌlɨy>talɨy>tali'의 변화는 불가한 것으로 생각된다. 'o>ɨ' 규칙의 적용이 걸림돌이 되기 때문이다. 동일한 음운 환경을 가진 '달래(野蒜)'의 경우, '*tʌlɦoy'에서 'o>ɨ' 규칙을 적용한다면 방언형 중 'talli'는 얻을 수 있으나 'tallɛ, tallE'라는 방언형은 얻을 수 없다는 사실을 상기해야 되는 것이다. 훈몽자회의 'ᄃᆞᆯ외(자회中25)'는 '*tʌlβʌy'에서 '*β>w' 변화의 결과로 나타난 것이라고 말할 수 있지만, 다음에 'o>ʌ' 변화를 수행한 것으로 처리하지 않는 한 그 후속변화를 기대할 수 없을 듯하다.

7] 달무리[月暈] : 문헌에 'ᄃᆞᆯ모로(자회下1 신속忠1:35 역어上1)'로 나온다. 충북의 방언형은 'talmuri〈진천 음성 중원 청원 괴산 보은〉'와 'talmul〈음성 제원 단양 옥천 영동〉'이므로 변화과정을 다음과 같이 상정할 수 있다.

o *tʌlmolo 〉 tʌlmulu+i → tʌlmului 〉 tʌlmuluy 〉 tʌlmulɨy 〉 talmulɨy 〉 talmuli[162)]
진음중청괴보

o *tʌlmolo 〉 tʌlmulu 〉 talmulu 〉 talmul
음제단옥영

위의 변화과정은 전 지역에서 발생한 어중과 어말의 'o〉u', 어두음절의 'ʌ〉a', 진천과 음성과 중원과 청원과 괴산과 보은 지역에서 발생한 'i'의 활음화(i〉y), 어중의 'u〉ɨ', 어말의 'ɨy〉i' 단모음화, 음성과 제원과 단양과 옥천과 영동 지역에서 발생한 어말 모음 'u'의 탈락을 보여 준다.

8] 먼저[先] : 문헌에 '몬져(용가114 월천上94 석보9:9 원각序46 두初15:18 몽산6) 몬졔(석보19:36 월석10:17) 몬제(능엄1:98) 몬저(목우10)'와 '먼져(여사3:4)' 그리고 '먼여(여소2:29b/6:53a)'로 나온다. 충북의 방언형은 'mənǰə〈진천 음성 중원 제원 괴산 보은〉 mənǰe〈보은〉'와 'mənyə〈진천 단양 청원 보은 옥천 영동〉'이므로 변화과정을 다음과 같이 상정할 수 있다.

o montsyəy 〉 montsyə 〉 mončyə 〉 mənčyə 〉 mənčə 〉 mənče
×단청옥영 보

162) 방언형 'talmuri'와 'talmul'의 후부요소 'muri'와 'mul'의 상호관계에 대해서는 현재로서 확언하기 어렵다.

o montsyəy 〉 montsyə 〉 mončyə 〉 mənčyə 〉 mənyə[163)]
진단청보옥영

위의 변화과정은 전 지역에서 발생한 어말 하향이중모음의 부음 'y'의 탈락(əy〉ə), 치조음 'ㅈ'의 구개음화(ts〉č), 'ㅈ'의 구개음화에 이은 잉여자질 'y'의 탈락, 보은 지역에서 발생한 어말의 'ə〉e', 진천과 단양과 청원과 보은과 옥천과 영동 지역에서 발생한 어두의 'o〉ə', 어중 'y' 앞의 'ㅈ' 탈락을 보여 준다.

9] 베개[枕] : 문헌에 '벼개(두初15:11 삼강孝19 법화2:73 자회中11 유합上25)'와 '벼ᄀᆡ(아학上12 여소3:15a)'로 나온다. 충북의 방언형은 'pɜgE〈진천〉 pigE〈제원 청원 보은 제외 전 지역〉 pyəgE〈중원〉 pegE〈제원 괴산〉 pige〈청원 보은〉'이므로 변화과정을 다음과 같이 상정할 수 있다.

o pyəkay 〉 pyəkɛ 〉 pəkɛ
중 진

o pyəkay 〉 pəykay 〉 pekɛ 〉 pikɛ 〉 pike
제괴 ×제청보 청보

위의 변화과정은 전 지역에서 발생한 'ay〉ɛ' 단모음화, 진천 지역에서 발생한 어두 순음 뒤의 'y' 탈락(pyə〉pə), 전 지역에서 발생한 음운도치(yə〉əy), 'əy〉e' 단모음화, 제원과 청원과 보은 지역을 제외한 전 지역에서 발생한 어두의 'e〉i', 청원과 보은 지역에서 발생한 어말의 'ɛ〉e'를 보여 준다.

10] 보늬[穰, 殼裏皮] : 문헌에 '보ᄂᆡ(두重20:9) 본의(유물四木)'와 '보ᄆᆡ(두初20:9 구간2:15) 보믜(동문下5)'로 나온다. 충북의 방언형

163) 'n'과 'y' 사이에 놓인 'č'의 탈락례로 '혼자'의 방언형 'honya'를 추가할 수 있다.

은 'pɜnEgi〈진천〉 pənigi〈보은〉'와 'pɜni〈음성〉 pəni〈청원〉 pɜnE〈중원〉'와 'pɜndigi〈음성〉 pəndigi〈영동〉 paːm pəndegi〈괴산〉'와 'pam pinul〈제원〉 soːk pinɨl〈옥천〉 pinul〈옥천 영동〉'이므로 표제어 '보늬'와 직접 관련되는 방언형들의 변화과정은 다음과 같이 상정할 수 있다.

o *ponʌy 〉 ponɨy 〉 poni 〉 pəni
　　　　　　　　　　　　　　　　음청

o *ponʌy 〉 ponɨy 〉 ponəy 〉 pone 〉 pəne 〉 pənɛ
　　　　　　　　　　　　　　　　　　　　　　　　중

위의 변화과정은 전 지역에서 발생한 비어두음절의 'ʌ〉ɨ', 음성과 청원 지역에서 발생한 'ɨy〉i' 단모음화, 음성과 중원과 청원 지역에서 발생한 어두 순음 뒤의 'o〉ə', 중원 지역에서 발생한 어말의 'ɨ〉ə', 'əy〉e' 단모음화, 'e〉ɛ'를 보여 준다.

11] 부엌[廚, 竈] : 문헌에 '브섭(해례用字 두初8:22/9:30/25:7 구방下12) 브업(두重2:12) 부업(동언)'과 '브섭(두初22:50 구간6:42/6:76 자회中9) 브억(유합上23 태산31 두重8:22 신속孝2:31) 부억(역어上18 왜어上31 동문上34 유물五火)' 및 '브섭(두重14:19)'으로 나온다. 충북의 방언형은 'pwək〈진천 제원〉 puək〈진천 중원 괴산〉'과 'pwək^h〈진천 제원 청원 보은〉 pɜːk^h〈음성 영동〉 puək^h〈중원 청원 괴산〉 pwɜk^h〈단양〉'이므로 변화과정을 다음과 같이 상정할 수 있다.

o pɨzəp 〉 pɨzək 〉 pɨək 〉 puək 〉 pwək
　　　　　　　　　　　　　진중괴　　진제

o pɨzəp 〉 pɨzək 〉 pɨək 〉 puək 〉 puək^h 〉 pwək^h 〉 pək^h
　　　　　　　　　　　　　진중괴　　중청괴　　진제단청보　음영

위의 변화과정은 전 지역에서 발생한 어말의 'ㅂ>ㄱ', 모음 사이의 'ㅿ' 약화, 어두의 원순모음화(ɨ>u), 어말의 'ㄱ' 격음화, 어두 'u'의 활음화(u>w), 음성과 영동 지역에서 발생한 어두 'ㅂ' 뒤의 'w' 탈락을 포함하고 있다.

12] 사레[嗆] : 문헌에 '사리(한청12:50) 샤리(역어上37 역어補23 동문上63 한청14:33)'로 나온다. 충북의 방언형은 'sare〈진천 음성 청원 보은〉 sarE〈중원 제원 단양 옥천 영동〉'와 'sari〈중원 괴산〉'이므로 변화과정을 다음과 같이 상정할 수 있다.

∘ syalʌy 〉 salʌy 〉 saləy 〉 sale 〉 sali[164)]
진음청보 중괴

∘ syalʌy 〉 salʌy 〉 saləy 〉 sale 〉 salɛ
진음청보 중제단옥영

위의 변화과정은 전 지역에서 발생한 치조음 'ㅅ'의 구개음화, 'ㅅ'의 구개음화에 이은 잉여자질 'y' 탈락, 비어두음절의 'ʌ>ə', 'əy>e' 단모음화, 중원과 괴산 지역에서 발생한 어말의 'e>i', 중원과 제원과 단양과 옥천과 영동 지역에서 발생한 어말의 'e>ɛ'를 보여 준다.

13] 셓[三] : 문헌에 '셓(석보13:48 월천上153 능엄8:111)'으로 나온다. 충북의 방언형은 'syi:s〈중원 제원 단양 제외 전 지역〉 se:s〈진천 중원 제원 단양 옥천〉 sɨ:i〈영동〉'이므로 변화과정을 다음과 같이 상정할 수 있다.

∘ səyh 〉 səys 〉 ses 〉 sis
진중제단옥 ×중제단

---

164) '어듸'가 '어데'로 되는 변화과정 'ətɨy 〉 ətəy'에 근거하여 'salʌy 〉 salɨy 〉 saləy' 변화를 상정할 수도 있을 것이다.

o səyh 〉 səy 〉 sɨy 〉 sɨi
영

위 변화과정은 전 지역에서 발생한 어말의 'ㅎ〉ㅅ', 'əy〉e' 단모음화, 중원과 제원과 단양 지역을 제외한 전 지역에서 발생한 어두의 'e〉i', 영동 지역에서 발생한 어말자음 'ㅎ'의 약화, 어두의 'ə〉ɨ', 음절분화(ɨy〉ɨi)를 보여 준다.

14] 소경[盲] : 문헌에 '쇼경(자회中3 내훈三10 소언1:2 청구p.106 무원1:11) 소경(역어上29)'으로 나온다. 충북의 방언형은 'sogyəŋ 〈진천 중원 제원 청원 옥천〉 sögyəŋ〈음성 청원 괴산 보은〉'과 'syügyəŋ〈단양〉'이므로 변화과정을 다음과 같이 상정할 수 있다.

o syokyəŋ 〉 sokyəŋ 〉 soykyəŋ 〉 sökyəŋ[165)]
진중제청옥 음청괴보

o syokyəŋ 〉 sokyəŋ 〉 soykyəŋ 〉 suykyəŋ 〉 sükyəŋ[166)]
진중제청옥 단

위의 변화과정은 전 지역에서 발생한 치조음 'ㅅ'의 구개음화, 'ㅅ'의 구개음화에 이은 잉여자질 'y'의 탈락, 음성과 단양과 청원과 괴산과 보은 지역에서 후속하는 'y'의 영향으로 발생한 어두의 'y' 첨가(o〉oy), 음성과 청원과 괴산과 보은 지역에서 발생한 'oy〉ö' 단모음화, 단양 지역에서 발생한 어두의 'o〉u', 'uy〉ü' 단모음화를 보여 준다.

---

165) 이 변화과정은 충남 지역의 'soygyəŋ〈공주〉 so^{y}gyəŋ〈아산 천원 홍성 청양 공주 연기 보령 부여 대덕〉 so:^{y}gyəŋ〈당진〉 sögyəŋ〈예산 공주〉 sö:gyəŋ〈서천 논산 금산〉' 등과 강원 지역의 'so:^{y}gyəŋ〈철원 인제〉 soygyəŋ〈양양〉 sö:gyəŋ〈양구 인제 홍천 명주 원성 영월〉'을 참고하였다(한국방언자료집Ⅱ p.88, 한국방언자료집Ⅵ p.86).

166) 이 변화과정은 충남 지역의 'suygyəŋ/su:gyəŋ〈서산〉'을 참고하였다(한국방언자료집Ⅱ p.88).

15] 송아지[犢] : 문헌에 '쇼야지(두初25:51 구간3:31 유합上13 왜어22 石千38 동문下38 한청14:36(441a)) 쇼아지(소아6) 쇼야지(백련9)'와 '쇼야치(역어下30)' 그리고 '숑아지(자회上18)'로 나온다. 충북의 방언형은 'soŋaǰi〈전 지역〉'와 'soŋač^{h}i〈진천 보은〉'이므로 변화과정을 다음과 같이 상정할 수 있다.

o syoyatsi 〉 syoŋatsi 〉 syoŋači 〉 soŋači[167)]
전체

o syoyatsi 〉 syoyats^{h}i 〉 soyač^{h}i 〉 soŋač^{h}i
진보

위의 변화과정은 전 지역에서 발생한 어두 하향이중모음의 부음 'y'의 탈락(oy〉o), 어중 모음 뒤의 'ŋ' 첨가, 치조음 'ㅅ'의 구개음화, 'ㅅ'의 구개음화에 이은 잉여자질 'y'의 탈락, 치조음 'ㅈ'의 구개음화(ts〉č), 진천과 보은 지역에서 발생한 어말의 'ㅈ' 격음화(ㅈ〉ㅊ), 치조음 'ㅊ'의 구개음화(ts^{h}〉č^{h})를 보여 준다.

16] 열쇠[鑰匙] : 문헌에 '열쇠(사성下44 자회中16 몽산53) 엸쇠(역어上14)'로 나온다. 충북의 방언형은 'yɨːls'ö〈진천 음성 중원 보은 옥천〉 yəls'ö〈청원〉 yɨːls'e〈단양〉'와 'yɨːlt'E〈제원 영동〉 yəlːt'ɛ〈청원〉 yɨːlt'ɛ〈괴산 보은〉'이므로 변화과정을 다음과 같이 상정할 수 있다.

o yəlsoy 〉 yəls'oy 〉 yəls'ö 〉 yɨls'ö 〉 yɨls'e
청 진음중보옥 단

o yəltay 〉 yəlt'ay 〉 yəlt'ɛ 〉 yɨːlt'ɛ
청 제괴보영

167) 'y'가 'ŋ'으로 바뀐 것으로 처리하지 않고, '쇼'와 '-아지'가 결합할 때 직접 'ŋ'이 첨가된 것으로 처리할 수도 있을 것이다.

위의 변화과정은 제원과 괴산과 영동 지역을 제외한 전 지역에서 발생한 어중 'ㄹ' 뒤의 'ㅅ' 경음화, 'oy〉ö' 단모음화, 진천과 음성과 중원과 단양과 보은과 옥천 지역에서 발생한 어두의 'ə〉ɨ', 'ö'의 원순성 상실(ö〉e), 제원과 청원과 괴산과 보은과 영동 지역에서 발생한 어중 'ㄹ' 뒤의 'ㄷ' 경음화, 제원과 괴산과 보은과 영동 지역에서 발생한 'ay〉ɛ' 단모음화를 보여 준다.

17] 자물쇠[鎖, 鑰] : 문헌에 'ᄌᆞᄆᆞᆯ쇠(두初24:30 박初上40 자회中16 사성下28) ᄌᆞ믌쇠(역어上14) ᄌᆞ믈쇠(박重上37) ᄌᆞ물쇠(청구p.115 동문下13) 즘울쇠(물보第宅)'로 나온다. 충북의 방언형은 'čamult^{h}oŋ 〈음성 청원 제외 전 지역〉 čɛmult^{h}oŋ 〈음성 청원〉'과 'čɛmuls'ö 〈청원〉'이므로 변화과정을 다음과 같이 상정할 수 있다.

- tsʌmʌlsoy 〉 tsʌmɨlsoy 〉 čʌmɨlsoy 〉 čʌmɨls'oy 〉 čʌmuls'oy 〉 čamuls'oy 〉 čamuls'ö 〉 čɛmuls'ö
  (청: čɛmuls'ö)

- tsʌmʌlt^{h}oŋ 〉 tsʌmɨlt^{h}oŋ 〉 čʌmɨlt^{h}oŋ 〉 čʌmult^{h}oŋ 〉 čamult^{h}oŋ 〉 čɛmult^{h}oŋ
  (×음청: čamult^{h}oŋ; 음청: čɛmult^{h}oŋ)

위의 변화과정은 전 지역에서 발생한 비어두음절의 'ʌ〉ɨ', 치조음 'ㅈ'의 구개음화(ts〉č), 원순모음화(ɨ〉u), 어두음절의 'ʌ〉a', 청원 지역에서 발생한 'oy〉ö', 음성과 청원 지역에서 발생한 어두의 'a〉ɛ'를 보여 준다.

18] 혀[舌] : 문헌에 '혀(해례用字 석보6:28 월석18:4 자회上26 박初上19 왜어上20 동문下19 한청331a)'와 '혜(두창上60)'로 나온다. 충북의 방언형은 'hyə〈진천〉'와 'sə〈청원〉 se〈제원 옥천 영동〉 sö〈진천 중원〉 swe〈단양〉'와 'sep'adak〈진천 제원 보은 옥천 영동〉

sywep'adak〈단양〉 söp'adak〈음성 괴산 보은〉 syipa'dak〈단양〉 söp'adEgi〈중원〉'이므로 변화과정을 다음과 같이 상정한다.[168]

o hyəy 〉 syəy 〉 sye 〉 se 〉 sö 〉 swe
제옥영 진음중괴보 단

o hyəy 〉 hyə 〉 syə 〉 sə
진 청

위의 변화과정은 청원 지역을 제외한 전 지역에서 발생한 'ㅎ' 구개음화(h〉s), 'ㅎ' 구개음화에 이은 잉여자질 'y'의 탈락, 'əy〉e' 단모음화, 진천과 음성과 중원과 단양과 괴산과 보은 지역에서 발생한 'e〉ö',[169] 단양 지역에서 발생한 'ö〉we', 청원 지역에서 발생한 하향이중모음의 부음 'y'의 탈락(əy〉ə)을 포함하고 있다.

2.2.7. 음운변화가 일곱 가지인 것

1] 가운데[中] : 문헌에 '가ᄫᆞᆫᄃᆡ(월천上70 석보6:31 두初15:44 번소8:32 자회下34)'와 '가온대(두初16:42 유합上2/下53 石千29 소언2:10) 가온ᄃᆡ(두重3:68)'로 나온다. 충북의 방언형은 'kaundE〈진천 영동〉 kaunde〈청원 옥천〉'와 'ka:nthe〈옥천〉 kaunthe〈진천 음성 괴산 충주 중원 영동**〉'와 'kamuthe〈음성〉 kamunthe〈단양**〉'이므로 변화과정을 다음과 같이 상정할 수 있다.

---

168) '형〉성, 향불〉상불, 효자〉소자'와 같은 'ㅎ'의 구개음화와 '형님〉 … 〉헹님'과 같은 변화를 염두에 두고 변화과정을 상정할 수도 있다. 표제어 '형'이 '셍'으로는 안 되고 '형님'이 '셍님'으로 안 되는 점은 '혀'의 방언형들의 경우와는 다른 변화과정을 상정케 한다.

169) 'se〉sö'는 충북방언에서 흔히 볼 수 있는 'ö〉e'와는 역방향으로 이루어진 것으로 일종의 과도교정에 속한다.

o kaβʌntʌy 〉 kawʌntʌy 〉 kaontʌy 〉 kaontɨy 〉 kaontəy 〉 kauntəy 〉 kaunte 〉 kaunt^{h}e 〉 ka:nt^{h}e[170]

청옥 진음중괴영 옥

o kaβʌntʌy 〉 kawʌntʌy 〉 kaontʌy 〉 kaontɨy 〉 kaontəy 〉 kauntəy 〉 kaunte 〉 kauntɛ

청옥 진영

위 변화과정은 전 지역에서 발생한 'β〉w', 'wʌ〉o', 비어두음절의 'ʌ〉ɨ', 어말의 'ɨ〉ə', 'əy〉e' 단모음화, 진천과 음성과 중원과 괴산과 옥천과 영동 지역에서 발생한 유성음 사이의 'ㄷ' 격음화(ㄷ〉ㅌ), 진천과 영동 지역에서 발생한 어말의 'e〉ɛ'를 포함하고 있다.

2] 거꾸로[倒] : 문헌에 '갓ᄀ로(능엄10:55 두初24:48)'와 '갓고로(월석9:57 금삼3:54 두初8:30)'로 나온다. 이것은 훈민정음 초기 문헌에 나오는 '갓ᄀᆞᆯ-(능엄2:12 원각上二之三 27 금삼5:48 두初15:11)'에 부사화 접미사 '-오'가 붙어 이루어진 '갓ᄀ로'가 '갓고로'로 변화하였음을 짐작케 한다. 그렇다면, 중간 두시언해(6:2)와 신증류합(下17)에 보이는 '갓골-'은 일단 '갓ᄀ로'가 '갓고로'로 변경 고정된 후 용언 어간의 재구조화 단계를 거쳐 이루어진 것으로 볼 수 있다.[171] 충북의 방언형은 'k'ak'uru〈전 지역〉'와 'k'ək'uru〈전 지역〉'이므로 변화과정을 다음과 같이 상정할 수 있다.

170) 방언형 'kamut^{h}e〈음성〉 kamunt^{h}e〈단양**〉'에 들어 있는 중간자음 'm'의 출현이 과연 재구형 '*kapʌntʌy'의 'p'가 탈락하고 그 대신으로 나타난 것인지, 아니면 'kaunte'에 발생한 't〉t^{h}' 변화 이후 새로 이루어진 'm' 첨가로 인한 것인지 확언하기 어렵다.

171) 근대어 문헌에는 '것구라디-(백련5) 것구러디-(동문上26) 것구러지-(삼역9:1)' 등의 어형도 나온다.

o kaskʌlo 〉 kaskolo 〉 katkolo 〉 kak'olo 〉 kak'ulo 〉 k'ak'ulo 〉 k'ak'ulu
전체

o kaskʌlo 〉 kaskolo 〉 katkolo 〉 kətkulu 〉 kək'ulu 〉 k'ək'ulu
전체

위의 변화과정은 전 지역에서 발생한 비어두음절의 'ʌ>o', 음절말의 'ㅅ>ㄷ', 어중 'ㄱ'의 경음화, 어중의 'o>u', 어말의 'o>u', 어두의 'a>ə', 어두 'ㄱ'의 경음화를 포함하고 있다.

3] 기와집[瓦家] : '기와'에 해당하는 말이 문헌에 '디새(석보13:51 두初21:11 금삼2:1 자회中18) 지새(역어補13 왜어上32)'와 '지와(한청398c 물보第宅)'로 나온다. 표제어 '기와집'에 대한 충북의 방언형은 'kɛwaǰip〈진천 보은〉 kiwaǰip〈음성 중원 제원 단양 청원 영동〉'과 'čiaǰip〈괴산〉 čEǰip〈보은〉 čɛǰip〈옥천 영동〉'이므로 문헌어 '디새'를 '딜'과 '새'의 합성으로 파악하는 견해를 수용하여(이기문, 1986) 변화과정을 다음과 같이 상정할 수 있다.

o til+say → tizay 〉 tiay 〉 čiay 〉 čia 〉 čiwa 〉 kiwa[172)]
괴 음중제단청영

o til+say → tizay 〉 tiay 〉 čiay 〉 čia 〉 čai 〉 čay 〉 čɛ
괴 보옥영

위 변화과정은 전 지역에서 발생한 모음 사이의 'ㅿ' 약화, 어두의 'ㄷ' 구개음화, 어말 하향이중모음의 부음 'y'의 탈락(ay>a), 음성

172) 'čia'가 'čiwa'로 된 것을 단순히 'w' 첨가로 보기에는 어려움이 있다. 한자 '瓦'로 대체한 것으로 볼 수 있기 때문이다.

과 중원과 제원과 단양과 청원과 영동 지역에서 발생한 어두 'ㅈ'의 역구개음화(č>k), 음운도치(ia>ai), 보은과 옥천과 영동 지역에서 발생한 어말 'i'의 활음화(i>y), 'ay>ε' 단모음화를 보여 준다.

4] 내일[翌] : 문헌에 'ᄂᆡᅀᅵᆯ(남명上40 번노上10 박初上35) ᄂᆞᅀᅵᆯ(두初6:14/21:31)'과 'ᄂᆡ일(번소8:36 박初上19 자회下2 노언上9 역어上3 오륜2:42) ᄂᆞ일(두重9:21)' 및 'ᄅᆡ일(동문上3 한청1:26 인어1:25)'로 나온다. 충북의 방언형은 'nεil〈음성 청원 옥천 영동〉 nε:l〈옥천 제외 전 지역〉'과 'nial〈옥천〉 nyal〈옥천〉'이므로[173] 변화과정을 다음과 같이 상정할 수 있다.

ㅇ nʌyzil 〉 nʌyil 〉 nayil 〉 nεil 〉 nε:l
음청옥영 ×옥

ㅇ nʌyzil 〉 nʌzil 〉 nʌil 〉 nail 〉 nial 〉 nya:l
옥 옥

위의 변화과정은 전 지역에서 발생한 유성음 사이의 'ㅿ' 약화, 어두음절의 'ʌ>a', 'ay>ε' 단모음화, 옥천 지역을 제외한 전 지역에서 발생한 'i'의 보상적 탈락(εi>ε:), 옥천 지역에서 발생한 어두 하향이중모음의 부음 'y'의 탈락(ʌy>ʌ), 음운도치(ai>ia), 모음 앞 'i'의 활음화(i>y) 등을 포함하고 있다.[174]

173) 옥천 지역의 방언형 'nial'은 충남의 예산 논산 대덕(공주 부여 금산 지역은 'nyal')에서도 쓰인다. 이 방언형은 충남의 서산 당진 예산 홍성 청양 보령과 전북의 임실 순창 남원, 전남의 구례에서 쓰이는 'niəl'과 모음대응에 의한 어사대립 관계를 이루고 있다. 전북의 무주와 장수에서 쓰이는 것으로 나타난 'neal'과 'nEal'은 'niəl'과 관련지을 수도 있지만, 'nεil'과도 관련지어 생각할 수 있어 현재로서는 그 변화 과정을 속단하여 말할 수 없다.

174) 'nʌyzil>nʌzil'에서 수행된 'y' 탈락은 후속하는 전설고모음 'i'의 영향으로 이해된다. 이와 같이 형태소 경계나 단어 경계를 사이에 두고 발생하는 'y' 탈락은 중세국어에서 흔히 목격되는 이화작용의 하나이다. '볘개, 귀밑' 등이 각각 '벼개, 구밑' 등으로 변화하는 예를 참고할 수 있다.

5] 냅다 : 문헌에 '냅-(要路院)'으로 나온다. 충북의 방언형은 'nɛp-〈진천 음성 중원〉'과 'nɛgup-〈청원 보은 옥천 영동〉 nɛgɨp-〈단양〉'이므로 변화과정을 다음과 같이 상정할 수 있다.

o *naykap- 〉 nayɦap- 〉 nayap- 〉 naayp- 〉 naːyp- 〉 nɛːp-
진음중

o *naykəp- 〉 nɛkəp- 〉 nɛkɨp- 〉 nɛkup-
단　　청보옥영

위의 변화과정은 진천과 음성과 중원 지역에서 발생한 'y' 뒤의 'ㄱ' 약화(k〉ɦ), 'ɦ' 약화, 음운도치(aya〉aay), 'a'의 보상적 탈락(aa〉aː), 단양과 청원과 보은과 옥천과 영동 지역에서 발생한 'ay〉ɛ' 단모음화, 어간말 'ㅂ' 앞의 'ə〉ɨ', 어말 'ㅂ' 앞의 'ɨ〉u'를 보여 준다.

6] 당기다[拉] : 문헌에 'ᄃᆞᆼᄀᆡ-(석보13:38 능엄5:24 구방上49 소언6:123 유합下25) ᄃᆞᆼ긔-(소언5:70 태산22 태평1:43 여범3)'와 '단기-(구방上88)'와 'ᄃᆞᆯᄋᆡ-(구간6:10 원각三之一118 두初20:11) ᄃᆞᄅᆡ-(노언下28 역어上20) ᄃᆞᆯ의-(신속忠1:74 이륜重33 역어補26) ᄃᆞ뢰-(노언下27) ᄃᆞ릐-(역어補15) ᄃᆞ리-(동문上47) 다릐-(한청116d) 다ᄅᆡ-(한청365d)'로 나온다. 충북의 방언형은 'tɛŋgi-〈단양 괴산 영동 제외 전 지역〉 t'ɛŋgi-〈단양 영동〉'와 'tallyi-〈청원 괴산〉'이므로 변화과정을 다음과 같이 상정할 수 있다.

o tʌŋkʌy- 〉 tʌŋkɨy- 〉 taŋkɨy- 〉 taŋki- 〉 tɛŋki- 〉 t'ɛŋki-
×단괴영　　단영

o *tʌlkʌy- 〉 tʌlɦʌy- 〉 tʌllʌy- 〉 tʌllɨy- 〉 tallɨy- 〉 talli-
청괴

위의 변화과정은 전 지역에서 발생한 비어두음절의 'ʌ>ɨ', 어두음절의 'ʌ>a', 'ɨy>i' 단모음화, 단양과 괴산과 영동 지역을 제외한 전 지역에서 발생한 'a' 움라우트(a>ɛ), 단양과 영동 지역에서 발생한 어두 'ㄱ'의 경음화, 청원과 괴산 지역에서 발생한 'ㄹ' 뒤의 'ㄱ' 약화(k>ɦ), 'ɦ'의 보상적 탈락(lɦ>ll)을 포함하고 있다.

7] 뜸부기[鷚] : 문헌에 '듬부기(자회上17 역어下28) 듬보기(청구p.110) 듬북이(유물一羽)'로 나온다. 충북의 방언형은 't'ɨmbugi〈진천 제원 영동〉 t'ɨmbügi〈음성 중원 청원 보은〉 t'ɨmbigi〈단양 괴산〉 t'umbigi〈단양〉 t'ɨmbögi〈옥천〉'이므로 변화과정을 다음과 같이 상정할 수 있다.

o *tɨmpɨki 〉	tɨmpuki 〉	t'ɨmpuki 〉	t'ɨmpüki 〉	t'ɨmpiki 〉	t'umpiki
		진제영	음중청보	단괴	단

o *tɨmpɨki 〉	tɨmpuki 〉	tɨmpoki 〉	t'ɨmpoki 〉	t'ɨmpöki
				옥

위의 변화과정은 전 지역에서 발생한 원순모음화(ɨ>u), 어두 'ㄷ'의 경음화, 옥천 지역을 제외한 전 지역에서 발생한 'u' 움라우트(u>ü), 음성과 중원과 단양과 청원과 괴산과 보은 지역에서 발생한 'ü'의 원순성 상실(ü>i), 단양 지역에서 발생한 어두의 'ɨ>u', 옥천 지역에서 발생한 어중의 'u>o', 'o' 움라우트(o>ö)를 포함하고 있다.

8] 메뚜기[螞, 蝗, 蟊] : 문헌에 '묏도기(자회上23 역어下36 유물二昆 동문下42) 묏독이(한청448b) 뫼도기(왜어下26) 뫼쪽이(물보飛虫)'와 '뫼독(청구p.100)' 그리고 '몃두기(여소9b)'로 나온다.[175] 충북의 방언형은 'met'ugi〈진천 중원〉 met'ügi〈음성 청원 괴산〉 met'igi

175) 충북의 방언자료인 '몃두기(여소9b)'는 방언형 'met'uki'가 움라우트를 수행한 'met'üki'로부터 다시 'e'의 과도교정형 'yə'를 취한 결과라고 생각된다.

〈음성 제원 괴산 보은 영동〉 met'egi〈옥천〉 mit'igi〈단양〉'이므로 변화과정을 다음과 같이 상정할 수 있다.

o moystoki 〉 moyt'oki 〉 moyt'uki 〉 möt'uki 〉
met'uki 〉 met'üki 〉 met'iki 〉 mit'iki
진중 음청괴 음제괴보영 단

o moystoki 〉 moyt'oki 〉 möt'oki 〉 möt'öki 〉 met'eki
옥

위의 변화과정은 옥천 지역을 제외한 전 지역에서 발생한 어중의 'o〉u', 'oy〉ö' 단모음화, 전 지역에서 발생한 'ö'의 원순성 상실(ö〉e), 진천과 중원과 옥천 지역을 제외한 전 지역에서 발생한 'u' 움라우트(u〉ü), 음성과 제원과 단양과 괴산과 보은과 영동 지역에서 발생한 'ü'의 원순성 상실(ü〉i), 어두의 'e〉i', 옥천 지역에서 발생한 'o' 움라우트(o〉ö)를 보여 준다.

9] 모루[鐵枕] : 문헌에 '모로(박重下29 유물五金)'로 나온다. 충북의 방언형은 'morut'ol〈진천〉'과 'mɜru〈중원 괴산〉 mɜrusö〈제원〉 mərut'əŋəri〈옥천〉'와 'mərit'ol〈청원 보은〉 mərit'i^{ŋ}i〈단양〉 mərit'iŋi〈영동〉' 그리고 'mori〈제원〉'와 'me〈음성〉 met'ol〈음성〉'이므로[176] 변화과정을 다음과 같이 상정할 수 있다.

o molo 〉 molu 〉 məlu 〉 məli
진 중제괴옥 단청보영

o molo 〉 molu 〉 moli 〉 moi 〉 moy 〉 mö 〉 me
진 제 음

176) 경상방언에는 '모루, 모리, 머리' 외에 '모래'도 있음을 유의해야 한다(한국방언자료집Ⅶ p.153).

위의 변화과정은 전 지역에서 발생한 어말의 'o〉u', 진천과 음성과 제원 지역을 제외한 전 지역에서 발생한 어두의 'o〉ə', 음성과 제원과 단양과 청원과 보은과 영동 지역에서 발생한 어말의 'u〉i', 음성 지역에서 발생한 모음 사이의 'ㄹ' 탈락, 'i'의 활음화(i〉y), 'oy〉ö' 단모음화, 'ö'의 원순성 상실(ö〉e)을 보여 준다.

10] 박쥐[蝙蝠] : 문헌에 'ᄇᆞᆰ쥐(구간6:68 사성上4/下3 자회上22 유합上12 신속孝2:46 동문下35 역어補47 물보飛蟲 유물一獸族)'로 나온다. 충북의 방언형은 'pakč'ü〈음성 중원 청원 괴산 보은 옥천〉 pakčüsɛ〈진천〉 pakč'wi〈제원 단양〉'와 'p'akč'ü〈영동〉'이므로 변화과정을 다음과 같이 설정할 수 있다.

o pʌlktsuy 〉 pʌktsuy 〉 pʌkts'uy 〉 pʌkč'uy 〉 pakč'uy 〉 pakč'ü 〉 pakč'wi
×제단영 제단

o pʌlktsuy 〉 pʌktsuy 〉 pʌkts'uy 〉 pʌkč'uy 〉 pakč'uy 〉 pakč'ü 〉 p'akč'ü
×제단영 영

위의 변화과정은 전 지역에서 발생한 어중 'ㄺ'의 'ㄹ' 탈락, 어중 'ㅈ'의 경음화, 치조음 'ㅈ'의 구개음화(ts〉č), 어두음절의 'ʌ〉a', 'uy〉ü' 단모음화, 제원과 단양 지역에서 발생한 'ü〉wi', 영동 지역에서 발생한 어두 'ㅂ'의 경음화를 보여 준다.

11] 번데기[蛹] : 문헌에 '본도기(구급下72 자회上22 동의湯液2:8 구간6:34 역어下2) 본독이(물보走蟲)'로 나온다. 충북의 방언형은 'pɜndigi〈진천 영동〉 p'əndigi〈음성 단양〉 pəndigi〈중원 제원 청원 괴산 보은〉'와 'pindegi〈옥천〉'이므로 변화과정을 다음과 같이 상정할 수 있다.

o pontoki 〉 pontöki 〉 ponteki 〉 pənteki 〉 pəntiki 〉 p'əntiki
×음단옥 음단

o pontoki 〉 pontöki 〉 ponteki 〉 pənteki 〉 pəntiki 〉 pintəki 〉 pinteki
×음단옥 옥

위의 변화과정은 전 지역에서 발생한 'o' 움라우트(o〉ö), 'ö'의 원순성 상실(ö〉e), 어두 순음 뒤의 'o〉ə', 어중의 'e〉i', 음성과 단양 지역에서 발생한 어두 'ㅂ'의 경음화, 옥천 지역에서 발생한 음운도치(əCCi〉iCCə), 'ə' 움라우트(ə〉e)를 보여 준다.

12] 벼룩[蚤] : 문헌에 '벼록(자회上23 유합上6 역어補59 동문下4 유물二昆)'과 '벼룩(물보虫豸)'으로 나온다. 충북의 방언형은 'p'eruk〈진천 청원 괴산 보은 영동〉 peruk〈음성 중원 제원 괴산 옥천〉'과 'pirigi〈단양〉'이므로 변화과정을 다음과 같이 상정할 수 있다.

o pyəlok 〉 pyəluk 〉 pəyluk 〉 peluk 〉 p'eluk
음중제괴옥 진청괴보영

o pyəlok 〉 pyəluk 〉 pəyluk 〉 peluk+i → peluki 〉 pelüki 〉 peliki 〉 piliki
음중제괴옥 단

위의 변화과정은 전 지역에서 발생한 어말의 'o〉u', 음운도치(yə〉əy), 'əy〉e' 단모음화, 진천과 청원과 괴산과 보은과 영동 지역에서 발생한 어두 'ㅂ'의 경음화, 음성과 중원과 제원과 단양과 괴산과 옥천 지역에서 발생한 접미사 'i'의 첨가, 단양 지역에서 발생한 'ü'의 원순성 상실(ü〉i), 어두의 'e〉i'를 보여 준다.

13] 여드름[熱疸] : 문헌에 '여드름(한청219b 인어9:15)'으로 나온다. 충북의 방언형은 'yədɨrɨm〈진천 괴산〉 yɜdɨrɨm〈중원〉 yɨːdɨrɨm〈청원〉 iːdɨrɨm〈음성 영동〉 iːdɨrəm〈보은〉'과 'iːdɨrɨm〈제원 단양 괴산〉 iːdɨrʉm〈옥천〉'이므로 변화과정을 다음과 같이 상정할 수 있다.

o yətɨlɨm 〉 yitɨlɨm 〉 ɨtɨlɨm 〉 ɨtɨləm
진중괴　청　음영　보

o yətɨlɨm 〉 əytɨlɨm 〉 etɨlɨm 〉 itɨlɨm 〉 itɨlum
진중괴　제단괴　옥

위의 변화과정은 진천과 중원 지역을 제외한 지역에서 발생한 어두의 'ə〉ɨ', 음성과 보은과 영동 지역에서 발생한 어두 상향이중모음의 부음 'y'의 탈락(yɨ〉ɨ), 보은 지역에서 발생한 어말자음 'ㅁ' 앞의 'ɨ〉ə', 제천과 단양과 괴산과 옥천 지역에서 발생한 음운도치(yə〉əy), 'əy〉e' 단모음화, 어두의 'e〉i', 어말 'ㅁ' 앞의 'ɨ〉u'를 보여 준다.

14] 지껄이다[喿, 喧] : 문헌에 '짓괴-(월석18:35 능엄4:8 노언下33) 짓궤-(박重中48 한청190d 노언下12) 지꿰-(역어補52)'와 '짓글히-(박初上18 자회下15)'로 나온다. 충북의 방언형은 'čik'əri-〈옥천 영동 제외 전 지역〉'와 'čik'i-〈옥천 영동〉'이므로 변화과정을 다음과 같이 상정할 수 있다.

o tsiskɨlhi- 〉 tsitkɨlhi- 〉 čik'ɨlhi- 〉 čik'ɨli- 〉 čik'əli-
×옥영

o tsiskoy- 〉 tsitkoy- 〉 čik'oy- 〉 čik'ö- 〉 čik'e- 〉 čik'i-
옥영

위의 변화과정들은 전 지역에서 발생한 음절말의 'ㅅ〉ㄷ', 치조음 'ㅈ'의 구개음화(ts〉č), 옥천과 영동 지역을 제외한 전 지역에서 발생한 유성음 사이의 'ㅎ' 약화, 어중의 'ɨ〉ə', 옥천과 영동 지역에서 발생한 'oy〉ö' 단모음화, 'ö'의 원순성 상실(ö〉e), 어간말의 'e〉i'를 보여 준다.

15] 켜다[伸] : 문헌에 '혀-(동문上19)'와 '켜-(역어上38)'로 나온다. 충북의 방언형은 'k^hyə-〈중원〉 k^hi-〈청원〉'와 's'ɨ-〈진천 중원 단양 옥천 영동〉 s'yi-〈음성 제원 괴산 보은〉'인데, 두 방언형의 분포가 표제어 '켜다[點火]'의 경우와 대조적이라는 점이 흥미롭다. 이 방언형들의 변화과정을 다음과 같이 상정한다.

o *xyə- 〉 k^hyə- 〉 k^həy- 〉 k^he- 〉 k^hi-
중 청

o *xyə- 〉 s'yə- 〉 s'ə- 〉 s'ɨ- 〉 s'i-
진중단옥영 음제괴보

위의 변화과정은 중원과 청원 지역에서 발생한 어두 'ㆅ〉ㅋ', 음운 도치(yə〉əy), 'əy〉e' 단모음화, 'e〉i' 고모음화, 청원 지역을 제외한 전 지역에서 발생한 'ㆅ' 구개음화(x〉s'), 'ㆅ' 구개음화에 이은 잉여자질 'y'의 탈락, 어두의 'ə〉ɨ' 고모음화, 음성과 제원과 괴산과 보은 지역에서 발생한 전설모음화(ɨ〉i)를 보여준다.

16] 홀아비[鰥] : 문헌에 '호을아비(자회上33)'로 나온다. '홀어미[寡]'에 해당하는 중세국어 'ᄒᆞ올어미(두初15:22 내훈序8) 호을어미(자회上33)'를 참고할 수 있다. 충북의 방언형은 'horɛbi〈진천 청원 보은〉 horEbi〈음성 중원 제원 괴산 옥천 영동〉'와 'hoburEbi〈단양〉'이므로 변화과정을 다음과 같이 상정할 수 있다.177)

o *hʌβʌlapi 〉 hʌwʌlapi 〉 hʌolapi 〉 hoolapi 〉 hoːlapi 〉 holapi 〉 holɛpi
×단

o *hʌpʌlapi 〉 hʌpolapi 〉 hopolapi 〉 hopɨlapi 〉 hopulapi 〉 hopulɛpi
단

177) 단양 지역의 방언형과 경북방언에서 확인되는 '호불'과 현대국어 '홀로'에 해당하는 중세국어 'ᄒᆞᄫᆞ로'가 좋은 참고자료가 된다(김덕호, 2001:278).

위의 변화과정은 전 지역에서 발생한 ‘β〉w’, ‘wʌ〉o’, 어두음절의 ‘ʌ〉o(ʌo〉oo)’, 단양 지역을 제외한 전 지역에서 발생한 ‘o’의 보상적 탈락(oo〉oː), ‘a’ 움라우트(a〉ε), 단양 지역에서 발생한 어중 순음 뒤의 ‘o〉ɨ’, 원순모음화(ɨ〉u)를 포함하고 있다.

2.2.8. 음운변화가 여덟 가지인 것

1] 고갱이[心, 木心] : 문헌에 ‘고ᄀᆡ양(구간1:42/48 분문26 두창下27)’과 ‘고긔양(동문下44 역어補51 유물四木)’으로 나온다. 충북의 방언형은 ‘kogεŋi〈진천 음성 중원〉 kogε^{ŋ}i〈제원 괴산〉 k'ogεŋi〈청원 보은 옥천 영동〉 k'ogε^{ŋ}i〈괴산〉’와 ‘k'obE^{ŋ}i〈단양〉’이므로 변화과정을 다음과 같이 상정할 수 있다.

- kokʌyaŋ 〉 kokɨyaŋ+i → kokɨyaŋi 〉 kokɨyεŋi 〉 kokiεŋi 〉 kokyεŋi 〉 kokεŋi 〉 k'okεŋi 〉 k'okεi 〉 k'opεi
  진음중 청보옥영 괴 단

- kokʌyaŋ 〉 kokɨyaŋ+i → kokɨyaŋi 〉 kokɨyεŋi 〉 kokiεŋi 〉 kokyεŋi 〉 kokεŋi 〉 kokεi
  진음중 제괴

위의 변화과정은 전 지역에서 발생한 접미사 ‘-이’의 첨가, ‘a’ 움라우트(a〉ε), ‘ɨy〉i’ 단모음화, 모음 앞에서 발생한 ‘i’의 활음화(i〉y), 어중 ‘ㄱ’ 뒤의 ‘y’ 탈락, 단양과 청원과 보은과 옥천과 영동 지역에서 발생한 어두 ‘ㄱ’의 경음화, 제원과 단양과 괴산 지역에서 발생한 모음 사이의 ‘ŋ’ 약화, 단양 지역에서 발생한 모음 사이의 ‘ㄱ〉ㅂ’ 등을 포함하고 있다.

2] 구레나룻[連鬢鬍] : 문헌에 ‘구레나롯(역어上34 청구p.119)’으로

나온다. 이 말은 '腔'의 뜻인 '구레(자회上28 청구p.23 유물一毛)'와 '髯'의 뜻인 '날옺(번소9:79 소언6:82)'의 합성어로 생각된다. 근대어 문헌에 나오는 '입웃나롯(역어上34)'과 '톡앳나롯(청구p.110), 입아랫나롯(청구p.110)' 등도 참고자료가 된다. 충북의 방언형은 'kuresüyəm〈진천〉 kuresyiəm〈음성〉'과 'kurennaru〈중원 청원 괴산〉 kurennari〈괴산〉'와 'kurennarus〈제원〉'과 'kurennalgu〈보은 옥천 영동〉 kurinnalgu〈단양〉'이므로[178] 변화과정을 다음과 같이 상정할 수 있다.

o *kulɦəysnalkots 〉 kuləytnalkots 〉 kuləynnalkots 〉 kuləynnalkoč 〉 kuləynnalkuč 〉 kulennalkuč 〉 kulennalkus 〉 kulennalku 〉 kulinnalku
보옥영 단

o *kulɦəysnalkots 〉 *kulɦəytnalkots 〉 *kulɦəynnalɦots 〉 kuləynnalots 〉 kuləynnaloč 〉 kuləynnaluč 〉 kulennaluč 〉 kulennalus 〉 kulennalu 〉 kulennali
제 중청괴 괴

위의 변화과정은 '나룻'이 아니라 '수염'을 쓰는 진천과 음성 지역을 제외한 전 지역에서 발생한 'ɦ'의 약화, 음절말의 'ㅅ〉ㄷ', 'ㄴ' 앞의 'ㄷ〉ㄴ', 치조음 'ㅈ'의 구개음화(ts〉č), 어말의 'o〉u', 'əy〉e' 단모음화, 어말의 'ㅈ' 비파열화(ㅈ〉ㅅ), 진천과 음성과 제원 지역을 제외한 전 지역에서 발생한 어말자음 'ㅅ'의 탈락, 중원과 제원과 청원과 괴산 지역에서 발생한 'ㄹ' 뒤의 'ㄱ' 약화, 괴산 지역에서 발생한 어말의 'u〉i'를 보여 준다.

3] 돼지[豚] : 문헌에 '돝(용가65 능엄8:122 소언4:5) 돗(여소2:13a)'과[179] '도다지(계축p.200 마언上8) 돗아지(아언1以辛)' 및 '되아지

178) 이 단어는 재구형 '*kulɦəy'와 '*nalkots'이 결합하여 형성된 합성어로 생각된다.
179) 여소학에는 '동녁 집의는 무엇ᄒᆞ랴고 돗설 잡ᄂᆞᆫ잇가(여소2:13a)'로 나온다.

(아언券一) 되야지(물보毛虫) 도야지(아학上7)'로 나온다. '돗아지'는 '돋+아지'로 형태분석할 수 있겠다. 충북의 방언형은 'twɛǰi〈진천 중원 청원 영동〉 twEǰi〈음성 제원 괴산 보은 옥천〉 tweǰi〈단양〉'와 'sant'Eǰi/met'Eǰi〈제원〉'와 'sant'ʷEǰi'이므로 변화과정을 다음과 같이 상정할 수 있다.

ㅇ totʰ+atsi → totatsi 〉 totači 〉 toači 〉 toyači 〉 toayči 〉 toɛči 〉 twɛči 〉 tɛči
음제괴보옥 제단

ㅇ totʰ+atsi → totatsi 〉 totači 〉 toači 〉 toyači 〉 toayči 〉 toɛči 〉 twɛči 〉 tweči
음제괴보옥 단

위의 변화과정은 전 지역에서 발생한 치조음 'ㅈ'의 구개음화(ts〉č), 어중 모음사이의 'ㄷ' 탈락, 모음충돌을 피하기 위한 'y' 첨가(oa〉oya), 음운도치(ya〉ay), 'ay〉ɛ' 단모음화, 'o'의 활음화(o〉w), 제원과 단양 지역에서 발생한 어두 'ㄷ' 뒤의 'w' 탈락, 단양 지역에서 발생한 'ɛ〉e'를 포함하고 있다.

4] 바람벽[壁] : 문헌에 'ᄇᆞ람(유합上23 石千21 박重中34) ᄇᆞ람ㅅ벽(동문上35)'과 '바람(아언一薑讓) 바람벽(아학上9)'으로 나온다. 충북의 방언형은 'parɨmp'yək〈진천〉 perɨmp'ak〈진천 제원 괴산 제외 전 지역〉 pirump'ak〈제원〉'과 'perɨmč'ak〈중원 괴산〉'이므로 변화과정을 다음과 같이 상정할 수 있다.

ㅇ pʌlʌmp'yək 〉 pʌlɨmp'yək 〉 palɨmp'yək〉 pyəlɨmp'ak 〉 pəylɨmp'ak 〉 pelɨmp'ak 〉 pelump'ak 〉 pilump'ak
진
×진제괴 제

o pʌlʌmp'yək 〉 pʌlɨmp'yək 〉 palɨmp'yək 〉 pyəlɨmp'ak 〉 pəylɨmp'ak 〉
진

pelɨmp'ak 〉 pelɨmč'ak
×진제괴 중괴

위의 변화과정은 전 지역에서 발생한 비어두음절의 'ʌ〉ɨ', 어두음절의 'ʌ〉a', 음운도치(aC(C)yə〉yəC(C)a), 음운도치(yə〉əy), 'əy〉e' 단모음화, 제원 지역에서 발생한 어중 순음 앞의 'ɨ〉u', 어두의 'e〉i', 중원과 괴산 지역에서 발생한 어중의 'ㅃ〉ㅉ'를 포함하고 있다.

5] 부추[薤, 韭] : 문헌에 '부치(구간6:11 자회上13 유합上10 노언下34 한청375d) 부초(아학上5)'와 '졍우지(동언)' 그리고 '졸(물보蔬菜 유물三草)'로 나온다. 충북의 방언형은 '$puč^hu$〈음성〉 $punč^hu$〈중원 제원 단양〉'와 'čəŋguǰi〈중원 제원 제외 전 지역〉'이므로 변화과정을 다음과 같이 상정할 수 있다.

o $puts^hʌy$ 〉 $puts^hɨy$ 〉 $puč^hɨy$ 〉 $puč^huy$ 〉 $puč^hu$ 〉 $punč^hu$[180)]
음 중제단

o tsyəŋutsi 〉 čyəŋuči 〉 čəŋuči 〉 čəŋkuči
×중제

위의 변화과정은 음성과 중원과 제원과 단양 지역에서 발생한 비어두음절의 'ʌ〉ɨ', 치조음 'ㅊ'의 구개음화(ts^h〉$č^h$), 어말의 'ɨ〉u', 어말 하향이중모음의 부음 'y'의 탈락(uy〉u), 중원과 제원과 단양 지역에서 발생한 'ㅊ' 앞의 'ㄴ' 첨가, 중원과 제원 지역을 제외한 전 지역에서 발생한 치조음 'ㅈ'의 구개음화(ts〉č), 'ㅈ'의 구개음화에 이은 잉여자질 'y' 탈락, 'ŋ' 뒤의 'ㄱ' 첨가를 포함하고 있다.

---

180) '부치'와 '부취' 사이에 중간단계로 '부최'를 설정하는 것은 전남지역의 방언형 '부초'를 근거로 한 것이다(최전승(1983) 참조).

6] 예순[六十] : 문헌에 '여쉰(월석2:58 능엄2:7 삼강忠29)'과 '여슌(유합下58 은중5 동문下20 한청106a) 예슌(박初上18 노언下10 십구1:7)'으로 나온다. 충북의 방언형은 'yesun〈단양 제외 전 지역〉'과 'isyin〈단양〉'이므로 변화과정을 다음과 같이 상정할 수 있다.

o yəsyuyn > yəysyuyn > yəysyun > yəysun > yesun
×단

o yəsyuyn 〉 yəysyuyn 〉 yəysuyn 〉 yesuyn 〉 yesün 〉 yisün 〉 yisin 〉 isin
단

위의 변화과정은 전 지역에서 후속하는 'y'의 영향으로 발생한 어두의 'y' 첨가(yə〉yəy), 'əy〉e' 단모음화, 단양 지역을 제외한 전 지역에서 발생한 어중 하향이중모음의 부음 'y'의 탈락(uy〉u), 치조음 'ㅅ'의 구개음화, 'ㅅ'의 구개음화에 이은 잉여자질 'y'의 탈락, 단양 지역에서 발생한 'uy〉ü' 단모음화, 어두의 'e〉i', 어두 'i' 앞의 'y' 탈락을 포함하고 있다.

7] 잠그다[鎖] : 문헌에 'ᄌᆞᆷᄀᆞ-(석보6:2 두初7:33 청구p.119)'와 'ᄌᆞᄆᆞ-(석보6:2) ᄌᆞᆷ오-(계축p.81) ᄌᆞ모-(역어下46) ᄌᆞ무-(역어上14 동문下13)'로 나온다. 충북의 방언형은 'čaŋgu-〈단양 청원 제외 전 지역〉 čaŋgɨ-〈청원〉'와 '$\check{c}^{h}$εŋgu-〈단양〉 $\check{c}^{h}$εmu-〈단양〉 $\check{c}^{h}$εu-〈괴산〉'이므로 변화과정을 다음과 같이 상정할 수 있다.[181]

o tsʌmkʌ- 〉 tsʌmkɨ- 〉 čʌmkɨ- 〉 čamkɨ- 〉 čaŋkɨ- 〉 čaŋku- 〉 čεŋku- 〉 $\check{c}^{h}$εŋku-
청 ×단청 단

---

181) 단양 지역의 방언형 '$\check{c}^{h}$εŋku-, $\check{c}^{h}$εmu-'의 어두 격음은 용언어간 '채우-'의 어두음에 유추된 결과로 생각된다.

o tsʌmʌ- 〉 tsʌmo- 〉 čʌmo- 〉 čʌmu- 〉 čamu- 〉 čɛmu- 〉 č^{h}ɛmu-
단

위의 변화과정은 전 지역에서 발생한 치조음 'ㅈ'의 구개음화(ts〉č), 어두음절의 'ʌ〉a', 어두음절의 'a〉ɛ', 청원 지역을 제외한 전 지역에서 발생한 어두 'ㅈ'의 격음화(č〉č^h), 단양과 청원 지역을 제외한 전 지역에서 발생한 비어두음절의 'ʌ〉ɨ', 'ㅣ' 앞의 'm〉ŋ', 단양 지역에서 발생한 비어두음절의 'ʌ〉o', 어간말의 'o〉u', 원순모음화(ɨ〉u)를 포함하고 있다.

8] 재채기[噴, 嚔] : 문헌에 'ᄌᆞ치욤(구간6:1 내훈1:49 자회上29 분문18) ᄌᆞ최옴(벽온1/11) ᄌᆞ츼옴(왜어上20) ᄌᆞ츼음(화어23)'으로 나온다. 충북의 방언형은 'čɛč^{h}ɛgi〈단양 청원 괴산 제외 전 지역〉 čɛč^{h}Egi〈단양 청원〉 čɛč^{h}igi〈괴산〉'이므로 변화과정을 다음과 같이 상정할 수 있다.

o *tsʌts^{h}ʌyki 〉 tsats^{h}ayki 〉 čač^{h}ayki 〉 čač^{h}ɛki 〉 čɛč^{h}ɛki
×괴

o *tsʌts^{h}ʌyki 〉 *tsʌts^{h}ɨyki 〉 *tsats^{h}ɨyki 〉 čač^{h}ɨyki 〉 čač^{h}iki 〉 čayč^{h}iki 〉 čɛč^{h}iki
괴

위의 변화과정은 전 지역에서 발생한 비어두음절의 'ʌ〉a', 어두음절의 'ʌ〉a', 치조음 'ㅈ'의 구개음화(ts〉č), 치조음 'ㅊ'의 구개음화(ts^h〉č^h), 'ay〉ɛ' 단모음화, 괴산 지역에서 발생한 비어두음절의 'ʌ〉ɨ', 'ɨy〉i' 단모음화, 후속하는 'i'의 영향으로 발생한 어두 'y'의 첨가(a〉ay)를 포함하고 있다.

9] 켜다[點火] : 문헌에 'ᅘᅧ-(월석10:119 법화3:58)'와 '혀-(월천106

석보9:30 두初8:9)'와 '켜-(노언上22 삼역2:23)'로 나온다.[182] 충북의 방언형은 'k^hyə-〈중원 제원 음성 청원〉 k^hi-〈중원 제외 전 지역〉 k^he-〈음성 괴산〉'와 's'ɨ-〈진천 영동〉 s'yi-〈옥천〉'이므로 변화과정을 다음과 같이 상정한다. 'k^hi-'를 'e〉i' 변화가 아니라 이웃 방언으로부터의 차용으로 해석해 볼 수도 있겠으나, 이 방언형이 중원 지역을 제외한 충북의 전 지역에서 쓰이므로 단순한 차용으로 처리하기 힘들다.[183] 현재 'i'로 실현되고 있는 충북의 방언형들 중에는 'e〉i' 변화를 수행한 결과로 해석될 것들이 많이 있다. 'kiu(거위)〈단양 영동〉 ki:llɨ-(게으르-)〈제원〉 ki:rɨ-(게으르-)〈괴산〉 kurinnalgu(구레나룻)〈단양〉' 등도 그 가운데에 속하는 것으로 파악된다. 그것은 'ki:(게,蟹)〈제원 단양 괴산 보은 옥천 영동〉 kunyi(그네)〈보은〉 ki-(기-,匍))〈전 지역〉 kɨlp^{h}i(글피)〈중원〉 ni:s(넷)〈중원 제원 단양 제외 전 지역〉' 등과는 분명한 차이가 있기 때문이다. 이들은 모두 이중모음 'ɨy'의 단모음화 결과로 파악된다.[184]

o xyə- 〉 k^hyə- 〉 k^həy- 〉 k^he- 〉 k^hi-
　　　　중제음청　　　　　음괴　×중

o xyə- 〉 s'yə- 〉 s'ə- 〉 s'ɨ- 〉 s'i-
　　　　　　　　　　진영　옥

182) '키'의 뜻으로도 쓰인 '쎠-(<ᅘᅧ-)(신속烈4:70 경민3 연병9)'를 참조할 수 있다.

183) 중부방언권(경기, 충청, 강원 일부)과 서남방언권에서 음장을 가진 중위 모음(mid vowel)들이 해당계열의 고모음으로 변화하였음을 지적한 논의들이 참고된다(곽충구 2003, 유필재 2001). 이 밖에 백두현(1992:145), 최명옥(1982), 이기갑(1986:20-22), 최태영(1983:125), 곽충구(1982), 김충회(1982) 등의 논의를 참고할 수 있다.

184) 현재 'i'로 실현되고 있는 충북의 방언형들 중에는 'ɨy〉i' 단모음화, 'ɨ〉i' 전설모음화, 'ü〉i' 변화 및 차용이나 유추 등의 결과에 해당하는 것도 있음을 유의해야 한다.

위의 변화과정은 중원 지역을 제외한 전 지역에서 발생한 어두의 'ㆅ〉ㅋ', 음운도치(yə〉əy), 'əy〉e' 단모음화, 'e〉i' 고모음화, 진천과 옥천과 영동 지역에서 발생한 'ㆅ' 구개음화(x〉s'),185) 'ㆅ' 구개음화에 이은 잉여자질 'y'의 탈락, 어두의 'ə〉ɨ' 고모음화, 옥천 지역에서 발생한 전설모음화(ɨ〉i)를 보여준다.

2.2.9. 음운변화가 아홉 가지 이상인 것

1] 가렵다[癢] : 문헌에 'ᄀᆞ랍-(소언2:3/2:7 두요上1) ᄀᆞ랴ᇦ-(두요上48/下9 경민36 내훈重1:40) ᄀᆞ렵-(두요下10 동문下7 역어上48 왜어上51 박重下6 신속孝5)'으로 나온다. 충북의 방언형은 'kalgup-〈진천 옥천〉 kɛlgup-〈보은 영동〉 kalgəp-〈음성 청원〉'과 'karyəp-〈진천 청원 옥천〉 kɛryəp-〈괴산〉 kEryəp-〈중원 제원〉 kɛrəp-〈중원 단양〉 kɛrup-〈영동〉'이므로 'lg' 방언형을 고려하여 변화과정을 다음과 같이 상정할 수 있다.

o *kʌlkap- 〉 *kʌlkəp- 〉 kalkəp- 〉 kalkup- 〉 kɛlkup-
　　　　　　　　　　　　　음청　　　　진옥　　　보영

o *kʌlkap- 〉 *kʌlɦap- 〉 kʌlap- 〉 kʌlyap-〉 kalyəp- 〉
　　　　　　　　　　　　　　　　　　　　　진청옥

kaylyəp- 〉 kɛlyəp- 〉 kɛləp- 〉 kɛlup-
　　　　　중제괴　　　중단　　　영

위의 변화과정은 전 지역에서 발생한 어중의 'a〉ə', 어두음절의

185) 'ㆅ 〉 ㅅㅎ 〉 ㅆ'과 'ㆅ 〉 ㅎㄱ 〉 ㅋ'의 변화과정을 주장한 김정태(1993)의 논의가 주목에 값한다. 여기서는 특히 鷄林類事에 나오는 '大曰黑根'을 근거로 하여 '*hk(ㅎㄱ)'를 재구한 박성종(1988)의 견해를 긍정적으로 수용하고 있다.

'ʌ>a', 어말 순음 앞의 'ə>u', 보은과 영동 지역에서 발생한 어두의 'a>ε', 음성과 보은과 영동 지역에서 발생한 'ㄹ' 뒤의 'ㄱ' 약화, 'ɦ'의 약화, 'ɦ'의 약화에 이어 발생한 'ㄹ' 뒤의 'y' 첨가, 후속하는 'y'의 영향으로 발생한 어두의 'y' 첨가(a>ay), 'ay>ε' 단모음화를 보여준다.

2] 요즈음[近日] : 문헌에 '요조ᅀᅩᆷ(두初8:16 번노下56) 요조ᅀᅮᆷ(두初25:47) 요조ᅀᆞᆷ(두初21:25) 요주ᅀᅮᆷ(두初25:9) 요조옴(소언6:23) 요ᄌᆞᄋᆞᆷ(두重11:2)'과 '요ᄉᆞᅀᅵ(석보11:19 두初15:12) 요ᄉᆞ이(두初23:10 박初上37)'로 나온다. 충북의 방언형은 'yosE〈음성 청원 괴산 제외 전 지역〉 yosε〈음성 청원 괴산〉'와 'yoǰɨm〈음성 제원〉 yoǰəm〈괴산〉'이므로 변화과정을 다음과 같이 상정할 수 있다.

ㅇ yosʌzi 〉 yosʌi 〉 yosai 〉 yosay 〉 yosε
전체

ㅇ yotsozom 〉 yotsozʌm 〉 yotsoʌm 〉 yotsʌʌm 〉 yotsɨɨm 〉 yočɨɨm 〉 yočɨ:m 〉 yočə:m
음제 괴

위의 변화과정은 전 지역에서 발생한 모음 사이의 'ㅿ' 약화, 비어두음절의 'ʌ>a', 'i'의 활음화(i>y), 'ay>ε' 단모음화, 음성과 제원과 괴산 지역에서 발생한 비어두음절의 'o>ʌ', 비어두음절의 'ʌ>ɨ', 치조음 'ㅈ'의 구개음화(ts>č), 'ɨ'의 보상적 탈락(ɨɨ>ɨ:), 괴산 지역에서 발생한 어말 'ㅁ' 앞의 'ɨ>ə'를 포함하고 있다.

3] 외양간[廏] : 문헌에 '오ᄒᆡ양(월석2:46 두初20:16 자회中19) 오희양(우방10) 오향(역어上19) 오양(우방3) 외양(역어補61 왜어上32 아학上9)'로 나온다. 충북의 방언형은 'oyaŋk'an〈청원 옥천 제외 전 지역〉 öyaŋk'an〈진천 청원 괴산〉 wE:ŋk'an〈옥천 영동〉

oyaŋ〈보은〉'이므로 변화과정을 다음과 같이 상정할 수 있다.

o *ohʌyaŋ 〉 ohɨyaŋ 〉 ohiaŋ 〉 ohyaŋ 〉 oyaŋ 〉 oayŋ 〉 oɛŋ 〉 wɛŋ
×청옥 옥영

o *ohʌyaŋ 〉 ohʌyyaŋ 〉 ohɨyyaŋ 〉 ohiyaŋ 〉 oiyaŋ 〉 oyyaŋ 〉 ö:yaŋ
진청괴

위의 변화과정은 전 지역에서 발생한 비어두음절의 'ʌ〉ɨ', 'ɨy〉i' 단모음화, 유성음 사이의 'ㅎ' 약화, 'i'의 활음화(i〉y), 옥천과 영동 지역에서 발생한 음운도치(ya〉ay), 'ay〉ɛ' 단모음화, 'o'의 활음화(o〉w), 진천과 청원과 괴산 지역에서 발생한 어중 'y' 뒤의 'y' 첨가(ʌya〉ʌyya), 'oy〉ö' 단모음화를 포함하고 있다.

4] 흰자위[蛋淸] : 문헌에 '힌ᄌᆞ의(태요43 역어補47 동문下35 한청14:15)'로 나온다. '자위'의 문헌어는 'ᄌᆞᅀᆞ(월석23:94 능엄8:7 구간6:5) ᄌᆞ의(태산43 역어補47 동문下35)' 및 'ᄌᆞᄾᆞ(은중19)'로 나온다. 충북의 방언형은 'hɨnǰau〈음성〉 hinǰau〈제원〉'와 'hinǰagu〈단양〉 hinč^h aŋ〈진천 청원 괴산 보은 옥천 영동〉 hindoŋǰa〈중원〉'이므로 변화과정을 다음과 같이 상정할 수 있다.

o *hʌyntsʌzʌ 〉 hʌyntsʌʌ 〉 hʌyntsʌɨ 〉 hʌyntsʌɨy 〉 hʌyntsaɨy 〉 hɨyntsaɨy 〉 hɨynčaɨy 〉 hɨynčauy 〉 hɨynčau 〉 hinčau
제

o *hʌyntsʌzʌ 〉 hʌyntsʌʌ 〉 hʌyntsʌɨ 〉 hʌyntsʌɨy 〉 hʌyntsaɨy 〉 hɨyntsaɨy 〉 hɨynčaɨy 〉 hɨynčauy 〉 hɨynčau 〉 hɨnčau
음

위의 변화과정은 전 지역에서 발생한 모음 사이의 'ㅿ' 약화, 비어두음절의 'ʌ>ɨ', 어두음절의 'ʌ>a', 어두음절의 'ʌ>ɨ', 어말모음 뒤의 'y' 첨가(ɨ>ɨy), 어말의 'ɨ>u', 하향이중모음의 부음 'y'의 탈락(uy>u), 치조음 'ㅈ'의 구개음화(ts>č), 제원 지역에서 발생한 'ɨy>i' 단모음화, 음성 지역에서 발생한 하향이중모음의 부음 'y'의 탈락(ɨy>ɨ)를 포함하고 있다.

2.2.10. 종합

변화과정이 둘인 표제어는 181개이다. 표제어별 각 변화과정에는 음운변화가 한 가지에서 열한 가지까지 포함되어 있는 것으로 나타났다. 이 음운변화로는 다음과 같은 것들이 있다. 숫자는 빈도를 나타낸다.

자음의 변화로는 우선 통시적 구개음화, 치조음의 구개음화, 역구개음화, 경음화, 격음화, 음절말의 비파열화, 활음조 현상, 'ㄴ' 두음법칙 등을 확인할 수 있다.

통시적 구개음화(15)는 'ㄱ(6), ㄷ(4), ㅎ(4), ㅌ(1)'로 나타났고, 치조음의 구개음화(44)는 'ㅈ(26), ㅊ(10), ㅅ(8)'로 나타났다. 역구개음화(3)가 'ㅈ> ㄱ(2), ㅊ> ㅋ(1)'로 나타났다.

경음화(31)는 어두경음화(25)가 'ㄱ(14), ㄷ(5), ㅂ(4), ㅅ(2)'로 나타났고, 어중경음화(6)가 'ㄱ(2), ㄷ(2), ㅅ(1), ㅈ(1)'로 나타났다.

격음화(7)는 어두격음화(2)가 'ㅂ(1), ㅈ(1)'로 나타났고, 어중격음화(3)가 'ㄷ(1), ㅂ(1), ㅈ(1)'로 나타났으며, 어말격음화(2)가 'ㄱ(1), ㅈ(1)'로 나타났다.

음절말의 비파열화(3)는 'ㅊ> ㅅ(2), ㅈ> ㅅ(1)'로 나타났다.

이 밖의 변화로는 음절말의 'ㅅ> ㄷ'(4), 활음조 현상(ㄴ> ㄹ)(1), 'ㄴ' 두음법칙(1), 어두의 'ㆅ> ㅋ(2)', 어말의 'ㅂ> ㄱ(2), ㅎ> ㅅ(2), ㅅ> ㅊ(1), ㅊ> ㅌ(1)', 어중의 'β>w(3)(유성음사이), ㅃ> ㅉ(1), ㅈ> ㄷ(1)', 그리고 'm> ŋ(3)(ㄱ앞2, 어말1), n> ŋ(2)(모음사이1, ㄷ앞1), ㄱ> ㅂ(1)(모음사이1), ㄴ> ㅁ(1)(ㅌ앞1), ㄷ> ㄴ(1)(ㄴ앞1), p>w(1)(ㅂ합용병서

1)' 등으로 나타났다.

모음의 변화로는 원순모음화, 전설모음화, 활음화, 하향이중모음의 단모음화, 움라우트, 음절분화 등이 확인되었다.

'ㅁ, ㅂ, ㅍ' 뒤에서 발생한 원순모음화(12)는 'ɨ>u'(12)로 나타났고, 'ㅅ, ㅈ, ㅊ' 뒤에서 발생한 전설모음화(10)는 'ɨ>i'(10)로 나타났다.

활음화(16)는 'i>y(13), o>w(2), u>w(1)'로 나타났고, 음절분화(3)는 'oy>oi(2), ɨy>ɨi(1)'로 나타났다. 하향이중모음의 단모음화(116)는 'əy>e(33), ay>ε(31), ɨy>i(26), uy>ü(16), oy>ö(10)'으로 나타났고, 움라우트(31)는 'ə>e(15), o>ö(6), u>ü(5), a>ε(4), ɨ>i(1)'로 나타났다. 이 밖에 'wʌ>o(3), wɨ>u(1), we>ö(1)'도 보인다.

이 밖의 변화는 모음별로 다음과 같이 나타났다.

a(12) : a>ə(7)(어두1, 어중4, 어말2), a>ε(5)(어두5)

ε(3) : ε>e(3)(어두1, 어말2)

ə(24) : ə>ɨ(14)(어두12, 어말2), ə>u(4)(어중1, 어말3), ə>o(4)(어두2, 어중1, 어말1), ə>a(1)(어말1), ə>e(1)(어말1)

e(50) : e>i(35)(어두19, 어중8, 어말8), e>ε(13)(어두3, 어중1, 어말9), e>ö(2)(어두2)

o(48) : o>u(31)(어두2, 어중4, 어말25), o>ə(7)(어두6, 어말1), o>a(4)(어중1, 어말3), o>ɨ(4)(어중1, 어말3), o>ʌ(2)(비어두2)

ö(12) : ö>e(8), ö>we(3), ö>ü(1)

u(13) : u>ɨ(5)(어말5), u>i(4)(어중1, 어말3), u>o(3)(어중1, 어말2), u>ə(1)(어말1)

ü(18) : ü>i(8), ü>wi(9), ü>ö(2)

ɨ(35) : ɨ>u(20)(어두4, 어중4, 어말12), ɨ>ə(12)(어중3, 어말9), ɨ>a(2)(어중2), ɨ>o(1) (어중1)

i(4) : i>u(4)(어중1, 어말3)

ʌ(63) : ʌ>a(31)(어두25, 비어두6), ʌ>ɨ(23)(어두2, 비어두21), ʌ>o(6)(어두2, 비어두4), ʌ>ə(3)(어두2, 비어두1)

자음과 모음이 아우른 변화로는 첨가, 약화와 탈락, 보상적 탈락, 음운도치 등이 확인되었다.

첨가 현상(38)은 다음과 같이 나타났다.

자음(15)

ŋ(6)(모음사이4, 어중ㄱ앞1, 어말모음뒤1), ㄱ(3)(유성음사이2, 어중ŋ뒤1), ㄴ(2)(어중ㄴ뒤1, 어중ㅊ앞1), ㄹ(1)(ㄹ뒤1), ㅁ(1)(어중ㅁ뒤1), ㅂ(1)(어중ㅁ뒤1), ㅎ(1)(어중ㄹ뒤1)

모음(5)

i(3)(어말모음뒤3), ɨ(1)(어말자음뒤1), u(1)(어말자음앞1)

활음(18)

y(17)(어두모음뒤2, 어말모음뒤2, 어중자음뒤2, 어중y뒤2, 후속하는i/y영향9)

w(1)(어중자음뒤1)

약화와 탈락 현상은 다음과 같이 나타났다.

자음(49)

ㄱ(12)(ㄹ뒤9, y뒤2, ㅁ뒤1), ㅿ(10)(모음사이7, 유성음사이2, 어말자음1), ㅎ(10)(유성음사이6, 어말자음3, 모음사이1), ㄹ(4)(ㄺ2, 모음사이1), ɦ(4), ŋ(4)(모음사이4), n(3)(모음사이2, 어중ㄷ앞1), ㅂ(3)(ㅂ합용병서2, ㅄ1), ㅅ(1)(어말자음1), ㅁ(1)(어말자음1), ㄷ(1)(모음사이1), ㅈ(1)(어중y앞1)

모음(10)

ɨ(4)(어말모음3, 어중모음앞1), o(3)(어말모음2, 어중모음뒤1), ə(1)(어말모음1), a(1)(어말음절1), u(1)(어말모음1)

활음(64)

y(58)(하향이중모음의부음y29(uy17, ɨy4, oy3, ay2, əy2, ʌy1), 잉여자질y23, 자음 뒤3, 모음i앞2, 상향이중모음의부음y1)

w(6)(자음뒤6)

보상적 탈락(17)은 다음과 같이 나타났다.

자음(8)

ㅂ(6), ɦ(2)

모음(9)

a(3), ɨ(3), ə(1), o(1), i(1)

음운도치(27)는 'yə〉əy(12), ya〉ay(5), ay〉ya(2), yo〉oy(1), yu〉uy(1), ai〉ia(1), ia〉ai(1), ɨu〉uɨ(1), əCCi〉iCCə(1), aCCyə〉yəCCa)(1), ɨlu〉ulɨ(1)' 등으로 나타났다.

2.3. 변화과정이 셋인 단어

2.3.1. 음운변화가 세 가지인 것

1] 구멍[孔, 竅] : 문헌에 ‘굼(남명下74 금삼2:65 능엄1:59 두初16:37 석보13:10) 구무(용가3:13 석보19:38 유합下24) 구모(구간1:48 자회中35)’와 ‘구멍(두창上8 두경22 청구p.119)’과 ‘구메(청구大 p.126)’로 나온다. 충북의 방언형은 ‘kuməŋ〈진천 단양〉 kumŏŋ〈보은〉’과 ‘kuŋgi〈단양〉’와 ‘kunyəŋ〈중원 제원 괴산〉 kunyək〈음성 청원 옥천 영동〉’이므로[186] 변화과정을 다음과 같이 상정할 수 있다.

o kuməŋ 〉 kumoŋ
진단 보

o kuməŋ 〉 kumyəŋ 〉 kunyəŋ
진단 중제괴

o *kumək 〉 kumyək 〉 kunyək
음청옥영

위의 변화과정은 보은 지역에서 발생한 순음 뒤의 ‘ə〉o’, 진천과 단양과 보은 지역을 제외한 전 지역에서 발생한 어중 ‘ㅁ’ 뒤의 ‘y’ 첨가(ə〉yə),[187] 음성과 청원과 옥천과 영동 지역에서 발생한 모음 사이의 ‘ㅁ〉ㄴ’을 보여 준다.

2] 구석[隅] : 문헌에 ‘구석(소언2:10 계축p.94 박重中55 첩해6:6 삼

---

186) 단양 지역의 방언형 ‘kuŋgi’는 훈민정음 초기의 문헌형 ‘굼’에 접미사 ‘-이’가 결합하여 이루어진 어형으로 생각된다.

187) 이 ‘y’ 첨가는 경상방언의 ‘kumyəŋ’을 참고로 하여 상정한 것이다(한국방언자료집Ⅶ p.84).

역7:14)'으로 나온다. 충북의 방언형은 'kusək〈청원 제외 전 지역〉 küsək〈청원〉 kuyək〈보은〉'이므로 변화과정을 다음과 같이 상정할 수 있다.

o *kuysək 〉 küsək
청

o *kuysək 〉 kusək
×청

o *kuyzək 〉 kuyək
보

위의 변화과정은 청원 지역에서 발생한 'uy〉ü' 단모음화, 청원 지역을 제외한 전 지역에서 발생한 어두 하향이중모음의 부음 'y' 탈락(uy〉u), 보은 지역에서 발생한 모음 사이의 'ㅿ' 약화를 보여 준다.

3] 모래[沙, 砂] : 문헌에 '몰애(용가9:49 석보13:8 월석1:24 두初7:7 자회上4) 모래(두경50 가언7:24 왜어上8 한청24d) 몰래(두重3:54 백련25)'와 '모릐(청구大p.16 유물五土)'로 나온다. 충북의 방언형은 'morE〈보은 영동 제외 전 지역〉 morɛ〈보은〉 molgɛ〈영동〉[188]'와 'mosE〈진천 청원 괴산 옥천〉 mosɛ〈보은〉'이므로 변화과정을 다음과 같이 상정할 수 있다.

o *molkay 〉 molkɛ
영

o *molkay 〉 molɦay 〉 molay 〉 molɛ
×영

---

188) 이 방언형은 강원도 고성 양양 명주 삼척에서도 조사되었다(한국방언자료집Ⅱ p.174 참조).

o mosay 〉 mosɛ
진청괴보옥

위의 변화과정은 전 지역에서 발생한 어말의 'ay〉ɛ' 단모음화, 영동 지역을 제외한 전 지역에서 발생한 'ㄹ' 뒤의 'ㄱ' 약화(k〉ɦ), 'ɦ' 약화를 보여 준다.

4] 미꾸라지[泥鰍] : 문헌에 '믯구리(사성下69 자회上20) 미꾸리(동의湯液二4) 믯그리(역어下37) 미끼리(방약50) 믹굴이(물보虫魚)'와 '믯그라지(유물二鱗)'로 나온다. 충북의 방언형은 'mik'uri〈진천 제원 단양 청원 옥천〉'와 'mik'uraǰi〈진천 옥천 제외 전 지역〉'와 'mik'urakč'i〈옥천〉'이므로 변화과정을 다음과 같이 상정할 수 있다.

o mɨyskuli 〉 mɨytkuli 〉 mɨyk'uli 〉 mik'uli
진제단청옥

o mɨyskulatsi 〉 mɨytkulatsi 〉 mɨyk'ulatsi 〉 mɨyk'ulači 〉 mik'ulači
×진옥

o mɨyskulatsi 〉 mɨytkulatsi 〉 mɨytkulaktsi 〉 mɨyk'ulaktsi 〉 mɨyk'ulakči 〉 mik'ulakči
옥

위의 변화과정은 전 지역에서 발생한 어두의 'ɨy〉i' 단모음화, 치조음 'ㅈ'의 구개음화(ts〉č), 옥천 지역에서 발생한 어중 'ㅈ' 앞의 'ㄱ' 첨가를 보여 준다.

5] 흩다[散] : 문헌에 '흩-(월석10:81 법화3:62 금삼2:12 유합下43 石千32 소언6:10 벽신16 오륜2:23)'과 '흗-(월석21:112 영가下46 두초16:3 남명 下62 번소9:11)'로 나온다.[189] 충북의 방언형

189) '亂'의 뜻으로 쓰인 '헏-(법화1:221 내훈2上12 구간2:91)'과 구별된다.

은 'hɨtʰ-〈진천 청원〉 hɜtʰ-〈중원〉 hətʰ-〈괴산 보은〉'와 'həčʰi-〈음성 제원 영동〉'와 'hebi-〈옥천〉'이므로 변화과정을 다음과 같이 상정할 수 있다.

o hɨtʰ- 〉 hətʰ-
진제청보영 음중단괴보옥

o hɨtʰ+i- → hɨtʰi- 〉 hətʰi- 〉 həčʰi-
음제영

o *həpi- 〉 hepi-
옥

위의 변화과정은 음성과 중원과 단양과 괴산과 보은과 옥천 지역에서 발생한 어두의 'ɨ〉ə', 음성과 제원과 영동 지역에서 발생한 'ㅌ' 구개음화(tʰ〉čʰ), 옥천 지역에서 발생한 'ə' 움라우트(ə〉e)를 보여 준다.

2.3.2. 음운변화가 네 가지인 것

1] 가깝다[近] : 문헌에 '갓갑-(석보13:15 삼강忠22 월석2:50 두初7:13) 가짭-(월석7:55) 갓짭-(石千6)'으로 나온다. 충북의 방언형은 'kačʰap-〈진천 제원 제외 전 지역〉 kačʰaup-〈옥천〉 kɛčʰap-〈단양〉 kɛčʰup-〈영동〉'과 'kak'ap-〈청원 보은 제외 전 지역〉 kɛk'ap-〈단양〉'이므로 재구형 '*갗'을 어기로 삼고, 여기에 각각 파생접사 '갑'과 '압'이 결합한 '갗갑' 및 '갗압'이 새로운 어간으로 형성된 것으로 파악할 수 있으므로190) 변화과정을 다음과 같이 상정할

190) 접사 '-갑-'에 대해서는 훈민정음 초기 문헌형 'ᄂᆞᆽ갑-, 늘캅-, 둗겁-, 슴겁-, 앗갑-' 등과 현대 방언형 '아깝-, 얄껍/얄꼽-, 두껍-, 뜨겁-, 따갑-/따굽-, 시겁-/시굽-, 싱겁/싱굽-, 씨겁/씨굽-, 짜겁/짜굽-' 등을 참고할 수 있다.

수 있다.

- o $*katts^{h}kap-$ 〉 kaskap- 〉 katkap- 〉 kak'ap- 〉 kɛk'ap-
  ×청보 단

- o $*kats^{h}ap-$ 〉 $ka\check{c}^{h}ap-$ 〉 $ka\check{c}^{h}aup-$
  ×진제 옥

- o $*kats^{h}ap-$ 〉 $ka\check{c}^{h}ap-$ 〉 $k\varepsilon\check{c}^{h}ap-$ 〉 $k\varepsilon\check{c}^{h}up-$
  단 영

위의 변화과정은 청원과 보은 지역을 제외한 전 지역에서 발생한 음절말의 'ㅊ〉ㅅ', 음절말의 'ㅅ〉ㄷ', 어중 'ㄱ'의 경음화, 단양과 영동 지역에서 발생한 어두의 'a〉ɛ', 옥천 지역에서 발생한 어간말 자음 'ㅂ' 앞의 'u' 첨가, 진천과 제원 지역을 제외한 전 지역에서 발생한 치조음 'ㅊ'의 구개음화(ts^{h}〉$\check{c}^{h}$), 영동 지역에서 발생한 어간말의 'a〉u'를 보여 준다.

2] 고비[薇] : 문헌에 '고비(유물三草)'로 나온다. 충북의 방언형은 'kobi〈진천 음성 중원 제원 청원 괴산 옥천〉 kebi kosari〈영동〉 kwebi〈단양〉 köbi〈괴산〉 kübi〈보은〉'이므로 변화과정을 다음과 같이 상정할 수 있다.

- o kopi 〉 köpi 〉 kepi
  ×단보영 괴 영

- o kopi 〉 köpi 〉 küpi
  ×단보영 괴 보

- o kopi 〉 köpi 〉 kwepi
  ×단보영 괴 단

위의 변화과정은 단양과 괴산과 보은과 영동 지역에서 발생한 'o' 움라우트(o〉ö), 영동 지역에서 발생한 어두 'ö'의 원순성 상실(ö〉e), 보은 지역에서 발생한 어두의 'ö〉ü', 단양 지역에서 발생한 어두의 'ö〉we'를 포함하고 있다.

3] 괭이[鍋] : 문헌에 '광이(왜어下16 역어下8 태평1:19 동문下17 한청310b)'와 '광히(물보耕農)'로 나온다. 충북의 방언형은 'kwɛŋi〈청원〉 k'wɛŋi〈청원 옥천〉 kwEŋi〈진천 음성 제원 괴산 보은 영동〉 k'wEŋi〈진천 괴산 보은 영동〉 kwE^{ŋ}i〈중원 단양〉 k'Eŋi〈영동〉'와 'kwai〈단양〉'이므로 변화과정을 다음과 같이 상정할 수 있다.

o kwaŋi 〉 kwɛŋi 〉 k'wɛŋi 〉 k'ɛŋi
×단옥 청옥 영

o kwaŋi 〉 kwɛŋi 〉 kwɛi
×단옥 중단

o kwaŋi 〉 kwai
단

위의 변화과정은 전 지역에서 발생한 'a' 움라우트(a〉ɛ), 청원과 옥천과 영동 지역에서 발생한 어두 'ㄱ'의 경음화, 영동 지역에서 발생한 어두 'ㄱ' 뒤의 'w' 탈락, 단양 지역에서 발생한 모음 사이의 'ŋ' 약화를 보여 준다.

4] 굼벵이[蠐螬] : 문헌에 '굼벙(해례用字 구간6:80) 굼벙이(자회上11 구방下4 왜어上27)'와 '굼병(자회上21)'으로 나온다. 충북의 방언형은 'kumbɛŋi〈진천 제원 청원〉 kumbiŋi〈진천 음성 보은〉'과 'kumbe^{ŋ}i〈중원 괴산 옥천〉 kumbE^{ŋ}i〈단양〉 kumbi^{ŋ}i〈영동〉'이므로 변화과정을 다음과 같이 상정할 수 있다.

o kumpəŋi 〉 kumpeŋi 〉 kumpiŋi 〉 kumpii
진음보 영

o kumpəŋi 〉 kumpeŋi 〉 kumpei
중괴옥

o kumpəŋi 〉 kumpeŋi 〉 kumpɛŋi 〉 kumpɛi
진제청 단

위의 변화과정은 전 지역에서 발생한 'ə' 움라우트(ə〉e), 진천과 음성과 보은과 영동 지역에서 발생한 어중의 'e〉i', 중원과 단양과 괴산과 옥천 지역에서 발생한 모음 사이의 'ŋ' 약화, 단양 지역에서 발생한 어중의 'e〉ɛ'를 보여 준다.

5] 넓다[廣, 寬] : 문헌에 '너르-(능엄2:7 가언1:43 소언6:127 동문下54 한청356 石千27) 너ᄅᆞ-(번소10:29 소언5:23 신속烈1:92) 널으-(역어補29/54)'와 '넙-(석보13:9 법화5:105 월석2:41 능엄1:9 石千20) 너릅-(女四4:2)'으로 나온다. 훈민정음 초기 문헌인 능엄경언해에 '너르-'와 '넙-'이 함께 나온다는 사실이 주목된다. 중세 중앙어에 '넙-'과 '너르-'가 공존했음을 확인해 주는 자료로 파악되기 때문이다. 충북의 방언형은 'nəlp-〈전 지역〉 nərɨ-〈진천 음성 청원 제외 전 지역〉 nəllɨ-〈제원〉 nəllup-〈보은 옥천 영동〉'이므로[191] 옥천과 영동 지역의 방언형 'nəllup-'은 여사서언해의 '너릅-'과 계통이 같다는 데 착안하여 문헌형 '넙-'과 '너르-'가 혼효를 보인 '*nəlɨp-'을 재구하면 변화과정을 다음과 같이 상정할 수 있다.

191) 조사항목을 '넓다, 넓은, (江幅)넓다, (길폭)넓다, (운동장)넓다, 넓힌다, 넓히어야, (소문)널리/너르게/넓게, (물결이)널리/너르게/넓게' 등에까지 이르도록 다 조사한 자료이다.

o *nəlɨp- 〉 nəlp-
전체

o *nəlɨp- 〉 nəlup- 〉 nəllup-
보옥영

o *nəlɨp- 〉 nəlɨ- 〉 nəllɨ-
제

위의 변화과정은 전 지역에서 발생한 어간말 모음 'ɨ'의 탈락(ɨ〉ø), 제원과 보은과 옥천과 영동 지역에서 발생한 어중 'ㄹ' 뒤의 'ㄹ' 첨가(l ø〉ll), 보은과 옥천과 영동 지역에서 발생한 어간말 'ㅂ' 앞의 'ɨ〉u', 제원 지역에서 발생한 어간말 자음 'ㅂ'의 탈락(p〉ø)을 보여 준다.

6] 방귀[屁] : 문헌에 '방귀(자회上30)'와 '방긔(사성上16 역어上39 왜어上19 동문上20 물보氣血)'로 나온다. 충북의 방언형은 'paŋgu〈제원 제외 전 지역〉'와 'paŋgi〈음성〉 paŋgwi〈제원〉'이므로 변화과정을 다음과 같이 상정할 수 있다.

o paŋkuy 〉 paŋkü 〉 paŋki
음

o paŋkuy 〉 paŋkü 〉 paŋkwi
제

o paŋkuy 〉 paŋku
×제

위의 변화과정은 음성과 제원 지역에서 발생한 'uy〉ü' 단모음화, 음성 지역에서 발생한 'ü'의 원순성 상실(ü〉i), 제원 지역에서 발생한 'ü〉wi', 제원 지역을 제외한 전 지역에서 발생한 어말 하향이중모음의 부음 'y'의 탈락(uy〉u)을 보여 준다.

7] 상수리[橡實] : 문헌에 '샹실이(물보雜木)'와 '상소리(방약41)'로 나온다.[192] 충북의 방언형은 'saŋsuri〈진천 중원 청원〉'와 '$\check{c}^h$amdot^{h}ori〈음성〉 tot^{h}ori〈괴산〉 tot^{h}uri〈단양〉' 그리고 'ku:lbam〈중원〉 kulbam〈단양 보은 옥천 영동〉 k'ulbam〈단양〉 kuram〈중원 제원〉'이므로 변화과정을 다음과 같이 상정할 수 있다.

- saŋsoli 〉 saŋsuli
  진중청

- kulpam 〉 k'ulpam
  중단보옥영 단

- kul+pam → kulβam 〉 kulwam 〉 kulam
  중제

위의 변화과정은 진천과 중원과 청원 지역에서 발생한 어중의 'o〉u', 단양 지역에서 발생한 어두 'ㄱ'의 경음화, 중원과 제원 지역에서 발생한 'β〉w', 어중 'ㄹ' 뒤의 'w' 탈락을 보여 준다.

8] 아퀴 : 충북의 방언형은 'aguy〈진천 청원〉 agu〈괴산〉'와 'ak^{h}ü〈음성 옥천 영동〉 ak^{h}u〈보은 옥천〉 ak^{h}o〈영동〉'이므로 변화과정을 다음과 같이 상정할 수 있다.

- akuy 〉 aku
  진청 괴

192) 문헌형 중 '샹실이'는 한자어 '샹실(橡實)'에 접미사 '-이'가 결합한 것으로 생각된다. 훈몽자회에서는 '도토리'를 한자 '橡'의 훈으로 삼고 있어 흥미롭다(자회上11).

o akuy 〉 ak^huy 〉 $ak^hü$
진청 음옥영

o akuy 〉 ak^huy 〉 ak^hu 〉 ak^ho
진청 보옥 영

위의 변화과정은 괴산 보은과 옥천과 영동 지역에서 발생한 어말 하향이중모음의 부음 'y'의 탈락(uy〉u), 어중의 'ㄱ' 격음화(k〉k^h), 음성과 옥천과 영동 지역에서 발생한 'uy〉ü' 단모음화, 영동 지역에서 발생한 어말의 'u〉o'를 보여 준다.

9] 어머니[母親] : 문헌에 '어마님(용가90 월천16 석보6:3 내훈1:54) 어마니(여사4:8 염불14) 어머님(번노下3) 어마네(청구p.118)'와 '어미(석보6:1 월석21:27 능5:85 금삼2:61 두初8:67 자회上31 유합上19)'로 나온다. 충북의 방언형은 'əmənyi〈중원 단양 영동 제외 전 지역〉 ɜmɜnyi〈중원〉'와 'əmənyim〈음성 청원〉 ɜmɜnyim〈중원〉'과 'əmnyi〈진천〉' 그리고 '$əmə^ni$〈단양〉 əməi〈옥천 영동〉'이므로 변화과정을 다음과 같이 상정할 수 있다.

o əmani 〉 əməni 〉 əməi
×단영 단옥영

o əmani 〉 əməni 〉 əmɨni 〉 əmni
×단영 진

o əmanim 〉 əmənim
음중청

위의 변화과정은 전 지역에서 발생한 어중의 'a〉ə', 단양과 옥천과 영동 지역에서 발생한 모음 사이의 'ㄴ' 탈락, 진천 지역에서 발생한 어중 순음 뒤의 'ə〉ɨ', 자음 사이의 'ɨ' 탈락을 보여 준다.

10] 인두[熨印, 烙鐵] : 문헌에 '윤듸(金諺93) 윤딕(金諺94)'와 '인도(역어補41 동문下17 한청10:36(309d) 물보蠶績)'로 나온다. 충북의 방언형은 'indu〈진천 음성 중원 청원 괴산 옥천〉'와 'yundu〈제원 단양 보은 옥천 영동〉 yundi〈단양〉'이므로 변화과정을 다음과 같이 상정할 수 있다.

o into 〉 intu
진음중청괴옥

o yuntɨy 〉 yunti
단

o yuntɨy 〉 yuntuy 〉 yuntu
제단보옥영

위의 변화과정은 진천과 음성과 중원과 청원과 괴산과 옥천 지역에서 발생한 어말의 'o〉u', 단양 지역에서 발생한 'ɨy〉i' 단모음화, 제원과 단양과 보은과 옥천과 영동 지역에서 발생한 어말의 'ɨ〉u', 어말 하향이중모음의 부음 'y'의 탈락(uy〉u)을 보여 준다.

2.3.3. 음운변화가 다섯 가지인 것

1] 간장[醬油] : 문헌에 '곤쟝(자회中21 구황9 역어上52 동문上61) 곤댱(박신2:26)'과 '지령(계축p.110)'으로 나온다. 충북의 방언형은 'kanǰaŋ〈전 지역〉'과 'čirəŋmul〈진천 청원〉 kiryəŋ〈제원〉 kirəŋ〈단양〉'이므로 변화과정을 다음과 같이 상정할 수 있다.

o kʌntsyaŋ 〉 kʌnčyaŋ 〉 kančyaŋ 〉 kančaŋ
전체

o tsilyəŋ 〉 čilyəŋ 〉 čiləŋ 〉 kiləŋ

진청 단

o tsilyəŋ 〉 čilyəŋ 〉 kilyəŋ

제

위의 변화과정은 전 지역에서 발생한 치조음 'ㅈ'의 구개음화(ts〉č), 'ㅈ'의 구개음화에 이은 잉여자질 'y'의 탈락, 어두음절의 'ʌ〉a', 제원과 단양 지역에서 발생한 'ㅈ' 역구개음화(č〉k), 진천과 단양과 청원 지역에서 발생한 어중 'ㄹ' 뒤의 'y' 탈락을 포함하고 있다.

2] 그을다[燎] : 문헌에 '그으-(한청11:52(352d)) 그을-(역어補56)'로 나온다. 사동형 '그스리-(구간1:3) 그슬리-(삼역9:1 동문上60) 그슬이-(역어補31)'도 참고된다. 충북의 방언형은 'k'ɨːrət'a〈옥천 영동 제외 전 지역〉'와 'k'ɨsyillət'a〈진천 음성 옥천〉 k'ɨsyirəta〈영동〉'이므로 변화과정을 다음과 같이 상정할 수 있다.[193)]

o *kɨzɨl- 〉 kɨɨl- 〉 kɨːl- 〉 k'ɨːl-

×옥영

o *kɨsɨl- 〉 k'ɨsɨl- 〉 k'ɨsil-

영

o *kɨsɨl- 〉 kɨsɨli- 〉 k'ɨsɨlɨ- 〉 k'ɨsilɨ-

진음옥

위 변화과정들은 전 지역에서 발생한 어두 'ㄱ'의 경음화, 옥천과 영동 지역을 제외한 전 지역에서 발생한 모음 사이의 'ㅿ'의 약화, 'ɨ'의 보상적 탈락(ɨɨ〉ɨː), 진천과 음성과 옥천과 영동 지역에서 발

193) 방언형 중 'k'ɨːrət'a'는 기본형이 'k'ɨːl-'이고, 'k'ɨsyillət'a'는 기본형이 'k'ɨsilɨ-'이며, 'k'ɨsyirəta'는 기본형이 'k'ɨsil-'인 점에 유의해야 한다.

생한 전설모음화(ɨ〉i), 진천과 음성과 옥천 지역에서 발생한 어간말 'ㄹ' 뒤의 '으' 첨가(ø〉ɨ)를 포함하고 있다.

3] 기저귀 : 충북의 방언형은 'kiǰəgi〈진천〉 kiǰŏgi〈영동〉 kiǰəgü〈진천〉 kiǰəgu〈음성 제원 청원 보은〉'와 'čiǰəgi〈옥천〉 čiǰəgu〈음성 중원 단양 괴산〉'이므로 변화과정을 다음과 같이 상정할 수 있다.[194]

o *kičəkuy 〉 kičəkü 〉 kičəki 〉 čičəki
진 진 옥

o *kičəkuy 〉 kičəkü 〉 kičəki 〉 kičoki
진 진 영

o *kičəkuy 〉 kičəku 〉 čičəku
음제청보 음중단괴

위의 변화과정들은 진천과 옥천과 영동 지역에서 발생한 'uy〉ü' 단모음화, 'ü'의 원순성 상실(ü〉i), 음성과 중원과 단양과 괴산과 옥천 지역에서 발생한 어두의 'ㄱ' 구개음화(k〉č), 영동 지역에서 발생한 어중의 'ə〉o', 진천과 옥천과 영동 지역을 제외한 전 지역에서 발생한 어말 하향이중모음의 부음 'y'의 탈락(uy〉u)을 보여 준다.

4] 노을[霞] : 문헌에 '노을(자회上2)'과 '노올(동의湯液2 유합上4 역어上2 동문上1 한청12a)'로 나온다. 충북의 방언형은 'no:l〈진천 음성 제원 단양 괴산〉 noʉl〈중원〉 noŋol〈청원〉'과 'noŋori〈보은〉 noŋŏri〈영동〉 noŋuri〈옥천〉'이므로 변화과정을 다음과 같이 상정할 수 있다.

194) 동일 제보자에게서 두 가지 어형이 함께 채집된 것으로 보아 어말 'i'의 방언형은 'uy〉ü' 단모음화에 이어 발생한 변화의 결과로 해석된다.

o noɨl 〉 no:l
진음제단괴

o noɨl 〉 nool 〉 noul
중

o noɨl 〉 nool 〉 noŋol 〉 noŋol + i → noŋoli 〉 noŋuli
청 보영 옥

위의 변화과정은 진천과 음성과 제원과 단양과 괴산 지역에서 발생한 'ɨ'의 보상적 탈락(oɨ〉o:), 중원과 청원과 보은과 옥천과 영동 지역에서 발생한 'o' 뒤의 'ɨ〉o', 청원과 보은과 옥천과 영동 지역에서 발생한 모음 사이의 'ŋ' 첨가, 보은과 영동 지역에서 발생한 접미사 'i'의 첨가, 어중의 'o〉u'를 보여 준다.

5] 만들다[築, 爲, 制, 設] : 문헌에 'ᄆᆡᆼᄀᆞᆯ-(용가40 월천上37 석보11:13 두初7:17 訓언 박初上16) ᄆᆡᆼ글-(삼강忠22 박初上2 소언5:75) ᄆᆡᆫ글-(노언下47 박重上4)'과 'ᄆᆡᆫᄃᆞᆯ-(소언6:100 박重中49 태평1:11) ᄆᆡᆫ들-(소언3:18 경신10) ᄆᆡᆫ달-(한중558) ᄆᆞᆫᄃᆞᆯ-(번소10:6 송강1:4 태평1:41 십구1:1 두요48 마언下6 소언6:6 가언1:4) 만달-(삼략上35) ᄆᆡᆼᄃᆞᆯ-(목우45 소언6:72)'로 나온다. 충북의 방언형은 'mɛŋgɨl-〈제원 단양〉 mɛŋgɨl-〈진천〉'과 'mɛndɨl-〈진천 제원 단양 제외 전 지역〉 mandɨl-〈제원 단양〉'이므로 변화과정을 다음과 같이 상정할 수 있다.

o mʌyŋkʌl- 〉 mʌyŋkɨl- 〉 mayŋkɨl- 〉 mɛŋkɨl- 〉 mɛŋkil-
제단 진

o mʌntʌl- 〉 mʌntɨl- 〉 mantɨl-
제단

o mʌntʌl- 〉 mʌyntʌl- 〉 mʌyntɨl- 〉 mayntɨl- 〉 mɛntɨl-
×진제단

위의 변화과정은 전 지역에서 발생한 비어두음절의 'ʌ〉ɨ', 어두음절의 'ʌ〉a', 'ay〉ɛ' 단모음화, 진천 지역에서 발생한 어간말의 'ɨ〉i', 진천과 제원과 단양 지역을 제외한 전 지역에서 발생한 모음 뒤의 'y' 첨가를 보여 준다.

6] 바구미[蟻] : 문헌에 '바금이(해동p.96)'와 '바곰이(아학上8)'로 나온다. 충북의 방언형은 'pa:gimi〈진천 음성 괴산 보은〉 pa:gɨmi〈진천〉 pa:guymi〈제원〉 pa:gɨ^{y}mi〈단양〉 pa:gümi〈청원 옥천 영동〉'와 'pa:gunyi〈중원〉'이므로 변화과정을 다음과 같이 상정할 수 있다.

o pakɨmi 〉 pakɨymi 〉 pakimi
진 단 진음괴보

o pakɨmi 〉 pakumi 〉 pakuymi 〉 pakümi
진 제 청옥영

o pakɨmi 〉 pakumi 〉 pakuni[195)]
진 중

위의 변화과정은 진천과 음성과 단양과 괴산과 보은 지역에서 후속하는 'i'의 영향으로 발생한 어중 'ɨ' 뒤의 'y' 첨가(ɨ〉ɨy), 'ɨy〉i' 단모음화, 중원과 제원과 청원과 옥천과 영동 지역에서 발생한 어중 순음 앞의 'ɨ〉u', 청원과 옥천과 영동 지역에서 발생한 'uy〉ü' 단모음화, 중원 지역에서 발생한 모음 사이의 'm〉n'을 보여 준다.

195) 중원 지역의 방언형 'pa:gunyi'는 강원도 철원 화천 춘성 홍천 횡성 등지에서도 조사되었다.

7] 벼슬[仕, 爵] : 문헌에 '벼슬(용가85 석보9:23 두初15:36 내훈3:29) 벼ᄉᆞᆯ(소언6:27 동문上38 한청55d 역어上13)'로 나온다. 충북의 방언형은 'pesyil〈음성 중원 단양 제외 전 지역〉 pyəsyil〈진천〉 pesul〈음성〉 pisyil〈단양〉 pyəsɨl〈중원〉'이므로 변화과정을 다음과 같이 상정할 수 있다.

o pyəsɨl 〉 pyəsil
　　중　　　진

o pyəsɨl 〉 pəysɨl 〉 pesɨl 〉 pesil 〉 pisil
　　중　　　　　　　　　×음중단　단

o pyəsɨl 〉 pəysɨl 〉 pesɨl 〉 pesul
　　중　　　　　　　　　　음

위의 변화과정은 음성과 중원을 제외한 전 지역에서 발생한 전설모음화(ɨ〉i), 음운도치(yə〉əy), 진천과 중원 지역을 제외한 전 지역에서 발생한 'əy〉e' 단모음화, 단양 지역에서 발생한 어두의 'e〉i', 음성 지역에서 발생한 어말의 'ɨ〉u'를 보여 준다.

8] 쉰[五十] : 문헌에 '쉰(석보19:2/19:18 능엄2:85 월석8:103 아미2 내훈1:70 두初22:35 박初上2 신속烈60)'으로 나온다. 충북의 방언형은 'syü:n〈중원 단양 영동 제외 전 지역〉 syüʉn〈중원〉 sywi:n〈단양〉'과 'syi:ʱɨn〈영동〉'이므로 변화과정을 다음과 같이 상정할 수 있다.

o suyn 〉 sün 〉 swin
　　　×중단영　단

o suyn 〉 … 〉 suyhɨn 〉 sühɨn 〉 sihɨn[196)]
　　　　　　　　　　　　　　영

196) '마흔'의 경우와 마찬가지로 후대에 '셜흔(三十), 닐흔(七十)〉일흔, 아흔(九十)〉아흔'에 유추된 어형이 생긴 것으로 생각된다.

o suyn 〉 … 〉 suyhɨn 〉 suyɨn 〉 suyun 〉 süun
중

위의 변화과정은 전 지역에서 발생한 'uy〉ü' 단모음화, 단양 지역에서 발생한 'ü〉wi', 영동 지역에서 발생한 'ü'의 원순성 상실(ü〉i), 중원 지역에서 발생한 모음 사이의 'ㅎ' 약화, 어말의 'ɨ〉u'를 보여 준다.

9] 장구벌레[釘倒虫] : 문헌에 '쟝구압이(한청14:50(448a)) 쟝고아비(물보舟車)'와 '쟝구버러지(물보水族)'로 나온다. 충북의 방언형은 'k'ondubəllE〈진천 중원 청원〉 k'ondubərəǰi〈청원〉'와 'k'oŋdaŋbəlgəǰi〈제원 옥천 영동〉 k'oŋdak pəlgəǰi〈괴산 보은〉'와 'mulp'əllE〈음성〉' 그리고 'č'aŋgubəlgəǰi〈단양〉'이므로[197] 변화과정을 다음과 같이 상정할 수 있다.

o tsyaŋko 〉 tsyaŋku 〉 čyaŋku 〉 čaŋku 〉 č'aŋku
단

o *konto 〉 kontu 〉 k'ontu
진중청

o *koŋtak 〉 k'oŋtak
괴보

위의 변화과정은 진천과 중원과 단양과 청원 지역에서 발생한 어말의 'o〉u', 단양 지역에서 발생한 치조음 'ㅈ'의 구개음화(ts〉č), 'ㅈ'의 구개음화에 이은 잉여자질 'y'의 탈락, 어두 'ㅈ'의 경음화, 진천과 중원과 청원과 괴산과 보은 지역에서 발생한 어두 'ㄱ'의

197) 근대어 문헌에 등장하는 '곤두박질(물보博戱)'의 '곤두' 및 의태어의 어근 '꽁닥'과 관련되는 것으로 보인다.

경음화를 포함하고 있다.

10] 조리[笊] : 문헌에 '죠릐(사성下22 자회中13 박重中11 역어下13 왜어下15) 죠리(청구p.118 유물三草) 조릐(유물二水)'로 나온다. 충북의 방언형은 'čori〈진천 괴산 제외 전 지역〉'와 'čorɛmi〈진천〉'와 'čorEŋi〈음성 괴산〉 čorɛŋi〈청원〉'이므로 변화과정을 다음과 같이 상정할 수 있다. 방언형 '조래미'와 '조랭이'는 각각 '조리'에 접미사 '-아미'와 '-앙이'가 후접된 것이므로 '조리'의 변화만 살펴보면 된다.

- tsyolʌy 〉 tsyolɨy 〉 čyolɨy 〉 čolɨy 〉 čoli
  ×진괴

- čoli+ami → čolami 〉 čolɛmi
  진

- čoli+aŋi → čolaŋi 〉 čolɛŋi
  음청괴

위의 변화과정은 진천과 괴산 지역을 제외한 전 지역에서 발생한 비어두음절의 'ʌ〉ɨ', 치조음 'ㅈ'의 구개음화(ts〉č), 'ㅈ'의 구개음화에 이은 잉여자질 'y'의 탈락, 'ɨy〉i' 단모음화, 진천과 음성과 청원과 괴산 지역에서 발생한 'a' 움라우트(a〉ɛ)를 보여 준다.

11] 주근깨[雀瘢] : 문헌에 '죽은깨(역어補22 물보氣血) 주근깨(동문上19)'로 나온다. 충북의 방언형은 'čugɨnk'ɛ〈진천 청원 보은〉 čuguŋk'E〈음성 중원 제원 단양 괴산〉'와 'k'əməkk'ɛ〈옥천〉 k'amakk'ɛ〈영동〉'이므로 변화과정을 다음과 같이 상정할 수 있다.

- *tsukɨnk'ay 〉 čukɨnk'ay 〉 čukɨnk'ɛ 〉 čukunk'ɛ 〉 čukuŋk'ɛ
  진청보 음중제단괴

o *kamakk'ay 〉 k'amakk'ay 〉 k'amakk'ɛ
영

o *kəməkk'ay 〉 k'əməkk'ay 〉 k'əməkk'ɛ
옥

위의 변화과정은 옥천과 영동 지역을 제외한 전 지역에서 발생한 치조음 'ㅈ'의 구개음화(ts〉č), 전 지역에서 발생한 'ay〉ɛ' 단모음화, 음성과 중원과 제원과 단양과 괴산 지역에서 발생한 어중의 'ɨ〉u', 'ㅠ' 앞의 'n〉ŋ', 옥천과 영동 지역에서 발생한 어두 'ㄱ'의 경음화를 보여 준다.

12] 지렁이[蚯蚓] : 문헌에 '디롱이(분문24) 디룡이(벽온8 역어下35 한청449d 유물二昆)'와 '지룡이(물보蟲豸) 지렁이(아학上8)'로 나온다. 충북의 방언형은 'čirəŋi〈진천〉 čirə^{ŋ}i〈중원〉 čiriŋi〈음성〉 čire^{ŋ}i〈제원 괴산〉 čirE^{ŋ}i〈단양〉 čireŋi〈청원 보은 옥천〉'와 'k'ɨlk'eŋi〈영동〉'[198]이므로 변화과정을 다음과 같이 상정할 수 있다.

o tiloŋi 〉 čiloŋi 〉 čiləŋi 〉 čileŋi 〉 čiliŋi
진 청보옥 음

o tiloŋi 〉 čiloŋi 〉 čiləŋi 〉 čileŋi 〉 čilei 〉 čilɛi
진 청보옥 제괴 단

o tiloŋi 〉 čiloŋi 〉 čiləŋi 〉 čiləi
진 중

위의 변화과정은 전 지역에서 발생한 어두의 'ㄷ' 구개음화(t〉č), 어중의 'o〉ə', 진천과 중원과 영동 지역을 제외한 전 지역에서 발

198) 이 영동 지역의 방언형은 경상북도 봉화 지역의 방언형 'k'Ǝ:lk'^{w}E^{ŋ}i' 및 울진 지역의 'k'ɨ:k'^{w}E^{ŋ}i'와 어원이 같을 것으로 생각된다.

생한 'ə' 움라우트(ə〉e), 음성 지역에서 발생한 어중의 'e〉i', 중원과 제원과 단양과 괴산 지역에서 발생한 모음 사이의 'ŋ' 약화를 보여 준다.

13] 할퀴다[抓] : 문헌에 '할퀴-(인과곡2)'와 '헐퀴-(한청3:5(67a))'로 나온다. 충북의 방언형은 'halk^{h}i-〈진천 제원 단양 청원 영동〉 hɛlk^{h}i-〈중원〉 həlk^{h}i-〈청원〉'와 'halp^{h}i-〈음성〉 həlp^{h}i-〈보은〉'와 'hɜbi-〈괴산〉' 그리고 'kalk-〈옥천〉'이므로 변화과정을 다음과 같이 상정한다.

ㅇ halk^{h}oy- 〉 halk^{h}uy- 〉 halk^{h}ü- 〉 halk^{h}i- 〉 hɛlk^{h}i-
진제단청영 중

ㅇ halk^{h}oy- 〉 halk^{h}uy- 〉 halk^{h}ü- 〉 halk^{h}i- 〉 halp^{h}i-
진제단청영 음

ㅇ halk^{h}oy- 〉 həlk^{h}uy- 〉 həlk^{h}ü- 〉 həlk^{h}i- 〉 həlp^{h}i-
청 보

위의 변화과정은 전 지역에서 발생한 어간말의 'o〉u' 고모음화, 'uy〉ü' 단모음화, 'ü'의 원순성 상실(ü〉i), 음성과 중원 지역에서 발생한 'a' 움라우트(a〉ɛ), 음성과 보은 지역에서 발생한 어중의 'ㅋ〉ㅍ'를 보여 준다.

2.3.4. 음운변화가 여섯 가지인 것

1] 기미[痣] : 문헌에 '기믜(자회中34/下16) 김의(역어上36 동문上19)'와 '기뮈(왜어上51)'로 나온다. 충북의 방언형은 'čimi〈진천 중원 제원 영동 괴산〉 kimi〈음성 청원〉 čimE〈단양〉'와 'čirɨm〈괴산〉'과 'čemi〈보은〉'와 'čine〈옥천〉'이므로 변화과정을 다음과

같이 상정할 수 있다.

o kimɨy 〉 kimi 〉 čimi
음청 진중제괴영

o kimɨy 〉 kiməy 〉 kime 〉 čime 〉 čimɛ
단

o kimɨy 〉 kiməy 〉 kime 〉 čime 〉 čemi
보

위의 변화과정은 전 지역에서 발생한 'ɨy〉i' 단모음화, 'ㄱ' 구개음화(k〉č), 단양과 보은 지역에서 발생한 어말의 'ɨ〉ə', 'əy〉e' 단모음화, 단양 지역에서 발생한 어말의 'e〉ɛ', 보은 지역에서 발생한 음운도치(iCe〉eCi)를 보여 준다.

2] 까마귀[烏] : 문헌에 '가마괴(용가86 능엄5:25/10:9 월석18:35 두初8:39 사성上41 목우19 자회上16 왜어下21 역어下26) 가마귀(오륜4:45 청구p.83 아학上7) 가마기(두重16:37 한청417d)'와 '가막구(춘향p.246)'로 나온다. 충북의 방언형은 'k'amagü〈진천〉 k'amagu〈진천 중원 단양 제외 전 지역〉 k'amaguy〈진천〉 k'amagwi〈중원〉 k'amagi〈단양〉'이므로 변화과정을 다음과 같이 상정할 수 있다.

o kamakoy 〉 kamakuy 〉 k'amakuy 〉 k'amakü 〉 k'amaki
진 진 단

o kamakoy 〉 kamakuy 〉 k'amakuy 〉 k'amakü 〉 k'amakwi
진 진 중

o kamakoy 〉 kamakuy 〉 kamaku 〉 k'amaku
×진중단

위의 변화과정은 전 지역에서 발생한 어말의 'o〉u', 어두 'ㄱ'의 경음화, 진천과 중원과 단양 지역에서 발생한 'uy〉ü' 단모음화, 단양 지역에서 발생한 'ü'의 원순성 상실(ü〉i), 중원 지역에서 발생한 'ü〉wi', 진천과 중원과 단양 지역을 제외한 전 지역에서 발생한 어말 하향이중모음의 부음 'y' 탈락(uy〉u)을 포함하고 있다.

3] 깜부기[小麥奴] : 문헌에 '감보기(동의湯液一25) 감복이(유물三草)'로 나온다. 충북의 방언형은 'k'ambigi〈진천 괴산〉 k'ambugi〈중원〉 k'ambügi〈음성 제원 청원 보은〉 k'ambəgi〈단양〉 k'ambogi〈단양〉 k'ambögi〈옥천 영동〉'이므로 변화과정을 다음과 같이 상정할 수 있다.

o kampoki 〉 k'ampoki 〉 k'ampöki
단 옥영

o kampoki 〉 k'ampoki 〉 k'ampuki 〉 k'ampüki 〉 k'ampiki
단 중 음제청보 진괴

o kampoki 〉 k'ampoki 〉 k'ampəki
단 단

위의 변화과정은 전 지역에서 발생한 어두 'ㄱ'의 경음화, 단양과 옥천과 영동 지역을 제외한 전 지역에서 발생한 어중의 'o〉u', 옥천과 영동 지역에서 발생한 'o' 움라우트(o〉ö), 진천과 음성과 제원과 청원과 괴산과 보은 지역에서 발생한 'u' 움라우트(u〉ü), 진천과 괴산 지역에서 발생한 'ü'의 원순성 상실(ü〉i), 단양 지역에서 발생한 어중의 'o〉ə'를 보여 준다.

4] 너희들 : '너희들'은 중세국어의 '너희(석보13:47 월석2:6 법화3:196)'와 복수접미사 '-ᄃᆞᆶ(석보6:18 월석9:35)'의 결합형으로 소급한다. 여소학에는 '너의덜(여소6:46b)'로 나온다. 충북의 방언형

은 'nɨːidəl〈진천 청원〉 nɨːdəl〈진천 단양 청원 제외 전 지역〉 nɨːdɨl〈단양〉 nidəl〈청원 괴산****〉'이므로 변화과정을 다음과 같이 상정할 수 있다.

o nəhɨytɨl 〉 nəhitɨl 〉 nəitɨl 〉 nɨitɨl 〉 nɨitəl 〉 nɨytəl 〉 nitəl
진청 청괴

o nəhɨytɨl 〉 nəhitɨl 〉 nəitɨl 〉 nɨitɨl 〉 nɨitəl 〉 nɨytəl 〉 nɨtəl
진청 ×진단청

o nəhɨytɨl 〉 nəhitɨl 〉 nəitɨl 〉 nɨitɨl 〉 nɨytɨl 〉 nɨtɨl
단

위의 변화과정은 전 지역에서 발생한 'ɨy〉i' 단모음화, 모음 사이의 'ㅎ' 약화, 모음 뒤의 'i' 활음화(i〉y), 어두의 'ə〉ɨ', 청원과 괴산 지역에서 발생한 'ɨy〉i' 단모음화, 단양 지역을 제외한 전 지역에서 발생한 어말의 'ɨ〉ə', 진천과 청원 지역을 제외한 전 지역에서 발생한 어두 하향이중모음의 부음 'y'의 탈락(ɨy〉ɨ)을 포함하고 있다.

5] 머스마[男兒] : '머스마'는 문헌형 '머섬(칠대21)/머슴(청구p.155)'에 '아이[兒]'가 결합된 단어로 생각된다. 충북의 방언형은 'məsyima〈진천〉 məsyimɛ〈음성〉 məsyimE〈괴산〉'와 'mǒsumE〈중원〉 məsɨmE〈제원〉 məsɨmɛ〈보은〉 məsɨma〈제원 단양 영동〉'이므로 변화과정을 다음과 같이 상정할 수 있다.

o *məsəmai 〉 məsəmay 〉 məsɨmay 〉 məsɨmɛ 〉 məsimɛ
제보 음청괴

o *məsəmai 〉 məsəmay 〉 məsɨmay 〉 məsɨmɛ 〉 mosumɛ[199)]
제보 중

199) '아이'의 줄어듦은 '사내아, 계집아' 등에서도 볼 수 있다.

o *məsəmai 〉 məsəmay 〉 məsɨmay 〉 məsɨma 〉 məsima
제단영 진

위의 변화과정은 전 지역에서 발생한 어말 'i'의 활음화(i〉y), 어중의 'ə〉ɨ', 음성과 중원과 제원과 청원과 괴산과 보은 지역에서 발생한 'ay〉ɛ' 단모음화, 중원 지역에서 발생한 순음 앞의 원순모음화(ɨ〉u), 진천 지역에서 발생한 전설모음화(ɨ〉i), 어말 하향이중모음의 부음 'y'의 탈락(ay〉a)을 포함하고 있다.

6] 벌레[蟲] : 문헌에 '벌어지(두初16:73) 버러지(경민25)'와 '벌에(월천上28 석보9:9 능엄7:83) 버레(왜어下26 동문下42 한청448c)'와 '벌게(선가下60)'로 나온다. 충북의 방언형은 'pəllE〈진천 음성 중원 제원 청원〉 pəlle〈괴산〉'와 'pəlgəǰi〈중원 제원 단양 보은 옥천 영동〉 pərəǰi〈단양 청원 괴산〉'이므로 변화과정을 다음과 같이 상정할 수 있다.

o *pəlkətsi 〉 pəlɦətsi 〉 pələtsi 〉 pələči
단청괴

o *pəlkətsi 〉 pəlkəči
중제단보옥영

o pəlkəy 〉 pəlɦəy 〉 pəlləy 〉 pəlle 〉 pəllɛ
괴 진음중제청

위의 변화과정은 보은과 옥천과 영동 지역을 제외한 전 지역에서 발생한 어중 'ㄹ' 뒤의 'ㄱ' 약화(k〉ɦ), 'ɦ' 약화, 진천과 음성을 제외한 전 지역에서 발생한 치조음 'ㅈ'의 구개음화(ts〉č), 진천과 음성과 중원과 제원과 청원과 괴산 지역에서 발생한 'ɦ'의 보상적 탈락(lɦ〉ll), 'əy〉e' 단모음화, 진천과 음성과 중원과 제원과 청원 지역에서 발생한 어말의 'e〉ɛ'를 보여 준다.

7] 비탈[坡] : 문헌에 ‘비탈(동문上6 한청1:38(26c) 아학上3)’로 나온다. 충북의 방언형은 ‘pit^h^al〈진천 음성〉 pint^h^al〈단양〉’과 ‘piyal〈음성 중원 제원 괴산〉 pya:l〈청원〉 pial〈보은 옥천 영동〉’이므로 변화과정을 다음과 같이 상정할 수 있다.

- o $pit^{h}al$ 〉 $pint^{h}al$
  진음　　　단

- o pyəlh 〉 pyəl 〉 piəl 〉 pial 〉 pyal
  　　　　　　　　　　　보　　청

- o pyəlh 〉 pyəl 〉 piəl 〉 pial 〉 piyal
  　　　　　　　　　　　보　　음중제괴

위의 변화과정은 단양 지역에서 발생한 어중 ‘ㅌ’ 앞의 ‘ㄴ’ 첨가, 음성과 중원과 제원과 청원과 괴산과 보은 지역에서 발생한 어말의 ‘ə>a’, 청원 지역에서 발생한 ‘i’의 활음화(ia>ya), 음성과 중원과 제원과 괴산 지역에서 발생한 어말자음 ‘ㅎ’의 약화, 음절분화(yə>iə), 모음 사이의 ‘y’ 첨가를 보여 준다.

8] 수렁[溝, 淤] : 문헌에 ‘쉬궁(월석18:40 법화6:155 자회中6 분문1) 쉬쑹(두창23) 쉬구멍(물보形軆) 싀공(역어上6) 싀궁치(청구p.103)’와 ‘싀금(두경14)’과 ‘술항(유물五土)’으로 나온다. 문헌어 ‘쉬궁’의 ‘쉬’는 ‘泥濘, 陷路, 漏井’의 뜻 곧 ‘수렁이 되다’의 뜻을 갖는 동사 어간 ‘쉬-’로 파악된다. 충북의 방언형은 ‘surəŋ〈음성 중원 보은〉’과 ‘sü:〈진천 중원 청원〉 su:〈괴산 옥천 영동〉 su:thoŋ〈제원〉 su:k'udeŋi〈괴산〉’이므로 변화과정을 다음과 같이 상정할 수 있다.[200)]

---

200) 제원 지역의 방언형 ‘$su:t^{h}o\eta$’과 괴산 지역의 방언형 ‘su:k'udeŋi’는 각각 어기 ‘su’에 명사 ‘통’이나 ‘구덩이’가 후접한 어형으로 생각된다.

ㅇ sulhaŋ 〉 sulaŋ 〉 suləŋ
음중보

ㅇ *suβi 〉 sui 〉 suy 〉 su[201]
괴

ㅇ *suβi 〉 sui 〉 suy 〉 sü[202]
진중청

위의 변화과정은 음성과 중원과 보은 지역에서 발생한 유성음 사이의 ‘ㅎ’ 약화, 어말의 ‘a〉ə’, 괴산과 진천과 중원과 청원 지역에서 발생한 ‘β’ 약화, ‘i’의 활음화(i〉y), 괴산 지역에서 발생한 어말 하향이중모음의 부음 ‘y’의 탈락(uy〉u), 진천과 중원과 청원 지역에서 발생한 ‘uy〉ü’ 단모음화를 보여 준다.

9] 쐐기[楔] : 문헌에 ‘쇠야미(법화/序21 남명下57)’와 ‘쇠야기(사성下83 자회中18 역어上17) 쇠아기(첩해5:22) 쏘아기(한청405č) 뽀야기(한청360a)’로 나온다. 충북의 방언형은 ‘s'wɛ:k〈진천 청원〉 s'wEak〈음성〉 s'wE:k〈진천 청원 옥천 제외 전 지역〉’과 ‘s'wɛgi〈청원 옥천〉’이므로 변화과정을 다음과 같이 상정할 수 있다.

ㅇ soyak 〉 soayk 〉 soɛk 〉 swɛk 〉 s'wɛk
×청옥

ㅇ soyaki 〉 soayki 〉 s'oayki 〉 s'oɛki 〉 s'wɛki
청옥

ㅇ soyak 〉 söak 〉 s'öak 〉 s'weak
음

---

201) 경북 상주 지역의 방언형 ‘suú’ 및 문경 지역의 방언형 ‘sube^{ŋ}i’와 금릉 지역의 ‘subri^{ŋ}i’ 및 경북 대다수 지역의 방언형 ‘su:bi/subi’ 등이 좋은 참고자료가 된다(한국방언자료집Ⅶ p.84).

202) ‘시궁창’의 전부요소 ‘시’는 ‘*suy〉sɨy〉si’의 변화과정을 통하여 얻을 수 있다.

위의 변화과정은 전 지역에서 발생한 음운도치(ya〉ay), 'ay〉ɛ' 단모음화, 'o'의 활음화(o〉w), 어두 'ㅅ'의 경음화, 음성 지역에서 발생한 'oy〉ö' 단모음화, 'ö〉we'를 보여 준다.

10] 씀바귀[苦菜] : 문헌에 '씀바괴(동문下4) 씀바귀(한청12:39(377a)) 씀박위(해동p.95) 쁨바귀(아학上5)'로 나온다. '種花菜'의 뜻으로 쓰인 '씀뷔(유물三草)'를 참고할 수 있다. 충북의 방언형은 's'yimbagu〈진천 중원 제원 괴산 보은〉 s'ɨmbagu〈단양〉 s'ɨmbaguy〈청원〉'와 's'yimbE〈음성 중원〉' 그리고 's'yinnamul〈보은 옥천 영동〉'이므로 '쁜너삼, 쁜박'에 근거하여 '*쁜바괴'를 재구하면 변화과정을 다음과 같이 상정할 수 있다.

o *psɨnpakoy 〉 s'ɨnpakoy 〉 s'ɨmpakoy 〉 s'ɨmpakuy[203]

청

o *psɨnpakoy 〉 s'ɨnpakoy 〉 s'ɨmpakoy 〉 s'ɨmpakuy 〉 s'ɨmpaku 〉 s'impaku

진중제괴보

o *psɨnpay 〉 s'ɨnpay 〉 s'ɨmpay 〉 s'ɨmpɛ 〉 s'impɛ

음중

위의 변화과정은 합용병서 'ㅄ'의 보상적 'ㅂ' 탈락(ps〉s'), 순음 앞의 'ㄴ〉ㅁ', 전설모음화(ɨ〉i),[204] 진천과 중원과 제원과 청원과 괴산과 보은 지역에서 발생한 어말의 'o〉u', 진천과 중원과 제원과 괴산과 보은 지역에서 발생한 어말 하향이중모음의 부음 'y'의 탈락(uy〉u),

203) 충남 아산 지역의 방언형 's'yimbaguy'와 공주 지역의 방언형 's'yimbagü'를 위해서는 'uy〉u' 또는 'uy〉ü' 변화 이전에 'ɨ〉i' 변화규칙이 먼저 적용되어야 할 것이다(한국방언자료집Ⅳ p.162).

204) 전설모음화는 보은과 옥천과 영동 지역의 방언형 's'yinnamul'의 's'yin'을 포함한 변화이다.

음성과 중원 지역에서 발생한 'ay〉ɛ' 단모음화를 보여 준다.

11] 어디[何地, 何處] : 문헌에 '어듸(용가47 석보6:13 두初21:30 삼강忠15) 어ᄃᆡ(삼강烈3)'로 나온다. 충북의 방언형은 'wədi〈진천 보은〉 ŏdi〈청원〉 ədi〈진천 단양 옥천 제외 전 지역〉 ədE〈단양〉 əde〈영동〉'이므로 변화과정을 다음과 같이 상정할 수 있다.

o ətɨy 〉 əti 〉 wəti
진보

o ətɨy 〉 əti 〉 oti
×진단옥 청

o ətɨy 〉 ətəy 〉 əte 〉 ətɛ
영 단

위의 변화과정은 단양과 옥천 지역을 제외한 전 지역에서 발생한 'ɨy〉i' 단모음화, 진천과 보은 지역에서 발생한 어두의 'w' 첨가, 청원 지역에서 발생한 어두의 'ə〉o', 단양과 영동 지역에서 발생한 어말의 'ɨ〉ə', 'əy〉e', 어말의 'e〉ɛ'를 보여 준다.

12] 여치[紡織娘] : 문헌에 '연치(동언解)'로 나온다. 충북의 방언형은 'yɨːč^{h}i〈단양 영동 제외 전 지역〉 yɨːnč^{h}i〈영동〉'와 'iːč^{h}i〈단양〉' 이므로 변화과정을 다음과 같이 상정할 수 있다.

o *yəts^{h}i 〉 yəč^{h}i 〉 yɨč^{h}i
×단영

o *yəts^{h}i 〉 yəč^{h}i 〉 yənč^{h}i 〉 yɨnč^{h}i
영

o *yətsʰi 〉 yəčʰi 〉 əyčʰi 〉 ečʰi 〉 ičʰi
단

위의 변화과정은 전 지역에서 발생한 치조음 'ㅊ'의 구개음화(tsʰ〉čʰ), 단양 지역을 제외한 전 지역에서 발생한 어두의 'ə〉ɨ', 영동 지역에서 발생한 'ㅊ' 앞의 'n' 첨가, 단양 지역에서 발생한 어두의 음운도치((yə〉əy), 'əy〉e' 단모음화, 어두의 'e〉i'를 보여 준다.

13] 의논(議論) : 문헌에 '의론(능엄6:42 금삼宗序5 육조上41 유합下13/33/42 아학下4) 의논(石千31 동문上24 계축p.28)'으로 나온다. 충북의 방언형은 'ɨynon〈진천 중원 청원 괴산 보은〉 ɨnon〈음성 괴산〉 ɨ:nɨn〈단양〉'과 'i:non〈제원 옥천 영동〉 e:non〈옥천〉'이므로 변화과정을 다음과 같이 상정할 수 있다.

o ɨylon 〉 ɨynon 〉 inon
진중청괴보 제옥영

o ɨylon 〉 ɨynon 〉 ɨnon 〉 ɨnɨn
진중청괴보 음괴 단

o ɨylon 〉 ɨynon 〉 əynon 〉 enon
진중청괴보 옥

위의 변화과정은 전 지역에서 발생한 어중의 'ㄹ〉ㄴ', 제천과 옥천과 영동 지역에서 발생한 'ɨy〉i' 단모음화, 음성과 단양과 괴산 지역에서 발생한 어두 하향이중모음의 부음 'y'의 탈락(ɨy〉ɨ), 어말의 'o〉ɨ', 옥천 지역에서 발생한 어두의 'ɨ〉ə', 'əy〉e' 단모음화를 보여 준다.

14] 정강이[腿楔] : 문헌에 '졍강쎠(한청149d)'로 나온다. 충북의 방언형은 'čəŋgEŋi〈진천〉 čaŋgEŋi〈음성 제원 괴산 영동〉 čaŋgEᵑi

〈중원〉 čaŋgɛŋi〈청원 옥천〉 čɛŋgɛŋi〈보은〉'와 'apč'aŋgE^{ŋ}i〈중원 제원 단양〉'이므로 변화과정을 다음과 같이 상정할 수 있다.

o *tsyəŋkaŋi 〉 čyəŋkaŋi 〉 čəŋkaŋi 〉 čəŋkɛŋi
진

o *tsyəŋkaŋi 〉 čyəŋkaŋi 〉 čəŋkaŋi 〉 čaŋkaŋi 〉 čaŋkɛŋi 〉 čaŋkɛi
음제청괴옥영 중제단

o *tsyəŋkaŋi 〉 čyəŋkaŋi 〉 čəŋkaŋi 〉 čaŋkaŋi 〉 čaŋkɛŋi 〉 čɛŋkɛŋi
음제청괴옥영 보

위의 변화과정은 전 지역에서 발생한 치조음 'ㅈ'의 구개음화(ts〉č), 'ㅈ'의 구개음화에 이은 잉여자질 'y' 탈락, 'a' 움라우트(a〉ɛ), 진천 지역을 제외한 전 지역에서 발생한 어두의 'ə〉a', 중원과 제원과 단양과 보은 지역에서 발생한 모음 사이의 'ŋ' 탈락, 보은 지역에서 발생한 어두의 'a〉ɛ'를 포함한다.

15] 참기름[香油, 生麻油, 生眞油] : 문헌에 'ᄎᆞᆷ기름(월석2:9 구간6:41)'으로 나온다. 충북의 방언형은 'č^{h}ɛŋǰirɨm〈진천〉 č^{h}ɛŋgirɨm〈음성 청원 괴산〉 č^{h}amgirɨm〈중원〉 č^{h}aŋgirɨm〈제원〉 č^{h}ɛnǰirɨm〈음성 보은〉 č^{h}anǰirɨm〈단양 보은 옥천 영동〉'이므로 변화과정을 다음과 같이 상정할 수 있다.

o ts^{h}ʌmkilɨm 〉 č^{h}ʌmkilɨm 〉 č^{h}amkilɨm 〉 č^{h}aŋkilɨm 〉 č^{h}ɛŋkilɨm 〉 č^{h}ɛŋčilɨm
중 제 음청괴 진

o ts^{h}ʌmkilɨm 〉 č^{h}ʌmkilɨm 〉 č^{h}amkilɨm 〉 č^{h}amčilɨm 〉 č^{h}ančilɨm
중 단보옥영

o ts^{h}ʌmkilɨm 〉 č^{h}ʌmkilɨm 〉 č^{h}amkilɨm 〉 č^{h}ɛmkilɨm 〉 č^{h}ɛmčilɨm 〉 č^{h}ɛnčilɨm
중 음보

위의 변화과정은 전 지역에서 발생한 치조음 'ㅊ'의 구개음화(ts^h>$\check{c}^h$), 어두음절의 'ʌ>a', 진천과 음성과 제원과 청원과 괴산과 보은 지역에서 발생한 'ㄱ' 앞의 'm>ŋ', 진천과 음성과 청원과 괴산과 보은 지역에서 발생한 'a'의 움라우트(a>ɛ), 진천과 음성과 단양과 보은과 옥천과 영동 지역에서 발생한 'ㄱ' 구개음화(k>č), 음성과 단양과 보은과 옥천과 영동 지역에서 발생한 'ㅈ' 앞의 'ㅁ>ㄴ'을 포함한다.

16] 처마[滴水簷] : 문헌에 '쳠하(역어上18 동문上35 한청9:29(266c)) 쳠아(아학上9)'로 나온다. 충북의 방언형은 '$\check{c}^h$uma〈진천〉 $\check{c}^h$əma〈진천 괴산 영동 제외 전 지역〉 $\check{c}^h$oma〈괴산〉 $\check{c}^h$əmɛ〈보은 영동〉'와 '$\check{c}^h$unyə〈청원〉'이므로[205] 변화과정을 다음과 같이 상정할 수 있다.

o $\check{c}^h$yəma > $\check{c}^h$əma > $\check{c}^h$əmɛ
×진괴영 보영

o $\check{c}^h$yəma > $\check{c}^h$əma > $\check{c}^h$oma > $\check{c}^h$uma
×진괴영 괴 진

o $\check{c}^h$yunhyə > $\check{c}^h$unhyə > $\check{c}^h$unyə
청

위의 변화과정들은 전 지역에서 발생한 치조음 'ㅊ'의 구개음화(ts^h>$\check{c}^h$), 'ㅊ'의 구개음화에 이은 잉여자질 'y' 탈락, 보은과 영동 지역에서 발생한 어말의 'a>ɛ', 진천과 괴산 지역에서 발생한 어두의 'ə>o', 진천 지역에서 발생한 어두의 'o>u', 청원 지역에서 발생한 유성음 사이의 'ㅎ' 약화를 포함하고 있다.

---

205) 청원 지역의 방언형 '$\check{c}^h$unyə'에 관한 논의는 표제어 '추녀' 항에서 이루어졌음을 밝힌다.

2.3.5. 음운변화가 일곱 가지인 것

1] 가르치다[敎] : 중세국어에서 'ᄀᆞᄅᆞ치-'는 '敎'의 뜻(석보19:2 법화2:31 소언5:113 박初上10 삼강孝15)으로도 쓰였고, '指'의 뜻(월천20 월9:37 두初22:52 목우18 삼강烈24)으로도 쓰였다. 충북의 방언형은 'karič^{h}i-〈음성〉 karič^{h}i-〈제원 청원 보은〉 kalč^{h}i-〈중원 단양 옥천 영동〉'와 'karik^{h}i-〈진천 괴산〉 kalk^{h}i-〈괴산〉 karɨk'i-〈진천〉'이므로 변화과정을 다음과 같이 상정할 수 있다.

o kʌlʌts^{h}i- 〉 kʌlɨts^{h}i- 〉 kʌlɨč^{h}i- 〉 kalɨč^{h}i- 〉 kalɨyč^{h}i- 〉 kalič^{h}i- 〉 kalik^{h}i-
제청보 음 진괴

o kʌlʌts^{h}i- 〉 kʌlɨts^{h}i- 〉 kʌlɨč^{h}i- 〉 kalɨč^{h}i- 〉 kalč^{h}i- 〉 kalk^{h}i-
제청보 중단옥영 괴

o kʌlʌts^{h}i- 〉 kʌlɨts^{h}i- 〉 kʌlɨč^{h}i- 〉 kalɨč^{h}i- 〉 kalɨk^{h}i- 〉 kalɨk'i-
제청보 진

위의 변화과정은 전 지역에서 발생한 비어두음절의 'ʌ>ɨ', 어두음절의 'ʌ>a', 치조음 'ㅊ'의 구개음화(ts^{h}>č^{h}), 진천과 음성과 괴산 지역에서 후속하는 'i'의 영향으로 발생한 어중 'y' 첨가(ɨ>ɨy), 'ɨy>i' 단모음화, 중원과 단양과 괴산과 옥천과 영동 지역에서 발생한 어중의 'ɨ' 탈락, 괴산 지역에서 발생한 'ㅊ'의 역구개음화(č^{h}>k^{h}), 진천 지역에서 발생한 어중의 'ㅋ' 경음화(k^{h}>k')를 포함하고 있다.

2] 귀얄[糊刷] : 문헌에 '귀야(역어下14 역어補43)'로 나온다. 충북의 방언형은 'küal〈제원〉 phulk'üal〈제원〉 phulgüyal〈보은〉 phulküyal〈옥천〉'과 'phulk'öl〈괴산〉'과 'phulgyəl〈진천〉 phulk'yəl〈음성〉 phulkial〈중원〉'이므로 변화과정을 다음과 같이 상정할 수 있다.

- *kuyal 〉 küal 〉 kial 〉 kyal 〉 kyəl
  제 중 진음

- *kuyal 〉 kuyyal 〉 küyal
  보옥

- *kuyal 〉 küal 〉 köal 〉 kö:l
  제 괴

위의 변화과정은 단양과 청원과 영동 지역을 제외한 전 지역에서 발생한 'uy〉ü' 단모음화, 중원 지역에서 발생한 'ü'의 원순성 상실(ü〉i), 'i'의 활음화(i〉y), 어말의 'a〉ə', 보은과 옥천 지역에서 발생한 'y' 뒤의 'y' 첨가, 괴산 지역에서 발생한 어두의 'ü〉ö', 'a'의 보상적 탈락(öa〉ö:)을 보여 준다.

3] 복숭아[桃] : 문헌에 '복셩(두初10:8/15:22 두重10:14) 복셩화(두初15:15 남명上26 구간6:36 자회上11 구방下67) 복셩와(태산9)'와 '복샹화(구방上21) 복숑아(벽온5) 복숑와(은중5 두요下53) 복쇼아(역어上36 동문上16 한청391a 물보木果) 복쇼와(역어上55)' 그리고 '복수와(여소4:58b)'로 나온다. 충북의 방언형은 'poks'aŋ 〈진천 음성 제원 단양 청원 괴산〉 poks'oŋ〈보은 영동〉'과 'poks'uŋa〈음성 괴산 보은 제외 전 지역〉'이므로 변화과정을 다음과 같이 상정할 수 있다.

- poksyəŋ 〉 poksyoŋ 〉 poks'oŋ
  보영

- poksyəŋ 〉 poksyaŋ 〉 poks'aŋ
  진음제단청괴

- poksyəŋhwa 〉 poksyəŋwa 〉 poksyoŋwa 〉 poksyoŋa 〉 poks'oŋa 〉 poks'uŋa
  ×음괴보

위의 변화과정은 전 지역에서 발생한 치조음 'ㅅ'의 구개음화, 'ㅅ'의 구개음화에 이은 잉여자질 'y' 탈락, 음성과 괴산 지역을 제외한 전 지역에서 발생한 어말의 'ə〉o', 진천과 음성과 제원과 단양과 청원과 괴산 지역에서 발생한 어말의 'ə〉a', 유성음 사이의 'ㅎ' 약화, 음성과 괴산과 보은 지역을 제외한 전 지역에서 발생한 'ㅎ' 뒤의 'w' 탈락, 어중의 'o〉u'를 포함하고 있다.

4] 사위[婿] : 문헌에 '사회(석보6:16 두初7:33 번소10:15 자회上32 노언下31 역어上26 동문上10) 싸회(속삼烈7)'와 '사휘(경민45)'로 나온다. 충북의 방언형은 'sauy〈진천 음성 청원〉 sau〈진천 중원 청원 제외 전 지역〉 sawi〈중원〉 sawe〈괴산〉'이므로 변화과정을 다음과 같이 상정할 수 있다.

- sahoy 〉 sahuy 〉 sauy 〉 saü 〉 sawi
  진음청 (sauy), 중 (sawi)

- sahoy 〉 sahuy 〉 sauy 〉 sau
  진음청 (sauy), ×진중청 (sau)

- sahoy 〉 saoy 〉 saö 〉 sawe
  괴 (sawe)

위의 변화과정은 전 지역에서 발생한 중원 어중 모음 사이의 'ㅎ' 약화, 괴산 지역을 제외한 전 지역에서 발생한 어말의 'o〉u', 중원 지역에서 발생한 'uy〉ü' 단모음화, 'ü〉wi', 진천과 중원과 청원 지역을 제외한 전 지역에서 발생한 어말 하향이중모음의 부음 'y'의 탈락(uy〉u), 괴산 지역에서 발생한 'oy〉ö' 단모음화, 'ö〉we'를 보여 준다.

5] 써레[把, 杷] : 문헌에 '서흐레(자회中17)'와 '써흐레(한청10:7(295a)

물보耕農)'로 나온다. 충북의 방언형은 's'ɨ:re〈진천 보은 영동〉 s'ə:re〈진천〉 s'ə:rE〈청원〉 s'ɨ:rE〈음성 중원 제원 단양 괴산 옥천〉'와 's'ɨ:ri〈영동〉'이므로 변화과정을 다음과 같이 상정할 수 있다.[206]

o səhɨləy 〉 s'əhɨləy 〉 s'əɨləy 〉 s'ə:ləy 〉 s'ə:le 〉 s'ɨ:le 〉 s'ɨ:li
진 진보영 영

o səhɨləy 〉 s'əhɨləy 〉 s'əɨləy 〉 s'ə:ləy 〉 s'ə:le 〉 s'ɨ:le 〉 s'ɨ:lɛ
진 진보영 음중제단괴옥

o səhɨləy 〉 s'əhɨləy 〉 s'əɨləy 〉 s'ə:ləy 〉 s'ə:le 〉 s'ə:lɛ
진 청

위의 변화과정은 전 지역에서 발생한 어두 'ㅅ'의 경음화, 모음 사이의 'ㅎ' 약화, 'ɨ'의 보상적 탈락(əɨ〉ə:), 'əy〉e' 단모음화, 청원 지역을 제외한 전 지역에서 발생한 어두의 'ə〉ɨ', 영동 지역에서 발생한 어말의 'e〉i', 진천과 보은과 영동 지역을 제외한 전 지역에서 발생한 어말의 'e〉ɛ'를 보여 준다.

6] 지느러미[頰鬐] : 문헌에 '지ᄂᆞ름이(유물二水族)'로 나온다. 충북의 방언형은 'nalgɛmi〈진천〉 nalgɛ〈보은〉 nalgE〈괴산 옥천 영동〉'와 'činuremi〈제원〉 činɨremi〈청원〉'와 'čirɨrəmi〈중원〉 čirɨnyimi〈단양〉'와 'kisyirEmi〈음성〉' 그리고 'kögič'ukč'i〈옥천〉'이므로 변화과정을 다음과 같이 상정할 수 있다.

o činʌlʌmi 〉 činɨlɨmi 〉 činɨləmi 〉 činɨlemi 〉 činulemi
청 제

206) 강원도 정선 삼척 지역에서 쓰이는 's'əgire'와, 전남 영광 장성 담양 지역의 's'əuri', 광산 무안 나주의 's'əure', 함평의 's'əorE' 등은 문헌형 '서흐레 ~ 뼈흐레'의 'ㅎ'의 변화에 관한 귀중한 정보를 제공하고 있는 것으로 생각된다(한국방언자료집Ⅱ p.26, 한국방언자료집Ⅵ p.28 참조).

o činʌlʌmi 〉 činɨlɨmi 〉 činɨləmi 〉 čilɨnəmi 〉 čilɨnemi 〉 čilɨnimi
단

o činʌlʌmi 〉 činɨlɨmi 〉 činɨləmi 〉 čilɨləmi
중

위의 변화과정은 전 지역에서 발생한 비어두음절의 'ʌ〉ɨ', 어중 'ㅁ' 앞의 'ɨ〉ə', 제원과 단양과 청원 지역에서 발생한 'ə' 움라우트(ə〉e), 제원 지역에서 발생한 어중 'ㄴ' 뒤의 'ɨ〉u', 단양 지역에서 발생한 음운도치(nɨl〉lɨn), 어중의 'e〉i', 중원 지역에서 발생한 어중의 'ㄴ〉ㄹ'을 보여 준다.

7] 진드기[螕] : 문헌에 '진뒤(자회上23 왜어下27) 진뒤(역어下36 동문下42 한청450a) 진듸(역어補49 물보虫豸)'로 나온다. 충북의 방언형은 'čindigi〈진천 음성 제원 단양 괴산〉 čindegi〈중원〉'와 'p^hujindE〈진천 청원〉 kabojinde〈보은〉 kabujinde〈옥천〉 kabujinji〈영동〉'이므로[207] 변화과정을 다음과 같이 상정할 수 있다.

o *tsintuki 〉 *čintuki 〉 čintɨki 〉 čintəki 〉 činteki 〉 čintiki
중 진음제단괴

o tsintuy 〉 čintuy 〉 čintɨy 〉 činti 〉 činči
영

o tsintuy 〉 čintuy 〉 čintɨy 〉 čintəy 〉 činte 〉 čintɛ
보옥 진청

위의 변화과정은 전 지역에서 발생한 치조음 'ㅈ'의 구개음화(ts〉č), 영동 지역을 제외한 전 지역에서 발생한 어중의 'ɨ〉ə', 'ə' 움라우트(ə〉e), 어중의 'e〉i', 진천과 청원과 보은과 옥천과 영동 지역에서 발

207) 방언형 'p^hujindE〈진천 청원〉, kabujinji〈영동〉, kabojinde〈보은〉, kabujinde〈옥천〉' 등의 전부요소 'phu, kabu, kabo'에 대해서는 현재로서 확인하기 어렵다.

생한 어말의 'u>ɨ', 'ɨy>i' 단모음화, 영동 지역에서 발생한 'ㄷ' 구개음화(t>č), 진천과 청원과 보은과 옥천 지역에서 발생한 어말의 'əy>e' 단모음화, 진천과 청원 지역에서 발생한 어말의 'e>ɛ'를 포함한다.

8] 추위[寒] : 문헌에 '치뷔(석보9:9) 치위(능엄8:82 내훈3:16 남명上59 두初15:45 역어上5)'로 나온다. 충북의 방언형은 '$\check{c}^{h}$ui〈진천 보은〉 $\check{c}^{h}$u:〈단양 옥천 영동〉 $\check{c}^{h}$uuy〈음성〉 $\check{c}^{h}$uwi〈제원 괴산〉 $\check{c}^{h}$uü〈청원〉'이므로 변화과정을 다음과 같이 상정할 수 있다.[208]

- $ts^{h}i\beta uy$ 〉 $ts^{h}iuy$ 〉 $\check{c}^{h}$iuy 〉 $\check{c}^{h}$uuy 〉 $\check{c}^{h}$uü 〉 $\check{c}^{h}$ui
  음 청 진보

- $ts^{h}i\beta uy$ 〉 $ts^{h}iuy$ 〉 $\check{c}^{h}$iuy 〉 $\check{c}^{h}$uuy 〉 $\check{c}^{h}$uü 〉 $\check{c}^{h}$uwi
  음 청 중제괴

- $ts^{h}i\beta uy$ 〉 $ts^{h}iuy$ 〉 $\check{c}^{h}$iuy 〉 $\check{c}^{h}$uuy 〉 $\check{c}^{h}$u:y 〉 $\check{c}^{h}$u:
  음 단옥영

위의 변화과정은 전 지역에서 발생한 치조음 'ㅊ'의 구개음화(ts^{h}>$\check{c}^{h}$), 어두의 'i>u', 음성 지역을 제외한 전 지역에서 발생한 'uy>ü' 단모음화, 진천과 보은 지역에서 발생한 'ü'의 원순성 상실(ü>i), 중원과 제원과 괴산 지역에서 발생한 'ü>wi', 단양과 옥천과 영동 지역에서 발생한 'u'의 보상적 탈락(uu>u:), 어말 하향이중모음의 부음 'y'의 탈락(u:y>u:)을 보여 준다.

9] 회오리바람[飄風, 廻風] : 문헌에 '회로리ᄇᆞᄅᆞᆷ(금강11 두初17:9/22:33 두重12:27) 호로래ᄇᆞ람(역어上1 화어1 동문上2 역어補1 호로릐ᄇᆞ람(한청1:15)'과 '회호리ᄇᆞ람(어록33) 회호리바람(아학上3)'과 '쇼쇼리ᄇᆞ람(송강장진주사)'으로 나온다. '旋栗'을 '회호리(유물四木)'로 대

208) 문헌형 '추위'는 형용사 어간 '칩-'이 '춥-'으로 바뀜과 동시에 등장한 것으로 생각된다.

응시킨 것도 참고된다. 충북의 방언형은 'höɦoribaram〈보은〉 hö:rubaram〈진천 음성〉 hö:ribaram〈중원 제원 청원〉 horibaram〈옥천〉 sosoribaram〈옥천 영동〉'과 'tolgɛbaram〈단양〉'이므로 변화과정을 다음과 같이 상정할 수 있다.[209)]

o *hoyholipʌlʌm 〉 hoyholipalam 〉 höholipalam
보

o *hoyholipʌlʌm 〉 hoyholipalam 〉 hoyolipalam 〉 hooylipalam 〉 ho:ylipalam 〉 hö:lipalam 〉 hö:lupalam
중제청 진음

o *hoyholipʌlʌm 〉 hoyholipalam 〉 hoyolipalam 〉 hooylipalam 〉 ho:ylipalam 〉 ho:lipalam
옥

위의 변화과정은 전 지역에서 발생한 비어두음절의 'ʌ〉a', 진천과 음성과 중원과 제원과 청원과 보은 지역에서 발생한 'oy〉ö' 단모음화, 보은과 단양과 괴산과 영동 지역에서 발생한 모음 사이의 'ㅎ' 약화, 진천과 음성 지역에서 발생한 어중의 'i〉u', 옥천 지역에서 발생한 음운도치(yo〉oy), 'o'의 보상적 탈락(oo〉o:), 어두 하향이중모음의 부음 'y'의 탈락(oy〉o)을 포함하고 있다.

209) 옥천과 영동 지역의 방언형 'sosoribaram'을 '*hoyhoripʌlʌm〉hoyholipalam〉soysolipalam〉sosolipalam'과 같은 변화과정으로 설명하려면 어두와 어중에서 발생한 'h>s'가 'ㅎ' 구개음화에 해당한다든지 아니면 다른 어떤 음운변화에 해당한다고 말해야 할 것이다.

2.3.6. 음운변화가 여덟 가지인 것

1] 건너다[渡] : 문헌에 '건나-(월석10:24 법화1:109 두初16:37) 걷나-(석보13:4 남명上36 월석2:19 금삼2:12)'와 '건너-(용가34 능엄8:93 법화3:178 원각上一之二45 두初7:30 자회下32 동문上8) 걷너-(목우15 삼강忠11 내훈序7)' 및 '건ᄂᆞ-(여사4:16)'로 나온다. 충북의 방언형은 'kɨnnɨ-〈진천 음성 중원〉 kənnɨ-〈중원 제원 괴산〉 kɜnne-〈청원〉 kənne-〈괴산 옥천〉 kənnE-〈단양〉 kənnyi-〈보은 영동〉'이므로 변화과정을 다음과 같이 상정할 수 있다.[210]

o kətna- 〉 kətnə- 〉 kənnə- 〉 kənnɨ- 〉 kɨnnɨ-
중제괴 진음중

o kətna- 〉 kətnə- 〉 kənnə- 〉 kənnəy- 〉 kənne- 〉 kənnɛ-
청괴옥 단

o kətna- 〉 kətnə- 〉 kənnə- 〉 kənnəy- 〉 kənne- 〉 kənni-
청괴옥 보영

위의 변화과정은 전 지역에서 발생한 어말의 'a〉ə', 'ㄴ' 앞의 'ㄷ〉ㄴ', 진천과 음성과 중원과 제원과 괴산 지역에서 발생한 어간말의 'ə〉ɨ', 진천과 음성과 중원 지역에서 발생한 어두의 'ə 〉ɨ', 단양과 청원과 괴산과 보은과 옥천과 영동 지역에서 발생한 어간말 모음 'ə' 뒤의 'y' 첨가, 'əy〉e' 단모음화, 단양 지역에서 발생한 어간말의 'e〉ɛ', 보은과 영동 지역에서 발생한 어간말의 'e〉i'를 포함하고 있다.

2] 나중 : 문헌에 '내죵(용가78 석보9:27 능엄1:20 법화1:86 금강103) 나죵(신속三孝1 동문下49 한청242c) 낭죵(신속忠1:81)'과 '야

210) 어간 말음을 'e/E/i'로 가지고 있는 청원 괴산 옥천 보은 영동 단양 지역의 방언형은 중세국어에서 사동접사 '-이-'가 결합한 '걷내-, 건내-, 건네-'와는 다르므로 주의해야 한다.

중(여소2:29b/6:53a)'으로 나온다. 이 문헌형들은 한자어 '迺終'과 '乃終'에 대응하며, 동국정운식 한자주음이 '냉즁'으로 달려 있었으나 현실한자음은 '내죵'이었으며, '乃' 字가 이두에서 '나'로 읽혔다는 점을 주목할 필요가 있다.[211] 충북의 방언형은 'naǰuŋ-e〈중원〉 naǰuŋ-E〈제원 옥천 영동〉 naŋǰuŋ-e〈진천 청원〉 naŋǰuŋ-E〈영동〉'와 'nɛǰuŋ-E〈단양 청원 보은〉 nɛŋǰuŋ-E〈단양 보은〉'와 'yaǰuŋ-e〈진천 음성 중원 괴산〉'이므로 현실한자음이 '내죵'이었다는 점과 '나죵/낭죵'이 상대적으로 약간 후대의 문헌에 나온다는 점을 중시하여 변화과정을 다음과 같이 상정할 수 있다.

ㅇ naytsyoŋ 〉 nayčyoŋ 〉 nayčoŋ 〉 načoŋ 〉 načuŋ 〉 naŋčuŋ
중제옥영 진청영

ㅇ naytsyoŋ 〉 nayčyoŋ 〉 nayčoŋ 〉 nɛčoŋ 〉 nɛčuŋ 〉 nɛŋčuŋ
단청보 단보

ㅇ naytsyoŋ 〉 nayčyoŋ 〉 nayčoŋ 〉 nyačoŋ 〉 nyačuŋ 〉 yačuŋ
진음중괴

위의 변화과정은 전 지역에서 발생한 치조음 'ㅈ'의 구개음화(ts〉č), 'ㅈ'의 구개음화에 이은 잉여자질 'y'의 탈락, 진천과 중원과 제원과 청원과 옥천과 영동 지역에서 발생한 어두 하향이중모음의 부음 'y'의 탈락(ay〉a), 어말의 'o〉u', 단양과 청원과 보은 지역에서 발생한 'ay〉ɛ' 단모음화, 단양과 보은 지역에서 발생한 어중 'ㅈ'앞의 'ŋ' 첨가, 진천과 음성과 중원과 괴산 지역에서 발생한 음운도치(ay〉ya), 'ㄴ' 두음법칙 등을 포함하고 있다.

3] 멸치 : 문헌에 '멸티(유물二鱗)'로 나온다. 충북의 방언형은 'meru$č^{h}$i〈진천〉 merə$č^{h}$i〈음성 중원 영동〉 myəru$č^{h}$i〈중원〉 mere$č^{h}$i〈괴산〉

211) '不冬爲去乃(안들ᄒᆞ거나), 是乃(이나), 是去乃(이거나)' 등의 이두가 참고된다.

meri$\check{c}^{h}$i〈보은〉 miri$\check{c}^{h}$i〈단양〉'와 'myəl$\check{c}^{h}$i〈옥천〉 mel$\check{c}^{h}$i〈제원 청원〉'이므로 변화과정을 다음과 같이 상정할 수 있다.

o myəlt^{h}i 〉 myəl$\check{c}^{h}$i 〉 məyl$\check{c}^{h}$i 〉 mel$\check{c}^{h}$i
옥 제청

o myəlt^{h}i 〉 myəl$\check{c}^{h}$i 〉 myəlɨ$\check{c}^{h}$i 〉 myəlu$\check{c}^{h}$i 〉 məylu$\check{c}^{h}$i 〉 melu$\check{c}^{h}$i
옥 중 진

o myəlt^{h}i 〉 myəl$\check{c}^{h}$i 〉 myəlɨ$\check{c}^{h}$i 〉 myələ$\check{c}^{h}$i 〉 məylə$\check{c}^{h}$i 〉 melə$\check{c}^{h}$i 〉
옥 음중영
meləy$\check{c}^{h}$i 〉 mele$\check{c}^{h}$i 〉 meli$\check{c}^{h}$i 〉 mili$\check{c}^{h}$i
괴 보 단

위의 변화과정은 옥천 지역을 제외한 전 지역에서 발생한 'ㅌ' 구개음화, 음운도치(yə〉əy), 'əy〉e' 단모음화, 제원과 청원과 옥천 지역을 제외한 전 지역에서 발생한 어중 'ㄹ' 뒤의 'ɨ' 첨가, 진천과 중원 지역에서 발생한 어중의 'ɨ〉u', 음성과 중원과 단양과 괴산과 보은과 영동 지역에서 발생한 어중의 'ɨ〉ə', 후속하는 'i'의 영향으로 발생한 어중 모음 뒤의 'y' 첨가(ə〉əy), 단양과 보은 지역에서 발생한 어중의 'e〉i'를 보여 준다.

4] 무섭다[威, 畏] : 문헌에 '므싀엽-(석보9:24 월천上164 월석2:23 두初16:65) 므의엽-(두重2:3)'과 '무셥-(계축p.125 십구1:9) 므셥-(십구1:10)'으로 나온다. 충북의 방언형은 'musəp-〈진천 중원 제원 청원 괴산 보은〉 misəp-〈음성 옥천 영동〉 musup-〈단양 영동〉 müsəp-〈괴산〉' 이므로 변화과정을 다음과 같이 상정할 수 있다.

o *mɨsɨyəp- 〉 mɨsiəp- 〉 mɨsyəp- 〉 musyəp- 〉 musəp- 〉 musup-
진중제청괴보 단영

ㅇ *mɨsɨyəp- 〉 mɨsiəp- 〉 mɨsyəp- 〉 mɨysyəp- 〉 misyəp- 〉 misəp-
음옥영

ㅇ *mɨsɨyəp- 〉 mɨsiəp- 〉 mɨsyəp- 〉 mɨysyəp- 〉 muysyəp- 〉 muysəp- 〉 müsəp-
괴

위의 변화과정은 전 지역에서 발생한 'i'의 활음화(i〉y), 치조음 'ㅅ'의 구개음화, 'ㅅ'의 구개음화에 이은 잉여자질 'y'의 탈락, 음성과 옥천과 영동 지역을 제외한 전 지역에서 발생한 원순모음화(ɨ〉u), 단양과 영동 지역에서 발생한 어간말의 'ə〉u', 음성과 옥천과 영동 지역에서 발생한 'ɨy〉i' 단모음화, 음성과 괴산과 옥천과 영동 지역에서 후속하는 'y'의 영향으로 발생한 어두 모음 뒤의 'y' 첨가(ɨ〉ɨy), 괴산 지역에서 발생한 'uy〉ü' 단모음화를 포함하고 있다.

5] 자두 : 표제어 '자두'는 한자어 '紫桃'에서 온 말로 보인다. 충북의 방언형과 관련되는 말로 '오얏(두初10:23) 외얏(두初15:20)' 및 '오얏(구간6:29 남명下70 유합上序9) 외얏(남명上26 石千3 역어上55 동문下5 한청391c)'이 문헌에 나온다. 충북의 방언형은 'čadu〈음성 괴산 제외 전 지역〉 čado〈음성〉'와 'koya〈단양〉'와[212] 'oŋa〈청원 괴산〉 oŋe〈보은〉 oŋE〈옥천〉 oŋɛ〈영동〉 öya〈진천 제원 괴산〉[213]'이므로 자두열매를 '紫李'라고도 하는 점을 고려하여 변화과정을 다음과 같이 상정할 수 있다.

ㅇ tsato 〉 čato 〉 čatu
음 ×음괴

212) 이 방언형은 강원도 방언에 '괘/괴(고성, 양양, 평창)/꽤(명주, 정선, 삼척)'로도 나온다. '꽤'는 경기도의 가평 지역에서도 발견된다.

213) 이 방언형은 전국의 방언형 '오얏/에얏/오야주/왜주/애추/애치/애기' 등과 어원을 같이 하는 것으로 생각된다.

o oyyats 〉 oyyač 〉 oyyas 〉 oyya 〉 öya
진제괴

o oyyats 〉 oyats 〉 oyač 〉 oyas 〉 oya 〉 oŋa 〉 oŋɛ 〉 oŋe
청괴 옥영 보

위의 변화과정은 전 지역에서 발생한 치조음 'ㅈ'의 구개음화(ts〉č), 음성과 괴산 지역을 제외한 전 지역에서 발생한 어말의 'o〉u', 음성과 중원과 단양 지역을 제외한 전 지역에서 발생한 어말의 비파열화(ㅈ〉ㅅ)[214], 어말자음 'ㅅ'의 탈락, 진천과 제원과 괴산 지역에서 발생한 'oy〉ö' 단모음화, 청원과 괴산과 보은과 옥천과 영동 지역에서 발생한 모음 사이의 'y〉ŋ', 옥천과 영동 지역에서 발생한 어말의 'a〉ɛ', 보은 지역에서 발생한 어말의 'ɛ〉e'를 포함하고 있다.

6] 졸다[睡] : 문헌에 '조올-(두初25:49 두重1:50) 조을-(사성上63 박初上40 동문上27) 조울-(역어上40)' 등으로 나온다. 충북의 방언형은 'čol-〈옥천 제외 전 지역〉 čoul-〈중원〉 čaol-〈옥천 영동〉'이므로 '졸음'에 해당하는 단양 지역의 방언형 'čaburam'과 보은 옥천 영동 지역의 방언형 'čaburɨm'을 참조하여 변화과정을 다음과 같이 상정할 수 있다.

o *tsʌβʌl- 〉 tsʌwʌl- 〉 tsʌol- 〉 čʌol- 〉 čaol-
옥영

o *tsʌβʌl-〉 tsʌwʌl-〉 tsʌol-〉 tsool-〉 tsoɨl-〉 čoɨl-〉 čoːl-
×옥

o *tsʌβʌl-〉 tsʌwʌl-〉 tsʌol-〉 tsool-〉 tsoɨl-〉 čoɨl-〉 čoul-
중

214) 충북방언에서 발생한 어간말 파찰음의 비파열화에 관한 세부내용은 전철웅(1994)에서 논의되었다.

위의 변화과정은 전 지역에서 발생한 'β>w', 'wʌ>o', 치조음 'ㅈ'의 구개음화, 옥천과 영동 지역에서 발생한 어두음절의 'ʌ>a', 어두음절의 'ʌ>o(ʌo>oo)', 옥천 지역을 제외한 전 지역에서 발생한 'o' 뒤의 'o>ɨ', 'ɨ'의 보상적 탈락(oɨ>o:), 중원 지역에서 발생한 어말의 'ɨ>u'를 포함한다.

7] 짧다[短] : 문헌에 '뎌ᄅᆞ-(법화2:168 두初7:15 내훈3:41 육조上102 역어上46) 뎌르-(법화2:167 금삼2:12 두初15:55 박初上18 동문上3)'와 '댜ᄅᆞ-(소언6:54 박初上67 유합上31) 댜르-(소언5:100)' 및 '쟈르-(청구신흠, 청구이명한) ᄌᆞ르-(여소4:32 b)'로 나온다. 충북의 방언형은 'č'alp-〈진천 음성 청원 괴산 영동〉 č'allup-〈보은 옥천〉'와 'č'arɨ-〈중원 제원 단양 괴산 영동〉 č'allɨ-〈제원 괴산 옥천〉'이므로 변화과정을 다음과 같이 상정할 수 있다.

- *tyalʌp- > tyalʌ- > tyalɨ- > čyalɨ- > čalɨ- > č'alɨ- > č'allɨ-
  중제단괴영 제괴옥

- *tyalʌp- > tyalp- > čyalp- > čalp- > č'alp-
  진음청괴영

- *tyalʌp- > tyalɨp- > čyalɨp- > čallɨp- > č'allɨp- > č'allup-
  보옥

위의 변화과정은 전 지역에서 발생한 비어두음절의 'ʌ>ɨ', 어두의 'ㄷ' 구개음화(t>č), 'ㄷ' 구개음화에 이은 잉여자질 'y'의 탈락, 어두 'ㅈ'의 경음화(č>č'), 중원과 제원과 단양과 괴산과 옥천과 영동 지역에서 발생한 어간말 자음 'ㅂ'의 탈락(p> ø), 제원과 괴산과 보은과 옥천 지역에서 발생한 'ㄹ' 뒤의 'ㄹ' 첨가, 진천과 음성과 청원과 괴산과 영동 지역에서 발생한 어간말 자음 'ㅂ' 앞의 'ʌ' 탈락, 보은과 옥천 지역에서 발생한 어말 순음 앞의 'ɨ>u'를 포함하고 있다.

2.3.7. 음운변화가 아홉 가지 이상인 것

1] 깨끗이[鮮, 精彩, 淸] : 문헌에 'ᄀᆞᆺᄀᆞ지(몽산2 법어11) ᄀᆞᆺᄀᆞᆺ(유합下37) ᄭᆡᄀᆞ지(마언下19)'로 나온다. 용언은 'ᄀᆞᆺᄀᆞᆺᄒᆞ-(월석8:8 몽산3) ᄀᆞᆺᄀᆞᆺ-(법어12)' 및 'ᄁᆡᄭᆞᆺᄒᆞ-(여소6:48a) ᄁᆡᄭᆞᆺ하-(여소2:7a)'로 나온다. 충북의 방언형은 'k'ɛkɨsyi〈진천 중원 제원 청원 옥천〉 k'ɛk'asyi〈음성〉'와 'k'ɛk'ɨčhi〈단양〉'와 'k'ɛk'ɨji〈단양 영동〉'와 'k'ɛk'ɨthage〈중원〉 k'ɛk'ɨthagE〈괴산 보은〉'이므로[215] 변화과정을 다음과 같이 상정할 수 있다.

- kʌtskʌtsi 〉 kʌytskʌtsi 〉 kʌytskɨtsi 〉 kʌyskɨči 〉 kʌytkɨči 〉 kaytkɨči 〉 kayk'ɨči 〉 k'ayk'ɨči 〉 k'ɛk'ɨči
  단영

- kʌtskʌts+i ---〉 kʌytskʌtsi 〉 kʌytskɨtsi 〉 kʌyskɨči 〉 kʌytkɨči 〉 kʌyk'ɨči 〉 kayk'ɨči 〉 kayk'ɨsi 〉 k'ayk'ɨsi 〉 k'ɛk'ɨsi
  진중제청옥

- kʌtskʌts+i ---〉 kʌytskʌtsi 〉 kʌyskači 〉 kʌytkači 〉 kʌyk'ači 〉 kayk'ači 〉 kayk'asi 〉 k'ayk'asi 〉 k'ɛk'asi
  음

위의 변화과정은 전 지역에서 발생한 어두의 'y' 첨가(ʌ〉ʌy), 음성과 괴산과 보은 지역을 제외한 전 지역에서 발생한 비어두음절의 'ʌ〉ɨ', 어중 음절말의 'ㅈ〉ㅅ', 치조음 'ㅈ'의 구개음화(ts〉č), 어두음절의 'ʌ〉a', 어중 음절말의 'ㅅ〉ㄷ', 어중 'ㄱ'의 경음화, 어두 'ㄱ'의 경음화, 괴산과 보은 지역을 제외한 전 지역에서 발생한 'ay〉ɛ' 단모음화, 음성 지역에서 발생한 비어두음절의 'ʌ〉a', 진천과 음성과 중원과 제원과 청원과 옥천 지역에서 발생한 어말 'ㅈ'

215) 단양 지역의 방언형 'k'ɛk'ɨčhi'는 단양과 영동 지역의 방언형 'k'ɛk'ɨji'를 근거로 하여 '깨끗+히'로 형태분석할 수 있다.

의 비파열화(č〉s)를 포함하고 있다.

2] 꿰다[貫/徹/通] : 문헌에 'ᄢᅦ-(용가23/43/50 월천上5 월석1:6/2:48 능엄1:28 법화5:194 번소8:45 유합下46) ᄠᅦ-(백련9 두창上32) ᄲᅦ-(동문上56 한청340a/364c)' 및 'ᄭᅰ-(가언5:6 박重下25 왜어下37 해동p.40)'로 나온다. 비통사적 합성어인 'ᄭᅰᄆᆡ-(여사3:6)'도 참고할 수 있다. 충북의 방언형은 'k'oi-〈진천 음성 청원 괴산〉 k'wey-〈중원〉 k'ü-〈제원 보은 옥천 영동〉 k'wi-〈단양〉'이므로 변화과정을 다음과 같이 상정할 수 있다.

- pk'əy- 〉 k'wəy- 〉 k'woy- 〉 k'oy- 〉 k'uy- 〉 k'ü- 〉 k'wi-
  제보옥영 단

- pk'əy- 〉 k'wəy- 〉 k'woy- 〉 k'oy- 〉 k'oyy- 〉 k'öy- 〉 k'wey-
  중

- pk'əy- 〉 k'wəy- 〉 k'woy- 〉 k'oy- 〉 k'oi-
  진음청괴

위의 변화과정은 전 지역에서 발생한 합용병서 'ᄢ'의 보상적 'ㅂ' 탈락(pk'〉k'w), 어두 'w' 뒤의 'ə〉o', 어두 'ㄲ' 뒤의 'w' 탈락, 제원과 단양과 보은과 옥천과 영동 지역에서 발생한 어말의 'o〉u', 'uy〉ü' 단모음화, 'ü〉wi', 중원 지역에서 발생한 어간말 'y' 뒤의 'y' 첨가(oy〉oyy), 'oy〉ö' 단모음화, 'ö〉we', 진천과 음성과 청원과 괴산 지역에서 발생한 음절분화(oy〉oi)를 보여 준다.

3] 노른자위[蛋黃] : 문헌에 '노ᄅᆞᆫᄌᆞ의(태산43) 노른ᄌᆞ의(역어補47 동문下35)'로 나온다. '黃色'을 나타내던 말이 '노ᄅᆞ-(월석1:44, 구급上85 번노下24) 노르-(역어下10)'임과, '자위'의 문헌형이 'ᄌᆞᅀᆞ

(월석23:94 능엄8:7 구간6:5) ᄌᆞᅀᆡ(두初9:24) ᄌᆞᄋᆞ/ᄌᆞᄋᆡ(두요下13) ᄌᆞ의(태산43 역어補47 동문下35) ᄌᆞ외(한청14,15) ᄌᆞᅀᆞ(은중19)'임을 고려해야 한다.[216] 충북의 방언형은 'noranǰauy〈진천 음성〉 noranǰau〈제원〉 noraŋǰau〈괴산〉'와 'noranǰa〈중원〉 noranǰɛ〈옥천〉 norinǰɛ〈청원 보은〉'와 'noranǰagu〈단양〉 noranč^{h}aŋ〈영동〉'이므로[217] 변화과정을 다음과 같이 상정할 수 있다.[218]

o tsʌzʌy 〉 tsʌʌy 〉 tsʌɨy 〉 čʌɨy 〉 čaɨy 〉 čai 〉 čay 〉 čɛ
청보옥

o tsʌzʌy 〉 tsʌʌy 〉 tsʌoy 〉 tsʌuy 〉 čauy 〉 čau
진음 제괴

o tsʌzʌ 〉 tsʌʌ 〉 tsʌ: 〉 čʌ: 〉 ča:
중

위의 변화과정은 전 지역에서 발생한 모음 사이의 'ㅿ' 약화, 치조음 'ㅈ'의 구개음화(ts〉č), 어두음절의 'ʌ〉a', 청원과 보은과 옥천 지역에서 발생한 비어두음절의 'ʌ〉ɨ', 'ɨy〉i' 단모음화, 모음 뒤의 'i' 활음화(ai〉ay), 'ay〉ɛ' 단모음화, 진천과 음성과 제원과 괴산 지역에서 발생한 비어두음절의 'ʌ〉o', 어말의 'o〉u', 어말 하향이중모음의 부음 'y'의 탈락(uy〉u), 중원 지역에서 발생한 'ʌ'의 보

---

216) 이 문헌자료들 가운데 'ᄌᆞᅀᆡ(두初9:24) ᄌᆞᄋᆞ/ᄌᆞᄋᆡ(두요下13) ᄌᆞ외(한청14,15)' 등은 최전승(1983)에서 인용한 것이다.

217) 참고로 '흰자위'의 충북 방언형은 'hɨnǰau〈음성〉 hinǰau〈제원〉 hinǰagu〈단양〉 hinč^{h}aŋ〈진천 청원 괴산 보은 옥천 영동〉 hindoŋǰa〈중원〉'이다.

218) 후부요소 'ǰau'의 경우, 최전승(1983)에서는 'ᄌᆞᅀᆡ'를 'ᄌᆞᅀᆞ'에 접미사 '-i'가 연결되어 이차적으로 이중모음을 형성한 형태로 보고, 이로부터 'ᄌᆞᄋᆡ〉ᄌᆞ의〉ᄌᆞ외〉ᄌᆞ위'의 변화과정을 겪어 '자우'에 도달하였으며, 여기 보이는 'ɨ〉o'의 변화는 표면음성제약에 의해 파생된 것으로 논하였다. 그러나, 저자는 직접 'ʌʌ〉ʌo'의 변화과정을 설정하는 것이 모음체계상의 서열(序列)과 계열(系列)을 고려할 때 더 자연스럽다고 파악한다.

상적 탈락(ʌʌ>ʌ:)을 포함하고 있다.

4] 누에[蠶] : 문헌에 '누에(해례用字 석보11:35 능엄8:121 두初22:28 자회上22) 누에고티(석보11:35) 누에고치(한청14:49) 누에나뵈(구간3:114 동의湯液二蟲部) 누에ᄢᅵ(구급上44 구간2:48 물보蠶績)'와 '누웨ᄢᅵ(구급下85)'와 '뉘예(여사3:6)'로 나온다.[219] 충북의 방언형은 'nüe〈진천 제원 청원 괴산〉 nue〈중원 청원〉 nü〈보은 옥천 영동〉 nuŋE〈단양〉'이므로 小倉進平(1940:324-325)의 'nu-be, nu-bi, nui-bi, ni-bi'를 근거로 '*누베'를 재구하면[220] 변화과정을 다음과 같이 상정할 수 있다.

o *nuβəy > nuwəy > nuəy > nue > nuye > nüe
중청 진제청괴

o *nuβəy > nuwəy > nuəy > nue > nuŋe > nuŋɛ
중청 단

o *nuβəy > nuwəy > nuəy > nuɨy > nui > nuy > nü
보옥영

위의 변화과정들은 전 지역에서 발생한 'β>w', 원순모음 뒤의 'w' 탈락, 보은과 옥천과 영동 지역을 제외한 전 지역에서 발생한 'əy>e' 단모음화, 진천과 제원과 청원과 괴산 지역에서 모음충돌을 피하기 위해 발생한 어중 'y' 첨가(ue>uye), 음성과 중원과 단양 지역을 제외한 전 지역에서 발생한 'uy>ü' 단모음화, 모음충돌을 막기 위한 'ŋ' 첨가(ue>uŋe), 보은과 옥천과 영동 지역에서 발생한 어말의 'ə>ɨ', 'ɨy>i' 단모음화, 'i'의 활음화(i>y)를 포함하고 있다.

---

219) 문헌형 '누웨(nuwəy)'의 'w'가 주목을 끈다. 이것은 모음의 연쇄인 'uə'의 충돌을 피하는 방안으로 선행모음 'u'의 원순성에 의해 'w'가 나타난 것일 수도 있고, 재구형 '*누베'의 후속형일 수도 있다.

220) 여타 방언에 관한 논의로는 최전승(1975:24-25)을 참조할 수 있다.

5] 대님[小帶子] : 문헌에 '다님(역어上45 한중p.110)'으로 나온다. 충북의 방언형은 'čɛnnyim〈진천 옥천〉 čɛnyim〈음성 청원 보은〉'과 'tɛnyim〈중원 제원 청원 괴산 보은 영동〉 tanyəm〈단양〉'과 'tɛyəm〈단양〉'이므로 변화과정을 다음과 같이 상정할 수 있다.

o tanim 〉 taynim 〉 tyanim 〉 čyanim 〉 čanim 〉 čaynim 〉
čɛnim 〉 čɛnnim
음청보 진옥

o tanim 〉 taynim 〉 tɛnim
중제청괴보영

o tanim 〉 taniəm 〉 tanyəm 〉 taynyəm 〉 tɛnyəm 〉 tɛyəm
단 단

위의 변화과정은 단양 지역을 제외한 전 지역에서 후속하는 'i'의 영향으로 발생한 어두모음 뒤의 'y' 첨가(a〉ay), 음운도치(ay〉ya), 'ㄷ' 구개음화(t〉č), 'ㄷ' 구개음화에 이은 잉여자질 'y'의 탈락, 진천과 음성과 청원과 보은과 옥천 지역에서 후속하는 'i'의 영향으로 재차 발생한 어두 모음 뒤의 'y' 첨가(a〉ay), 'ay〉ɛ' 단모음화, 'ㄴ' 앞의 'ㄴ' 첨가, 어중 'i' 뒤의 'ə' 첨가, 'i'의 활음화(i〉y), 단양 지역에서 후속하는 'y'의 영향으로 발생한 어두 모음 뒤의 'y' 첨가(a〉ay), 어중 'y' 앞의 'ㄴ' 탈락 등을 포함하고 있다.

6] 바구니[簞, 筐] : 문헌에 '바고니(두初16:71 자회中11 유합上28 내훈重3:45) 바곤이(소언4:47)'로 나온다. '籠'의 뜻으로 쓰인 '바굴에(자회中27) 바구레(노언下27 동문下19 한청442b 유물一毛) 바굴레(박重中11)'를 참고할 수 있다. 충북의 방언형은 'pogunyi〈진천 음성 중원 제원〉 pagunyi〈청원〉'와 'pogumi〈괴산〉 pogumčhi〈단양〉' 그리고 'pogori〈보은〉 paguri〈영동〉 pəguri〈옥천〉'이므로 변화과정을 다음과 같이 상정할 수 있다.

o pakoni 〉 pakuni
청

o pakoni 〉 pokoni 〉 pokuni 〉 pokumi[221)]
진음중제 괴

o *pakulɦəy 〉 pakuləy 〉 pakule 〉 pakuli 〉 pəkuli 〉 pokuli 〉 pokoli
영 옥 보

위의 변화과정은 진천과 음성과 중원과 제원과 청원과 괴산 지역에서 발생한 어중의 'o〉u', 진천과 음성과 중원과 제원과 괴산 지역에서 발생한 어두의 'a〉o', 괴산 지역에서 발생한 모음 사이의 'ㄴ〉ㅁ', 보은과 옥천과 영동 지역에서 발생한 'ㄹ' 뒤의 'ɦ' 약화, 'əy〉e' 단모음화, 어말의 'e〉i', 보은과 옥천 지역에서 발생한 어두의 'a〉ə', 어두의 'ə〉o', 보은 지역에서 발생한 어중의 'u〉o'를 포함하고 있다.

7] 상추[萵苣] : 문헌에 '부루(사성下28 자회上14 구간6:48 물보蔬菜)'와 '부로(박重中33 역어下10 한청12:40(377č) 유물三草)'로 나온다. 후대 문헌에 '生菜'를 'ᄉᆡᆼ치(동문下3)'라 한 곳이 나오는데, 이 한자어 '生菜'가 국어사전에서 '익히지 않고 날로 먹는 나물' 또는 '익히지 않은 生菜蔬'의 뜻으로 풀이되고 있는 데 반하여 중국어에서는 우리말의 '상추'를 가리킨다는 사실에 주목할 필요가 있다. 충북의 방언형은 'saŋčʰu〈제원 제외 전 지역〉 saŋčʰi〈중원 제원〉'와 'purus'am〈진천 괴산〉[222)]'이므로 변화과정을 다음과 같이 상정할 수 있다.

o *sʌyŋtsʰʌy 〉 sʌŋtsʰʌy 〉 sʌŋtsʰːɨy 〉 sʌŋčʰːɨy 〉 saŋčʰːɨy 〉 saŋčʰːi
중제

221) 단양 지역의 방언형 'pogumčʰi'는 강원도의 화천 인제 원성 지역에서도 조사된 어형이다.

222) 강원도 방언에 '부루' 외에 '불구, 불기'가 있어 참고된다:pulgu〈인제〉 pulgi〈고성 평창 명주 영월 정선 삼척〉(한국방언자료집Ⅱ p.45).

o *sʌyŋts^{h}ʌy 〉 sʌŋts^{h}ʌy 〉 sʌŋts^{h}oy 〉 sʌŋč^{h}oy 〉 saŋč^{h}oy 〉 saŋč^{h}o 〉 saŋč^{h}u

×제

o *pulku 〉 pulɦu 〉 pulu

진괴

위의 변화과정은 전 지역에서 발생한 어두 하향이중모음의 부음 'y'의 탈락(ʌy〉ʌ), 치조음 'ㅊ'의 구개음화(ts^h〉č^h), 어두음절의 'ʌ〉a', 중원과 제원 지역에서 발생한 비어두음절의 'ʌ〉ɨ', 'ɨy〉i' 단모음화, 제원 지역을 제외한 전 지역에서 발생한 비어두음절의 'ʌ〉o', 어말 하향이중모음의 부음 'y'의 탈락(oy〉o), 어말의 'o〉u', 진천과 괴산 지역에서 발생한 'ㄹ' 뒤의 'ㄱ' 약화(k〉ɦ), 'ɦ'의 약화를 포함하고 있다.

8] 수염(鬚髥) : '鬚'와 '髥'에 대응하는 말은 문헌에 '날옺(번소9:79 소언6:73)'으로 나온다. 충북의 방언형은 'syüəm〈진천 음성 괴산 옥천〉 suyəm〈음성 중원 보은〉 šyəːm〈청원〉 suyŏm〈보은〉 syüyəm〈옥천〉 šyiəːm〈영동〉'과 'söːm〈제원〉 sweːm〈단양〉 soyom〈단양〉'이므로 변화과정을 다음과 같이 상정할 수 있다.

o suyəm 〉 süəm 〉 siəm 〉 syəm

음중보 진음괴옥 청

o suyəm 〉 suyyəm 〉 süyəm

음중보 옥

o suyəm 〉 suyom 〉 soyom 〉 sooym 〉 soːym 〉 söːm 〉 sweːm

보 단 제 단

위의 변화과정은 진천과 음성과 청원과 괴산과 옥천 지역에서 발생한 'uy>ü' 단모음화, 청원 지역에서 발생한 'ü'의 원순성 상실(ü>i), 'i'의 활음화(i>y), 옥천 지역에서 발생한 'y' 뒤의 'y' 첨가(uy>uyy), 제원과 단양과 보은 지역에서 발생한 'ㅁ' 앞의 'ə>o', 제원과 단양 지역에서 발생한 어두의 'u>o', 음운도치(yo>oy), 'o'의 보상적 탈락(oo>o:), 'oy>ö' 단모음화, 단양 지역에서 발생한 'ö>we'를 보여 준다.

9] 종이[紙] : 문헌에 '죠희(해례用字 두初7:4 능엄7:46 자회上34 유합上25 石千37 金諺64) 죠희(왜어上38) 조희(유물四木 여소4:54b)'와 '죵희(박重中58 이륜重27 역어上25/下16)'로 나온다. 충북의 방언형은 'čoi〈제원 단양 보은 제외 전 지역〉 čoɦi〈보은〉'와 'čoŋi〈진천 제원 단양 보은〉 čoŋu〈제원〉'이므로 변화과정을 다음과 같이 상정할 수 있다.

o tsyohʌy > tsyohɨy > čyohɨy > čohɨy > čohi > čoi
보 ×제단보

o tsyohʌy > tsyoŋhʌy > tsyoŋhɨy > čyoŋhɨy > čoŋhɨy > čoŋhi > čoŋi
진제단보

o tsyohʌy > tsyoŋhʌy > tsyoŋhoy > čyoŋhoy > čyoŋhuy > čoŋhuy > čoŋhu > čoŋu
제

위의 변화과정은 전 지역에서 발생한 비어두음절의 'ʌ>ɨ', 치조음 'ㅈ'의 구개음화(ts>č), 'ㅈ'의 구개음화에 이은 잉여자질 'y'의 탈락, 유성음 사이의 'ㅎ' 약화, 제원 지역을 제외한 전 지역에서 발생한 'ɨy>i' 단모음화, 진천과 제원과 단양과 보은 지역에서 발생한 'ㅎ' 앞의 'ŋ' 첨가, 제원 지역에서 발생한 비어두음절의 'ʌ>o(ʌC(C)o>oC(C)o)', 어말의 'o>u', 어말 하향이중모음의 부음 'y'의 탈락(uy>u)을 포함하고 있다.

10] 진달래[羊躑躅] : 문헌에 '진ᄃᆞᆯ욋곳(구간2:44) 진ᄃᆞᆯ외(자회上7) 진ᄃᆞᆯ리(역어下39) 딘달늬(유물四木)'로 나온다. 충북의 방언형은 'čindallE〈중원 제원〉 čindallɛ〈청원〉'와 '$\check{c}^h$amk'os〈청원〉 $\check{c}^h$aŋk'os〈제원 단양 청원 제외 전 지역〉 $\check{c}^h$aŋk'o$\check{c}^h$〈제원 단양〉'이므로 변화과정을 다음과 같이 상정할 수 있다.[223)]

o *tsintʌlkʌy 〉 *tsintʌlɦʌy 〉 tsintʌlɦoy 〉 tsintʌlloy 〉 tsintʌllay 〉 tsintallay 〉 čintallay 〉 čintallɛ
중제청

o $\check{c}^h$amk'o$\check{c}^h$ 〉 $\check{c}^h$amk'os
청

o $\check{c}^h$amk'o$\check{c}^h$ 〉 $\check{c}^h$aŋk'o$\check{c}^h$ 〉 $\check{c}^h$aŋk'os
제단 ×제단청

위의 변화과정은 중원과 제원과 청원 지역에서 발생한 'ㄹ' 뒤의 'ㄱ' 약화(k〉ɦ), 'ɦ'의 보상적 탈락(lɦ〉ll), 비어두음절의 'ʌ〉o', 어두음절의 'ʌ〉a', 어말의 'o〉a', 치조음 'ㅈ'의 구개음화(ts〉č), 'ay〉ɛ' 단모음화, 제원과 단양 지역을 제외한 전 지역에서 발생한 어말 'ㅊ'의 비파열화(ㅊ〉ㅅ), 청원 지역을 제외한 전 지역에서 발생한 'ㄲ' 앞의 'm〉ŋ'을 포함하고 있다.

11] 해무리[暈] : 문헌에 '힛모로(자회下1) 히ㅅ모로(역어上1 동문上1 한청9b)'와 '히무리(아학上3)'로 나온다. 충북의 방언형은 'hɛmmul〈음성 중원 괴산 제외 전 지역〉 hɛnmul〈음성〉'과 'hɛmuri〈중원〉 hɛmmuri〈괴산〉'이므로 변화과정을 다음과 같이 상정할 수 있다.

---

223) '달래'의 경상북도의 봉화 지역과 영덕 지역의 방언형 'talgEŋi'를 참고하였다.

o hʌysmolo 〉 hʌytmolo 〉 hʌynmolo 〉 hʌynmulu+i ---〉 hʌynmului 〉 hʌynmuluy 〉 hʌynmuliy 〉 haynmuliy 〉 hɛnmuliy 〉 hɛnmuli 〉 hɛmmuri
괴

o hʌysmolo 〉 hʌytmolo 〉 hʌynmolo 〉 hʌynmol 〉 hʌynmul 〉 haynmul 〉 hɛnmul 〉 hɛmmul
음 ×음중괴

o *hʌymolo 〉 hʌymulu 〉 hʌymulu+i ---〉 hʌymului 〉 hʌymuluy 〉 hʌymuliy 〉 haymuliy 〉 hɛmuliy 〉 hɛmuli
중

위의 변화과정은 전 지역에서 발생한 어중 음절말의 'ㅅ〉ㄷ', 'ㅁ' 앞의 'ㄷ〉ㄴ', 어말과 어중의 'o〉u', 'i'의 활음화(i〉y), 어말의 'u〉ɨ',[224] 어두의 'ʌ〉a', 'ay〉ɛ' 단모음화, 중원과 괴산 지역에서 발생한 'ɨy〉i' 단모음화, 중원 지역을 제외한 전 지역에서 발생한 'ㅁ' 앞의 'ㄴ〉ㅁ', 중원과 괴산 지역을 제외한 전 지역에서 발생한 어말모음 'o'의 탈락을 포함하고 있다.

2.3.8. 종합

변화과정이 세 개인 표제어는 72개이다. 표제어별 각 변화과정에는 음운변화가 세 가지에서 열한 가지까지 포함되어 있는 것으로 나타났다. 이 음운변화로는 다음과 같은 것들이 있다. 숫자는 빈도를 나타낸다.

자음의 변화로는 우선 통시적 구개음화, 치조음의 구개음화, 역구개음화, 경음화, 격음화, 음절말의 비파열화, 'ㄴ' 두음법칙 등을 확인할 수 있다.

통시적 구개음화(9)는 'ㄷ4, ㄱ3, ㅌ2'로 나타났고, 치조음의 구개

224) 이것은 'uCu'에서 두 번째 'u'에 발생한 이화작용의 하나이다.

음화(24)는 'ㅈ15, ㅊ7, ㅅ2'로 나타났다. 역구개음화(2)는 'ㅈ1, ㅊ1'로 나타났다.

경음화(15)는 어두경음화(11)가 'ㄱ8, ㅅ2, ㅈ1'로 나타났고, 어중경음화(3)가 'ㄱ2, ㅋ1'로 나타났다. 격음화(1)는 어중격음화(1)가 'ㄱ1'로 나타났다.

음절말의 비파열화(5)는 'ㅈ〉ㅅ(3), ㅊ〉ㅅ(2)'로 나타났고, 'ㄴ' 두음법칙(1), 음절말의 'ㅅ〉ㄷ(3)' 등도 확인되었다.

이 밖의 변화로는 'β〉w(3), ㄴ〉ㅁ(3)(모음사이1, ㅁ앞1, ㅂ앞1), ㅁ〉ㄴ(3)(모음사이2, ㅈ앞1), m〉ŋ(2)(ㄱ앞2), ㄷ〉ㄴ(2)(ㄴ앞1, ㅁ앞1), ㄴ〉ㄹ(1)(어중1), n〉ŋ(1), y〉ŋ(1)(모음사이1), ㅋ〉ㅂ(1)(어중1)' 등으로 나타났다.

모음의 변화로는 원순모음화, 전설모음화, 활음화, 하향이중모음의 단모음화, 움라우트, 음절분화 등이 확인되었다.

'ㅁ, ㅂ, ㅍ' 뒤에서 발생한 원순모음화(2)는 'ɨ〉u(2)', 'ㅅ, ㅈ, ㅊ' 뒤에서 발생한 전설모음화(4)는 'ɨ〉i(4)'로 나타났다.

활음화(11)는 'i〉y(10), o〉w(1)'로 나타났고, 음절분화(1)는 'yə〉iə(1)'로 나타났다.

하향이중모음의 단모음화(63)는 'ɨy〉i(17), uy〉ü(16), ay〉ɛ(12), əy〉e(12), oy〉ö(6)'로 나타났고, 움라우트(12)는 'ə〉e(6), a〉ɛ(3), o〉ö(2), u〉ü(1)'로 나타났다. 그리고 'wʌ〉o(1)'도 보인다.

이 밖의 변화는 다음과 같이 정리할 수 있다.

a(11) : a〉ə(5)(어두1, 어중1, 어말3), a〉ɛ(4)(어두2, 어말2), a〉o(1)(어두1), a〉u(1)(어말1)

ɛ(1) : ɛ〉e(1)(어말1)

ə(20) : ə〉o(8)(어두4, 어중1, 어말3), ə〉ɨ(7)(어 두3, 어중2, 어말2), ə〉a(3)(어두1, 어말2), ə〉u(1)(어말1)

e(16) : e〉i(10)(어두2, 어중5, 어말3), e〉ɛ(7)(어중1, 어말6)

o(25) : o>u(20)(어두1, 어중6, 어말13), o>ɨ(2)(어말2), o>ə(2)(어중2), o>a(1)(어말1)

ö(7) : ö>we(5), ö>e(1), ö>ü(1)

u(5) : u>o(3)(어두1, 어중1, 어말1), u>ɨ(2)(어말2)

ü(16) : ü>i(9), ü>wi(6), ü>ö(1)

ɨ(20) : ɨ>u(10)(어중4, 어말6), ɨ>ə(8)(어두2, 어중3, 어말3), ɨ>i(1)(어말1), ɨ>o(1)(어중 1)

i(2) : i>u(2)(어두1, 어중1)

ʌ(25) : ʌ>a(12)(어두10, 비어두2), ʌ>ɨ(9)(비어두9), ʌ>o(5)(어두1, 비어두4)

자음과 모음이 아우른 변화로는 첨가, 약화와 탈락, 보상적 탈락, 음운도치 등이 확인되었다.

첨가 현상(31)은 다음과 같이 나타났다.

자음(10)

ŋ(4)(모음사이2, 어중ㅈ앞1, 어중ㅎ앞1), ㄴ(3)(어중ㄴ앞1, 어중ㅊ앞1, 어중ㅌ앞1), ㄹ(2)(ㄹ뒤2), ㄱ(1)(어중ㅈ앞1)

모음(5)

ɨ(2)(어중ㄹ뒤1, 어말ㄹ뒤1), ə(1)(어중모음뒤), u(1)(어간말ㅂ앞1), i(1)(어말자음뒤1)

활음(17)

y(16)(모음뒤5, y뒤3, 어중자음뒤1, 후속하는i/y영향7)
w(1)(어두모음앞1)

약화와 탈락 현상(71)은 다음과 같이 나타났다.

자음(30)

ㅎ(10)(모음사이5, 유성음사이4, 어말자음1), ㄱ(4)(ㄹ뒤4), ŋ(4)(모음사이4), ɦ(4), ㅿ(3)(모음사이3), ㄴ(2)(모음사이1,

어중y앞1), ㅂ(2)(어말자음2), ㅅ(1)(어말자음1), β(1)

모음(5)

ɨ(3)(어중자음사이2, 어말모음1), o(1)(어말모음1), ʌ(1)(어말자음앞1)

활음(36)

y(31)(하향이중모음의부음y19(uy12, ay2, oy2, ɨy2, ʌy1), 잉여자질y11, 어중ㄹ뒤1)

w(5)(자음뒤4, 모음u뒤1)

보상적 탈락(13)은 다음과 같이 나타났다.

자음(4)

ㅂ(2), ɦ(2)

모음(9)

ɨ(4), o(2), a(1), u(1), ʌ(1)

음운도치(10)는 'yə〉əy(3), ay〉ya(2), yo〉oy(2), ya〉ay(1), iCe〉eCi(1), nɨl〉lɨn(1)' 등으로 나타났다.

2.4. 변화과정이 넷인 단어

2.4.1. 음운변화가 네 가지인 것

1] 광주리[筐] : 문헌에 '광조리(자회中19 박初上22 왜어下15 동문下15 한청348c) 광ᄌ리(계축p.40) 광즈리(계축p.41) 광주리(노언上29 박重下34) 광쥬리(아학上1)'와 '광지(光千23)'와 '광우리(여사4:36)'와 '광필자(여소1:15a)'로 나온다. 충북의 방언형은 kwaŋǰuri〈진천 음성 중원 청원 괴산 보은〉 'kwaŋǰiri〈단양〉 k'waŋǰuri〈옥천〉'와 'kwaŋuri〈청원 옥천 제외 전 지역〉 k'waŋuri〈옥천〉 kaŋuri〈영동〉'이므로 변화과정을 다음과 같이 상정할 수 있다.

- *kwaŋoli 〉 kwaŋuli 〉 k'waŋuli
  ×청옥 옥

- *kwaŋoli 〉 kwaŋuli 〉 kaŋuli
  ×청옥 영

- kwaŋtsoli 〉 kwaŋčoli 〉 kwaŋčuli 〉 k'waŋčuli
  진음중청괴보 옥

- kwaŋtsoli 〉 kwaŋčoli 〉 kwaŋčuli 〉 kwaŋčili
  진음중청괴보 단

위의 변화과정들은 전 지역에서 발생한 어중의 'o〉u', 옥천 지역에서 발생한 어두 'ㄱ'의 경음화, 단양 지역에서 발생한 'i' 앞의 'u〉i', 영동 지역에서 발생한 'ㄱ' 뒤의 'w' 탈락을 포함하고 있다.

2] 권투(拳鬪) : 충북의 방언형은 'kwənt^hu〈진천 제원 단양 청원 보은〉 kwənt^ho〈음성 괴산〉 k^wənt^hu〈중원〉 k'wənt^hu〈영동〉 k'ont^hu〈단양〉 kont^hu〈옥천〉'이므로 변화과정을 다음과 같이 상정할 수 있다.

o $kwənt^hu$ 〉 $k'wənt^hu$
진제단청보 영

o $kwənt^hu$ 〉 $kənt^hu$
진제단청보 중

o $kwənt^hu$ 〉 $kwənt^ho$
진제단청보 음괴

o $kwənt^hu$ 〉 $kwont^hu$ 〉 $kont^hu$ 〉 $k'ont^hu$
진제단청보 옥 단

위의 변화과정은 단양과 영동 지역에서 발생한 어두 'ㄱ'의 경음화, 중원과 단양과 옥천 지역에서 발생한 'ㄱ' 뒤의 'w' 탈락, 음성과 괴산 지역에서 발생한 어말의 'u〉o', 단양과 옥천 지역에서 발생한 어두 'w' 뒤의 'ə〉o'를 포함하고 있다.

3] 보습[犂, 耜] : 문헌에 '보십(자회中17 유합上28 동문下2 한청10:6(294d) 역어下7 물보農耕)'과 '보습(아학上11)'으로 나온다. 충북의 방언형은 'posyip〈진천 단양 괴산〉 $posyip^h$〈제원 단양〉'과 'posɨp〈보은 옥천〉 $posɨp^h$〈중원〉 posup〈음성〉 posəp〈청원〉'이므로 변화과정을 다음과 같이 상정할 수 있다.

o posip 〉 $posip^h$
진단괴 제단

o posip 〉 posɨp 〉 $posɨp^h$
진단괴 보옥 중

o posip 〉 posɨp 〉 posəp
진단괴 보옥 청

o posip 〉 posɨp 〉 posup
진단괴 보옥 음

위의 변화과정은 중원과 제원과 단양 지역에서 발생한 어말자음 'ㅂ'의 격음화(p〉p^h), 음성과 중원과 청원과 보은과 옥천 지역에서 발생한 역전설모음화(i〉ɨ), 청원 지역에서 발생한 어말의 'ɨ〉ə', 음성 지역에서 발생한 어말 순음 앞의 'ɨ〉u'를 보여 준다.

2.4.2. 음운변화가 다섯 가지인 것

1] 누룽지[胡飯] : 문헌에 나오는 '누른내(胡撥氣)(역어上53)'와 '누른밥(胡飯)(역어上49)'을 참고할 수 있다. 충북의 방언형은 'nuriŋgi〈음성 제원〉 nurɨyŋgi〈괴산〉 nuruŋgi〈중원〉 nuruŋgE〈옥천〉 nuruŋgɛ〈보은〉'와 'nuruŋǰi〈단양 청원 보은〉 nurəŋǰi〈단양〉'와 'nurɨŋgɛŋi〈진천〉'와 'nuŋgəri〈단양〉'와 'nuriŋi〈음성〉'와 'nurumbap〈청원 옥천 영동〉'이므로 변화과정을 다음과 같이 상정할 수 있다.[225]

o nulɨnki 〉 nulɨŋki 〉 nulɨyŋki 〉 nuliŋki[226]
괴 음제

o nulɨnki 〉 nulɨŋki 〉 nuluŋki
중

o nulɨnki 〉 nulɨŋki 〉 nulɨŋči 〉 nuluŋči
단청보

225) 이 방언형들은 'nuŋgəri'를 제외하면 '눋-(燋)+(으)ㄴ+기'로 형태분석되는 '누른기'의 변화형이라고 생각된다. 진천의 방언형 'nurɨŋgɛŋi'는 'nurɨŋgi'에 접미사 '-aŋi'가 결합된 형태로 생각된다.

226) 'nulɨŋki'가 'nuliŋki'로 넘어가는 중간단계에 후속하는 'i'의 영향으로 생성된 'y'의 첨가형 'nulɨyŋki'를 설정할 수도 있을 것이다.

o nulɨnki 〉 nulɨŋki 〉 nulɨŋči 〉 nuləŋči
단

위의 변화과정은 진천과 옥천과 영동 지역을 제외한 전 지역에서 발생한 'ㄱ' 앞의 'n〉ŋ', 후속하는 'i'의 영향으로 발생한 'y' 첨가(ɨ〉ɨy), 음성과 제원과 괴산 지역에서 발생한 'ɨy〉i' 단모음화, 단양과 청원과 보은 지역에서 발생한 'ㄱ' 구개음화(k〉č), 단양 지역에서 발생한 어중의 'ɨ〉ə'를 보여 준다.

2] 서캐[蟣] : 문헌에 '혀(자회上23 유합上16 역어下35)'와 '셕하(유물二昆)'로 나온다. 충북의 방언형은 'sɜk^{h}E〈진천〉 sək^{h}ɛ〈음성 중원 제원 단양 괴산 옥천〉'와 'sɜk^{h}Eŋi〈진천〉 sək^{h}Eŋi〈청원〉 sək^{h}ɛŋi〈보은〉' 그리고 'sɜk^{h}ari〈영동〉 sək^{h}ari〈보은 옥천〉 sɜk^{h}arE〈영동〉'이므로 변화과정을 다음과 같이 상정할 수 있다.

o *hyək^{h}a 〉 syək^{h}a+i → syək^{h}ai 〉 syək^{h}ay 〉 sək^{h}ay 〉 sək^{h}ɛ
×청보영

o *hyək^{h}a 〉 syək^{h}a+aŋi → syək^{h}aŋi 〉 sək^{h}aŋi 〉 sək^{h}ɛŋi
진청보

o *hyək^{h}a 〉 syək^{h}a+alay → syək^{h}alay 〉 sək^{h}alay 〉 sək^{h}alɛ
영

o *hyək^{h}a 〉 syək^{h}a+ali → syək^{h}ali 〉 sək^{h}ali
보옥영

위의 변화과정은 전 지역에서 발생한 'ㅎ' 구개음화, 'ㅎ' 구개음화에 이은 잉여자질 'y'의 탈락, 청원과 보은과 옥천 지역을 제외한 전 지역에서 발생한 'i'의 활음화(i〉y), 영동 지역에서 발생한 'ay〉ɛ' 단모음화, 진천과 청원과 보은 지역에서 발생한 'a' 움라우트(a〉ɛ)를 포함하고 있다.

2.4.3. 음운변화가 여섯 가지인 것

1] 게으르다[懈, 怠] : 문헌에 '게으르-(석보11:15 삼강烈11 능엄2:75 법화1:107 소언5:87 자회下30 유합下42) 게읔으-(석보6:11 법화1:106/4:101 소언2:76/4:22) 게읔ᄋᆞ-(소언4:51)'와 '게읔오-(능4:79 법화2:55 두初8:20/20:7 소언3:2)'로 나온다. 충북의 방언형은 'ke:llɨ-〈진천 음성 중원〉 keɨrɨ-〈음성 청원〉 keurɨ-〈보은 옥천 영동〉 ki:llɨ-〈제원〉 ki:rɨ-〈괴산〉'와 'kigɨrɨ-〈단양〉'이므로 단양 지역의 방언형이 어중에 'g'를 가지고 있다는 점에 주목하여 변화과정을 다음과 같이 상정할 수 있다.

o *kəykɨlɨ- 〉 kekɨlɨ- 〉 kikɨlɨ-
　　　　　　　　　　　단

o *kəykɨlɨ- 〉 kəyɦɨlɨ- 〉 kəyɨlɨ- 〉 keɨlɨ- 〉 ke:lɨ- 〉 ki:lɨ-
　　　　　　　　　　　　　　　　　음청　　　　　　괴

o *kəykɨlɨ- 〉 kəyɦɨlɨ- 〉 kəyɨlɨ- 〉 keɨlɨ- 〉 keulɨ-
　　　　　　　　　　　　　　　　　음청　　보옥영

o *kəykɨlɨ- 〉 kəyɦɨlɨ- 〉 kəyɨlɨ- 〉 kəyɨllɨ- 〉 keɨllɨ- 〉 ke:llɨ- 〉 ki:llɨ-
　　　　　　　　　　　　　　　　　　　　　　　진음중　　제

위의 변화과정은 전 지역에서 발생한 'əy〉e' 단모음화, 단양 지역을 제외한 전 지역에서 발생한 'y' 뒤의 'ㄱ' 약화, 제원과 단양과 괴산 지역에서 발생한 어두의 'e〉i', 진천과 음성과 중원과 제원과 괴산 지역에서 발생한 'ɨ'의 보상적 탈락(eɨ〉e:), 보은과 옥천과 영동 지역에서 발생한 어중의 'ɨ 〉u', 제원 지역에서 발생한 'ㄹ' 뒤의 'ㄹ' 첨가를 보여 준다.

2] 겨우[僅, 才, 甫] : 문헌에 '계우(사성下34 박初上41 신속孝2:45

유합下22) 겨유(신속孝3:76 계축p.29 한중p.98 한청356a(11:59) 여범1) 계유(첩해1:34 역어下46 동문下50 청구p.86) 겨우(계축 p.49 만언사)'와 '계요(소언6:127 신속烈4:10 노언上23 첩해2:18 박重上37 한청175c 오륜1:30/3:26 인어1:11 여사2:15) 계오(번소9:2 소언6:2 백련25 첩해9:21 내훈重3:27 송강1:1 경신17) 겨요(계축p.11 한청351b 오륜1:30)'로 나온다. 충북의 방언형은 'kɛu〈청주* 보은*〉 čeu〈전 지역〉 čɛu〈영동*〉 čee〈보은****〉 čiu〈보은****〉'이므로 문헌형 가운데 가장 초기의 것인 '계우(사성下34)'를 출발점으로 삼을 수도 있으나 현대 연변 지역과 함경 지역의 방언형 '게구, 게구나'를 고려하여 'kyəyku'를 재구하고 변화과정을 다음과 같이 상정할 수 있다.

- *kyəyku 〉 kyəyɦu 〉 kyəyu 〉 kyeu 〉 keu 〉 kɛu
  청보

- *kyəyku 〉 kyəyɦu 〉 kyəyu 〉 čyəyu 〉 čəyu 〉 čeu 〉 čee
  전체 보

- *kyəyku 〉 kyəyɦu 〉 kyəyu 〉 čyəyu 〉 čəyu 〉 čeu 〉 čiu
  전체 보

- *kyəyku 〉 kyəyɦu 〉 kyəyu 〉 čyəyu 〉 čəyu 〉 čeu 〉 čɛu
  전체 영

위의 변화과정은 전 지역에서 발생한 'y' 뒤의 'ㄱ' 약화, 'əy〉e' 단모음화, 청원과 보은 지역에서 발생한 어두 'ㄱ' 뒤의 'y' 탈락, 청원과 보은과 영동 지역에서 발생한 어두의 'e〉ɛ', 보은 지역에서 발생한 어말의 'u〉e', 어두의 'e〉i' 고모음화를 보여준다.

3] 고드름[簷垂氷] : 문헌에 '곳어름(簷垂氷)(역어補6) (簷凌)(한청1:14)'으로 나온다. 충북의 방언형은 'kodɨrɛmi〈진천 옥천〉 kodŏrEmi

〈음성〉 kodurEmi〈중원 단양 괴산〉'와 'k'odɨrəm〈보은〉 kodɨrɨm〈영동〉'이므로 문헌형 '곳어름'의 '곳'이 정확히 무엇인지 단정하기 어렵지만, 일단 이 문헌형을 '골+ㅅ+어름'으로 해석하고 변화과정을 다음과 같이 상정한다. 중세국어에서 'ㄹ' 받침으로 끝나는 체언에 관형격 조사 'ㅅ'이 결합하면 'ㄹ'이 탈락하고 'ㅅ'만 남으므로 이 문헌형의 경우도 '골'의 'ㄹ' 탈락으로 'ㅅ'이 남는데 이 'ㅅ'은 형태소경계 앞에서 불파음 [t]로 중화되므로 '*kotərɨm'을 재구하여 변화과정의 출발점으로 삼는다.

ㅇ *kotəlɨm 〉 kotɨlɨm
영

ㅇ *kotəlɨm 〉 kotɨləm 〉 k'otɨləm
보

ㅇ *kotəlɨm 〉 kotɨləm 〉 kotɨlam+i → kotɨlami 〉 kotɨlɛmi
진옥

ㅇ *kotəlɨm 〉 kotɨləm 〉 kotɨlam+i → kotɨlami 〉 kotolami 〉 kotolɛmi 〉 kotulɛmi
음 중단괴

위의 변화과정은 제원과 청원 지역을 제외한 전 지역에서 발생한 어중의 'ə〉ɨ', 제원과 청원과 영동 지역을 제외한 전 지역에서 발생한 음운도치(əlɨ〉ɨlə), 진천과 음성과 중원과 단양과 괴산과 옥천 지역에서 발생한 어말의 'ə〉a', 'a' 움라우트(a〉ɛ), 음성과 중원과 단양과 괴산 지역에서 발생한 어중의 'ɨ〉o', 중원과 단양과 괴산 지역에서 발생한 어중의 'o〉u'를 포함하고 있다.

4] 고삐[轡] : 문헌에 '곳비(轡(신속忠1:14 아학上10) 韁(역어補48) 韁繩(동문下20) 皮條(한청121d))'로 나온다. 중세국어 문헌에는

‘셨(轡(용가58 원각序8 두初8:27 사성下40 자회中27/下9 소언 5:54)’으로 나오는 점이 주목된다. 충북의 방언형은 ‘kop'i〈진천 음성 단양 청원 보은〉 kop'εŋi〈진천 보은〉 k'op'εŋi〈옥천 영동〉’와 ‘kolp'i〈중원 제원〉 k'olp'i〈괴산〉 k'olp'$E^{ŋ}$i〈괴산〉’이므로 재구형 ‘*곯’을 출발점으로 하여 변화과정을 다음과 같이 상정할 수 있다.[227)]

o *kolh+s+pi → kospi 〉 kotpi 〉 kop'i
진음단청보

o kop'i+aŋi → kop'aŋi 〉 kop'εŋi 〉 k'op'εŋi
진보 옥영

o *kolh+pi → kolp^{h}i 〉 kolp'i 〉 k'olp'i
중제 괴

o kolp'i+aŋi → kolp'aŋi 〉 kolp'εŋi 〉 k'olp'εŋi 〉 k'olp'εi
괴

위의 변화과정들은 중원과 제원과 괴산 지역을 제외한 전 지역에서 발생한 어중 음절말의 ‘ㅅ〉ㄷ’, 어중 ‘ㅂ’의 경음화, 진천과 괴산과 보은과 옥천과 영동 지역에서 발생한 ‘a’ 움라우트(a〉ε), 중원과 제원과 괴산 지역에서 발생한 어중 ‘ㅍ’의 경음화, 괴산과 옥천과 영동 지역에서 발생한 어두 ‘ㄱ’의 경음화, 괴산 지역에서 발생한 모음 사이의 ‘ŋ’ 약화를 포함하고 있다.

5] 고양이[猫] : 문헌에 ‘고양이(역어下51 유물一羸)’로 나온다. 이 말은

---

227) 동국신속삼강행실도(1617년 간행) 이후부터 ‘곳비’로 나오기 때문에 ‘골+ㅅ+비 // 곯+ㅅ+비 // 공+ㅅ+비’ 또는 ‘곧/곳/곶/곷+비’ 등으로 다양하게 형태분석하는 일이 가능해 보이지만 아직 그 어느 쪽이라고 확언하기 어렵다. 다만, 문헌형 ‘골홈(紐, 帶子)(〉---〉고름)’과 ‘골회(環)(〉---〉고리)’를 고려하여 ‘곯’을 재구할 수도 있다.

훈민정음 초기 문헌에 나오는 '괴(능엄8:122 법어3 구급下64 자회上18 박통中56 역어下32 아학上7)'에 접미사 '-앙이'가 붙은 것으로 이해된다. 충북의 방언형은 'koy〈진천〉 kö〈보은〉'와 'koyaŋi〈중원〉 koyεŋi〈진천 청원 보은〉 koyEŋi〈음성 괴산〉 koyE^{ŋ}i〈제원〉 kwεŋi〈옥천〉 kwEŋi〈영동〉'와 'konyEŋi〈괴산〉 konyE^{ŋ}i〈제원 단양〉'이므로 변화과정을 다음과 같이 상정할 수 있다.

- koy 〉 kö
진 보
- koy+aŋi → koyaŋi 〉 koyεŋi 〉 koyεi
중 진음청괴보 제
- koy+aŋi → koyaŋi 〉 koyεŋi 〉 köεŋi 〉 kwεεŋi 〉 kwεːŋi
중 진음청괴보 옥영
- koy+aŋi → koyaŋi 〉 konyaŋi 〉 konyεŋi 〉 konyεi
중 괴 제단

위의 변화과정은 중원 지역을 제외한 전 지역에서 발생한 'a' 움라우트(a〉ε), 옥천과 영동 지역에서 발생한 'oy〉ö' 단모음화, 'ö〉wε', 'ε'의 보상적 탈락(εε〉εː), 제원과 단양과 괴산 지역에서 발생한 어중 'y' 앞의 'ㄴ' 첨가, 제원과 단양 지역에서 발생한 모음 사이의 'ŋ' 약화를 보여 준다.[228)]

228) 첫 두 변화과정은 음절경계의 위치에 따라 둘로 갈라진다. 'y'가 어느 음절에 속하는가에 따라 모음변화를 수행하기도 하고 수행하지 않기도 하는 것이다. 후자는 'koy'와 '-aŋi' 사이의 형태소 경계가 제 위치에 존속하므로 'oy〉ö'라는 변화가 가능했지만, 전자는 그 형태소 경계가 해소되어 'y'가 후속음절과 부드럽게 연결되고 있으므로 별 다른 모음 변화를 유도하지 않은 것이다. 충북의 방언형 중에 'koy'와 '-aŋi'가 결합할 때 'o'와 'y' 사이에 'n'이 개재된 형태가 보이는데, 필자는 이 'n'의 개입이 'y'의 위치 결정과 관련된다고 파악한다.

6] 뱀[蛇] : 문헌에 'ᄇᆞ얌(용가7 월천上25 해례用字 능엄8:87 한청14:40) ᄇᆡ얌(두初21:38 법화2:165 구간6:47 자회上22) ᄇᆡ암(벽온9) ᄇᆞ암(법화2:166) ᄇᆡ얌(유물三草) 바얌(유물二介)'과 'ᄇᆞ염(신속忠1:63)'으로 나온다. 충북의 방언형은 'pɛyam〈진천 영동〉 pɛːm〈음성 중원 괴산〉 pɛam〈옥천〉'과 'pyaːm〈청원 옥천 영동〉 piam〈보은〉'이므로 변화과정을 다음과 같이 상정할 수 있다.

ㅇ pʌyam 〉 payam 〉 paaym 〉 paːym 〉 pɛːm
음중괴

ㅇ pʌyam 〉 payam 〉 pyaam 〉 pyaːm[229]
청옥영

ㅇ pʌyam 〉 payam 〉 pɛam
옥

ㅇ pʌyam 〉 pʌyyam 〉 payyam 〉 pɛyam
진영

위의 변화과정들은 전 지역에서 발생한 어두음절의 'ʌ〉a', 음성과 중원과 괴산 지역에서 발생한 음운도치(ya〉ay), 청원과 옥천과 영동 지역에서 발생한 음운도치(ay〉ya), 'a'의 보상적 탈락(aa〉aː), 진천과 음성과 중원과 괴산과 옥천과 영동 지역에서 발생한 'ay〉ɛ' 단모음화, 진천과 영동 지역에서 발생한 'y' 뒤의 'y' 첨가(ʌy〉ʌyy)를 보여 준다.

7] 올가미[活扣子] : 문헌에 '올감이(동문下12 한청307b)'와 '올ᄀᆡ(몽산12)'로 나온다. 충북의 방언형은 'olgemi〈진천〉 olgEmi〈음성 제원 단양 괴산〉 olgɛmi〈청원〉'와 'olmi〈옥천〉 olmo〈영동〉 holmi

229) 청원 옥천 영동 지역의 'piam'은 'pyaːm'을 두 음절로 발음한 음성전사형으로 파악된다.

〈영동〉 holmu〈영동〉' 그리고 'olmogaǰi〈보은〉 oŋmu〈음성 중원〉' 이므로 변화과정을 다음과 같이 상정할 수 있다.

o olkami 〉 olkɛmi 〉 olkemi
음제단청괴 진

o *olk+mo → olmo 〉 olmu 〉 olmi
영 옥

o *olk+mo → olmo 〉 olmu 〉 holmu 〉 holmi
영 영 영

o *olk+mo → okmo 〉 oŋmo 〉 oŋmu
음중

위의 변화과정들은 진천과 음성과 제원과 단양과 청원과 괴산 지역에서 발생한 'a' 움라우트(a〉ɛ), 진천 지역에서 발생한 어중의 'ɛ〉e', 음성과 중원과 옥천과 영동 지역에서 발생한 어말의 'o〉u', 옥천과 영동 지역에서 발생한 어말의 'u〉i', 영동 지역에서 발생한 어두의 'ㅎ' 첨가, 음성과 중원 지역에서 발생한 'ㅁ' 앞의 'k〉ŋ'을 보여 준다.

2.4.4. 음운변화가 일곱 가지인 것

1] 가을[秋] : 문헌에 'ᄀᆞᅀᆞᆶ(월석序16 두初7:32 금삼2:6) ᄀᆞᅀᆞᆯ(능엄7:13 두初8:59 구간1:102)'과 'ᄀᆞ읋(유합上2 石千2 농분上3 한청19b 소언1:13) ᄀᆞ을(해동p.39)'로 나온다. 충북의 방언형은 'kaɨl〈전지역〉'과 'kasyil〈보은 옥천 영동〉' 및 조사 '-에'와 결합할 때의 곡용형 'kaɨre〈제원 옥천〉 kaɨrE〈청원〉 ka:re〈진천 영동〉 kasɨre〈옥천〉 kasyire〈옥천 영동〉 kasyilge〈보은 영동〉 ka:lge

〈음성 중원 제원 단양〉 ka:lgE〈괴산 영동〉'이므로 변화과정을 다음과 같이 상정할 수 있다.[230]

o *kʌzʌlk 〉 kʌzʌlh 〉 kʌʌlh 〉 kʌʌl 〉 kʌɨl 〉 kaɨl 〉 ka:l
전체 진영

o *kʌzʌlk 〉 kʌʌlk 〉 kʌɨlk 〉 kaɨlk 〉 ka:lk
음중제단괴영

o *kʌsʌlk 〉 *kʌsʌlh 〉 kʌsʌl 〉 kʌsɨl 〉 kasɨl 〉 kasil
옥 옥영

o *kʌsʌlk 〉 kʌsɨlk 〉 kasɨlk 〉 kasilk
보영

위의 변화과정은 전 지역에서 발생한 어말 'ㄱ〉ㅎ'(어말자음군 'ㄺ'의 'ㄱ'), 모음 사이의 'ㅿ' 약화, 어말자음 'ㅎ'의 약화, 비어두음절의 'ʌ〉ɨ', 어두음절의 'ʌ〉a', 청원과 보은과 옥천 지역을 제외한 전 지역에서 발생한 'ɨ'의 보상적 탈락(aɨ〉a:), 보은과 옥천과 영동 지역에서 발생한 전설모음화(ɨ〉i)를 포함하고 있다.

2] 그네[鞦韆] : 문헌에 '글위(두初11:15 자회中19 악장翰林別曲) 그릐(역어下24) 그리(동문下33)'와 '그늬(한청9:18(261a) 물보博戱)'로 나온다. 충북의 방언형은 'kɨnE〈제원〉 kɨne〈진천 중원 청원〉'와 'kɨnu〈음성〉 kunu〈단양 괴산〉'와 'kunyi〈보은〉'와 'kundi〈옥천〉 kunde〈영동〉'이므로 변화과정을 다음과 같이 상정할 수 있다.

o kɨnɨy 〉 kɨnəy 〉 kɨne 〉 kɨnɛ
진중청 제

230) 영동 지역에서만은 특이하게도 네 가지 방언형 'ka:l, kasyil, kasyilg, ka:lg'이 다 쓰이는 것으로 조사되었다.

o kɨnɨy 〉 kɨni 〉 kuni
보

o kɨnɨy 〉 kɨnuy 〉 kɨnu 〉 kunu
음 단괴

o *kɨntəy 〉 kɨnte 〉 kunte 〉 kunti
영 옥

위의 변화과정들은 진천과 중원과 제원과 청원 지역에서 발생한 어말의 'ɨ〉ə', 진천과 중원과 제원과 청원과 옥천과 영동 지역에서 발생한 'əy〉e' 단모음화, 제원 지역에서 발생한 어말의 'e〉ɛ', 보은 지역에서 발생한 'ɨy〉i' 단모음화, 단양과 괴산과 보은과 옥천과 영동 지역에서 발생한 어두의 'ɨ〉u', 음성과 단양과 괴산 지역에서 발생한 어말 하향이중모음의 부음 'y'의 탈락(uy〉u), 어말의 'e〉i' 등을 보여 주고 있다.

3] 도리깨[連枷] : 문헌에 '도리채(자회中17 사성下30 역어下8 왜어下3 동문下2 한청295b)'와 '도로개(역어下16) 도리깨(한청111c)'로 나온다. 충북의 방언형은 'torik'E〈진천 중원 제원 괴산〉 torik'ɛ〈청원〉 torok'E〈음성〉 toruk'E〈단양〉'와 'torʉk^hɛ〈영동〉 torik^hɛ〈보은〉 torik^hɛ〈옥천〉'이므로[231] 변화과정을 다음과 같이 상정할 수 있다.

o tolok'ay 〉 tolok'ɛ
음

231) 이 방언형들은 어말의 자음과 모음에 따라 양분된다. 모음에 따른 방언형은 'i'계와 'o/u'계로 나뉘고, 자음에 따른 방언형은 크게 보아 'k'형과 'k^h'형으로 양분된다. 'k^h'형은 보은 옥천 영동 곧 충북의 남부 지역에서 나타난다. 강원지역에서는 '-깨'형만 쓰이고, 경북 지역에서는 주로 '-깨'형이 그리고 극히 일부 지역에서 '-채'형이 쓰인다. 이것은 전북 지역도 동일하다(한국방언자료집Ⅱ, Ⅵ, Ⅶ).

ㅇ tolok'ay 〉 toluk'ay 〉 toluk'ɛ
단

ㅇ tolok'ay 〉 tolik'ay 〉 tolik'ɛ
진중제청괴

ㅇ $tolits^h ay$ 〉 $toli\check{c}^h ay$ 〉 $toli\check{c}^h ɛ$ 〉 $tolik^h ɛ$ 〉 $tolɨk^h ɛ$ 〉 $toluk^h ɛ$
옥 보 영

위의 변화과정은 전 지역에서 발생한 어말의 'ay〉ɛ' 단모음화, 단양 지역에서 발생한 어중의 'o〉u', 진천과 중원과 제원과 청원과 괴산 지역에서 발생한 어중의 'o〉i', 보은과 옥천과 영동 지역에서 발생한 치조음 'ㅊ'의 구개음화(ts^h〉$\check{c}^h$), 어중의 'ㅊ〉ㅋ($\check{c}^h$〉k^h)', 보은과 영동 지역에서 발생한 'i〉ɨ', 영동 지역에서 발생한 어중의 'ɨ〉u'를 포함하고 있다.

4] 뿌리[根] : 문헌에 '불휘(용가2 법화2:131 능엄2:22 두初7:23 자회下3 유합上8 石千33) 불회(박初上9 정속21 박重中58) 불희(동문下44) 불히(오륜三烈女63b) 불위(두重1:27)'와 '쁠휘(분문22 유물四木) 쁠희(소언6:133) 쁘리(가곡p.127) 쁘리(소언3:22)'로 나온다.[232] 충북의 방언형은 'p'uri〈중원 제원 보은 제외 전 지역〉'와 'p'uriŋi〈진천 보은〉 p'ureŋi〈옥천〉 $p'ure^{ŋ}i$〈중원〉' 및 'p'uregi〈제원〉'이므로 변화과정을 다음과 같이 상정할 수 있다.

ㅇ pulhuy 〉 p'ulhuy 〉 p'ulhɨy 〉 p'ulɨy 〉 p'uli
×중제보

ㅇ *p'uləŋi 〉 p'uleŋi 〉 p'uliŋi
옥 진보

232) 소학언해에 함께 등장하는 문헌형 '쁠희'와 '쁘리'의 존재는 시사하는 바가 있다.

o *p'uləŋi 〉 p'uleŋi 〉 p'ulei
옥 중

o *p'uləki 〉 p'uleki
제

위의 변화과정은 전 지역에서 발생한 어두 'ㅂ'의 경음화, 중원과 제원과 보은 지역을 제외한 전 지역에서 발생한 어말의 'u〉ɨ', 유성음 사이의 'ㅎ' 약화, 'ɨy〉i' 단모음화, 진천과 제원과 보은과 옥천 지역에서 발생한 'ə' 움라우트(ə〉e), 진천과 보은 지역에서 발생한 어중의 'e〉i', 중원 지역에서 발생한 모음 사이의 'ŋ' 약화를 보여 준다.

5] 언청이[豁脣子] : 문헌에 '엇텽이(역어上29)'와 '언청이(동문下8 한청 8:16(222c))'로 나온다. 충북의 방언형은 'əčhiŋi〈진천 음성 영동〉 əčheŋi〈진천 괴산〉 ɜč^{h}e^{ŋ}i〈중원〉 əč^{h}ɛŋi〈청원〉'와 'həč^{h}eŋi〈제원〉 həč^{h}e^{ŋ}i〈단양〉' 그리고 'č'ɛbo〈옥천 영동〉'이므로 변화과정을 다음과 같이 상정할 수 있다.[233]

o ət^{h}yəŋi 〉 əč^{h}yəŋi 〉 əč^{h}əŋi 〉 əč^{h}eŋi 〉 əč^{h}iŋi
진괴 진음영

o ət^{h}yəŋi 〉 əč^{h}yəŋi 〉 əč^{h}əŋi 〉 əč^{h}eŋi 〉 əč^{h}ɛŋi
진괴 청

o ət^{h}yəŋi 〉 əč^{h}yəŋi 〉 əč^{h}əŋi 〉 əč^{h}eŋi 〉 əč^{h}ei
진괴 중

o ət^{h}yəŋi 〉 əč^{h}yəŋi 〉 əč^{h}əŋi 〉 əč^{h}eŋi 〉 həč^{h}eŋi 〉 həč^{h}ei
진괴 제 단

233) 'č'ɛbo〈옥천 영동〉'는 어원이 다르다. 이 방언형은 동사어간 '째-'에 접미사 '-보'가 결합한 것으로 생각된다.

위의 변화과정은 전 지역에서 발생한 'ㅌ' 구개음화(t^h>$č^h$), 'ㅌ' 구개음화에 이은 잉여자질 'y'의 탈락, 보은과 옥천 지역을 제외한 전 지역에서 발생한 'ə' 움라우트(ə>e), 진천과 음성과 영동 지역에서 발생한 어중의 'e>i', 청원 지역에서 발생한 어중의 'e>ɛ', 중원과 단양 지역에서 발생한 모음 사이의 'ŋ' 약화, 제원과 단양 지역에서 발생한 어두의 'ㅎ' 첨가를 포함하고 있다.

2.4.5. 음운변화가 여덟 가지인 것

1] 두레박[汲器, 洒子] : 문헌에 '드레박(악장雙花 유물五水)'으로 나온다. '드레(해례用字 자회中18 분문20 박重中11 역어下14 동문下14) 드레우믈(악장雙花) 드레줄(자회中18 분문20) 드렛줄(박初上37)'을 참고할 수 있다. 충북의 방언형은 'turebak〈진천 중원 괴산〉 tɨrəbak〈음성〉'과 't'ɨrebak〈제원〉 t'ɨrubak〈단양〉'과 't^harebak〈옥천〉 t^haribak〈청원〉'과 't'ɨrumbak〈단양〉 t'urumbak〈보은 영동〉'이므로 변화과정을 다음과 같이 상정할 수 있다.

o tɨləypak 〉 tɨlepak 〉 tulepak
진중괴

o tɨləypak 〉 tɨlepak 〉 t'ɨlepak
제

o tɨləypak 〉 tɨlepak 〉 t^hɨlepak 〉 t^halepak
옥

o tɨləypak 〉 tɨləpak 〉 tɨlupak 〉 t'ɨlupak 〉 t'ɨlumpak 〉 t'ulumpak
단 보영

위의 변화과정들은 진천과 중원과 제원과 괴산과 옥천 지역에서 발생한 'əy>e' 단모음화, 진천과 중원과 괴산 지역에서 발생한 어두의

'ɨ>u', 제원과 단양과 보은과 영동 지역에서 발생한 어두 'ㄷ'의 경음화, 옥천 지역에서 발생한 어두 'ㄷ'의 격음화, 어두의 'ɨ>a', 단양과 보은과 영동 지역에서 발생한 어두 하향이중모음의 부음 'y'의 탈락(əy>ə), 어중의 'ə>u', 순음 앞의 'ㅁ' 첨가를 포함하고 있다.

2] 뾰족하다[尖] : 문헌에 '뱌죡ᄒᆞ-(왜어上8/下32 박重上35 박신1:37)'와 '뱌죡ᄒᆞ-(한청11:10(331d) 청구p.120 해동p.96)'로 나온다. 충북의 방언형은 'p'očukha-〈진천〉 p'yočukha-〈음성〉 p'Ečukha-〈단양〉 p'yočokha-〈중원〉 p'yoč'okha-〈옥천〉 p'očokha-〈진천 중원〉 p'öčokha-〈제원 괴산〉 p'eč'okha-〈청원 보은 영동〉'이므로 변화과정을 다음과 같이 상정할 수 있다.

ㅇ p'otsyok 〉 p'očyok 〉 p'očok 〉 p'očuk
진중 진

ㅇ p'otsyok 〉 p'yotsyok 〉 p'yočyok 〉 p'yočok 〉 p'oyčok 〉
중

p'öčok 〉 p'ečok 〉 p'eč'ok
제괴 청보영

ㅇ p'otsyok 〉 p'yotsyok 〉 p'yočyok 〉 p'yočok 〉 p'yoč'ok
중 옥

ㅇ p'otsyok 〉 p'yotsyok 〉 p'yočyok 〉 p'yočok 〉 p'yočuk 〉
중 음

p'oyčuk 〉 p'öčuk 〉 p'ečuk 〉 p'ɛčuk
단

위의 변화과정은 전 지역에서 발생한 치조음 'ㅈ'의 구개음화(ts>č), 'ㅈ'의 구개음화에 이은 잉여자질 'y'의 탈락, 진천과 음성과 단양 지역에서 발생한 어말의 'o>u', 진천 지역을 제외한 전 지역에서 발생한 어두 'ㅃ' 뒤의 'y' 첨가, 제원과 단양과 청원과 괴산과 보은과 영동 지역에서 발생한 음운도치(yo〉oy), 'oy〉ö' 단모음화, 청원과 보은과 영동 지역에서 발생한 'ö'의 원순성 상실(ö〉e), 청원과 보은과 옥천과 영동 지역에서 발생한 어중 'ㅈ'의 경음화를 포함하고 있다.

3] 쇠스랑[杷] : 문헌에 '쇠슬히(월석23:82/87)'와 '쇼시랑(사성下29 물보耕農) 쇠쇼시랑(역어下8) 나모쇼시랑(역어下8)'으로 나온다. 충북의 방언형은 'sosyiraŋ〈단양 청원 영동 제외 전 지역〉'과 'sosɨraŋ〈단양 영동〉 syisɨraŋ〈단양〉 sösyiraŋ〈청원〉'이므로 변화과정을 다음과 같이 상정할 수 있다.

o syosilaŋ 〉 sosilaŋ
×단청영

o soysɨlhi+aŋ → soysɨlhaŋ 〉 soysɨlaŋ 〉 soysilaŋ 〉 sösilaŋ
청

o soysɨlhi+aŋ → soysɨlhaŋ 〉 soysɨlaŋ 〉 sösɨlaŋ 〉 sesɨlaŋ 〉 sisɨlaŋ
단

o soysɨlhi+aŋ → soysɨlhaŋ 〉 soysɨlaŋ 〉 sosɨlaŋ
단영

위의 변화과정은 전 지역에서 발생한 치조음 'ㅅ'의 구개음화, 'ㅅ'의 구개음화에 이은 잉여자질 'y'의 탈락, 단양과 청원과 영동 지역에서 발생한 유성음 사이의 'ㅎ' 약화, 청원 지역에서 발생한 전설모음화(ɨ〉i), 단양과 청원 지역에서 발생한 'oy〉ö' 단모음화, 단양 지역에서 발생한 'ö'의 원순성 상실(ö〉e), 어두의 'e〉i', 단양과 영동 지역에서 발생한 어두 하향이중모음의 부음 'y'의 탈락(oy〉o)을 포함하고 있다.

4] 어찌[何, 豈] : 문헌에 '엇뎨(월천上120 석보6:9 두初7:33 능엄10:68)

엇뎌(월석23:87 선가上1) 엇제(두重4:4)'와 '엇디(두初15:47 박初上2 속삼孝26 소언5:57 유합上26 石千7)'로 나온다. 충북의 방언형은 'əč'E〈진천〉 əč'ɛ〈청원〉 uč'E〈음성 제원 단양〉 ɨč'Esə〈중원〉 ɨč'ɛ〈보은〉 wəč'ɛsə〈옥천〉'와 'əč'i〈괴산 영동〉'이므로 변화과정을 다음과 같이 상정할 수 있다.

o əstyəy 〉 əttyəy 〉 ət'yəy 〉 əč'yəy 〉 əč'ye 〉 əč'e 〉 əč'ɛ 〉 ɨč'ɛ
진청 보중

o əstyəy 〉 əttyəy 〉 ət'yəy 〉 əč'yəy 〉 əč'ye 〉 əč'e 〉 əč'ɛ 〉 uč'ɛ
진청 음제단

o əstyəy 〉 əttyəy 〉 ət'yəy 〉 əč'yəy 〉 əč'ye 〉 əč'e 〉 əč'ɛ 〉 wəč'ɛ
진청 옥

o əsti 〉 ətti 〉 ət'i 〉 əč'i
괴영

위의 변화과정은 음절말의 전 지역에서 발생한 'ㅅ〉ㄷ', 'ㄷ' 구개음화(t'〉č'), 괴산과 영동 지역을 제외한 전 지역에서 발생한 'əy〉e' 단모음화, 'ㄷ' 구개음화에 이은 잉여자질 'y'의 탈락, 진천과 청원 지역에서 발생한 어말의 'e〉ɛ', 보은과 중원 지역에서 발생한 어두의 'ə〉ɨ', 음성과 제원과 단양 지역에서 발생한 어두의 'ə〉u', 옥천 지역에서 발생한 어두모음 앞 'w' 첨가를 포함하고 있다.

5] 창자[腸] : 문헌에 '챵ᄌᆞ(박初上5 우방1 노언下34 유합上22 역어上35 동문上17 한청150c)'로 나온다. 충북의 방언형은 'čʰaŋsa〈진천 음성 청원 괴산 보은 옥천〉 čʰaŋsu〈중원〉 čʰaŋsyi〈제원〉'와 'čʰaŋsɛgi〈청원 영동〉 čʰaŋsagu〈보은〉'와 'čʰaŋǰa〈단양 괴산 보은 영동〉 čʰaŋǰi〈단양〉'이므로 변화과정을 다음과 같이 상정할 수 있다.

o ts^hya ŋ tsʌ 〉 $č^h$ya ŋ čʌ 〉 $č^h$ya ŋ ča 〉 $č^h$a ŋ ča
단괴보영

o ts^hya ŋ tsʌ 〉 ts^hya ŋ tsɨ 〉 $č^h$ya ŋ čɨ 〉 $č^h$a ŋ čɨ 〉 $č^h$a ŋ či
단

o ts^hya ŋ tsʌ 〉 ts^hya ŋ sʌ 〉 $č^h$ya ŋ sʌ 〉 $č^h$ya ŋ sa 〉 $č^h$a ŋ sa
진음청괴보옥

o ts^hya ŋ tsʌ 〉 ts^hya ŋ sʌ 〉 $č^h$ya ŋ sʌ 〉 $č^h$ya ŋ sɨ 〉 $č^h$a ŋ sɨ 〉 $č^h$a ŋ si 〉 $č^h$a ŋ su
제 중

위의 변화과정들은 전 지역에서 발생한 치조음 'ㅈ'의 구개음화(ts〉č), 치조음 'ㅊ'의 구개음화(ts^h〉$č^h$), 단양과 영동 지역을 제외한 전 지역에서 발생한 어중 치조음 'ㅈ'의 비파열화(ㅈ〉ㅅ), 중원과 제원과 단양 지역을 제외한 전 지역에서 발생한 비어두음절의 'ʌ〉a', 'ㅊ'의 구개음화에 이은 잉여자질 'y'의 탈락, 중원과 제원과 단양 지역에서 발생한 비어두음절의 'ʌ〉ɨ', 전설모음화(ɨ〉i), 중원 지역에서 발생한 어말의 'i〉u'를 포함하고 있다.

2.4.6. 음운변화가 열 가지 이상인 것

1] 달래[小蒜, 野蒜] : 문헌에 'ᄃᆞᆯ뢰(자회上13) ᄃᆞᆯ릭(역어上52) ᄃᆞᆯᄂᆡ(유물三草) ᄃᆞᆯ릐(물보菜蔬)'와 'ᄃᆞᆯ랑괴(동의湯液二菜部) ᄃᆞᆯ랑귀(동문下3 역어補42 한청12:38)'로 나온다. 진달래꽃을 'ᄃᆞᆯ욋곳(악궤動動)'이라 한 문헌자료를 참고할 수 있다. 충북의 방언형은 'tallE〈진천 제원 청원〉 tallɛ〈음성 중원〉 talli〈옥천〉'와 'tallo ŋ i〈중원〉 tallu ŋ〈단양 괴산〉 tallɛ ŋ i〈보은〉'와 'tallu ŋ gE〈영동〉'이므로 변화과정을 다음과 같이 상정할 수 있다.[234)]

ㅇ *tʌlɦoy 〉 tʌlloy 〉 tʌllʌy 〉 tallay 〉 tallɛ
진음중제청

ㅇ *tʌlɦoy 〉 tʌlloy 〉 tʌllʌy 〉 tʌllɨy 〉 tallɨy 〉 talli
옥

ㅇ *tʌlɦoy 〉 tʌlloy+ŋ → talloŋ 〉 talluŋ
단괴

ㅇ *tʌlɦoy 〉 tʌlloy+ŋ → talloŋ+i → talloŋi 〉 tallöŋi 〉 talleŋi 〉 tallɛŋi
중 보

위의 변화과정들은 전 지역에서 발생한 'ɦ'의 보상적 탈락(lɦ〉ll),[235] 어두음절의 'ʌ〉a', 진천과 음성과 중원과 제원과 청원과 옥천 지역에서 발생한 비어두음절의 'o〉ʌ', 진천과 음성과 중원과 제원과 청원 지역에서 발생한 비어두음절의 'ʌ〉a', 'ay〉ɛ' 단모음화, 옥천 지역에서 발생한 비어두음절의 'ʌ〉ɨ', 'ɨy〉i' 단모음화, 단양과 괴산 지역에서 발생한 어말의 'o〉u', 보은 지역에서 발생한 'o' 움라우트(o〉ö), 'ö〉e', 어중의 'e〉ɛ'를 포함하고 있다.

2] 승뉴 : 문헌에 '슉링(구간2:107) 무근슉닝믈(동의湯液1:18) 숭닝(두경20) 숙닝(유물五水)'과 '숭농(역어上49) 숙융(청구大p.146) 슉늉(여소4:12a)'으로 나오며, 박인로의 노계집에 실린 '陋巷詞'에는 '熟冷'으로 나온다. 충북의 방언형은 'suŋnyuŋ〈진천 중원 제원 청원 보은〉 suŋnuŋ〈음성〉 suŋnyəŋ〈영동〉 suŋnyaŋ〈영동〉'과 'suŋnɛŋ〈음성 괴산〉 suŋnEŋi〈중원〉 suŋnaŋ〈괴산〉 suŋnaŋmul〈옥천〉' 그리고 'suŋnyəm〈단양〉 suŋnyim〈영동〉'이므로 변화과정을 다음과 같이 상정할 수 있다.[236]

234) 방언형 'talli'를 'ɛ〉i' 변화의 결과로 보는 데는 얼른 수긍하기 어려운 면이 있다. 충북방언에서 어말의 'ɛ'가 'i'로 바뀌는 변화예는 흔치 않기 때문이다.

235) 영동 지역의 방언형 'talluŋgE'를 포함한 것임에 유의할 것.

236) 단양과 영동 지역의 방언형들은 어말의 'ŋ'을 'm'으로 바꾼 형태인데, 전남

o syuklʌyŋ 〉 syuknʌyŋ 〉 syuŋnʌyŋ 〉 syuŋnayŋ 〉
sunŋnayŋ 〉 suŋnɛŋ
음중괴

o syuklʌyŋ 〉 syuknʌyŋ 〉 syuŋnʌyŋ 〉 syuŋnayŋ 〉
suŋnayŋ 〉 suŋnaŋ
괴옥

o syuklʌyŋ 〉 syuknʌyŋ 〉 syuŋnʌyŋ 〉 syuŋnayŋ 〉
syuŋnyaŋ 〉 suŋnyaŋ 〉 suŋnyəŋ
영 영

o syuklʌyŋ 〉 syuknʌyŋ 〉 syuŋnʌyŋ 〉 syuŋnayŋ 〉
syuŋnyaŋ 〉 syuŋnyuŋ 〉 suŋnyuŋ 〉 suŋnuŋ
진중제청보 음

위의 변화과정들은 전 지역에서 발생한 어중 'ㄱ' 뒤의 'ㄹ〉ㄴ', 'ㄴ' 앞의 'k〉ŋ', 비어두음절의 'ʌ〉a', 치조음 'ㅅ'의 구개음화, 'ㅅ'의 구개음화에 이은 잉여자질 'y'의 탈락, 음성과 중원과 괴산 지역에서 발생한 'ay〉ɛ' 단모음화, 괴산과 옥천 지역에서 발생한 하향이중모음의 부음 'y' 탈락(ay〉a), 영동 지역에서 발생한 음운도치(ay〉ya), 어말의 'a〉ə', 진천과 음성과 중원과 제원과 청원과 보은 지역에서 발생한 동화작용으로서의 'a〉u', 괴산과 옥천 지역에서 발생한 어중 'ㄴ' 뒤의 'y' 탈락을 포함하고 있다.

3] 졸음[睡, 睡魔, 饒睡] : 문헌에 'ᄌᆞ오롬(월석10:97 능엄5:43 두初25:41 금삼2:22) 조오롬(두창66 두重6:36 자회上30 유합下6)'과 '조을음(역어

영광 장성 담양 함평 신안 무안 나주 화순 승주 진도 강진 장흥 보성 여천 완도 등지와 강원도 평창 영월 정선 등지 및 충남 서산 당진 예산 청양 공주 보령 부여서천 논산 금산 등지에서 'suŋnyim'을, 전남 광산 지역에서 'suŋnyəm', 강원도 철원 지역에서 'suŋnyum'을 사용하고 있는 것으로 보아 주변지역 방언을 차용한 것으로 처리하는 편이 좋을 것이다(한국방언자료집Ⅵ p.57, 한국방언자료집Ⅳ p.48, 한국방언자료집Ⅱ p.49 참조).

補26)'으로 나온다. 충북의 방언형은 'čorɨm〈진천 제원 청원 보은〉 čorom〈음성 괴산〉 čorum〈중원〉'과 'čaburam〈단양〉 čaburɨm〈보은 옥천 영동〉'이므로 변화과정을 다음과 같이 상정할 수 있다.

o *tsʌβʌlom 〉 tsʌwʌlom 〉 tsʌolom 〉 tsoolom 〉 čoolom 〉 čoɨlom 〉 čo:lom
음괴

o *tsʌβʌlom 〉 tsʌwʌlom 〉 tsʌolom 〉 tsoolom 〉 čoolom 〉 čoɨlom 〉 čoɨlɨm 〉 čo:lɨm 〉 čo:lum
진제청보 중

o *tsʌpʌlʌm 〉 tsʌpɨlam 〉 tsapɨlam 〉 čapɨlam 〉 čapulam
단

o *tsʌpʌlʌm 〉 tsʌpɨlɨm 〉 tsapɨlɨm 〉 čapɨlɨm 〉 čapulɨm
보옥영

위의 변화과정들은 전 지역에서 발생한 치조음 'ㅈ'의 구개음화(ts〉č), 단양과 옥천과 영동 지역을 제외한 전 지역에서 발생한 'β〉w', 'wʌ〉o', 어두음절의 'ʌ〉o(ʌo〉oo)', 'o' 뒤의 'o〉ɨ', 'ɨ'의 보상적 탈락(oɨ〉o:), 중원 지역에서 발생한 어말 순음 앞의 'ɨ〉u', 단양 지역에서 발생한 비어두음절의 'ʌ〉a', 단양과 보은과 옥천과 영동 지역에서 발생한 비어두음절의 'ʌ〉ɨ', 어두음절의 'ʌ〉a', 원순모음화(ɨ〉u)를 포함한다.

2.4.7. 종합

변화과정이 넷인 표제어는 25개다. 여기에는 음운변화가 네 가지에서 11가지까지 포함되어 있는 것으로 나타났다. 이 음운변화로는 다음과 같은 것들이 있다. 숫자는 빈도를 나타낸다.

자음의 변화로는 우선 통시적 구개음화, 치조음의 구개음화, 역구개음화, 경음화, 격음화 등을 확인할 수 있다.

통시적 구개음화(4)는 'ㄱ1, ㄷ1, ㅌ1, ㅎ1'로 나타났고, 치조음의 구개음화(7)는 'ㅈ3, ㅅ2, ㅊ2'로 나타났다.

경음화(8)는 어두경음화(5)가 'ㄱ3, ㄷ1, ㅂ1'로 나타났고, 어중경음화(3)가 'ㅂ1, ㅈ1, ㅍ1'로 나타났다.

격음화(2)는 어두격음화(1)가 'ㄷ1'로, 어말격음화(1)가 'ㅂ1'로 나타났다.

이 밖의 변화는 음절말의 'ㅅ>ㄷ(2), k>ŋ(2)(ㄴ앞1, ㅁ앞1), n>ŋ(1)(ㄱ앞1), ㄱ>ㅎ(1)(ㄺ1), ㄹ>ㄴ(1)(ㄱ뒤1), ㅈ>ㅅ(1)(어중1), ㅊ>ㅌ(1)(어중1), β>w(1)' 등으로 나타났다.

모음의 변화로는 원순모음화, 전설모음화, 역전설모음화, 활음화, 하향이중모음의 단모음화, 움라우트 등이 확인되었다.

'ㅁ, ㅂ, ㅍ' 뒤에서 발생한 원순모음화는 'ɨ>u'(1)로 나타났고, 'ㅅ, ㅈ, ㅊ' 뒤에서 발생한 전설모음화는 'ɨ>i(3)'로 나타났으며, 역전설모음화는 'i>ɨ(1)'로 나타났다.

하향이중모음의 단모음화(17)는 'ay>ɛ(5), əy>e(5), ɨy>i(4), oy>ö(3)'로 나타났고, 움라우트(8)는 'ə>e(4), a>ɛ(3), o>ö(1)'로 나타났다.

활음화(1)는 'i>y(1)'로 나타났고, 'wʌ>o(1)'도 보인다.

이 밖의 변화는 다음과 같이 정리할 수 있다.

a(2) : a>ə(1)(어말1), a>u(1)(어말1)
ɛ(1) : ɛ>e(1)(어중1)

ə(6) : ə〉ɨ(2)(어두1, 어중1), ə〉u(2)(어두1, 어중1), ə〉a(1)(어말1), ə〉o(1)(어두1)

e(11) : e〉i(6)(어두3, 어중2, 어말1), e〉ɛ(5)(어두1, 어중2, 어말2)

o(9) : o〉u(6)(어중3, 어말3), o〉ɨ(1)(어중1), o〉i(1)(어중1), o〉ʌ(1)(비어두1)

ö(4) : ö〉e(3), ö〉wɛ(1)

u(5) : u〉i(2)(어중1, 어말1), u〉ɨ(1)(어말1), u〉e(1)(어말1), u〉o(1)(어말1)

ɨ(11) : ɨ〉u(5)(어두2, 어중1, 어말2), ɨ〉ə(3)(어중1, 어말2), ɨ〉a(1)(어두1), ɨ〉o(1)(어중1)

i(2) : i〉u(1)(어말1), i〉ɨ(1)(어중1)

ʌ(13) : ʌ〉a(8)(어두4, 비어두4), ʌ〉ɨ(4)(비어두4), ʌ〉o(1)(어두1)

자음과 모음이 아우른 변화로는 첨가, 약화와 탈락, 보상적 탈락, 음운도치 등이 확인되었다.

첨가 현상(9)은 다음과 같이 나타났다.

자음(5)

ㅎ(2)(어두모음앞2), ㄴ(1)(어중y앞1), ㄹ(1)(ㄹ뒤1), ㅁ(1)(어중ㅂ앞1)

활음(4)

y(3)(어두자음뒤1, y뒤1, 후속하는i/y영향1)
w(1)(어두모음앞1)

약화와 탈락 현상(25)은 다음과 같이 나타났다.

자음(10)

ŋ(4)(모음사이4), ㅎ(3)(유성음사이2, 어말자음1), ㄱ(2)(y뒤2), ㅿ(1)(모음사이1)

활음(15)

y(13)(잉여자질y7, 하향이중모음의부음y4(ay1, əy1, oy1, uy1), 자음뒤2)

w(2)(자음뒤2)

보상적 탈락(6)은 자음(1)(ɦ(1)), 모음(5)(ɨ3, a1, ɛ1)로 나타났고, 음운도치(5)는 'ay>ya(2), ya>ay(1), yo>oy(1), əlɨ>ɨlə(1)' 등으로 나타났다.

2.5 변화과정이 다섯 이상인 단어

2.5.1. 음운변화가 네 가지 ~ 여섯 가지인 것

1] 모퉁이[隅] : 문헌에 '모롱이(왜어上11 박重上52 역어上68 동문上41 한청263c)'로 나온다. 충북의 방언형은 'mot^hüŋi〈제원 괴산〉 mot^höŋi〈청원〉 mot^hü^{ŋ}i〈중원〉 mot^hiŋi〈진천 음성 보은 영동〉 mot^hhe^{ŋ}i〈단양〉 mot^heŋi〈옥천〉'와 'moreŋi〈제원〉 more^{ŋ}i〈단양〉 moriŋi〈보은〉'이므로 변화과정을 다음과 같이 상정할 수 있다.

- mot^hoŋi 〉 mot^höŋi 〉 mot^heŋi 〉 mot^hei
  청 옥 단

- mot^hoŋi 〉 mot^huŋi 〉 mot^hüŋi 〉 mot^hiŋi
  제괴 진음보영

- mot^hoŋi 〉 mot^huŋi 〉 mot^hüŋi 〉 mot^hüi
  제괴 중

- moloŋi 〉 molöŋi〉 moleŋi 〉 moliŋi
  제 보

- moloŋi 〉 molöŋi〉 moleŋi 〉 molei
  제 단

위의 변화과정들은 제원과 단양과 청원과 보은과 옥천 지역에서 발생한 'o' 움라우트(o〉ö), 제원과 단양과 보은과 옥천 지역에서 발생한 'ö'의 원순성 상실(ö〉e), 중원과 단양 지역에서 발생한 모음 사이의 'ŋ' 약화, 단양과 옥천 지역을 제외한 전 지역에서 발생한 어중의 'o〉u', 진천과 음성과 중원과 보은과 영동 지역에서 발생한 'ü'의 원순성 상실(ü〉i), 보은 지역에서 발생한 어중의 'e〉i'를 보여 준다.

2] 얼마[幾何, 多少] : 문헌에 ‘언마(월천123 석보19:1 두初22:26 목우43 법화6:3 박初上45) 언머(월석8:81 박初上10 금삼3:32 삼역3:5 송강2:17 동문下47)’와 ‘얼머(경민33 노언上48 박重中37) 얼매(염불11)’로 나온다. 충북의 방언형은 ‘əlma〈진천 청원〉 wəlma〈진천〉 olma〈옥천〉 ulma〈음성〉 ɨlma〈중원 제원 괴산〉’와 ‘əlmE〈단양 영동〉 olmɛ〈보은 영동〉 ɨlmɛ〈옥천〉’이므로 변화과정을 다음과 같이 상정할 수 있다.

ㅇ ənma 〉 əlma 〉 ɨlma 〉 ɨlmɛ
중제괴 옥

ㅇ ənma 〉 əlma 〉 ɨlma 〉 ulma
중제괴 음

ㅇ ənma 〉 əlma 〉 əlmɛ
진청 단영

ㅇ ənma 〉 əlma 〉 olma 〉 olmɛ
진청 옥 보영

ㅇ ənma 〉 əlma 〉 wəlma
진청 진

위의 변화과정들은 전 지역에서 발생한 ‘ㅁ’ 앞의 ‘ㄴ>ㄹ’, 음성과 중원과 제원과 괴산과 옥천 지역에서 발생한 어두의 ‘ə>ɨ’, 음성 지역에서 발생한 어두의 ‘ɨ>u’, 단양과 보은과 영동 지역에서 발생한 어말의 ‘a>ɛ’, 보은과 옥천과 영동 지역에서 발생한 어두의 ‘ə>o’, 진천 지역에서 발생한 어두모음 앞의 ‘w’ 첨가를 보여 준다.

3] 우렁이[田螺] : 문헌에 ‘우룽이(동의湯液2:12 태평1:34 역어下38) 우렁이(유물二水族) 우렁(물보介虫)’으로 나온다. 충북의 방언형은 ‘urəŋ〈진천〉’과 ‘ureŋi〈청원〉 ure^{ŋ}i〈단양〉’와 ‘olgEŋi〈진천〉

nonolgɛŋi〈보은〉 ulgeŋi〈음성〉 ulgiŋi〈괴산〉 ulge^{ŋ}i〈괴산〉’ 그리고 ‘ulbeŋi〈옥천〉 ulbe^{ŋ}i〈중원 제원 단양〉 ulbi^{ŋ}i〈영동〉’이므로 변화과정을 다음과 같이 상정할 수 있다.

o uloŋi 〉 uləŋi〉 uləŋ
진

o uloŋi 〉 uləŋi 〉 uleŋi 〉 ulei
청 단

o *olkaŋi 〉 olkɛŋi
진보

o *ulkəŋi 〉 ulkeŋi 〉 ulkiŋi
음 괴

o ulkəŋi 〉 ulkeŋi 〉 ulkei
음 괴

o ulkəŋi 〉 ulpəŋi 〉 ulpeŋi 〉 ulpei
옥 중제단

o ulkəŋi 〉 ulpəŋi 〉 ulpeŋi 〉 ulpiŋi 〉 ulpii
영

위의 변화과정들은 진천과 단양과 청원 지역에서 발생한 어중의 ‘o〉ə’, 진천과 보은 지역을 제외한 전 지역에서 발생한 ‘ə’ 움라우트(ə〉e), 중원과 제원과 단양과 괴산과 영동 지역에서 발생한 모음 사이의 ‘ŋ’ 약화, 진천과 보은 지역에서 발생한 ‘a’ 움라우트(a〉ɛ), 괴산과 영동 지역에서 발생한 어중의 ‘e〉i’, 중원과 제원과 단양과 옥천 지역에서 발생한 유성음 사이의 ‘ㄱ〉ㅂ’을 보여 준다.

4] 형(兄) : 문헌에 ‘형(용가8/36, 내훈3:18 속삼강孝22 번노下4 여사

4:22)'과 '형님(내훈2下38 번박上7)'으로 나온다. 충북의 방언형은 'hyəŋnyim〈음성 중원 제원 제외 전 지역〉 hyɜŋnyim〈음성 중원 제원 괴산〉'과 'hyɜŋ〈음성 중원 괴산〉 hyəŋ〈제원 단양 영동〉 hɜŋ〈괴산〉'과 'sɜŋ〈중원〉 səŋ〈진천 제원 청원 보은 옥천 영동〉 səŋnyim〈청원〉 səŋa〈음성 보은〉'와 'əŋa〈진천 음성 청원 괴산 보은〉'이므로 변화과정을 다음과 같이 상정할 수 있다.

ㅇ hyəŋ 〉 syəŋ 〉 səŋ
음중제단괴영 진중제청보옥영

ㅇ hyəŋ 〉 həŋ
음중제단괴영 괴

ㅇ hyəŋnim 〉 syəŋnim 〉 səŋnim
전체 청

ㅇ hyəŋa 〉 həŋa 〉 əŋa
진음청괴보

ㅇ hyəŋa 〉 syəŋa 〉 səŋa
음보

위의 변화과정들은 단양과 괴산 지역을 제외한 전 지역에서 발생한 'ㅎ' 구개음화(h〉s), 'ㅎ' 구개음화에 이은 잉여자질 'y'의 탈락, 괴산 지역에서 발생한 어두 'ㅎ' 뒤의 'y' 탈락, 진천과 음성과 청원과 괴산과 보은 지역에서 발생한 어두자음 'ㅎ'의 탈락을 보여 준다.

2.5.2. 음운변화가 일곱 가지 이상인 것

1] 가볍다[輕] : 문헌에 '가ᄇᆡ얍-(訓諺 월석9:57 두初8:49 능엄8:74 원각上一之一115) 가ᄇᆡ압-(선가下67 두重1:22 삼역4:19) 가ᄇᆡ엽-(번소10:4 오륜2:60) 가ᄇᆞ얍-(두重14:7) 가ᄇᆡ욥-(한청302b)'과 '가븨얍-(소언6:58, 104) 가븨엽-(은중2)'으로 나온다. 충북의 방언형은 'kɛbyəp-〈진천 음성 중원 청원 괴산 보은〉 kɛbup-〈음성 옥천〉 kɛbəp-〈보은 옥천* 청원* 충주* 단양〉 kɛbop-〈괴산〉'와 'kabop-〈제원〉 kabup-〈단양**〉'과 'kEgɨp-〈단양〉 kEgup-〈단양〉 kɛgup-〈영동〉 kəgɨp-〈단양〉'이므로 변화과정을 다음과 같이 상정할 수 있다. 'ㅣ'모음역행동화 수행 여부에 따라 'a'형과 'ɛ'형으로 나뉘고, 순음에 후속하는 'y'의 탈락 여부로 다시 나뉜다.

- kapʌyap- 〉 kapʌyəp- 〉 kapɨyəp- 〉 kapiəp- 〉 kapyəp- 〉 kɛpyəp- 〉 kɛpəp- 〉 kɛpɨp- 〉 kɛpup-
  진음중청괴보 중단청보옥 음단옥
- kapʌyap- 〉 kapʌyəp- 〉 kapɨyəp- 〉 kapiəp- 〉 kapyəp- 〉 kɛpyəp- 〉 kɛpəp- 〉 kɛpop-
  진음중청괴보 중단청보옥 괴
- kapʌyap- 〉 kapʌyəp- 〉 kapɨyəp- 〉 kapiəp- 〉 kapyəp- 〉 kapəp- 〉 kapɨp- 〉 kapup-
  단
- kapʌyap- 〉 kapʌyəp- 〉 kapɨyəp- 〉 kapiəp- 〉 kapyəp- 〉 kapəp- 〉 kapop-
  제
- kapʌyap- 〉 kapʌyəp- 〉 kapɨyəp- 〉 kapiəp- 〉 kapyəp- 〉 kɛpyəp- 〉 kɛpəp- 〉 kɛpɨp- 〉 kɛkɨp- 〉 kɛkup-[237]
  진음중청괴 보중단청보옥 단영

237) 'p〉k' 변화는 'p'의 중복을 꺼려 발생한 일종의 이화작용으로 여겨진다.

o kapʌyap- 〉 kapʌyəp- 〉 kapɨyəp- 〉 kapiəp- 〉 kapyəp- 〉 kapəp- 〉 kapɨp- 〉 kakɨp- 〉 kəkɨp-
단

위의 변화과정들은 전 지역에서 발생한 비어두음절의 'ʌ〉ɨ', 'ɨy〉i' 단모음화, 'i'의 활음화(i〉y), 제원과 단양 지역에서 발생한 어중 'ㅂ' 뒤의 'y' 탈락, 영동 지역을 제외한 전 지역에서 발생한 어말의 'ə〉o', 'a' 움라우트(a〉ɛ), 단양 지역에서 발생한 어중 순음 뒤에서 발생한 'ə〉ɨ', 음성과 단양과 옥천 지역에서 발생한 원순모음화(ɨ〉u), 단양과 영동 지역에서 발생한 어말 순음 앞의 'ɨ〉u', 모음 사이의 'ㅂ〉ㄱ', 단양 지역에서 발생한 어두의 'a〉ə'를 포함하고 있다.

2] 가위[剪] : 문헌에 'ᄀᆞᇫ애(두初10:33) ᄀᆞ새(자회中14 박초上39)'와 'ᄀᆞ애(노언下62 계축p.216) 가의(동문上56) 가ᅌᅵ(역어下15 동문下17 한청309c) 가외(유물 3:17)'로 나온다. 충북의 방언형은 'kasɛ〈진천 청원 보은 옥천 영동〉 kasE〈중원 제원 단양 괴산〉'와 'kauy〈중원 제원 단양 제외 전 지역〉 kau〈음성 보은〉 kawi〈중원 제원 단양〉 kawe〈단양〉 kai〈영동〉'이므로 변화과정을 다음과 같이 상정할 수 있다. 방언형 'kauy'가 'ᄀᆞᇫ애'로부터 어떤 과정을 통하여 이루어진 것인지를 먼저 생각해야 할 것이다. 下野六郎(1979:239-243)은 '가위(鋏)'의 방언형 [ka-o]와 [ka-wi] 및 [ka-u] 형(形)들에 대해서 'ᄀᆞ새〉가ᅌᅵ〉가위'의 변화과정을 세우면서 중간단계로 [ka-oi] 형(形)을 설정하였고, 최전승(1983)은 '가의〉가외'의 변화과정을 설정하였다. 이것은 변화형 '가외'를 고려에 넣어 '가ᅌᅵ/가의〉가외'의 변화가 일어났을 것으로 보았기 때문이다. 필자는 표면음성제약 때문에 '으〉오' 변화가 발생한 것이라는 위의 주장과는 달리 'ᄀᆞ애' 다음에 'ᄀᆞᅌᅵ〉ᄀᆞ외'의 변화를 상정하고자 한다. 'ʌʌ〉ʌo'의 변화는 '가루(紛), 가로(横), 자루(柄)' 등의 항에서 제기된 이화작용으로 설명할 수 있기 때문이다.

o kʌzɦay 〉 kʌzay 〉 kʌay 〉 kʌʌy 〉 kʌoy 〉 kaoy 〉 kauy 〉 kaü 〉 kawi
×중제단 중제단

o kʌzɦay 〉 kʌzay 〉 kʌay 〉 kʌʌy 〉 kʌoy 〉 kaoy 〉 kauy 〉 kau
×중제단 음보

o kʌzɦay 〉 kʌzay 〉 kʌay 〉 kʌʌy 〉 kʌoy 〉 kaoy 〉 kaö 〉 kawe
×중제단 단

o kʌzɦay 〉 kʌzay 〉 kʌay 〉 kʌʌy 〉 kʌɨy 〉 kaɨy 〉 kai
영

o kʌsay 〉 kasay 〉 kasɛ
×음

위의 변화과정들은 전 지역에서 발생한 'ɦ' 약화, 모음 사이의 'ㅿ' 약화, 비어두음절의 'a〉ʌ', 비어두음절의 'ʌ〉o', 어두음절의 'ʌ〉a', 어말의 'o〉u', 중원과 제원과 단양 지역에서 발생한 'uy〉ü' 단모음화, 'ü〉wi', 'oy〉ö', 'ö〉we', 영동 지역에서 발생한 비어두음절의 'ʌ〉ɨ', 'ɨy〉i' 단모음화, 음성 지역을 제외한 전 지역에서 발생한 비어두음절의 'ʌ〉ɨ', 'ay〉ɛ' 단모음화를 포함하고 있다.

3] 고들빼기[苦菜] : 문헌에 '고ᄌᆞᆺ바기(苦菜(동의湯液2)'와 '고돌쌕이(해동p.95) 고들바기(청구古時調)' 그리고 '고돌비(유물三草)'로 나온다. 충북의 방언형은 'kodɨlp'ɛgi〈청원〉 k'odɨlp'ɛgi〈보은〉 kodɨlp'Egi〈영동〉'와 'kondulp'ɛgi〈옥천〉'와 'kodɨlp'i〈중원〉 k'odɨlp'i〈제원〉'와 'k'odəlk'i〈단양〉'와 'kodɨlp'ɛŋi〈진천〉 kodɨlp'Eŋi〈괴산〉 kodolp'Eŋi〈음성〉'이므로 'oCo〉oCɨ'라는 이화작용에 의한 모음변화를 고려하여 변화과정을 다음과 같이 상정할 수 있다.

o kotolp'aki 〉 kotɨlp'aki 〉 kotɨlp'ɛki 〉 k'otɨlp'ɛki
청영 보

o kotolp'aki 〉 kotɨlp'aki 〉 kotɨlp'ɛki 〉 kontɨlp'ɛki 〉 kontulp'ɛki
청영 옥

o kotolp'i 〉 kotɨlp'i 〉 kotəlp'i 〉 kotəlk'i 〉 k'otəlk'i
중 단

o kotolp'i 〉 kotɨlp'i 〉 k'otɨlp'i
중 제

o *kotolp'aŋi 〉 kotolp'ɛŋi 〉 kotɨlp'ɛŋi
음 진괴

위의 변화과정들은 전 지역에서 발생한 어중의 'o〉ɨ', 중원과 제원과 단양 지역을 제외한 전 지역에서 발생한 'a' 움라우트(a〉ɛ), 제원과 단양과 보은 지역에서 발생한 어두 'ㄱ'의 경음화, 옥천 지역에서 발생한 'ㄷ' 앞의 'ㄴ' 첨가, 어중의 'ɨ〉u', 단양 지역에서 발생한 어중의 'ɨ〉ə', 어중의 'ㅃ〉ㄲ' 등을 포함하고 있다.

4] 고욤[羊棗] : 문헌에 '고욤(해례用字 사성下13 자회上12 물보木果 유물四木)'으로 나온다. 충북의 방언형은 'koyŏm〈진천〉 koyom〈음성 중원 괴산 보은〉 koyəm〈청원〉 koim〈제원 단양〉 kyo:m〈옥천 영동〉 kö:m〈영동〉 kwim〈단양〉'이므로 변화과정을 다음과 같이 상정할 수 있다.

o koyom 〉 koyəm
진음중괴보 청

o koyom 〉 kooym 〉 ko:ym 〉 ko:im
진음중괴보 제

o koyom 〉 kooym 〉 ko:ym 〉 kö:m
진음중괴보 영

o koyom 〉 kooym 〉 ko:ym 〉 kö:m 〉 kü:m 〉 kwi:m
진음중괴보　　　　　　　　　영　　　　　　단

o koyom 〉 kyoom 〉 kyo:m
진음중괴보　　　　　옥영

위의 변화과정들은 청원 지역에서 발생한 어중의 'o〉ə', 제원과 단양과 영동 지역에서 발생한 음운도치(yo〉oy), 제원과 단양과 옥천과 영동 지역에서 발생한 'o'의 보상적 탈락(oo〉o:), 'oy〉ö' 단모음화, 옥천과 영동 지역에서 발생한 음운도치(oy〉yo), 제원 지역에서 발생한 음절분화(oy〉oi), 단양 지역에서 발생한 'ö〉ü', 'ü〉wi' 등을 포함하고 있다.

5] 그리마[蠷螋] : 문헌에 '그르메너흐리(사성上30 자회上22)'와 '그림아(유물二昆) 그리매(역어下36 물보虫豸)'로 나온다.[238] 충북의 방언형은 'kɨrima〈진천 청원〉 kɨrɨma〈괴산〉 kɨruma〈중원〉 kuruma〈음성〉'와 'kɨrimE〈제원〉 kərɨmɛ〈보은〉 kɜrɨmE〈영동〉'와 'kərɨmma〈옥천〉'와 'kərəmǰE〈단양〉'이므로[239] 변화과정을 다음과 같이 상정할 수 있다.[240]

---

238) '그리마[蠷螋]'의 문헌형들이 '그림자[影]'를 뜻하는 문헌형들 '그르메(월천上6/69 석보19:37/24:20 남명上27 두初8:41/9:14 금삼2:20 자회上29 유합下1), 그르매(두重2:28)'와 '그리메(월석9:21 능엄1:90 원각序58 법화5:165 두初16:41 두重9:20), 그리매(역어下36), 그림(東韓), 그림애(정철星山別曲)'와 '그름제(백련3/25), 그름재(백련21)'와 '그림자(왜어上20 동문上3 역어補1), 그림ᄌᆞ(경신1), 그림재(계초9 태평1:34 정철關東別曲), 그림제(월석2:55/62)' 등과 음운구조가 완전히 일치하거나 모음 한두 개만 다르다는 사실을 주목할 필요가 있겠다.

239) 단양 지역의 방언형 'kərəmǰE'는 문헌형 '그림제(월석2:55/62)' 또는 '그름제(백련3/25)'와 관련되는 것으로 생각된다.

240) '그리마'란 절지동물(節肢動物)이 주로 그늘지고 음습한 곳에 산다든지, 몸에 암황갈색 바탕에 검은 반점이 있다든지 하는 특징을 보여 주는 점에 근거하여 이 두 단어가 기원적으로 동일한 어원에 속할 가능성이 있다고 생각할 수 있다.

o kɨlɨməy 〉 kɨlɨmay 〉 kɨlɨmɛ 〉 kəlɨmɛ
보영

o kɨlɨməy 〉 kɨlɨmay 〉 kɨlɨma 〉 kəlɨma 〉 kəlɨmma
옥

o kɨlɨməy 〉 kɨlɨmay 〉 kɨlɨma 〉 kɨluma 〉 kuluma
괴 중 음

o kɨlɨməy 〉 kɨlɨmay 〉 kɨlimay 〉 kɨlimɛ
제

o kɨlɨməy 〉 kɨlɨmay 〉 kɨlimay 〉 kɨlima
진청

o *kɨlɨmtsəy 〉 kɨlɨmčəy 〉 kɨlɨmče 〉 kəlɨmče 〉 kələmče 〉 kələmčɛ
단

위의 변화과정들은 단양 지역을 제외한 전 지역에서 발생한 어말의 'ə〉a', 'ay〉ɛ' 단모음화, 단양과 보은과 옥천과 영동 지역에서 발생한 어두의 'ɨ〉ə', 제원과 단양 지역을 제외한 전 지역에서 발생한 어말 하향이중모음의 부음 'y'의 탈락(ay〉a), 옥천 지역에서 발생한 'ㅁ' 뒤의 'ㅁ' 첨가, 음성과 중원 지역에서 발생한 어중 'ㅁ' 앞의 'ɨ〉u', 음성 지역에서 발생한 어두 'u' 앞의 'ɨ〉u', 진천과 제원과 청원 지역에서 발생한 어중 'ㄹ' 뒤의 'ɨ〉i', 단양 지역에서 발생한 치조음 'ㅈ'의 구개음화(ts〉č), 'əy〉e' 단모음화, 어중 'ə' 뒤의 'ɨ〉ə' 등을 포함하고 있다.

6] 두더지[鼴鼠] : 문헌에 '두디쥐(자회上19 동의湯液1:58)'와 '두더쥐(역어下33 왜어下23 한청427c 동문下39 해동p.93 유물四土)'로 나온다. 충북의 방언형은 'tudigi〈진천〉 tudegi〈음성〉'와 'tudəǰi〈중원 단양〉 tədəǰi〈청원〉'와 'tüǰegi〈중원〉 tuǰegi〈제원 괴산〉

tuǰigi〈괴산 보은 옥천〉'와 'čwidigi〈단양〉 čwidɨgi〈단양〉'와 'tudirigi〈영동〉'이므로 변화과정을 다음과 같이 상정할 수 있다.

o tutətsuy 〉 tutəčuy 〉 tutəčɨy 〉 tutəči 〉 tutəki 〉 tuteki 〉 tutiki
중단 음 진

o tutətsuy 〉 tutəčuy 〉 tutəčɨy 〉 tutəči 〉 tətəči
청

o tutətsuy 〉 tutəčuy 〉 tutəčɨy 〉 tutəči 〉 tutəki 〉 tuytəki 〉
중단
tütəki 〉 čütəki 〉 čütɨki 〉 čwitɨki 〉 čwitiki[241)]
단 단

o tutitsuy 〉 tutičuy 〉 tutičɨy 〉 tutiči 〉 tutiki 〉 tučiki 〉 tučeki
괴보옥 제괴

o tutitsuy 〉 tutičuy 〉 tutičɨy 〉 tutiči 〉 tutiki 〉 tučiki 〉
괴보옥
tuyčiki 〉 tüčiki 〉 tüčeki
중

위의 변화과정들은 영동 지역을 제외한 전 지역에서 발생한 치조음 'ㅈ'의 구개음화(ts〉č), 어말의 'u〉ɨ', 'ɨy〉i' 단모음화, 청원 지역에서 발생한 어두의 'u〉ə', 청원과 영동 지역을 제외한 전 지역에서 발생한 'ㅈ' 역구개음화(č〉k), 진천과 음성 지역에서 발생한 'ə' 움라우트(ə〉e), 중원 지역에서 후속하는 'i'의 영향으로 발생한 어두모음 뒤의 'y' 첨가(u〉uy), 중원과 단양 지역에서 발생한 'uy〉ü' 단모음화, 중원과 제원과 괴산과 보은과 옥천 지역에서 발생한 'ㄷ' 구개음화(t〉č), 단양 지역에서 발생한 어중의 'ə〉ɨ', 'ɨ' 움라우트(ɨ〉i), 중원과 제원과 괴산 지역에서 발생한 어중의 'i〉e'를

---

241) 중간형 'tuytəki'의 'tuy'는 '두'가 '뒤(〈드위)-'로 바뀐 것임을 알 수 있다.

포함하고 있다.[242]

7] 또아리[頂圈子] : 문헌에 '쏘애(동문下15)'와 '쏘아리(청구p.121 유물五水)'로 나온다. 충북의 방언형은 't'wa:ri〈음성 중원 제원 괴산〉 t'wεri〈청원〉'와 't'abεŋi〈옥천 영동〉 t'obE^{ŋ}i〈단양〉 t'obεŋi〈진천 보은〉 t'wabE^{ŋ}i〈괴산〉'와 't'wE:mi〈진천〉'이므로 경상방언과 전라방언을 참조하여 변화과정을 다음과 같이 상정할 수 있다.

- *t'opali 〉 t'oali 〉 t'wali 〉 t'wayli 〉 t'wεli
  (t'wali: 음중제괴, t'wεli: 청)
- *t'opaŋi 〉 t'opεŋi 〉 t'opεi
  (t'opεŋi: 진보, t'opεi: 단)
- *t'apaŋi 〉 t'apεŋi
  (t'apεŋi: 옥영)
- *t'oapaŋi 〉 t'wapaŋi 〉 t'wapεŋi 〉 t'wapεi
  (t'wapεi: 괴)
- *t'oapi 〉 t'wapi 〉 t'wεpi 〉 t'wεmi
  (t'wεmi: 진)

위의 변화과정들은 음성과 중원과 제원과 청원과 괴산 지역에서 발생한 모음 사이의 'ㅂ' 탈락(p〉ø), 'o'의 활음화(o〉w), 청원 지역에서 후속하는 'i'의 영향으로 발생한 어두모음 뒤의 'y' 첨가(a〉ay), 진천과 단양과 보은 지역에서 발생한 'ay〉ε' 단모음화, 진천과 단양과 보은과 옥천과 영동 지역에서 발생한 'a' 움라우트(a〉ε), 단양과 청원과 괴산 지역에서 발생한 모음 사이의 'ŋ' 탈락, 진천 지역에서 발생한 모음 사이의 'ㅂ〉ㅁ'을 포함하고 있다.

---

242) 변화과정 중의 'i〉e'는 충북방언에 많은 'e〉i' 변화의 역방향에 해당한다.

8] 오디[桑椹] : 문헌에 '오듸(자회上12 역어下42 동문下51) 오듸(물보木果 유물四木)'와 '오도(구간6:8)'로 나온다. 충북의 방언형은 'odolgɛ〈진천 보은〉 odŏlgE〈음성〉 odɨlgɛ〈청원〉 odulgɛ〈영동〉'와 'odoŋa〈음성〉 oduŋa〈중원 괴산〉 oduŋə〈제원 단양〉 oduŋE〈단양〉 odüŋi〈중원〉' 그리고 'odɨŋgE〈괴산〉 odugɛ〈보은〉'이므로 변화과정을 다음과 같이 상정할 수 있다.

- *otolkay 〉 otolkɛ 〉 otɨlkɛ 〉 otulkɛ
  진음보 　 청 　 영

- otoŋa 〉 otuŋa 〉 otuŋə 〉 otuŋe 〉 outŋɛ
  음 　 중괴 　 제단 　 단

- otoŋa 〉 otuŋa 〉 otuŋə 〉 otuŋe 〉 otuŋi 〉 otüŋi
  음 　 중괴 　 제단 　 단 　 중

- *otokay 〉 otoŋkɛ 〉 otɨŋkɛ
  괴

- *otokay 〉 otukay 〉 otukɛ
  보

위의 변화과정들은 진천과 음성과 청원과 괴산과 보은과 영동 지역에서 발생한 'ay〉ɛ' 단모음화, 청원과 괴산과 영동 지역에서 발생한 어중의 'o〉ɨ', 영동 지역에서 발생한 어중의 'ɨ〉u', 중원과 제원과 단양과 괴산과 보은 지역에서 발생한 어중의 'o〉u', 중원과 제원과 단양 지역에서 발생한 어말의 'a〉ə', 중원과 단양 지역에서 발생한 어말의 'ə〉e', 어말의 'e〉i', 단양 지역에서 발생한 어말의 'e〉ɛ', 중원 지역에서 발생한 'u' 움라우트(u〉ü)를 보여 준다.

2.5.3. 종합

변화과정을 다섯 이상 보여 주는 표제어는 12개밖에 되지 않는다. 이 가운데 변화과정이 다섯 가지인 것이 9개, 여섯 가지인 것이 두개, 일곱 가지인 것이 1개이다. 이 변화과정들에는 음운변화가 네 개에서 열세 개까지 포함되어 있는 것으로 나타났다. 이 음운변화로는 다음과 같은 것들이 있다. 숫자는 빈도를 나타낸다.

자음의 변화로는 우선 통시적 구개음화, 치조음의 구개음화, 경음화를 확인할 수 있다.

통시적 구개음화(2)는 'ㄷ1, ㅎ1'로 나타났고, 치조음의 구개음화(2)는 'ㅈ2'로 나타났다. 역구개음화(1)는 'ㅈ1'로 나타났다.

경음화(1) 가운데서는 어두경음화(1)가 'ㄱ1'로 나타났다.

이 밖의 변화로는 'ㄱ>ㅂ(1)(유성음사이1), ㄴ>ㄹ(1)(ㅁ앞1), ㅂ>ㄱ(1)(모음사이1), ㅂ>ㅁ(1)(모음사이1), ㅃ>ㄲ(1)(어중1)'로 나타났다.

모음의 변화로는 원순모음화, 하향이중모음의 단모음화, 움라우트, 활음화, 음절분화 등이 확인되었다.

'ㅁ, ㅂ, ㅍ' 뒤에서 발생한 원순모음화는 'ɨ>u'(1)로 나타났고, 하향이중모음의 단모음화(11)는 'ay>ɛ(4), ɨy>i(2), oy>ö(2), uy>ü(2), əy>e(1)'로 나타났다. 움라우트(8)는 'a>ɛ(4), ə>e(1), o>ö(1), u>ü(1), ɨ>i(1)'로 나타났고, 활음화(2)는 'i>y(1)', 'o>w(1)'로 나타났다. 그리고 음절분화(1)가 'oy>oi(1)'로 나타났고, 'wʌ>o(1)'도 보인다.

이 밖의 변화는 다음과 같이 정리할 수 있다.

a(4) : a>ə(2)(어두1, 어말1), a>ɛ(1)(어말1), a>ʌ(1)(비어두1)
ə(7) : ə>ɨ(3)(어두1, 어중2), ə>o(2)(어두1, 어말1), ə>a(1)(어말1), ə>e(2)(어말2)
e(4) : e>i(3)(어중2, 어말1), e>ɛ(1)(어말1)
o(7) : o>u(3)(어중2, 어말1), o>ɨ(2)(어중2), o>ə(2)(어중2)
ö(3) : ö>e(1), ö>we(1), ö>ü(1)

u(2) : u〉ɨ(1)(어말1), u〉ə(1)(어두1),

ü(3) : ü〉wi(2), ü〉i(1)

ɨ(10) : ɨ〉u(6)(어두2, 어중3, 어말1), ɨ〉ə(3)(어두1, 어중2), ɨ〉i(1)(어중1)

i(1) : i〉e(1)(어중1)

ʌ(5) : ʌ〉ɨ(3)(비어두3), ʌ〉a(1)(어두1), ʌ〉o(1)(비어두1)

자음과 모음이 아우른 변화로는 첨가, 약화와 탈락, 음운도치가 확인되었다.

첨가 현상(5)은 자음(2)이 'ㄴ(1)(어중ㄷ앞1), ㅁ(1)(어중ㅁ뒤1)'로 나타났고, 활음(3)이 'y(2)(후속하는i/y영향2), w(1)(모음앞1)'로 나타났다.

약화와 탈락 현상(11)은 자음(7)이 'ŋ(3)(모음사이3), ɦ(1), ㅿ(1)(모음사이1), ㅂ(1)(모음사이1), ㅎ(1)(어두자음1)'로 나타났고, 활음(4)이 'y(5)(자음뒤3, 하향이중모음의부음y1(ay〉a), 잉여자질y1)'로 나타났다.

보상적 탈락(1)은 'o(1)'로 나타났고, 음운도치(3)는 'oy〉yo(2), yo〉oy(1)'로 나타났다.

제3장 나가는 말

2장에서 논의된 표제어는 모두 590개이다. 표제어별 각 변화과정에는 음운변화가 한 가지에서 열세 가지까지 포함되어 있는 것으로 나타났다. 이들 음운변화를 빈도와 함께 종합하여 제시하면 다음과 같다. 숫자는 빈도를 나타낸다.

충북의 10개 군 전체에 걸쳐 발생한 변화는 모두 165회이며, 어느 한 군만 제외하고 나머지 전 지역에서 발생한 변화는 83회이다(진천4, 음성5, 중원8, 제원13, 단양20, 청원11, 괴산4, 보은1, 옥천8, 영동9). 반면에 어느 한 군에서만 발생한 변화는 297회인 것으로 나타났다(진천20, 음성22, 중원27, 제원18, 단96, 청원23, 괴산19, 보은16, 옥천23, 영동33).

자음의 변화로는 우선 통시적 구개음화, 치조음의 구개음화, 역구개음화, 경음화, 격음화, 음절말의 비파열화, 활음조 현상, 'ㄴ' 두음법칙 등을 확인할 수 있다.

통시적 구개음화(45)는 'ㄱ(20), ㄷ(11), ㅎ(8), ㅌ(6)'로 나타났고, 치조음의 구개음화(131)는 'ㅈ(73), ㅊ(36), ㅅ(22)'로 나타났다. 역구개음화(7)는 'ㅈ〉ㄱ(5), ㅊ〉ㅋ(2)'로 나타났다.

경음화(81)는 어두경음화(63)가 'ㄱ(41), ㅂ(7), ㅅ(7), ㄷ(6), ㅈ(1), ㅍ(1)'로 나타났고, 어중경음화(18)가 'ㄱ(9), ㅅ(2), ㅈ(2), ㅋ(2), ㄷ(1), ㅂ(1), ㅍ(1)'로 나타났다.

격음화(19)는 어두격음화(7)가 'ㄱ(2), ㄷ(2), ㅂ(2), ㅈ(1)'로 나타났고, 어중격음화(6)가 'ㅈ(2), ㄱ(1), ㄷ(1), ㅂ(1), ㅃ(1)', 어말격음화(6)가 'ㄱ(3), ㅂ(2), ㅈ(1)'로 나타났다.

이 밖의 자음변화로 음절말의 비파열화(13)(ㅈ〉ㅅ(7), ㅊ〉ㅅ(6)), 'ㄴ' 두음법칙(4), 활음조(ㄴ〉ㄹ(2), 음절말의 'ㅅ〉ㄷ'(16) 등을 포함하여 다음과 같은 것들이 확인되었다.

ㄱ : ㄱ〉ㅂ(5)(ㅂ앞1, 모음사이3, 유성음사이1), ㄱ〉ㅎ(1)(ㄺ1)

ㄴ : ㄴ〉ㅁ(5)(ㅁ앞1, ㅂ앞1, ㅊ앞1, ㅍ앞1, 모음사이1),
ㄴ〉ㄹ(3)(ㅁ앞2, 어중1), ㄴ〉ㄷ(1)(어두1)

ㄷ : ㄷ〉ㄴ(3)(ㄴ앞2, ㅁ앞1), ㄷ〉ㅈ(2)(어말2)

ㄹ : ㄹ〉ㄴ(1)(ㄱ뒤1)

ㅁ : ㅁ〉ㄴ(3)(모음사이2, ㅈ앞1)

ㅂ : ㅂ〉 ı(3)(어말2, 모음사이1), ㅂ〉ㅍ(1)(어말1), ㅃ〉ㄲ(1)(어중1),
ㅃ〉ㅉ(1)(어중1), ㅂ〉ㅁ(1)(모음사이1)

ㅅ : ㅅ〉ㅂ(1)(어말1), ㅅ〉ㅊ(1)(어말1)

ㅈ : ㅈ〉ㄷ(1)(어중1), ㅈ〉ㅂ(1)(어말1), (ㅈ〉ㅅ(1)(어중1)

ㅊ : ㅊ〉ㅌ(3)(어중1, 어말2), ㅊ〉ㅋ(1)(어중1)

ㅋ : ㅋ〉ㅂ(1)(어중1)

ㅎ : ㅎ〉ㅅ(2)(어말2), ㅎ〉ㅂ(1), ㅎ〉ㅌ(1)(ㅀ1),
ㅎ〉ㅍ(1)(모음사이1), ㆅ〉ㅋ(2)(어두2)

이 밖에 다음과 같은 변화도 보인다.

β〉w(16)
n〉ŋ(10)(ㄱ앞5, 어중3, 모음사이1, ㄷ앞1)
m〉ŋ(9)(ㄱ앞5, 어중3, 어말1)
k〉ŋ(4)(ㄴ앞2, ㅁ앞2)
y〉ŋ(3)(어중2, 모음사이1)
l〉ŋ(1)(자음앞1)
w〉ŋ(1)(모음사이1)
p〉w(1)(합용병서의ㅂ1)

모음의 변화로는 우선 원순모음화, 전설모음화, 활음화, 하향이중모음의 단모음화, 움라우트, 음절분화 등이 확인되었다.

'ㅁ, ㅂ, ㅍ' 뒤에서 발생한 원순모음화는 'ɨ〉u'(22)로 나타났고, 'ㅅ, ㅈ, ㅊ' 뒤에서 발생한 전설모음화는 'ɨ〉i'(25)로 나타났으며, 역전설모음화는 'i>ɨ'(1)로 나타났다. 활음화(41)는 'i>y(35), o>w(5), u>w(1)'로 나타났고, 하향이중모음의 단모음화(296)는 'ay>ɛ(92), əy>e(76), ɨy>i(58), uy>ü(40), oy>ö(30)'로 나타났다. 움라우트(72)는 'ə>e(33), a>ɛ(18), ɨ>i(1), u>ü(8), o>ö(12)'로 나타났고, 음절분화(5)는 'oy>oi(3), ɨy>ɨi(1), yə>iə(1)'로 나타났다. 그리고 'wʌ>o(9), wɨ>u(3), we>ö(1)'도 보인다.

이 밖의 모음변화로는 다음과 같은 것들이 확인되었다.

a(41) : a>ə(21)(어두5, 어중6, 어말10), a>ɛ(12)(어두9, 어말3), a>ɨ(3)(어중2, 어말1), a>o(2)(어두1, 어중1), a>u(2)(어말2), a>ʌ(1)(비어두)

ɛ(7) : ɛ>e(7)(어두1, 어중2, 어말4)

ə(81) : ə>ɨ(36)(어두27, 어중5, 어말4), ə>o(21)(어두13, 어중2, 어말6), ə>u(12)(어두2, 어중5, 어말5), ə>a(9)(어두1, 어말8), ə>e(2)(어말2), ə>i(1)(어말1)

e(110) : e>i(72)(어두36, 어중21, 어말15), e>ɛ(36)(어두11, 어중4, 어말21), e>ö(2)(어두2)

o(155) : o>u(104)(어두4, 어중24, 어말76), o>ə(21)(어두14, 어중4, 어말3), o>ɨ(17)(어두1, 어중6, 어말10), o>a(8)(어중2, 어말6), o>ʌ(4)(비어두4), o>i(1)(어중1)

ö(36) : ö>e(19), ö>we(11), ö>ü(4), ö>wɛ(2)

u(39) : u>o(12)(어두1, 어중4, 어말7), u>ɨ(11)(어두1, 어중3, 어말7), u>i(11)(어중1, 어말10), u>ə(4)(어두1, 어중1, 어말2), u>e(1)(어말1)

ü(45) : ü>i(21), ü>wi(21), ü>ö(3)

ɨ(101) : ɨ>u(58)(어두10, 어중16, 어말32), ɨ>ə(34)(어두3, 어중10, 어말21), ɨ>o(3)(어중3), ɨ>a(3)(어두1, 어중2), ɨ>i(2)(어중1, 어말1), ɨ>ʌ(1)(비어두1)

i(16) : i>u(11)(어두2, 어중2, 어말7), i>ɨ(3)(어중1, 어말2),

i〉o(1)(어말1), i〉e(1)(어중1)

ʌ(191) : ʌ〉a(95)(어두75, 비어두20), ʌ〉ɨ(64)(어두3, 비어두61), ʌ〉o(24)(어두7, 비어두17), ʌ〉ə(8)(어두7, 비어두1)

자음과 모음이 아우른 변화로는 첨가, 약화와 탈락, 보상적 탈락, 음운도치 등을 확인할 수 있다.

첨가 현상(123)은 다음과 같이 나타났다.

자음(46)

ㄴ(10)(ㅊ앞5, ㄴ앞2, ㄷ앞1, ㅌ앞1, y앞1), ŋ(9)(모음사이6, 어말모음뒤1, ㄱ앞1, ㅈ앞1), ㄹ(9)(ㄹ뒤7, 어말모음뒤1, ㅍ앞1), ㅎ(8)(모음사이3, 어두모음앞2, 어중ㄹ뒤2, 어말모음뒤1), ㄱ(5)(유성음사이2, 모음사이2, 어중ŋ뒤1, 어중ㅈ앞1), ㅁ(3)(어중ㅁ뒤2, 어중ㅂ뒤1), ㅂ(1)(어중ㅁ뒤1), ㅆ(1)(어말자음뒤1)

모음(14)

i(8)(어말8), ɨ(3)(어중1, 어말1), u(2)(어말2), ə(1)(어중1)

활음(63)

y(55)(후속하는i/y영향30, 어두자음뒤6, y뒤6, 어중모음뒤5, 어두모음뒤3, 어말자음뒤3, 어중자음뒤2)

w(8)(자음뒤5, 어두모음앞3)

약화와 탈락 현상(277)은 다음과 같이 자음(159)과 모음(21)과 활음(162)이 다음과 같이 나타났다.

자음(163)

ㅎ(48)(모음사이12, 유성음사이21, 어말자음14, 어두자음1), ㅿ(27)(모음사이22, 유성음사이3, 어말자음2), ㄱ(20)(ㄹ뒤15, y뒤4, ㅁ뒤1), ŋ(19)(모음사이19), ㄹ(11)(ㄺ5, ㄹㅍ

2, ㅈ앞2, ㄻ1, 모음사이1), ɦ(11), ㅂ(10)(합용병서의ㅂ6, 어말자음 2, ㄻ1, 모음사이1), ㄴ(6)(모음사이3, 어중y앞2, 어중ㄷ앞1), ㅅ(5)(어말자음3, ㄺ1, ㅄ1), β(3)(어중3), ㄷ(1)(모음사이1), ㅁ(1)(어말자음1), ㅈ(1)(어중y앞1)

모음(19)

ɨ(10)(어말모음6, 어중자음사이2, 어두1, 어중모음앞1), o(4)(어중1, 어말3), ʌ(2)(어말2), ə(2)(어말2), a(1)(어말1), u(1)(어말1)

활음(157)

y(137)(잉여자질y63, 하향이중모음의부음y55, 자음뒤17, 상향이중모음의부음y2)

w(20)

보상적 탈락(56)은 자음(19)이 'ㅂ(14), ɦ(5)'로 나타났고, 모음(37)이 'ɨ(21), a(5), o(5), u(3), ɛ(1), ə(1), ʌ(1)'로 나타났다.

음운도치(56)는 'yə〉əy(25), ya〉ay(8), ay〉ya(4), oy〉yo(6), yo〉oy(2), yu〉uy(1), ɨy〉yɨ(1), ai〉ia(1), ia〉ai(1), ɨu〉uɨ(1), əCCi〉iCCə(1), aCCyə〉yəCCa)(1), iCe〉eCi(1), əlɨ〉ɨlə(1), ɨlu〉ulɨ(1), nɨl〉lɨn(1)' 등으로 나타났다.

지역별 특징으로 제일 먼저 떠오르는 것은 단양 지역의 특수성이다. 단양 지역에서만 발생한 변화 96회와 단양 지역을 제외한 전 지역에서 발생한 변화 20회를 합산하면 116회가 되는데, 이 수치는 나머지 9개 지역 곧 진천군24(20+4), 음성군27(22+5), 중원군35(27+8), 제원군31(18+13), 청원군34(23+11), 괴산군23(19+4), 보은군17(16+1), 옥천군31(23+8), 영동군42(33+9)보다 월등히 많은 빈도를 뜻한다는 점에서 확인된다. 이와 같은 단양 지역의 특수성은 'ü〉wi(13/21)', 'ü〉i(12/21)', 'ɨ〉ə(14/34)', 'e〉ɛ(23/36)', 'e〉i(37/72)' 등과 같은 모음 변화에서 두드러지게 나타난다.

참고문헌

1. 논문

곽충구(1982a), "아산지역어의 이중모음변화와 이중모음화", 방언 6.

곽충구(1982b), "'왕겨'의 방언형들의 지리적 분포와 그 비교 연구", 개신어문연구(충북대) 2.

곽충구(1984), "체언 어간말 설단자음의 마찰음화에 대하여", 91, 국어국문학회.

곽충구 (1985), "'꿰-'(貫)의 통시적 변화와 방언 분화", 14, 국어학회.

기세관(1989), "국어 Glide화의 제약성", 제효이용주박사회갑기념논문집.

김완진(1964), "중세국어 이중모음의 음운론적 해석에 대하여", 학술원논문집 4.

김완진(1972), "다시 β〉w를 찾아서", 어학연구(서울대) 8:1.

김완진(1972), "형태론적 현안의 음운론적 극복을 위하여 : 이른바 장모음의 경우", 동아문화(서울대) 11.

김주필(1985), "구개음화에 대한 통시론적 연구", 국어연구 57.

김진봉 외(1984), "제천지역어의 언어구조에 대한 연구", 호서문화연구(충북대) 4.

김진식(1980), "충북 제천지역어의 음운론적 연구", 충북대학교 교육대학원 석사학위논문.

김진우(1967), "Some phonological rules in Korean", 어문연구 5, 어문연구회.

김찬중(1987), "청산(青山) 지역어의 음운론적 연구", 충북대학교 교육대학원 석사학위논문.

김충회(1979), "청주지역어에 대한 일고찰", 논문집(충북대) 17.

김충회(1980), "충북 단양 남부방언 연구 서설", 논문집(충북대) 19.

김충회(1981), "충북 단양 북부방언 연구서설", 개신어문연구(충북대) 1.

김충회(1982), "충북 단양방언 연구(Ⅰ)", 개신어문연구(충북대) 2.

김충회(1985), “충북 충주방언의 음운론적 고찰”, 개신어문연구(충북대) 4.
김충회(1991), “충청북도의 언어지리학”, 단국대학교 대학원 박사학위논문.
김 현(2009), “‘ㅕ〉ㅔ’에 대한 음성학적 접근”, 개신어문연구 29, 개신어문학회.
김형규(1972), “충청남북도 방언연구”, 학술원논문집 11.
도수희(1985), “한국어 음운사에 있어서 부음 y에 대하여”, 179, 한글학회.
박갑수(1989), “양주(楊州) 방언의 음운 변이”, 국어교육 67·68, 한국어교육학회.
박경래(1984), “괴산방언의 음운에 대한 세대별 연구”, 국어연구 57.
박경래(1985), “괴산방언과 문경방언의 자음군단순화에 대한 세대별 비교고찰”, 방언 8.
박경래(1986), “괴산방언과 문경방언의 모음체계에 대한 세대별 비교고찰”, 동천조건상선생고희기념논총.
박경래(1989), “괴산지역어의 사회언어학적 고찰”, 국어국문학 101, 국어국문학회.
박경래(1993), “충주방언의 음운에 대한 사회언어학적 연구”, 서울대학교 대학원 박사학위논문.
박명순(1975), “충북 청원지역 방언연구”, 성균관대학교 대학원 석사학위논문.
박명순(1978), “충북 진천방언의 음운연구”, 성대문학(성균관대)20.
박명순(1984), “충북 음성지역어의 음운연구”, 청주사대논문집 13.
백두현(1990), “영남문헌어의 통시적 음운 연구”, 경북대학교 대학원 박사학위논문.
성락수(1972), “영동군 황간지방 방언의 연구”, 연세국문학 3.
송 민(1974), “모음 ‘ᆞ’의 비음운화 시기”, 논문집(성심여대) 5.
안병희(1957), “중간 두시언해에 나타난 t 구개음화에 대하여”, 일석이희승선생송수기념논총.
유영숙(1987), “단양 동북부 지역어의 음운론적 연구”, 충북대학교 교육대학원 석사학위논문.

유창돈(1957), "평북어 산고", 일석이희승선생송수기념논총.
이기문(1980), "19세기말엽의 국어에 대하여", 남광우박사화갑기념논문집.
이대춘(1991), "19세기 충북방언의 음운론적 연구", 단국대학교 대학원 석사학위논문.
이숭녕(1939), "조선어 이화작용에 대하여," 진단학보 11, 진단학회.
이숭녕(1940), "'ᄋᆞ' 음고", 진단학보 12, 진단학회.
이숭녕(1954), "15세기 모음체계와 이중모음의 Kontraktion적 발달에 대하여", 동방학지 1.
이숭녕(1959), "'ᄋᆞ' 음고 재론", 학술원논문집 1.
이숭녕(1967), "한국방언사", 한국문화사대계 Ⅴ.
이숭녕(1971), "17세기 국어의 음운사적 고찰", 동양학(단국대학교) 1.
이숭녕(1977), "/ᄋᆞ/음의 소실기 추정에 대하여", 학술원논문집 16.
이용주(1977), "충청북도 소재 하천명에 대하여", 국어교육 30, 한국어교육학회.
이익섭(1963), "15세기 국어의 표기법 연구", 국어연구 10.
이익섭(1985), "근대한국문헌의 표기법 연구", 조선학보 114.
이익섭(1987), "음절말표기 ㅅ과 ㄷ의 사적 고찰", 성곡논총 18.
장미자(1987), "충북 영춘 지역어의 음운론적 연구", 충북대학교 교육대학원 석사학위논문.
장충덕(2015), "〈번역소학〉의 종결어미", 언어학연구 34, 한국중원언어학회.
전광현(1976), "남원지역어의 어말 U형 어휘에 대한 통시론적 소고", 국어학 4, 국어학회.
전광현(1983), "영동 무주 접촉지역어의 음운론적 고찰", 동양학(단국대) 14.
전상범(1976), "현대국어에 있어서의 된소리 현상", 언어 1:1.
전상범(1978), 서평 : Topics in Phonological Theory, 언어 1:1.
전철웅(1983), "불규칙 용언의 기저형 설정에 관한 일고찰", 국어교육 44·45, 한국어교육학회.

전철웅(1986), “‘해(爲)’의 음운론적 이해”, 국어교육 65, 한국어교육학회.
전철웅(1989), “보은군내 지명 연구”, 제효이용주박사회갑기념논문집.
전철웅(1990), “지명에 나타난 언어의식 : 영동군내 지명을 중심으로”, 개신어문연구(충북대) 9.
전철웅(1993), “충북방언의 통시적 구개음화”, 전농어문연구(서울시립대) 6.
전철웅(1994a), “충북방언의 어간말 파찰음의 비파열화에 관한 통시적 연구”, 우산이인섭교수화갑기념논문집.
전철웅(1994b), “청주 북일면 순천 김씨묘 출토 간찰의 자료적 성격”, 문겸전영우박사회갑기념국어국문학논총.
전철웅(1995), “청주 북일면 순천 김씨묘 출토 간찰의 판독문”, 호서문화연구(충북대) 13집.
전철웅(2000a), “충북 방언의 어휘음운론 서설(1)”, 운강송정헌선생화갑기념논총.
전철웅(2000b), “충북 방언의 어휘음운론 서설(2)”, 어문논총 9, 충북대학교 국제교육원.
전철웅(2001), “충북 방언의 어휘음운론 서설(3)”, 개신어문 18, 개신어문학회.
전철웅(2004), “한국어의 Metathesis에 관한 一考察 : 충북방언을 중심으로”, 국어교육 115, 한국어교육학회.
전철웅(2005), “충북방언의 어휘음운론 서설(4)”, 인문학지 31, 충북대학교 인문학연구소.
전철웅(2006), “충북방언의 어휘음운론 서설(5)”, 인문학지 33, 충북대학교 인문학연구소.
전철웅(2007), “충북방언의 어휘음운론 서설(6)”, 새국어교육 77, 한국국어교육학회.
전철웅(2008), “충북방언의 어휘음운론 서설(7)”, 중원문화논총 12, 충북대학교 중원문화연구소.
전철웅(2009), “충북방언의 어휘음운론 서설(8)”, 개신어문 30, 개신어문학회.

전철웅(2010), "충북방언의 어휘음운론 서설(9)", 개신어문 32, 개신어문학회.
전철웅(2013), "충북방언의 어휘음운론 서설(10)", 새국어교육 95, 한국국어교육학회.
정근문(1987), "영동방언 연구", 충북대학교 교육대학원 석사학위논문.
정민영(1983), "충주지역어 연구", 충북대학교 교육대학원 석사학위논문.
정민영(1986), "충주지역어의 모음변이 양상", 동천조건상선생고희기념논총.
정인승(1937), "'ㅣ'의 역행동화 문제 : 그 원리와 처리방법", 한글 5권 1호, 한글학회.
조건상(1979), "청주출토유물언간에 대한 연구(其1)", 논문집(충북대) 17.
조건상(1980), "청주출토유물언간에 대하여(其2)", 논문집(충북대) 20.
조성귀(1983), "옥천방언연구", 충남대학교 대학원 석사학위논문.
조항근(1985), "청원지역어의 구조에 관한 연구", 성균관대학교 대학원 박사학위논문.
조항근, 김재윤, 전철웅(1989), "충북 단양지역어의 연구", 개신어문연구(충북대) 8.
조항범(1996), "국어 친족 어휘의 통시적 연구", 서울대학교 대학원 박사학위논문.
최갑순(1977), "영동방언의 음운론적 고찰", 충남대학교 교육대학원 석사학위논문.
최명옥(1985), "평북 의주지역어의 통시음운론", 어학연구(서울대) 23:1.
최전승(1975), "중세국어에서의 이화작용에 의한 원순성 자질의 소실에 대하여", 국어연구 33.
최전승(1983), "표면음성 제약과 음성변화", 국어교육 44·45, 한국어교육학회.
최전승(1987), "이중모음 '외', '위'의 단모음화 과정과 모음체계의 변화", 어학(전북대학교 어학연구소) 14.
최범훈(1983), "충북 영춘지역어 연구", 경기어문학 4.

최태영(1978), "전주방언의 Umlaut 현상", 어학 5(전북대학교 어학연구소).
최태영(1986), "괴산 지역어의 움라우트 현상", 숭실어문 3집.
허 웅(1952), "'애, 에, 외, 위'의 음가", 국어국문학 1.
허 웅(1968), "국어의 상승적 이중모음체계에 있어서의 '빈 간'(case vide)", 이숭녕박사송수기념논총.
홍윤표(1986), "근대국어의 표기법 연구", 민족문화연구(고려대) 19.
홍윤표(1987), "근대국어의 어간말자음군 표기에 대하여", 국어학 16, 국어학회.
홍윤표(1987), "여소학 해제", 서울:홍문각.

Jakobson, R.(1931), "Principles of historical phonology", trans. by A. Keiler, in Baldi and Werth(eds.1978).
Kim, C-w.(1968), "The Vowel System of Korea", Language 44.
Kim, C-w.(1978), "Rule Ordering in Korean Phonology", 언어 4.
Kiparsky, P.(1970), "Historical Linguistics Ⅰ", in Kiparsky (1982).
Kiparsky, P.(1971), "Historical Linguistics Ⅱ", in Kiparsky (1982).
Kiparsky, P.(1982), "Lexical Morphology and Phonology", in the Linguistic Society of Korea ed. (1982), 3-91.
Langacker, Ronald W(1967), "Lexicon and Phonology", Language 45, 844-862.
Martin, Samuel E.(1951), "Korean Phonemics", Language 27. 519-533.

2. 저서

고영근(2004), 「표준중세국어문법론」, 서울:집문당.
김동소(2003), 「한국어 변천사」, 대구:형설출판사.

김동소(2007), 「한국어의 역사」, 대구:정림사.
김병제(1980), 「방언사전」, 평양:과학, 백과사전출판사.
김승곤(1983), 「음성학」, 서울:정음사.
김영배(1984), 「평안방언연구」, 동국대학교 출판부.
김정태(1996), 「국어 과도음 연구」, 서울:도서출판 박이정.
김충회(1992), 「충청북도의 언어지리학」, 인하대학교출판부.
김태균(1986), 「함북방언사전」, 서울:경기대학교출판국.
김형규(1974), 「한국방언연구」, 서울대학교 출판부.
남광우 편(1973), 「보정 고어사전」, 재판, 서울:일조각.
사문학회 편(1978), 「송우암선생계녀서」, 서울:제문당.
송민(1986), 「전기근대국어 음운론 연구」, 서울:탑출판사.
안병희(1992), 「국어사연구」, 서울:문학과 지성사.
오종갑(1988), 「국어 음운의 통시적 연구」, 계명대학교 출판부.
유창돈(1964), 「이조 국어사 연구」, 서울:선명문화사.
유창돈 편(1964), 「이조어사전」, 연세대 출판부.
이기갑(1986), 「전라남도의 언어지리」, 서울:탑출판사.
이기문(1959), 「16세기국어의 연구」, 한국연구원.
이기문(1963), 「국어표기법의 역사적 연구」, 한국연구원.
이기문(1972a), 「개정 국어사개설」, 서울:민중서관.
이기문(1972b), 「국어 음운사 연구」, 서울:탑출판사.
이기문(1991), 「국어 어휘사 연구」, 서울:동아출판사.
이기문, 김진우, 이상억(1984), 「국어음운론」, 서울:학연사.
이병건(1976), 「현대한국어의 생성음운론」, 서울:일지사.
이익섭, 채완(1999), 「국어문법론강의」, 서울:학연사.
전철웅(1998), 「충북 방언의 역사적 연구」, 서울:도서출판 보고사.
전철웅(1999), 「충북 방언의 단어 변천사」, 서울:도서출판 보고사.
조건상(1981), 「청주북일면순천김씨묘출토간찰」, 충북대학교 박물관.
조건상(1987), 「해설역주 언문지」, 대구:형설출판사.
조항범 편(1994), 「국어 어원연구 총설(Ⅰ)」, 서울:태학사.

조항범(2009), 「국어 어원론」, 충북대학교 출판부.
최전승(1986), 「19세기 후기 전라방언의 음운현상과 그 역사성」, 서울: 한신문화사.
최전승(1995), 「한국어 방언사 연구」, 서울:태학사.
최전승(2009), 「국어사와 국어방언사와의 만남」, 서울:도서출판 역락.
최전승(2014), 「한국어 방언사 탐색」, 전북대학교 교과교육연구총서8, 서울:도서출판 역락.
최학근(1968), 「국어방언연구」, 서울대학교 출판부.
최학근(1978), 「한국방언사전」, 서울:현문사.
한국정신문화연구원(1987 외), 「한국방언자료집 Ⅱ - Ⅶ」.
허 웅(1965), 「국어음운학」, 서울:정음사.
허 웅(1975), 「우리 옛말본」, 서울:샘문화사.
허 웅(1989), 「16세기 우리 옛말본」, 서울:샘문화사.
황대하(1999), 「조선어 방언 연구」, 심양:료녕민족출판사.
佐藤貢悅, 嚴錫仁(2013), 「中日韓同字異意小辭書」, 북경:인민일보출판사.
小倉進平(1944), 「朝鮮語方言の硏究(上, 下)」, 아세아문화사 영인본.
河野六郎(1945), 「朝鮮方言學試攷」, 동경 : 동도서적.

Chambers, J.K. and Trudgil, P.(1980), Dialectology, Cambridge : Cambridge University Press.
Hyman, L.M.(1975), Phonology : theory and analysis, New York : Holt, Rinehart and Winston.
King, R.D.(1969), Historical Linguistics and Generative Grammar, Englewood Cliffs : Prentice-Hall.
Kiparsky, P.(1982), Explanation in Phonology, Foris Publication.
Ramstedt, G.J.(1949), Studies in Korean Etymology, Helsinki.
Shane, S.A.(1973), Generative Phonology, Englewood Cliffs : Prentice Hall.

색 인

ㄱ

ㄴ

ㄷ

ㅁ

ㅅ

ㅇ

ㅈ

ㅊ

ㅋ

ㅌ

ㅍ

ㅎ

한국어어휘음운사탐색[충북방언편]

저　자 : 전철웅
발행처 : 충북대학교 출판부
발행인 : 윤 여 표
주　소 : (361-763) 충북 청주시 서원구 충대로1(개신동)
전　화 : (043) 261-2952, 3014
팩　스 : (043) 274-1256
이메일 : presscbu@chungbuk.ac.kr
등　록 : 제1983-2001-7호
초판1쇄 : 2015. 8. 31.
인쇄처 : 삼성디자인기획 042)221-3111

* 이 저서는 2013학년도 충북대학교 학술도서지원사업에 의하여 발행되었음.
(This work was supported by the academic books of the Chungbuk National University in 2013)

ISBN 978-89-7295-231-2 93700

정가 23,000원